Jeux d'échelle et transformation de l'État : le gouvernement des territoires au Québec et en France

Sous la direction de
Laurence Bherer, Jean-Pierre Collin,
Éric Kerrouche et Jacques Palard

Les Presses de l'Université Laval
2005

Les Presses de l'Université Laval reçoivent chaque année du Conseil des Arts du Canada et de la Société d'aide au développement des entreprises culturelles du Québec une aide financière pour l'ensemble de leur programme de publication.

Nous reconnaissons l'aide financière du gouvernement du Canada par l'entremise de son Programme d'aide au développement de l'industrie de l'édition (PADIÉ) pour nos activités d'édition.

Mise en pages : Danielle Motard

Maquette de couverture : Hélène Saillant

ISBN 2-7637-8232-9
© Les Presses de l'Université Laval 2005
Tous droits réservés. Imprimé au Canada
Dépôt légal 3ᵉ trimestre 2005

Distribution de livres Univers
845, rue Marie-Victorin
Saint-Nicolas (Québec)
Canada G7A 3S8
Tél. (418) 831-7474 ou 1 800 859-7474
Téléc. (418) 831-4021
http://www.ulaval.ca/pul

À la mémoire de Jacques Léveillée, notre collègue et ami, qui a été un des concepteurs de l'entreprise à l'origine de cet ouvrage. Un ouvrage qui s'inscrit dans l'exacte continuité de sa contribution exceptionnelle à la science politique et aux études urbaines.

TABLE DES MATIÈRES

PARTIE II

Les recompositions territoriales
au Québec et en France

PARTIE III

Le territoire :
de l'objet à la méthode de recherche

PARTIE IV

RETROUVER LES CITOYENS

LISTE DES CARTES, FIGURES, PHOTOGRAPHIES ET TABLEAUX

CARTES

FIGURES

PHOTOGRAPHIE

TABLEAUX

REMERCIEMENTS

Cet ouvrage fait suite au colloque international « Les transformations territoriales au Québec et en France », qui a eu lieu les 4 et 5 mai 2004, au Pôle universitaire de Bordeaux. Cet événement a été co-organisé par le Centre de recherche et d'étude sur le Canada et le Québec en sciences sociales (CRECQSS) de l'Institut d'études politiques de Bordeaux et par le réseau interuniversitaire québécois d'études urbaines et régionales Villes Régions Monde (VRM) de l'INRS-Urbanisation, Culture et Société. Il a reçu l'appui financier de plusieurs intervenants dont il faut souligner la contribution : l'Association internationale des études québécoises, le ministère des Relations internationales (gouvernement du Québec), le Consulat général de France à Québec (MAE, France), le Conseil régional d'Aquitaine, la Mairie de Bordeaux, le Pôle universitaire de Bordeaux, l'Institut d'études politiques de Bordeaux, Valorisation-Recherche Québec, le Fonds québécois de recherche sur la société et la culture et l'Institut national de la recherche scientifique (Université du Québec).

Des remerciements tout particuliers vont à madame Sara Fortin qui a assuré avec une belle efficacité le montage du manuscrit et la première mise en forme des textes. Il en va de même pour madame Solange Deschênes qui a fait la révision finale des textes et M. Léo Jacques, directeur du développement, qui a accueilli notre projet de publication sans hésitations et avec un bel enthousiasme.

INTRODUCTION

LA RECHERCHE DES TERRITOIRES[1]

Le développement des recherches sur le « territorial » dans les sciences sociales peut apparaître comme un effet de mode, sous l'emprise d'une double injonction : « penser global » et « agir local ». Faut-il y voir une sorte d'arrimage, inconscient ou assumé, à de nouvelles formes d'exercice du pouvoir et à l'émergence de nouveaux rapports sociaux, qui constitueraient eux-mêmes une figure inversée d'un processus qui paraît tendre inexorablement vers l'internationalisation et la mondialisation des échanges économiques ? Est-ce plutôt une conséquence de la crise des modèles interprétatifs, qui conduirait, en creux et comme par défaut, à privilégier le retour au terrain « concret » et à l'espace « vécu » ? Une réponse positive à la première interrogation n'est nullement exclusive d'une réponse analogue à la seconde. Le chercheur viserait alors à opérer *in situ* le partage entre la norme de l'action et la turbulence qu'introduisent les contingences de sa mise en œuvre. Dans le même temps, il pourrait tenter de renouer avec les vertus – réelles ou supposées – d'une démarche délibérément inductive, sans renoncer pour autant à l'élaboration d'une théorie à moyenne portée et à visée herméneutique.

Les contributions à cet ouvrage apportent implicitement à ces questions de nature épistémologique des réponses qui sont pour partie dictées par la démarche de leurs auteurs respectifs en même temps que

---

1. Cette introduction tire partie de documents de synthèse produits par les animateurs de chacun des quatre ateliers lors du colloque « Les recompositions territoriales au Québec et en France », un colloque international qui a eu lieu les 4 et 5 mai 2004, au Pôle universitaire de Bordeaux : Serge Belley, Anne Mévellec, Emmanuel Négrier et Paul Y. Villeneuve.

par leur objet d'étude particulier. S'il fallait d'emblée en dégager un commun dénominateur, ce serait sans nul doute du côté de l'intérêt prêté aux effets induits par la différenciation territoriale sur la construction des configurations socio-économiques et institutionnelles, donc sur le changement d'échelle du politique qu'il conviendrait de le chercher. Pointées au hasard des textes, nombre de formulations traduisent l'attention portée à ces conditions de la différenciation territoriale et à sa prégnance sur la configuration des systèmes d'acteurs :

– « Renouvellement du registre de l'action publique autour des principes de développement local, de territoire, d'identité, de logique de projet, de participation, de partenariat, de contractualisation » ;

– « Concurrence des modèles de gouvernance et d'animation économique régionale » ;

– « Fondement territorial des facteurs culturels permettant de rendre compte des formes et des modalités des construits institutionnels » ;

– « Espaces économiques qui ne prennent plus la forme de territoires nationaux mais plutôt celle de pôles régionaux métropolitains insérés dans des réseaux financiers, productifs et informationnels transnationaux et "dissociés" des espaces nationaux » ;

– « Exacerbation des enjeux associés à la fragmentation territoriale dans la majorité des régions urbaines occidentales, entraînant la métropolisation d'un grand nombre de problèmes municipaux » ;

– « Intensification des conflits socio-économiques et politiques que les acteurs publics des régions urbaines paraissent de moins en moins en mesure de réguler » ;

– « Rééchelonnement des territoires entre les niveaux local, national et mondial. »

Les contributions à l'analyse des recompositions territoriales, au Québec et en France rassemblées dans cet ouvrage mettent en lumière le territoire non seulement comme objet d'étude, mais comme stratégie de recherche pluridisciplinaire sur l'action publique. Elles sont l'occasion, d'une part, de réinterroger les hypothèses qui établissent des liens entre le processus de mondialisation et les mutations actuelles du champ local et, d'autre part, de réfléchir sur les implications d'une approche par le territoire.

LA RESTRUCTURATION TERRITORIALE COMME RÉVÉLATEUR DE LA TRANSFORMATION DE L'ÉTAT

Le postulat de base de la thèse de la mondialisation s'appuie sur la possibilité d'un décloisonnement du territoire national et d'un rapport plus direct entre les actions mondiales et locales. L'État et les frontières nationales ne sont plus considérés comme des parois imperméables, qui fixent une limite claire entre les dimensions internes et externes de l'État. Cette approche en termes de flux transversaux permet d'enrichir l'analyse en établissant des interdépendances multiples entre différents espaces politiques. Le local n'est plus seulement subordonné au national, mais s'inscrit dans un continuum entre globalité et localité. Deux types d'hypothèses font le lien entre local et global.

Selon le premier type, où l'accent est mis sur les conséquences identitaires d'un tel phénomène, la mondialisation entraînerait une volonté de préserver certaines spécificités locales. Dans cette perspective, la mondialisation est interprétée comme un processus économique et politique qui a comme conséquence l'uniformisation culturelle. Localement, cela se traduit par le développement d'un réflexe identitaire qui s'apparente à un geste de résistance. Si cette avenue est intéressante en soi, elle relève d'une compréhension sociologique du phénomène de mondialisation et non d'une approche politologique.

Le second type d'hypothèses ouvre la voie à cette dernière approche. Prenant en compte la transformation du territoire non seulement comme cadre d'analyse mais également comme objet d'investigation, cette avenue considère que l'intensification des interactions dans le temps et dans l'espace à laquelle donne lieu la mondialisation remet en cause le modèle étatique traditionnel. L'autonomie de l'État serait ébranlée par la mondialisation car de plus en plus d'interactions qui ont des répercussions sur le territoire national échappent au pouvoir étatique. Cela s'explique par la multiplication des acteurs transnationaux, la mobilité croissante des individus, l'internationalisation accrue de l'économie et du capital mais également par la transformation des logiques infraétatiques. Dans un tel contexte, le territoire local n'est plus aussi captif de la souveraineté nationale car il appartient à des réseaux d'échanges multiples qui confirment la dynamique transnationale de la terriorialité. Cela amène une hiérarchisation mondiale des territoires locaux (principalement les métropoles) en fonction de leur rendement économique mais aussi politique. La structuration planétaire des villes s'assimile à un continuum d'ensembles urbains profitant ou subissant la mondialisation. Le territoire national perd de sa cohérence et de sa signification, ce qui permet à certains de parler de « la fin des territoires ». Si l'État voit son autonomie diminuer, le micro-territoire paraît au contraire s'émanciper de la tutelle étatique.

Cette hypothèse sur l'érosion de l'État semble exagérée tant la souveraineté nationale demeure une donnée fondamentale des interactions internationales. L'État est présenté comme une victime de la mondialisation alors que les autorités nationales sont bien souvent complices de ce phénomène. En outre, cette proposition présente une image des micro-territoires, et plus spécifiquement des villes, semblables à celle des cités-États. Selon ce modèle, les métropoles particulièrement performantes se présenteraient comme des bastions, plus préoccupés par leur place dans la nouvelle structuration économique mondiale que par leur contexte politique national. Le processus d'autonomisation des métropoles est nettement surévalué, bien que cette recherche de « liberté communale » soit présente dans le discours de nombreux acteurs urbains et se concrétise par la volonté d'internationalisation des villes. Par extension, dans cette même hypothèse, le territoire comme objet d'analyse semble également perdre sa signification, donnant l'impression que l'intangibilité des flux transnationaux et des réseaux d'acteurs mondiaux rend obsolète tout ancrage de l'activité humaine dans des lieux physiques[2]. La mondialisa-

---

2.   On pourrait à cet égard s'interroger sur la circulation d'images nettement caricaturales du monde globalisé, comme celles qui sont présentées dans le roman de Jean-Christophe Rufin, *Globalia* (2004). Dans cette histoire dépeignant un processus avancé d'uniformisation politique, culturelle et économique de la planète, le monde se partage en deux : Globalia, c'est-à-dire un réseau de villes et de lieux balnéaires strictement délimités, et les non-zones auxquelles les Globaliens n'ont pas accès. Ces derniers peuvent en effet voyager très rapidement et sans contrainte physique d'un lieu (contrôlé) à l'autre, ignorant tout de l'état de misère dans lequel vivent les habitants des non-zones. Ce roman exprime de façon intelligente une représentation commune des conséquences à moyen terme de la mondialisation.

tion serait un phénomène essentiellement non territorial. Bref, l'État est disqualifié au profit d'un monde multipolaire aux contours incertains.

À la lumière des textes présentés dans ce livre, l'image de l'État émietté suscite un fort scepticisme. En effet, plusieurs des réformes et des pratiques analysées ici démontrent plutôt la force de l'État et la maîtrise de ses capacités en matière de régulation des territoires locaux. Que ce soient les regroupements municipaux imposés par l'État québécois, les lois définissant les paramètres de l'intercommunalité en France ou encore les nouveaux territoires de développement local au Québec ou en France, la logique est davantage *top-down* que *bottom-up*. Bien plus, l'hypothèse selon laquelle les ensembles urbains se détachent de toute souveraineté territoriale, dans une logique exacerbée de mondialisation, n'est pas corroborée : l'État continue à tirer les ficelles du destin territorial local. Si la nouveauté réside dans une gouvernance élargie, c'est-à-dire dans une extension des catégories d'acteurs engagés dans la régulation locale doublée d'un rapport centre-périphérie plus souple, l'État représente un tout assez cohérent, intégrant l'ensemble des aspects de sa souveraineté nationale (dont le local). La complexification de l'action publique à l'égard du local n'entraîne pas nécessairement une fragmentation de l'État.

Cette opposition entre une vision réductrice de l'État victime à la fois de la mondialisation et de l'autonomisation des territoires locaux et la réalité complexifiée des pratiques infranationales démontre le besoin d'une approche intermédiaire, intégrant mondialisation, souveraineté nationale et décloisonnement des territoires locaux. C'est moins en opposant ces trois variables qu'en les reliant dans une même compréhension des recompositions territoriales globales que des liens entre restructurations locales et mondialisation pourront être tissés, sans pour autant nier la territorialité et l'État. La thèse du *rescaling*, telle qu'elle est utilisée actuellement par la géographie politique américaine, nous semble une voie intéressante pour réaliser un tel programme. Cette approche s'appuie sur le constat selon lequel la restructuration urbaine n'est pas suffisamment incorporée dans les analyses actuelles sur la transformation de l'État (Brenner, 2004 : 449). Pourtant, selon les défenseurs du *rescaling*, la dynamique infranationale constitue un révélateur original des tensions qui parcourent actuellement l'État dans un contexte de mondialisation. L'intérêt de cette approche réside dans sa capacité à dépasser le modèle traditionnel centre-périphérie en envisageant la configuration politique comme un jeu d'échelles. Le repositionnement de l'activité politique se fait donc non pas selon une logique strictement hiérarchisée mais selon une imbrication forte (ou une interdépendance) entre les échelons politiques. Dans un contexte de crise de la gouvernabilité, découlant du néolibéralisme, l'approche multiscalaire met l'accent sur la redistribution et le réajustement des capacités de régulation et de l'exercice du pouvoir entre des échelons politiques autres que l'État[3]. La mondialisation relativiserait l'échelle nationale tout en intensifiant le rôle des organisations territoriales infra- et supra-nationales (Brenner, 1999 : 52). La reconnaissance du champ local dans une perspective de mondialisation est un des intérêts essentiels de l'approche multiscalaire. En effet, la transformation de l'État est double : elle s'exprime non seulement au niveau de la gouverne supranationale (l'Union européenne demeure l'exemple le plus cité) mais aussi à l'échelle locale[4]. Exprimé autrement, c'est rappeler que les aspects sociaux, politiques et économiques qui sont observables dans un espace local délimité sont liés directement à la dynamique des échelles plus larges (Martin *et al.*, 2003). L'État se déterritorialise de son espace national traditionnel au profit d'une reterritorialisation à des échelles multiples. L'État devient « glocal » (Martin *et al.*, 2003 ; Brenner, 1998 ; Brenner, 2004).

Dans cette perspective, la restructuration urbaine, autant en Europe qu'en Amérique du Nord, est le résultat de la mondialisation mais aussi le révélateur de la transformation de l'État (Brenner et Theodore, 2002). À cet égard, la montée du discours sur la compétitivité des villes démontre ce lien entre les réformes urbaines, la mondialisation

---

3.   Ce qui la différencie de la perspective de la gouvernance multiniveau qui insiste plutôt sur la possibilité pour les acteurs de reconfigurer leurs échanges en fonction d'espaces politiques de plus en plus liés. Alors que l'approche multiscalaire s'intéresse aux reconfigurations structurelles, la gouvernance multiniveau fait référence plutôt à la recomposition et à l'élargissement des réseaux d'acteurs.

4.   « [...] contemporary processes of globalization have significantly decentered the role of the national scale both as a self-enclosed container of socio-economic relations and as an organizational interface between sub- and supra-national scales. As this "denationalization of the state" has proceeded apace, a wide range of sub- and supra-national forms of territorial organization – from global city-regions, industrial districts, and regional state institutions to transnational economic blocks and regulatory systems such as NAFTA, ASEAN and the EU – have acquired increasingly crucial roles as geographical infrastructures for capitalism » (Brenner, 1999 : 52-53).

et l'intervention de l'État (Boudreau et Keil, 2004). Bien des réformes touchant les territoires locaux sont en effet justifiées au nom de la nécessité de consolider des pôles économiques urbains forts pour augmenter l'attractivité économique des États. C'est ainsi qu'au Québec, comme dans d'autres provinces canadiennes, les regroupements municipaux récents reposaient en partie sur l'argument de la mondialisation : les villes devaient atteindre une taille optimale pour être aptes à offrir un environnement économique compétitif (Bherer et Lemieux, 2002). La « solidarité métropolitaine » devenait nécessaire : la compétition ne se fait plus entre villes d'un même ensemble urbain, mais entre métropoles de classe mondiale (*world class cities*). C'est dans cette même veine que les nouvelles villes élargies justifient leur politique culturelle, urbanistique, sociale, etc., en fonction de ce nouvel impératif de compétitivité. Ces politiques sont subordonnées à l'objectif de formation d'un espace économique compétitif. L'État n'est donc pas victime mais bien complice de cette valorisation des métropoles. La mondialisation entraîne la nécessité de créer des contextes urbains compétitifs afin d'assurer le développement économique national. Cet exemple pourrait également être étendu à toute réforme institutionnelle visant à former un espace micro-politique propice au développement local.

La thèse du *rescaling* suscite plusieurs inquiétudes quant à la capacité d'assurer l'égalité entre les territoires infranationaux d'un même État : le renforcement de pôles économiques signifie en effet l'abandon ou du moins la délégitimation de la recherche d'un développement égal sur l'ensemble d'un territoire (Brenner, 2004). Sans parler de non-zones (*dixit* Jean-Christophe Rufin), on peut estimer fondées les critiques qui s'interrogent sur les risques de la différenciation territoriale et sur les effets de l'abandon des politiques de redistribution territoriale du développement. En outre, le rééchelonnement du politique laisse également ouverte la question du déficit démocratique (Nootens, 2004) : les citoyens voient diminuer leur capacité à contrôler les décisions prises à des échelles différentes de l'État, que ce soit au niveau supra-national ou à l'échelon métropolitain.

L'approche du *rescaling* a le mérite d'établir des rapprochements entre un ensemble de phénomènes liés à la remise en cause de l'État, tout en refusant une perspective trop stato-centriste. De plus, c'est une invitation à décloisonner le champ de la politique locale dans une vision élargie des causes et effets de la restructuration urbaine actuelle. C'est au prix de cette approche dynamique que la recherche de territoires locaux peut se faire sans pour autant tomber dans l'hypothèse du territoire désincarné.

LE TERRITOIRE, AU CENTRE DE NOUVEAUX DISPOSITIFS D'ACTION

Sans aborder spécifiquement la thèse du *rescaling*, les textes rassemblés ici sont l'occasion d'intégrer les enjeux des gouvernements des micro-territoires dans une perspective élargie, entre local et global. Le territoire y apparaît tantôt comme le cadre de formation d'un mode d'exercice particulier du pouvoir, tantôt comme l'objet même des politiques engagées par la puissance publique, tantôt enfin comme la subtile résultante d'alliances entre des groupes d'acteurs locaux et extra-locaux – régionaux, nationaux ou continentaux –, qui construisent leurs propres stratégies sur fond de logiques sociales et institutionnelles perçues comme convergentes.

Dans la conduite de la pratique politique, le territoire n'est pas seulement une dimension objectivée, naturalisée, dont on saurait au besoin démonter le processus de construction sociale ; il est au « centre » de nouveaux dispositifs d'action et fait l'objet de prescriptions nouvelles en ce qu'il oriente et infléchit la mise en œuvre des mesures préconisées par des institutions nationales. En France, la notion même de « pays », qui a structuré, au cours des dernières années, une large partie du débat national sur l'aménagement du territoire et dont la validation a été soumise à une phase préalable d'expérimentation sur quelques dizaines de sites, participe d'une politique institutionnelle qui procède par invention de nouveaux formats territoriaux. Quelques années plus tôt, la Loi sur le revenu minimum d'insertion de novembre 1988 avait elle-même instauré, à l'échelon infradépartemental, des « commissions locales » chargées, sur une base territoriale restreinte et selon une configuration organisationnelle interpartenariale et intersectorielle, d'instruire les dossiers des contrats d'insertion et d'en suivre la gestion et l'évaluation. Dans le domaine de l'organisation métropolitaine, le double impératif de rationalité gestionnaire d'espaces pluri-communaux et d'exercice de la citoyenneté dans des instances de proximité a conduit à combiner la promotion d'institutions de coopération intercommunale, sinon supra-communale, avec un processus de fragmentation infracommunale ; celle-ci répond à la stratégie d'équipes municipales désireuses d'adapter leurs interventions aux demandes de segments spatialement et socialement différenciés, dans des « quartiers » nouvelle manière.

Au Québec, les politiques territoriales engagées depuis les années 1970 répondent à des visées similaires, qui associent la conduite de la déconcentration administrative et l'implicite injonction adressée aux élus locaux de créer les conditions du développement économique et d'opérer au mieux la régulation des rapports sociaux. La création des régions administratives, des municipalités régionales de comté ou des centres locaux de développement s'inscrit dans une telle perspective, où se mêlent processus de modernisation de l'État et prise en charge localisée, au sein de nouveaux espaces de solidarité, des effets sociaux des fluctuations économiques. Les récentes dispositions relatives à la fusion autoritaire des municipalités appartenant à une même région urbaine seraient elles-mêmes justiciables d'une analyse d'évidement de l'État et de la reterritorialisation du politique dans les villes, qui sont devenues des instances dominantes, surtout dans un pays en forme d'archipel. Bernard Jouve souligne que « si, dans les États fédéraux, le méso-niveau de gouvernement s'impose, dans certains cas, aussi facilement aux métropoles, jusqu'à devenir l'instance métropolitaine, c'est aussi parce que les canaux de médiation entre les sphères publique et privée sont centrés sur ce niveau territorial » (Jouve, 2003 : 115)[5].

Ces nouveaux territoires, et les usages sociaux qui en sont faits, n'ont pas seulement vocation à s'inscrire dans un organigramme revu et corrigé des dispositifs d'action ; ils tirent aussi leur validité de leur capacité à créer de la mobilisation interne ou à produire de l'identité, et à contribuer de la sorte à la gestion négociée et partenariale des effets du changement. Mobilisation et identité ne sont toutefois pas – ou pas seulement – des constructions ou des sous-produits de l'action politico-administrative ; elles préexistent largement aux nouveaux formats insti-

---

5. L'auteur observe également que, « si la gouvernance urbaine heurte certaines sensibilités au sein de la fonction publique française, c'est en partie parce qu'elle donne à voir [les processus de différenciation territoriale], qu'elle démythifie la réalité de l'État unitaire et repose la question fondamentale des mécanismes de régulation à mettre en place pour résoudre la tension entre différenciation territoriale et intégration politique dans le cadre de l'État-nation en recomposition » (Jouve, 2003 : 115).

tutionnels, qu'elles rendent ainsi par avance plus ou moins plausibles et, par là, plus ou moins fonctionnels. Dans toute réforme territoriale, s'entremêlent en effet étroitement dynamique sociale, stratégies partisanes et dispositif juridique. Les politiques de développement et d'aménagement du territoire ont ainsi à combiner au mieux les territoires-mosaïques des habitants, les territoires-réseaux des entreprises et le territoire-pyramide de l'État.

On rejoint par là la position des chercheurs qui estiment, avec Pierre Veltz, qu'il faut cesser de considérer l'aménagement du territoire comme un processus de redistribution et qu'il convient au contraire de le « repenser comme un ensemble de politiques favorisant la création de ressources et de richesses nouvelles » (1994 : 5). Les observateurs des milieux innovateurs et des systèmes industriels locaux (*clusters*) ont en commun de mettre l'accent sur les conditions du développement économique au sein de ces territoires tenus parfois pour emblématiques : le développement territorial passe aujourd'hui par la densité et la qualité des maillages entre les acteurs ; les infrastructures et les équipements pèsent moins que la constitution de cadres d'action collective pertinents et l'aptitude à se prêter au jeu de la prospective. Comme l'écrit également Pierre Veltz, « le *soft*, les capacités d'organisation, l'intelligence des évolutions comptent davantage que le *hard*. La qualité des institutions, publiques et privées, est plus importante que les autoroutes » (1994 : 8). C'est dire que la coopération entre les acteurs territoriaux – institutionnels, économiques, éducatifs, associatifs, etc. – devient déterminante, surtout en contexte d'internationalisation accrue des échanges. Construite sur fond de confiance, elle est cruciale dans le développement des formes d'apprentissage collectif. Le néologisme « co-opétition » (Brandenburger et Nalebuff, 1998) exprime ce nouveau type de configuration des acteurs : il désigne précisément le fait que des institutions ou des entreprises concurrentes partagent des investissements ou d'autres ressources, le plus souvent pour bénéficier ensemble des économies d'échelle réalisées au sein d'économies-territoires. AnnaLee Saxenian (1994) n'entend pas démontrer autre chose dans sa comparaison des évolutions différentielles, sur base de cultures régionales contrastées, de la route 128, dans l'État du Massachusetts, et de la Silicon Valley.

Au-delà ou en deçà des dispositifs juridiques, ce sont bien en effet les intérêts des acteurs et leur capacité d'initiative et d'intervention qui permettent de comprendre l'évolution des usages sociaux et politiques des cadres institutionnels, dont on a pu parfois estimer qu'ils constituent une revanche de l'histoire sur la géographie. Le processus de continentalisation accrue des échanges, que ce soit dans l'ensemble des deux sous-continents américains ou dans l'Union européenne, ne bouleverse pas seulement les modalités de la compétition ou de la coopération; il transforme aussi en profondeur les référents territoriaux, à commencer par la représentation de la frontière, naguère encore garante d'un possible protectionnisme et de politiques de sécurité et considérée aujourd'hui surtout comme une zone d'échanges privilégiés et de coopération.

Les paysages de ce qu'il est désormais convenu d'appeler la gouvernance locale sont en profond changement depuis les dix dernières années. Articuler entre elles les dimensions du territoire – local, national, mondial – devient de plus en plus problématique. Le Québec comme la France témoignent, à travers la succession des réformes territoriales intervenues pendant la décennie 1990-2000 et au début des années 2000, de ce mouvement de redéfinition des logiques de gouvernement.

LA GOUVERNANCE LOCALE EN MUTATION : DÉFIS ET ENJEUX

Le présent ouvrage rend compte des dimensions des transformations à travers la mise en perspective de quatre volets complémentaires. En partant du constat d'une modification généralisée des règles du jeu local illustrée par ses implications en matière de recomposition territoriale, se pose nécessairement ensuite la question des outils susceptibles d'analyser – et non de décrire – les changements intervenus, tout en insistant sur l'un des effets pervers les plus patents des réorganisations en cours, celui de la mise à l'écart de la dimension démocratique légitimatrice.

Même s'il est tôt pour évaluer les conséquences des réformes menées de part et d'autre, il semble acquis que de chaque côté de l'Atlantique de nouveaux périmètres ont été choisis par le législateur, que cela l'ait été de façon autoritaire (Québec) ou non (France). Les réformes ont désigné ou consacré de nouveaux espaces, ceux des agglomérations reconnues comme seules légitimes à porter des politiques publiques plus vastes. Ces réformes ne vont pas sans poser toute une série de problèmes redoutables aussi bien pour leurs initiateurs que pour les territoires qui leur servent désormais de soutien.

La transformation des règles du jeu local (I) est sans doute la conséquence la plus patente, dont tous les effets ne sont pas encore perceptibles. Toutefois, on peut mesurer déjà avec certitude que les réformes en cours transforment le jeu politique urbain. Mais ce mouvement n'est pas à sens unique dans la mesure où les acteurs locaux aménagent également les règles en se les appropriant (**Faure**). Si, au Québec, l'existence des nouvelles entités n'entraîne pas les bouleversements là où on les attendait – notamment en matière d'économies d'échelle ou dans les rapports entre élus, fonctionnaires et citoyens –, elle permet néanmoins que se généralisent certains services qui, auparavant, n'étaient réservés qu'à une portion des agglomérations préexistantes (loisirs, culture, vie communautaire). Il va sans dire que la ville centre conserve une place prépondérante au sein de la structure organisationnelle de ces nouvelles autorités (**Collin, Léveillée et Savard**). Bien entendu, ce qui est vrai dans les grandes collectivités ne l'est pas dans les petites, et l'on peut se demander jusqu'où ces solutions institutionnelles peuvent pallier les faiblesses liées à la petitesse des communautés, dans la mesure où elles ne constituent qu'un maillon parmi d'autres dans les institutions nécessaires au maintien de l'offre de service public sur un territoire (**Hamel**).

Si le problème se pose pour le Québec, il est loin d'être anecdotique dans le cas français. Reste que, malgré les discours et les constructions théoriques ayant servi à les légitimer, la fragilité de ces nouveaux espaces est réelle. Bloqués entre leur volonté de cohérence globale et locale, ils ne peuvent répondre à ces deux objectifs de façon simultanée (**Mévellec**). Si, en la matière, les difficultés québécoises semblent plus importantes comme l'illustrent les « défusions », qui manifestent une rupture avec la vision globale imposée par le centre, le modèle d'apparence plus souple « à la française » témoigne aussi des limites de la politique territoriale de l'État. Celui-ci s'avère impuissant à mettre en œuvre une solution autoritaire ; il agit donc au moyen d'une réforme incrémentale, certes plus novatrice que sa contrepartie québécoise quant aux compétences octroyées, mais avant tout compatible avec les prérogatives des élus locaux et apte à s'insérer dans les pratiques antérieures sans les bouleverser (**Sadran**).

Les recompositions territoriales au Québec et en France (II) témoignent ainsi de la complexité des dynamiques centrales-locales. Si le centre s'impose de lui-même par la place qu'il occupe dans la définition des processus territoriaux et par le sens qu'il donne à ceux-ci, les pratiques locales sont marquées par une part d'indétermination et d'improvisation qui ne peut être circonscrite par les textes (**Caillosse**). Reste que, dans le cas français, cette redéfinition n'est pas neutre puisqu'elle participe du glissement d'un paradigme de l'État républicain universaliste vers un nouveau paradigme, plus difficilement qualifiable, qui fait la part belle à la reconnaissance d'une pluralité d'intérêts légitimes. Dans cette nouvelle situation, l'État territorialisé, contraint par la subsidiarité et la généralisation des relations contractuelles, n'est plus qu'un acteur parmi les autres, peinant à participer localement aux dynamiques qu'il a lui même mises en place (**Moquay**).

Ces difficultés à s'intégrer dans les cénacles territoriaux de la gouvernance ne sont pas uniquement le fait de la France. Au Québec, la politique de développement local lancée en 1997 et la nouvelle organisation municipale définie à partir de 2001 autorisent le renforcement des structures infranationales – MRC dans les régions non métropolitaines et villes dans les plus grandes agglomérations – notamment en matière d'aménagement et de développement. L'enjeu de ces nouvelles entités est avant tout d'intégrer les logiques d'acteurs préexistantes (**Carrier**). Celles-ci conditionnent la recevabilité des projets et, partant, leur réussite ou leur rejet, comme en témoigne tout particulièrement le cas de Gatineau, puisqu'en l'espèce la fusion a permis une mobilisation de nombreux acteurs autour de projets collectifs, autorisant même l'élargissement des champs d'intervention de la ville (**Andrew et Chiasson**). Au final, la réussite de ces politiques territoriales tient à la position parfois problématique dans laquelle se retrouvent les initiateurs des réformes, comme le montre l'analyse de la situation du Québec : quoique définissant les règles du jeu, la province n'en maîtrise pas le déroulement en raison du grand nombre d'acteurs et de niveaux concernés ainsi que du calendrier dans lequel s'inscrit la réforme (**Belley**).

Encore faut-il pouvoir saisir les implications des changements intervenus et passer, pour **le territoire, de l'objet à la méthode de recherche (III)**. Comment, en effet, appréhender des espaces économiques qui ne prennent plus la forme de territoires nationaux, mais plutôt celle de pôles régionaux métropolitains insérés dans une multitude de réseaux souvent « dissociés » des espaces nationaux auxquels ils appartiennent ? Comment amener les acteurs locaux à participer pour qu'ils s'insèrent dans cet univers mondialisé grâce aux initiatives prises localement ? Dans ce jeu, il est clair, au moins pour le Québec, que l'échelle de référence et de coordination des responsabilités locales est celle de la province (**Klein et Fontan**). Relire les phénomènes à l'œuvre implique également de renouveler les outils ou d'adopter de nouvelles grilles de lecture, comme celle de l'approche cognitive, afin de déconstruire les mécanismes de la production des politiques locales en s'attachant aux normes et aux valeurs mobilisées dans l'action collective. À cet égard, le retour sur la reconversion du port de Montréal à travers l'étude de la dimension et de la mobilisation patrimoniale montre tout l'intérêt d'une telle approche (**Paulhiac**), tout comme la consultation publique sur l'aménagement d'un terminal de croisières dans le Vieux-Port de Québec permet de rendre compte des apprentissages collectifs mobilisés par des acteurs aux finalités fortement différenciées dans la transformation d'un lieu hautement symbolique avec, à la clef, une réelle évolution du projet (**Villeneuve, Trudelle et Pelletier**).

Reste qu'il ne faut pas être dupe des étiquettes collées sur les « nouveaux » processus appliqués à de « nouveaux » territoires. Ceux-ci sont aussi un moyen de renouveler la forme et les enjeux de la lutte politique locale, comme le prouve la participation des acteurs dans les « pays » en France, qui deviennent un objet de mobilisations concurrentielles de la part d'adversaires qui cherchent à s'approprier les ressources en matière de légitimité et de construction de réseaux (**Ségas**). Par ailleurs, les réseaux territoriaux, y compris les réseaux publics, risquent aussi d'être surdéterminés par des logiques – notamment commerciales – qui les dépassent ou qu'ils ne peuvent – ou ne veulent – appréhender. S'affirment alors des dispositifs d'action qu'agréent certains acteurs au détriment d'autres, au risque de remettre en cause le territoire « support », qui devient le théâtre de conflits d'usages d'autant plus prononcés que la puissance publique n'est plus en situation de définir les conditions d'un intérêt général local (**Cuntigh et Smith**).

Le plus grand défi des chantiers territoriaux menés de part et d'autre de l'Atlantique concerne le versant démocratique des réformes. Il semble en effet important de **retrouver les citoyens (IV)** ou, à tout le moins, de leur donner une place au sein de toutes ces recompositions territoriales marquées par des logiques gestionnaires et une distanciation

« mécanique » vis-à-vis des citoyens locaux. Cette situation doit être soulignée à un moment où la demande d'imputabilité directe se généralise (et se traduit parfois, comme dans de nombreux pays européens, par le choix au suffrage universel direct de celui qui doit diriger la collectivité). Or, en la matière, la nécessité de gouverner les grandes aires métropolitaines se heurte à la fragmentation territoriale et à la défiance de citoyens réticents à l'égard d'une augmentation de la taille de leur collectivité. La difficulté devient encore plus grande quand des communes homogènes constituent, une fois rassemblées, des agglomérations hétérogènes plus difficiles à gouverner (**Hoffmann-Martinot**). En France, la logique de gestion l'emporte sur la logique de démocratisation. D'ailleurs, la réforme française n'a pas de visée démocratique, elle n'a qu'une perspective fonctionnelle : réduire le nombre de communes en concédant aux élus des pouvoirs importants aussi bien au moment de la création des structures intercommunales que dans la gestion de celles-ci ; bien peu de prérogatives sont accordées à des citoyens avant tout considérés comme des administrés (**Kerrouche**).

Bien que le contexte soit différent, l'évaluation des réformes menées à Winnipeg et Toronto montre que les arrondissements sont avant tout des entités de gestion et des lieux de représentation politique, qui laissent peu de place à la participation. En d'autres termes, la notion d'efficacité a pris le dessus sur celle de démocratie. La situation actuelle des villes québécoises est tout autre puisque les arrondissements tendent à s'affirmer, il est vrai, dans un contexte très marqué par la mobilisation contre le remaniement municipal. Toutefois, la réforme est encore trop récente pour qu'il soit possible de se prononcer sur leur devenir, d'autant que les arrondissements ne constituent qu'une des composantes de la démocratie locale et que d'autres niveaux d'importance, comme celui de la communauté métropolitaine, connaissent une représentation indirecte (**Quesnel, Bherer et Sénéchal**). Au final, c'est sur la tension permanente de la démocratie locale qu'il faut s'interroger, notamment en ce qui concerne la capacité d'appréhension, par des instances démocratiques comme les comités de quartier à Marseille et de citoyens à Québec, de la tension entre intérêt général et intérêt particulier. Or, il s'avère que ces distinctions n'échappent pas aux individus insérés dans ces groupes et qui sont capables d'appréhender l'aspect « transcalaire » des problèmes (**Patsias**).

RÉFÉRENCES

Bherer, Laurence et Vincent Lemieux (2002), « La référence aux valeurs dans le débat sur la réorganisation municipale au Québec », *Revue canadienne de sciences régionales*, XXV, n° 3.

Boudreau, Julie-Anne et Roger Keil (2004), « Le discours sur la démocratie locale et la compétitivité métropolitaine. Le cas de Toronto », conférence présentée lors du colloque *La gouvernance métropolitaine : recherche de cohérence dans la complexité*, Montréal, 7-8 octobre.

Brandenburger, Adam et Barry Nalebuff (1998), *Co-opetition : a Revolutionary Mindset that Combines Competition and Cooperation : the Game Theory Strategy that's Changing the Game of Business*, New York, Currency Doubleday.

Brenner, Neil (1998), « Global cities, glocal states : global city formation and state territorial restructuring in contemporary Europe », *Review of International Political Economy*, vol. 5, n° 1.

Brenner, Neil (1999), « Beyond State-Centrism ? Space, Territoriality and Geographical Scale in Globalization Studies », *Theory and Society*, vol. 28, n° 1.

Brenner, Neil et Nik Theodore (2002), *Spaces of neoliberalism. Urban restructuring in North America and Western Europe*, Malden : Blackwell Publishing.

Brenner, Neil (2004), « Urban governance and the production of new state spaces in western Europe, 1960-2000 », *Review of International Political Economy*, vol. 11, n° 3.

Jouve, Bernard (2003), *La gouvernance urbaine en questions*, Paris, Elsevier.

Martin, Deborah, Eugene McCann et Mark Purcell (2003), « Space, scale, governance, and representation : contemporary geographical perspectives on urban politics and policy », *Journal of Urban Affairs*, vol. 25, n° 2.

Nootens, Geneviève (2004), *Désenclaver la démoratie : des Huguenots à la paix des Braves*, Montréal, Québec-Amérique.

Rufin, Jean-Christophe (2004), *Globalia*, Paris, Gallimard.

Saxenian, AnnaLee (1994), *Regional Advantage : Culture and Competition in Silicon Valley and Route 128*, Cambridge (Mass.), Harvard University Press.

Veltz, Pierre (1994), *Des territoires pour apprendre et pour innover*, La Tour d'Aigues, L'Aube.

PARTIE I

LA TRANSFORMATION
DES RÈGLES DU JEU

CES RÉFORMES QUI TRANSFORMENT LE JEU POLITIQUE URBAIN... ET VICE VERSA

Alain Faure

Dernièrement, les gouvernements du Québec et de la France ont mis en œuvre des réformes visant à ébranler frontalement un demi-siècle de *statu quo* territorial. Dans les deux cas, il s'est agi de prendre acte du fait que le périmètre municipal n'était plus le *bon* niveau pour piloter les services publics des grandes villes. Malgré des contextes nationaux très différents, Louise Harel (ministre québécoise des Affaires municipales) et Jean-Pierre Chevènement (ministre français de l'Intérieur) ont défendu avec la même vigueur une réforme visant à moderniser la gestion publique urbaine autour d'une nouvelle administration territoriale. Tous deux, avec leurs mots et leurs outils, ils ont su imposer l'idée que les villes avaient dorénavant des droits et des devoirs envers leurs *résidants* qui ne pouvaient être appréhendés équitablement et efficacement qu'à la condition que la question soit posée à une échelle géographique qui associe chaque ville centre aux communes de sa périphérie immédiate. Dans les deux pays, cette volonté a débouché sur la désignation du périmètre de l'agglomération urbaine comme nouveau territoire politique légitime. Et même si les gouvernements n'ont pas eu l'audace (le courage, la volonté ?) d'opter pour le vaste échelon stratégique de la région métropolitaine, tous les observateurs admettent que l'obligation aux fusions (au Québec) et à l'intercommunalité intégrée (en France) est une décision logique en matière de management public. L'agglomération est le niveau d'organisation minimal pour prendre la mesure de dossiers aussi complexes et interdépendants que le développement économique, l'urbanisme, les équipements culturels, les axes routiers, l'eau, les matières résiduelles, le logement social, la sécurité...

Pour autant, l'application des deux réformes montre que ce changement d'échelle entraîne de redoutables défis sur les plans technique, financier et politique. Et il implique en premier lieu un virage symbolique important : faire le deuil des représentations municipales de la gestion publique pour construire une vision plus large du bien commun urbain. Cette transition révèle et avive un extraordinaire kaléidoscope de trajectoires, de ressources et d'enjeux. Elle met en connexion et en tension une infinité de groupes, d'usagers et de communautés d'intérêts. Les nouvelles villes au Québec comme les communautés d'agglomération en France se révèlent dans ce contexte beaucoup plus qu'une simple solution technocratique ou managériale : elles déplacent les lieux d'arbitrage sur l'intérêt général et elles modifient les règles de médiation pour la formulation du *vivre ensemble* urbain.

À cet égard, de multiples oscillations et incertitudes se dessinent avec la montée en puissance de ces pouvoirs d'agglomération. Au fil des diagnostics, on a même le sentiment d'une sorte de réversibilité des questionnements. Les réformes gouvernementales changent certes le jeu politique urbain en désignant de nouvelles règles de gestion (l'intermunicipal, la contractualisation...) et en imposant de nouveaux cadres de régulation (le pouvoir d'agglomération, la participation...). Mais l'hypothèse inverse est tout autant valide. Les élites urbaines qui participent concrètement à l'invention de ces nouvelles villes modifient le sens des réformes en imposant des règles et en s'appropriant, de façon différenciée d'une ville à l'autre, ces cadres de négociation. Cette réversibilité des causes et des effets n'est pas nouvelle au sens où les réformes territoriales procèdent toujours d'une alchimie subtile entre les orientations d'un gouvernement, les revendications de groupes organisés et les attentes des collectivités locales. Mais, dans la situation présente, l'imbrication des influences ne s'arrête pas à l'application de la loi, elle devient l'une des principales caractéristiques du jeu politique sur le long terme, bien au-delà du simple changement de cadre institutionnel. Les deux réformes ne sont donc pas seulement *apprenantes* d'un point de vue institutionnel ou stratégique. Elles expriment une situation d'apprentissage dans laquelle les individus modifient simultanément, et en profondeur, leur rapport aux politiques publiques, au pouvoir politique et à la démocratie participative.

MIMÉTISME INSTITUTIONNEL
ET SINGULARITÉS TERRITORIALES

Le rapport aux politiques publiques est sans doute la dimension la plus visible des transformations en cours. Pour utiliser un concept classique de science politique, la *mise sur agenda des problèmes* se réalise dorénavant à partir de diagnostics et de négociations qui sont fortement territorialisées sur les plans politique et administratif. Avec la reconnaissance des gouvernements d'agglomération, les autorités s'appuient en effet sur des leviers conséquents en termes financiers et techniques. D'un point de vue analytique, la territorialisation des politiques publiques n'est plus seulement une fenêtre d'occasion pour que des acteurs locaux plaident la singularité de leurs demandes auprès des partenaires de l'action publique. Il semble que ce soit devenu un préalable dont de nombreux leaders politiques d'agglomération se saisissent pour orienter les arbitrages publics et même pour convoquer des *tournois*, imposer des règles de dialogue et définir des mécanismes d'allocation des ressources. La vraie question qui se pose alors est de savoir si cette évolution dépasse ou non le cadre des simples arrangements institutionnalisés avec l'État, et si cette façon de faire de la politique esquisse une *construction de sens* différenciée d'une métropole à l'autre.

Observe-t-on une rupture avec le processus d'isomorphisme institutionnel qui imprègne traditionnellement le fonctionnement des collectivités et de leurs élites administratives et techniques ? La conception comme la mise en œuvre des politiques publiques s'inscrit certes dans une représentation du bien commun fortement conditionnée par des schèmes cognitifs a-territoriaux ou déterritorialisés. Les cultures techniques, militantes et catégorielles diffusées dans les forums provinciaux, nationaux, fédéraux et européens de politiques publiques illustrent clairement l'importance du mimétisme institutionnel et de l'importation des bonnes pratiques et des recettes dans la mise en œuvre des politiques urbaines. Cependant, plusieurs écrits permettent de repérer de nombreuses situations dans lesquelles les acteurs vont apparemment bien au-delà de la simple reproduction par mimétisme ou par décalquage. Les référentiels professionnels des experts urbains sont certes construits sur des bases nationales ou internationales (une filière militante, une dynamique professionnelle, un réseau communautaire, un corpus technique, un label gestionnaire), mais l'opération politique de transcodage des demandes semble chaque fois ralentie, amendée ou même détournée lors des négociations urbaines. Ses médiateurs tirent en effet moins leur légitimité d'une expertise sectorielle que de leur capacité à produire un argumentaire à la fois circonscrit et contextualisé. Tout se passe comme si les experts sectoriels avaient pris conscience que la rhétorique du changement et de l'innovation ne produisait d'effets sur les politiques d'agglomération qu'à la condition que les élus en perçoivent la portée à la fois opérationnelle et symbolique. À défaut de produire des référentiels véritablement conçus sur leur périmètre d'intervention, les agglomérations montrent donc une redoutable aptitude à filtrer et à contraindre la représentation des « bonnes » solutions de politiques publiques.

SENTIERS DE DÉPENDANCE ET LOGIQUES DE PUISSANCE

Le rapport au pouvoir est un sujet déjà plus difficile à décrypter. Les travaux culturalistes consacrés aux rouages de la décision publique proposent des éclairages stimulants sur les *sentiers de dépendance* qui orientent et contraignent le jeu des acteurs politiques. Tout comme la France et le Québec *résistent* respectivement à la construction européenne et au fédéralisme canadien à partir de la prégnance de chaque histoire institutionnelle et politique, il semble que chaque pouvoir d'agglomération s'invente progressivement un style de domination politique marqué par l'histoire de ses réseaux et souvent en résistance vis-à-vis du modèle rationalisateur promu par les lois (qu'elles soient nationales ou provinciales, européennes ou canadiennes).

Sans doute faut-il porter plus d'attention aux « cartes mentales » à travers lesquelles les élites locales perçoivent, incarnent et reproduisent des fonctions politiques dans chaque ville. Cela permet de voir comment les joutes politiques qui portent sur le choix du périmètre de l'intercommunalité conditionnent et orientent fortement la nature des priorités qui sont ensuite débattues pour concevoir et mettre en œuvre des politiques sectorielles sur ces territoires. La *logique de puissance* des institutions d'agglomération paraît ainsi étroitement liée à des éléments politiques inscrits dans le temps long de chaque configuration territoriale. Alors que les villes sont sommées de réduire l'ingouvernabilité des enjeux par des ajustements permanents, le changement d'échelle montre que les principaux leaders politiques des agglomérations impriment à cette logique de puissance émergente un style de domination profondément dépendant du *sentier* propre à chaque histoire urbaine.

PARTICIPATION CITOYENNE ET DÉMOCRATIE DIFFÉRENTIELLE

Enfin, le rapport à la démocratie se modifie aussi au gré des processus politiques de participation et de consultation de la société civile qui sont adoptés dans ces administrations en construction. La montée en puissance des villes se mesure de plus en plus aux représentations et aux savoir-faire des groupes organisés qui interpellent les pouvoirs en place, et à la *territorialité* qu'expriment ces mouvements sociaux. Les institutions d'agglomération apparaissent comme des espaces de transaction qui entrent tout à la fois en résonance, en dissonance et en imprégnation avec une multitude de débats d'idées et de groupes d'intérêts. La plupart de ces processus sont spécifiquement traduits et médiatisés dans des arènes politiques urbaines. Il semble même que ces interactions entre les *effets de localité* et les villes engendrent souvent des processus politiques originaux en matière délibérative et consultative. Même si les assemblées d'agglomération avancent prudemment dans cette voie participative, la piste doit être prise au sérieux.

La ville de Montréal fait à cet égard figure d'idéal-type tant son *invention* en 2001 a illustré un assemblage original entre de multiples réseaux d'intérêts localisés. Le dernier épisode sur les *démembrements* (avec quinze anciennes municipalités qui défusionnent à la suite des consultations populaires engagées par le nouveau gouvernement provincial) montre que le modèle politique de la fusion a échoué sur un point au moins : celui de l'intégration symbolique de toutes les représentations du *bien commun montréalais* sur le seul niveau de l'île. Plus exactement, on voit dans l'exemple montréalais que les revendications urbaines axées sur la *proximité citoyenne* sont parvenues à déstabiliser des priorités de politiques publiques pilotées par les élus de la nouvelle ville. C'est la remise en cause d'une certaine forme de standardisation urbaine

de l'action publique qui est ainsi en jeu, l'articulation entre les arrondissements et l'agglomération favorisant des clivages contestant les expres-
sions classiques (ici supramunicipales) de la représentation politique. La
revendication sur les défusions s'apparente à une forme particulière de
mobilisation sociale. Elle anticipe et préfigure vraisemblablement l'émergence dans toutes les grandes métropoles d'une démocratie urbaine de
plus en plus *différentielle*. La notion de *démocratie différentielle* est
habituellement utilisée dans les travaux américains sur les genres et
l'immigration pour souligner l'accès différencié à des solutions démocratiques selon les publics concernés. On l'utilisera ici pour souligner les
différences de conception de la démocratie qui s'expriment dorénavant
selon chaque arène urbaine et selon chaque mode de publicisation des
mobilisations collectives locales.

CONCLUSION

Promu au Québec comme en France à partir d'une réforme volontariste, le changement d'échelle territoriale dans la gestion des villes
reflète en première lecture des objectifs de rationalité managériale, d'économie d'échelles et de gains politiques. Cependant, une lecture plus fine
des changements de représentations à l'œuvre permet de lier étroitement
la montée du pouvoir d'agglomération à des pratiques démocratiques
qui se différencient dans chaque grande ville. Cet assemblage incertain
entre des visées institutionnelles et des influences plus sociales et culturelles place les villes en situation d'assumer des responsabilités inédites
dans la codification du bien commun, et il oblige leurs leaders à occuper
une position charnière pour organiser et médiatiser les représentations
locales de cet intérêt général-local en formation. Les agglomérations
sont donc en passe de devenir des *cités* politiques au sens fort du terme.
Parions que la territorialité des demandes imprégnera dorénavant puis-
samment à la fois l'esprit des politiques publiques nationales et les règles
du jeu politique urbain.

DEUX DÉCENNIES DE RÉFORMES TERRITORIALES EN FRANCE

Pierre Sadran

C'est encore une fois l'histoire du verre à moitié vide ou à moitié plein. En vingt ans[1], tout a changé et rien n'a changé dans l'organisation territoriale en France.

RIEN N'A CHANGÉ

Nous avons toujours nos si célèbres 36 000 communes – 36 657 lors des élections municipales de 2001 pour être précis, ce qui fait de nous les champions incontestés du morcellement communal au sein de

---

1. La période de référence déborde légèrement du cadre strict des deux dernières décennies. Il est logique de la faire débuter avec les lois de décentralisation du « cycle Defferre » dont le point de départ symbolique – faut-il le rappeler ? – est la loi du 2 mars 1982, intitulée « Droits et libertés des communes, des départements et des régions ». En fait, le design du cycle Defferre est lui-même le produit d'une *path dependence* qui oblige à inscrire la réflexion dans un espace temporel plus large.

l'Union européenne, et sans doute bien au-delà[2]. Or, les conséquences de l'échec radical de la politique des fusions tentée en particulier par la loi du 17 juillet 1971 ne se résument pas au *statu quo ante*; car, du fait des restructurations menées, souvent avec vigueur, dans les autres pays, le contraste qu'offre le cas français s'accentue fortement. Entre 1950 et 1992, le Royaume-Uni a réduit le nombre de ses communes de 76 %, l'Allemagne (de l'Ouest) de 67 %, la Belgique de 78 %, l'Espagne de 12 %, la Suède de 87 %[3]. Et le phénomène ne s'est nullement circonscrit à l'Ouest : en témoignent par exemple la Bulgarie (-88 %), ou la République tchèque (-44 %).

Nous avons toujours, dans un pays de dimensions moyennes où il a souvent été démontré que cette configuration n'avait rien de bien cartésien, la superposition des deux échelons de méso-gouvernement que sont le département et la région. Situation parfois poussée à l'absurde, comme dans les départements ultra-périphériques d'Outre-Mer où sur des territoires exigus et insularisés[4] cohabitent tant bien que mal

---

2. Il est inutile de multiplier les chiffres indicatifs de l'ampleur de cette exception française. Relevons seulement que plus de 28 000 communes, soit environ 77 % de l'ensemble, ont moins de 1 000 habitants alors que les villes de plus de 10 000 ne constituent même pas 3 % du total. Mais évidemment les trois quarts des Français vivent « en ville » (plus de 42 millions d'habitants résident dans l'une des 361 aires urbaines telles que les définit l'Institut national de la statistique et des études économiques (INSEE), et les 25 plus grosses agglomérations concentrent plus d'un tiers de la population. La dispersion communale nous vaut aussi un record de représentation élective : les Français disposent d'un élu local pour 100 habitants alors que les Belges en ont un pour 780 habitants, les Danois un pour 1 000, à peu près comme les Portugais, et les Britanniques, un pour 2 600. (Tous ces chiffres sont arrondis. L'élargissement de l'Union européenne ne changera pas ces rapports; les Polonais ont un élu local pour 680 habitants et Malte, un pour 580.)

3. « Conseil de l'Europe, la taille des communes, l'efficacité et la participation des citoyens », *Communes et régions d'Europe*, n° 56, 1995. Il est vrai que le Portugal a vu le nombre de ses communes s'accroître de deux unités (+0,7 %) et l'Italie, de 4 %. Mais ces deux pays comptent respectivement 32 300 et 7 130 habitants par commune en moyenne, alors que cette moyenne est, en France, de 1 580 habitants seulement.

4. La Guyane française est vaste, mais son territoire « utile » est plus restreint et plus insularisé par la forêt amazonienne que celui des îles proprement dites que sont la Guadeloupe, la Martinique et La Réunion.

– et plutôt mal que bien – les deux collectivités territoriales. Or l'échec des consultations locales organisées le 7 décembre 2003 dans les départements français d'Amérique (La Réunion en avait refusé le principe) sur la substitution d'une assemblée unique aux deux conseils (général et régional), même s'il résulte sans doute en partie d'un détournement du sens donné au vote par rapport à la question posée souvent en matière de référendum, montre qu'on est loin de pouvoir envisager un changement institutionnel qu'imposerait la raison et qu'appelaient également de leurs vœux des leaders aussi opposés que Lucette Michaux-Chevry, Alfred Marie-Jeanne ou Claude Lise[5]. Si bien que la solution restera celle, adoptée par défaut, du recours à l'échelon supplémentaire du Congrès réunissant conseillers généraux et régionaux pour tenter de remédier aux dysfonctions de l'architecture institutionnelle. On imagine alors combien l'hypothèse de la suppression de l'une de ces collectivités est proprement surréaliste dans le cas de la métropole !

Nous n'avons pas non plus, sauf en de très rares exceptions, procédé aux rectifications de frontières ou aux modifications de périmètres que pouvaient inspirer l'histoire, la géographie ou la politique. Oubliée d'emblée, la proposition n° 54 du candidat Mitterrand pour la création d'un département basque n'a, depuis, plus jamais été reprise par l'un quelconque des partis de gouvernement. Et le découpage régional, qui, de ses très technocratiques origines, tire sa coïncidence exacte avec les limites départementales, n'a jamais été sérieusement rediscuté ; même si, contrairement à une légende tenace, la région « Centre » n'a pas été créée en dernier, avec les reliquats, plusieurs régions qui n'avaient rien d'une évidence géographique ou morphologique ont été littéralement « inventées » par un jeune énarque, Serge Antoine, qui a procédé par superposition de calques des découpages territoriaux des principales administrations, et qui se dit aujourd'hui déçu de voir qu'une œuvre qu'il avait imaginée devoir être évolutive s'est au contraire figée, avec toutes ses imperfections – la division des deux Normandies par exemple,

5. Respectivement : ex-présidente de l'Union pour un mouvement populaire (UMP) du Conseil régional de Guadeloupe, président indépendantiste (MIM) du Conseil régional de Martinique, et président (apparenté au Parti socialiste) du Conseil général de la Martinique.

fondée uniquement sur l'antagonisme entre Rouen et Caen (Antoine, 2004 : 56).

TOUT A CHANGÉ, CEPENDANT, OU EST EN PASSE DE LE FAIRE

La région, précisément, est depuis 1982[6] une collectivité territoriale de plein exercice. Ayant quitté les habits étriqués de l'établissement public, la nouvelle collectivité constamment perçue dans l'opinion comme l'unité politico-administrative porteuse d'avenir[7] est surinvestie d'attentes et d'espérances. On vient de le voir au travers de certaines interprétations des résultats de l'élection régionale de mars 2004. Aussi excessif que ce soit, il est significatif que la victoire socialiste dans la quasi totalité des régions françaises ait pu être présentée comme une forme inédite de la cohabitation. Aussi hypothétique que cela puisse paraître, le fait que les vainqueurs (nouveaux ou reconduits) présentent à l'unisson la région comme un laboratoire de la modernité politique par l'invention de la démocratie participative n'est pas moins révélateur du potentiel prêté à l'institution régionale.

Plus récente encore, la création des « pays » par les lois « Pasqua » de 1995 et « Voynet » de 1999[8] est virtuellement riche d'innovations par l'approche qu'elle adopte, celle d'une démarche de projet, déchargée des contraintes de l'institutionnalisation classique (le pays n'est pas une nouvelle collectivité) et susceptible de valoriser et de diffuser les « bonnes pratiques » en matière de développement sur un bassin d'emploi ou un « territoire vécu ». L'espoir mis dans les pays est considérable. On ne s'étonne pas d'en trouver une vigoureuse expression chez l'un des

---

6.   Acquis depuis la loi Defferre, le changement de statut ne devait formellement intervenir qu'à compter de la première élection du conseil régional au suffrage universel direct, effective en 1986.

7.   Toutes les enquêtes de l'Observatoire interrégional du politique (OIP) le confirment.

8.   Loi d'orientation pour l'aménagement et le développement du territoire (LOADT) du 4 février 1995.

promoteurs de la réforme, cité par Jacques Palard : « La LOADDT[9] amorce, à l'évidence, un véritable processus de recomposition du territoire [...]. Le chantier interrompu d'une décentralisation inachevée pourrait y trouver de nouveaux outils et un second souffle » (Leurquin, 1999 : 26). Or les analystes partagent cet optimisme :

> La LOADT qui consacre juridiquement la notion de pays s'inscrit dans un renouvellement des cadres de pensée en matière de développement. Elle traduit une ferme volonté de reconnaître la diversité des territoires, en proposant un nouveau cadre de coopération aux communes, aux groupements de communes et aux acteurs socioprofessionnels et associatifs, leur permettant d'élaborer un projet commun autour d'une communauté d'intérêts économiques et sociaux. [...] La LOADDT du 25 juin 1999 impulse de nouvelles orientations à cette politique des pays, et précise le cadre juridique de sa mise en œuvre, à partir des bonnes pratiques observées sur le terrain. L'objectif de créer les conditions d'une meilleure coopération entre espaces urbains et ruraux est réaffirmé. En référence au bassin d'emploi, le pays devient l'un des cadres privilégiés de l'action publique en matière de développement économique à l'échelle locale. Il doit être porteur d'un projet de développement durable permettant d'anticiper et d'amortir les effets de crise économique et sociale dans les bassins d'emploi. Ce projet prend la forme d'une charte de pays (Palard, 2002).

Mais c'est surtout le développement spectaculaire de l'intercommunalité « de projet », principalement à partir de la mise en œuvre de la loi « Chevènement » du 12 juillet 1999, qui incite à parler d'un vrai changement, voire d'une « invention de l'agglomération » (Baraize et Négrier, 2001). La France est familière avec l'intercommunalité, très ancienne sous la forme élémentaire des syndicats de communes datant de 1890, profondément rénovée par l'ordonnance du 5 janvier 1959 créant le SIVOM[10] et districts et la loi du 31 décembre 1966 instituant les

---

9. Loi d'orientation et de développement durable du territoire (LOADDT) du 25 juin 1999.

10. Syndicat intercommunal à vocation multiple, venant s'ajouter aux SIVU (à vocation unique) de la loi de 1890. Surtout, une règle de majorité qualifiée – et non plus d'unanimité – est imaginée pour la création des établissements publics de coopération intercommunale (EPCI).

communautés urbaines, réaménagée par la loi Administration territoriale de la République (ATR) du 6 février 1992, et finalement refondue dans le texte de J.P. Chevènement. C'est assez dire qu'il n'y a, en la matière, aucune découverte ; le paysage de l'intercommunalité, loin d'être vierge, était au contraire sérieusement encombré, voire surchargé. Mais deux précisions s'imposent. D'abord les résultats de cet acharnement normatif ont longtemps été décevants, voire parfois contre-productifs, permettant par là de conclure à la reconduction des caractéristiques fondamentales de notre organisation territoriale (Sadran, 1997). Nombre d'établissements publics de coopération intercommunale (EPCI) n'existaient que sur le papier ; plus ils disposaient de virtualités restructurantes, moins ils attiraient ; du fait des compromis nécessaires, les outils de gestion des agglomérations (communautés urbaines en particulier) se révélaient être souvent de coûteux systèmes de non-décision. C'était globalement l'échec de la méthode de l'empilage incitatif des structures de coopération. L'autre remarque, c'est qu'il convient de distinguer, au sein de la forme intercommunale, plusieurs catégories inégalement porteuses de changements. Une première distinction s'établit entre l'intercommunalité associative et fédérative, autour de la présence ou de l'absence d'une fiscalité propre au regroupement. Ce n'est que dans le premier cas (fiscalité propre) qu'existe un levier de restructuration permettant de parler d'intercommunalité fédérative. Les formules associatives (majoritaires) laissent pratiquement intacts les problèmes issus du morcellement communal. Encore faut-il voir qu'il existe des degrés au sein de l'intercommunalité fédérative selon le choix fait pour la mise en commun de la ressource fiscale. La seconde distinction oppose l'intercommunalité de compétences à l'intercommunalité de projet. Cette dernière est la seule qui soit à même de relever les défis actuels du gouvernement local. Elle passe, bien sûr, par le recours aux formules de type fédératif, mais cette condition nécessaire n'est pas suffisante. Il faut aussi que puissent s'affirmer un leadership accepté et une mutualisation des risques et des avantages orientée vers l'institutionnalisation du territoire communautaire. Or tout semble indiquer que la loi Chevènement ait enfin trouvé la formule (au sens chimique du terme) pour instiller une « révolution tranquille » dans l'organisation territoriale française. Sur le plan statistique, le succès est indéniable ; on peut même dire spectaculaire en regard des réticences passées.

TABLEAU 1

La croissance de l'intercommunalité de projet

Type de communautés	1999	2000	2001	2002	2003	Population concernée
Urbaines	12	12	14	14	14	6 203 043
Agglomération		50	90	120	143	18 250 461
De communes	1 349	1 532	1 717	2 032	2 195	23 687 074
Dont TPU[11]	93	232	402	607	763	10 465 164
Total	1 454	1 594	1 821	2 166	2 352	48 140 578

Source : Ministère de l'Intérieur, Direction générale des collectivités locales.

RIEN N'A CHANGÉ, TOUT A CHANGÉ

On voit bien que deux thèses s'affrontent, avec quelques solides arguments de part et d'autre. D'un côté, celle qui privilégie les dynamiques à l'œuvre et qui voit, dans l'affirmation des territoires de projet, une recomposition des cadres de l'action publique et, partant, de sa conduite, en insistant sur les effets d'apprentissage qui se diffusent et sur l'apparition d'une nouvelle culture politique.

De l'autre, celle qui, sans nier ces dynamiques, les relativise en les replaçant dans leur contexte spatial et temporel global, et qui constate que la timidité des politiques constitutives d'intervention sur le territoire (flagrante dans une perspective comparative) favorise persistance et résurgence de pratiques et de représentations adossées à l'architecture classique des territoires qui reste en surplomb.

C'est ce dernier point de vue que nous adopterons ici, pour le verser au débat.

---

11. Taxe professionnelle unique.

Faiblesses de la dimension territoriale
des politiques constitutives

C'est bien entendu dans le contexte de la politique de décentralisation, menée avec une inégale constance depuis plus de vingt ans, qu'il faut replacer, pour en prendre la mesure, les interventions – ou leur absence – sur les territoires. Globalement, celles-ci s'avèrent plus marquées par des renoncements que par des choix, par des échecs que par des réussites (les uns et les autres n'étant bien sûr que relatifs), par la confortation de l'acquis que par le *new deal* institutionnel. Peut-être est-ce le destin – et la chance – de la décentralisation en France de procéder à des adaptations par défaut et de laisser s'installer des **logiques inaccomplies**. Mais il faudrait tordre la réalité pour y voir une véritable politique de réformes territoriales.

C'est l'échec de la méthode qu'on a pu qualifier de « volontarisme rationalisateur » (Sadran et Dumas, 1981) qui a « formaté » toute la politique de décentralisation menée avec succès depuis 1982. Le génie de Gaston Defferre fut précisément d'avoir su s'adapter et transformer des contraintes en ressources. Il reste que l'ensemble du dispositif est fondé sur un postulat de base : *ne pas toucher aux territoires existants*. On conserve tous les territoires (les 36 000 communes, la superposition des départements et des régions que l'on fige définitivement en transformant la région en collectivité), et on les conserve en l'état (à périmètres constants). Mais la décentralisation n'est pas neutre, puisqu'en transférant des compétences et des pouvoirs aux collectivités existantes elle renforce leurs positions et leurs ressources d'influence. La logique distributive qui préside à la répartition des compétences entre les niveaux afin que chacun d'entre eux y trouve son compte et le souci d'empêcher l'affirmation de rapports de tutelle entre les collectivités vont dans le même sens. Le seul niveau d'institutionnalisation laissé de côté dans le « cycle Defferre » est précisément celui de l'intercommunalité, et il faudra attendre 10 ans pour que le législateur s'en saisisse à nouveau avec la loi ATR du 6 février 1992.

Fortement inscrite dans un phénomène de dépendance au sentier créé par l'échec récurrent des tentatives du volontarisme rationalisateur, la réforme Defferre a réussi parce que, dans le contexte né du système de « pouvoir périphérique » à la française, les solutions irrationnelles mais pragmatiques débouchent plus facilement que les autres sur des compromis acceptables, voire satisfaisants, pour ceux qui sont à l'origine de la décision comme pour ceux qui sont susceptibles de s'en approprier les effets. Les excès du morcellement communal, l'inefficacité gestionnaire de la superposition des niveaux (communal et communautaire), les inconvénients, parfois exacerbés, du dualisme départements-régions ont été retournés en autant d'avantages relatifs au bénéfice mutuel du plus grand nombre d'acteurs. La réussite politique de la décentralisation vient de cette adaptation à tâtons à travers les déboires de la rationalité technocratique. Creusant ainsi son sillon, elle renforce la *path dependence* et produit un effet multiplicateur sur les jeux systémiques où chaque pièce sert d'arc-boutant aux autres. La pérennité du département est garantie par le maintien des petites communes rurales, et si la France est la championne de l'intercommunalité, c'est moins le fait d'une invention du pouvoir d'agglomération que le fruit de son incapacité à se réformer autrement qu'en additionnant les niveaux d'administration; du coup, le succès de l'intercommunalité rend encore moins indispensable de prendre le risque politique d'une réforme « autoritaire ». Il est devenu strictement impossible, voire indécent, d'évoquer les fusions par exemple.

Aussi ne faut-il pas s'étonner de voir la relance – initialement vigoureuse [12] – de la décentralisation, dans ce qu'il est convenu d'appeler l'« acte II », emprunter le chemin soigneusement balisé par l'étape précédente, et reproduire les mêmes caractéristiques. Renoncement confirmé à toute opération incisive de restructuration territoriale : les seules possibilités ouvertes par la réforme, cantonnées aux territoires insularisés et marqués par d'évidents particularismes, ont été subordonnées à des consultations populaires théoriquement consultatives, mais qui ont en fait, en Corse comme dans les départements français des Caraïbes, immédiatement refermé cette « fenêtre d'opportunité » et figé le *statu quo*. Extrême attention portée au pouvoir municipal et à la personne des maires : il est significatif que le Premier ministre ait tenu à présenter lui-même son projet de réforme constitutionnelle à l'Association des

---

12. Le Premier ministre faisait de « sa » réforme son meilleur atout pour renforcer sa position face à des compétiteurs mieux dotés et plus aguerris que lui au sein de la majorité, et la proposait par ailleurs collectivement à l'équipe arrivant au pouvoir après le traumatisme du 21 avril 2002 comme un moyen privilégié de reconstituer du lien politique en érigeant la « proximité » en vertu cardinale de l'action.

maires de France (AMF) le jour même où il déléguait à son garde des Sceaux le soin de faire le même exercice devant l'Assemblée nationale. Équilibre soigneusement maintenu, ou rétabli à la faveur des « assises des libertés locales » (phase de concertation préalable avec les représentants institutionnels), entre le département et la région : initialement présenté comme une « régionalisation », l'acte II verra finalement ses dividendes, en termes de moyens et de responsabilités transférées, aller davantage à celui-là qu'à celle-ci. En définitive, le « moment Raffarin » de la décentralisation, tout comme le « moment Defferre », ne fait l'impasse que sur un partenaire institutionnel et un seul : l'intercommunalité. C'est d'autant plus frappant et lourd de conséquences qu'entre-temps ont été votées les lois ATR (administration territoriale de la République) de 1992 et Chevènement de 1999.

Les réformes territoriales sont nécessairement amoindries et fragilisées par cette démarche de l'adaptation par défaut qui, ne pouvant conduire chaque aménagement au bout de sa logique propre par souci d'éviter le conflit frontal avec les multiples organismes ou lobbies d'élus, s'enferme dans des apories dont on ne voit pas l'issue hors situation de crise aiguë, et contribue à rétrécir constamment le champ du possible.

L'exemple le plus flagrant vient justement du traitement, par omission pure et simple, réservé à la question de la légitimité élective des instances intercommunales, dont on sait désormais qu'elles prennent une part prépondérante dans la conduite des politiques publiques locales qui concernent 80 % de la population (plus de 48 millions d'habitants). La question est pourtant officialisée depuis que le rapport Mauroy, remis au Premier ministre Jospin le 17 octobre 2000, a formulé des recommandations (que l'on jugera timides ou mesurées selon l'endroit d'où l'on parle) à ce sujet. Or, si les risques inhérents à la cohabitation pouvaient expliquer (sinon justifier) le manque d'audace sur ce point du gouvernement précédent, celui de l'actuelle équipe dirigeante qui disposait de toutes les conditions politiques et de toutes les positions majoritaires pour produire, à la faveur d'une relance de la décentralisation, un changement décisif, est sans doute révélateur des contraintes issues d'une dépendance aggravée au sentier précédemment tracé. Il s'inscrit en faux contre l'optimisme d'Emmanuel Négrier estimant que l'« invention politique de l'agglomération » – titre de son chapitre de conclusion – devait conduire inéluctablement au recrutement des dirigeants des structures d'agglomération au suffrage universel direct (Baraize et

Négrier, 2001 : 295). Au demeurant, cet optimisme était quelque peu contradictoire avec les fonctions latentes que l'auteur attribue, fort pertinemment, au déficit démocratique du pouvoir d'agglomération : « naturalisation de la contrainte d'adaptation », en n'exposant pas les élus de l'agglomération aux décisions impopulaires, émergence de projets portés par la technostructure, donc « dépolitisés », préservation de l'identité et de la popularité construite sur le territoire communal. L'efficacité fonctionnelle de la dichotomie entre les territoires de la représentation et ceux de l'action n'échappe pas aux acteurs concernés, qui sont aussi les décideurs, et seraient bien fous de s'en priver. Elle est en revanche fort peu satisfaisante pour le citoyen et pour l'idéal démocratique. Alors que le choix du président de la communauté d'agglomération (au sens générique) est devenu une enjeu décisif, les élections municipales le cachent aux yeux de l'électeur. Le « quatrième tour » des municipales peut, on l'a vu, donner lieu à toutes sortes de tractations de coulisse, non arbitrées, évidemment, par le suffrage universel.

Autre exemple d'inaccomplissement résultant du souci de ménager les corporatismes électifs les plus influents : la concession faite aux sénateurs et aux départementalistes avec la réforme du mode de scrutin régional adoptée par la loi du 11 avril 2003, revenant partiellement sur la circonscription régionale instituée par la précédente réforme du 19 janvier 1999, pour imposer, bien que les listes soient établies au niveau régional, une répartition des candidats par sections départementales, au motif de permettre la représentation au conseil régional de l'ensemble des départements, donc de favoriser l'ancrage territorial des élus régionaux. Ce retour en arrière pénalise la région ; dans l'esprit des électeurs comme dans les déterminants de la construction d'une carrière politique ou dans la pratique des partis, c'est le département qui passe à nouveau au premier plan. Vingt ans après son avènement au rang de collectivité, la région a décidément beaucoup de mal à s'émanciper du format dans lequel elle a été initialement conçue : celui d'une arène politique subordonnée et d'une agence de l'action publique moderniste (Sadran, 2004).

Dernier exemple enfin de ces logiques inabouties qui conditionnent fortement la mise en œuvre des réformes territoriales : la satisfaction manifestée à l'égard des mesures supposées limiter le cumul des mandats, puisque l'acte II de la décentralisation suppose la question résolue et l'ignore superbement. La concentration du pouvoir aux mains d'une « oligarchie élective » (avec, il est vrai, le consentement plus ou moins lucide ou cynique de l'électorat) est un trait saillant et rémanent de la République. Le cumul des mandats et des fonctions électives nourrit une sorte de régulation oligopolistique des arènes de compétition électorale, et se reconstitue en dépit des mesures censées le limiter. Dernière en date de ces tentatives, la loi du 5 avril 2000 renforce les restrictions légales posées par un précédent texte de 1985 en prohibant la détention simultanée de deux fonctions exécutives locales, ou d'une de ces fonctions et d'un mandat de parlementaire européen, ou encore de ce dernier et d'un mandat de parlementaire national. En revanche, il reste possible de cumuler un mandat de parlementaire national et une fonction exécutive locale : la figure symbolique (et le dispositif pratique) de député-maire est sauvegardée. Et surtout persiste également la règle qui veut qu'on se « mette à jour » des incompatibilités légales *après* l'acquisition éventuelle d'un mandat supplémentaire : ainsi se trouve pérennisé le rouage essentiel de l'accumulation des ressources politiques, celui qui permet la recherche systématique de la multipositionnalité optimale. Cette législation insatisfaisante à tous égards (Sadran, 2004) laisse subsister des indices de cumul très élevés : 90,8 % des députés et 80,7 % des sénateurs sont cumulants. Les cumuls les plus significatifs sont considérables : 41 % des députés sont députés-maires, 39,2 % des sénateurs sont également conseillers généraux, dont 10,2 % présidents de l'assemblée départementale. La loi n'a, à l'évidence, pas réglé le problème. Pourtant, l'« acte 2 » n'en dit mot, et reconduit purement et simplement ce verrou dominant du processus de réforme : l'institutionnalisation du conflit d'intérêts.

Ne pas restituer les changements observables sur le terrain dans ce contexte global conduirait à notre sens à introduire un biais analytique dans l'évaluation de leur portée.

Persistance et résurgence des usages classiques des territoires

Quels que soient ses carences ou son conservatisme territorial, la politique de décentralisation doit s'accommoder des dynamiques issues de mouvements de type *bottom up* qui repensent le territoire comme une production collective et coopérative susceptible finalement de faire bouger les lignes bien au-delà de ce que l'architecture institutionnelle semble être capable d'admettre. On aura reconnu par là la virtualité positive des pays et de l'intercommunalité de projet. D'excellents analystes y voient le germe d'une **réinvention des territoires** fondée sur les capacités mobilisatrices d'un groupe d'acteurs qui se saisissent des occasions que leur offrent les textes déjà cités (LOADT, LOADDT, loi Chevènement). Mais un regard plus critique ne peut s'empêcher d'y voir des **inventions récupérées** par les usages classiques du rapport aux territoires.

Les pays forment le socle du scénario prospectif que souhaite promouvoir la Délégation à l'aménagement du territoire et à l'action régionale (DATAR) à l'horizon 2020, celui que Jean-Louis Guigou et Dominique Parthenay (Guigou et Parthenay, 2001) appellent de leurs vœux et baptisent le « polycentrisme maillé[13] ». Le territoire ainsi recomposé s'organiserait autour de grandes régions de rang européen, d'un réseau de villes et d'« espaces de projet, caractérisés par de fortes solidarités humaines, sociales et économiques », dans lesquels on reconnaît bien les pays, comme le note Jacques Palard, qui ajoute que, si la mise en œuvre volontariste de ce scénario ne va pas de soi et suppose de résoudre bien des contradictions, il a cependant pour lui de permettre :

> Une forme de conjonction et de relations de réciprocité entre la modernisation de l'action de l'État et celle des politiques locales de développement; pourrait être ainsi envisagée l'association d'un pôle de service à un bassin d'emploi. Pour ce faire, trois conditions au moins sont requises de la part de l'État : qu'il accepte des différences de traitement d'un pays à l'autre, qu'il partage la responsabilité du diagnostic et de la mise en œuvre des orientations avec les collectivités locales concernées, et qu'il définisse pour chaque pays son propre schéma de services publics (Palard, 2002).

Moins hypothétique et conditionnée parce qu'elle est déjà largement engagée, la « révolution tranquille » de l'intercommunalité constitue, pour François Baraize et Emmanuel Négrier, une véritable « invention de territoire ».

---

13. Ils l'opposent à trois autres scénarios à connotation négative : l'*archipel éclaté*, d'inspiration néolibérale, le *local différencié* teinté de communautarisme, et le *centralisme rénové* marqué par le retour de l'État.

La montée en puissance de l'intercommunalité urbaine, sous l'ombre portée de la sacro-sainte commune, est une donne désormais majeure de l'action publique locale [...]. Nous considérons la mise en œuvre de la loi Chevènement comme une étape charnière dans l'émergence politique des agglomérations. En même temps, elle traduit quelques-unes des transformations majeures dans le pouvoir politique territorial en interaction (Baraize et Négrier, 2001).

Trop avertis des réalités polymorphes des terrains pour tomber dans un optimisme béat, ils ne s'autorisent à monter en généralité que lorsqu'ils enregistrent la conjugaison des facteurs qui poussent à une métropolisation s'inscrivant à la fois dans les pratiques observables et dans les schèmes cognitifs des acteurs. Premièrement un vrai leadership politique, de l'ordre de ceux que James MacGregor Burns qualifie de « transformationnel[14] ». « C'est autour de la figure du leadership "transformationnel" que s'articulent la plupart des projets généralement considérés comme innovants. Dans ce cas, le leader a non seulement la possibilité d'incarner les transactions de longue durée entre acteurs politiques, mais aussi la capacité à porter de nouveaux espaces et de nouveaux domaines de transaction » (Baraize et Négrier, 2001 : 284). Proposition qu'illustre parfaitement la thèse récente de David Le Bras sur le processus de construction identitaire des communautés d'agglomération de Grenoble, Lens-Liévin et Voiron, dans laquelle est, par exemple, mise en relief la personnalité de Michel Hannoun, « charismatique et visionnaire démiurge du Pays Voironnais » (Le Bras, 2003).

Deuxièmement, l'appui d'une technostructure à laquelle sont déléguées initiatives et responsabilités, de concert avec le groupe des élus engagés dans le leadership communautaire. C'est une élite de « technotables » pour parler comme J.P. Gaudin, qui dispose de l'impulsion, et qui tend d'ailleurs à « techniciser » les questions politiques dans l'optique d'une recherche de consensus. Comme le montrent l'étude précitée de Le Bras sur la communauté d'agglomération Métro de Grenoble et le Pays voironnais en particulier, ou celle de Ben Mabrouk sur les agglomérations de Lyon et de Lille (Mabrouk, 2003), le leadership dans ce contexte renvoie nécessairement à la gestion d'un collectif de décision et d'action.

---

14. Par opposition au leadership transactionnel (Burns, 1978).

Troisièmement, la réintégration du préfet dans le jeu des influences. Sans s'analyser comme le retour pur et simple de l'État et de son ancien style jacobin de commandement, la loi restitue un rôle (qu'il n'est pas toujours à même de pouvoir jouer efficacement) au préfet qui, parce qu'il est « au carrefour de cartes d'action qui demeurent territorialement hétérogènes : carte de la qualité de l'air, de l'eau, zones urbaines, bassins d'emploi, zonage communautaire, agglomérations, pays, etc. » (Baraize et Négrier, 2001), dispose de la position nodale qui favorise son intervention comme *assureur* (ou facilitateur) là où le leadership politique n'est pas en débat, *entrepreneur* là où la situation est conflictuelle, et *épargnant*, tentant de préserver l'avenir là où la dynamique intercommunale ne peut s'engager.

Quatrièmement, des formes de légitimation peuvent naître de l'intervention d'intérêts organisés qui, notamment pour les grands groupes de services urbains, ne sauraient se désintéresser des enjeux de la métropolisation. Le cas, peut-être plus atypique, de l'industriel Bruno Bonduelle, très engagé dans le projet d'un Grand Lille, est bien connu. Taoufik Ben Mabrouk note ainsi que « la concertation menée avec les représentants des intérêts organisés permet aux promoteurs métropolitains de jouer de la formulation corporatiste des enjeux d'aménagement du territoire définis dans le droit fil des intérêts, des exigences et des contraintes de l'activité sociale ou économique ».

Lorsqu'ils sont réunis, ces facteurs permettent en effet de penser que l'organisation territoriale française est moins figée qu'il ne paraît. Mais ils sont très loin de l'être toujours ; et, alors même qu'ils le seraient, les territoires réinventés n'en font pas moins l'objet de récupérations qui les assujettissent aux contraintes habituelles du jeu politique.

Il est tout d'abord évident que la culture coopérative qui amène à penser la production du territoire comme une entreprise collective n'est pas forcément la chose du monde la mieux partagée. Jacques Palard relève que le processus de création des pays s'avère globalement plus lent et plus timide que prévu et, surtout, note les fortes disparités qui existent sur le territoire national ; un dixième des régions métropolitaines concentrent les deux tiers des projets les plus avancés. Ce qui signifie que certaines régions y sont rétives, parmi lesquelles figurent quelques « poids lourds » (Nord-Pas-de-Calais, Rhône-Alpes, Provence-Alpes-Côte d'Azur).

On ne doit pas dissocier les caractéristiques culturelles localement dominantes des formes d'institutionnalisation propres à la sphère politique : la coopération intercommunale, les relations entre les collectivités et la société civile, la dynamique du mouvement associatif, les réseaux coopératifs professionnels – notamment agricoles – sont des dimensions complémentaires et conjointes d'une même aptitude générale à collaborer en vue d'opérer une mutualisation des ressources et une co-construction des projets. Cette aptitude est enracinée dans le tissu social de certaines régions ou micro-régions, dans l'Ouest en particulier. Cette observation incite d'ailleurs à marquer les limites des effets pratiques de la volonté réformatrice en matière de coopération territoriale : les dispositifs législatifs et réglementaires peuvent jouer le rôle de levier ou d'incitation – entre autres financière – à coopérer, mais le degré de tonicité du processus localement engagé dépendra dans une large mesure de l'enracinement des savoir-faire collectifs antérieurement acquis dans d'autres sphères d'activité. C'est dire que l'aptitude à coopérer n'est pas véritablement exportable, et que la confiance entre acteurs ne se décrète pas... (Palard, 2002 : 8).

De leur côté, Baraize et Négrier relèvent aussi que peu de communautés d'agglomération de la loi Chevènement ont été créées *ex nihilo* sans avoir été précédées par une institution antérieure.

En second lieu, la notion de projet territorial fournit en certains cas l'habillage rhétorique à une démarche beaucoup plus prosaïque, fondée sur le court terme et la recherche d'effets d'aubaine. Les auteurs de « l'invention de l'agglomération » ont beau mettre en doute l'explication du succès de la loi Chevènement par l'appât du gain réalisé en matière de dotation globale de fonctionnement (DGF), plusieurs études systématiques, peu récusables méthodologiquement, montrent que des communes motivées par les avantages financiers se regroupent sans avoir véritablement réfléchi à un projet commun de développement et d'aménagement. Dans une recherche portant sur les groupements à taxe professionnelle de zone (TPZ), Dominique de Saint Sernin établit que 39 groupements seulement sur les 86 de son échantillon mettent réellement en œuvre une logique de projet ; 55 % des groupements à taxe professionnelle de zone obéissent à une logique de guichet, et 45 % à une logique de projet. Ce résultat corrobore celui d'une étude précédente portant sur les groupements à taxe professionnelle unique (TPU) (François et Lengereau, 1998) et conduit l'auteur à conclure à la nécessité de multiplier les études quantitatives et qualitatives pour évaluer les résultats de la mise en œuvre de l'intercommunalité (Saint Sernin, 2003). Trop souvent réalisée « à l'aveuglette » compte tenu de la complexité des mécanismes financiers, comment l'ignorance de ses effets réels ne favoriserait-elle pas le raisonnement de court terme le plus rustique ? (« On ne va pas se priver de la carotte que la loi met à notre portée »).

L'usage de l'intercommunalité peut aussi être prophylactique. Plus que dans une démarche de projet, elle s'inscrit alors dans de très classiques jeux de pouvoir, où le territoire est construit comme une forteresse plutôt que comme un espace de développement et de coopération. Et n'est-ce pas là le cas le plus fréquent si l'on songe, pour l'intercommunalité urbaine, qu'il n'y en a pratiquement aucune dont le périmètre recouvre en totalité l'aire urbaine définie par l'Institut national de la statistique et des études économiques (INSEE) ? C'est ce que Gilles Massardier avait appelé, dans une étude consacrée à la mise en œuvre de la loi du 6 février 1992, « l'intercommunalité pour s'isoler » :

> Les élus inventent une géographie de la légitimité qui ne correspond pas aux territoires électifs (circonscription, canton, commune), mais qui cherche pourtant à accumuler des ressources pour renforcer leur autorité sur leur territoire électif initial. Cependant, la hiérarchisation entre les élus, c'est-à-dire la logique de subordination des petits aux grands élus, conduit à l'isolement de territoires intercommunaux soit au profit des grands élus, soit par regroupement des communes riches, soit par alliance entre petits élus qui « partagent » leur pauvreté. Il en résulte un découpage territorial qui ne correspond pas toujours à l'idéal de péréquation des richesses et des dispositifs d'action publique invoqué par la politique institutionnelle de coopération intercommunale (Massardier, 1997).

À partir d'une approche très différente, et s'appliquant cette fois aux usages de la loi Chevènement, de Saint Sernin parvient à des conclusions analogues :

> Certains groupements semblent avoir trouvé dans la loi Chevènement des outils à leur mesure pour en contourner l'esprit. On peut citer, par exemple, la création de plusieurs communautés d'agglomération sur une même aire urbaine : Toulouse, Marseille, Valenciennes et la création de communautés de communes à DGF (Dotation globale de fonctionnement) bonifiée dites « sanctuaires » (car intouchables) en périphérie et autour de communautés d'agglomération : Périgueux, Lorient,

Montpellier, Besançon, etc. Le risque, c'est alors la non-pertinence des projets mis en œuvre par ces groupements au regard des territoires qu'ils concernent (Saint Sernin, 2003).

E. Négrier convient d'ailleurs lui-même que la mise en œuvre de la loi Chevènement est une « invention sans innovation », et qu'on n'est pas si loin du « tout changer pour que rien ne change » du Guépard de Tomasi di Lampedusa[15].

C'est bien ce que confirme la sociologie des détenteurs du pouvoir intercommunal, étudiée par Rémy Le Saout. L'invention des territoires ne semble pas avoir favorisé l'émergence d'un personnel politique nouveau ou différent, mais bien plutôt consolidé la position de ceux qui concentrent déjà le maximum de ressources acquises sur d'autres espaces et notamment ceux du pouvoir municipal, conforté par le cumul des mandats ou la détention de ressources politiques nationales (responsabilités partisanes, par exemple). D'ailleurs, selon une enquête de l'Association des districts et des communautés de France (ADCF), 96,4 % des présidents d'établissements publics de coopération intercommunale détiennent un mandat municipal et 80 % d'entre eux sont maires. L'étude de Le Saout argumente que, tant que les dirigeants de l'intercommunalité ne procéderont pas du suffrage universel, ils ne seront pas en mesure de s'imposer comme les représentants politiques légitimes d'un espace dépassant le cadre de leur territoire électif, contraints qu'ils sont de « dépolitiser » au maximum leur gestion de président de l'établissement public de coopération intercommunale. D'ailleurs, l'une des conséquences avérées par la recherche précitée de David Le Bras de cette indispensable quête de consensus renforce cette hypothèse : l'auteur montre comment le fonctionnement des instances intercommunales accentue l'écart entre représentants et représentés. Dans ces conditions, les présidents d'intercommunalités continuent assez logiquement à privilégier leur statut de maire ; l'enquête de Le Saout établit que 52,2 %

---

15. Et de conclure sur cette observation lourde de signification : « D'une certaine manière, cette absence d'innovation majeure dans le processus, voire parfois même dans le périmètre, apparaît comme l'une des conditions du succès de l'opération. Dans une conjoncture marquée du sceau de l'incertitude, que n'ont levée ni le texte de la loi ni les services de l'État, la recherche de garanties s'oriente vers la reproduction de schèmes connus, d'échanges politiques territorialisés » (Baraize et Négrier, 2001 : 276).

des responsables intercommunaux privilégieraient leur statut de maire, et seulement 15,9 % celui de président s'ils devaient ne conserver qu'un seul mandat.

On ne peut au total s'empêcher de penser que la logique vertueuse et innovante des territoires de projet reste largement assujettie à la prépotence de la logique des fiefs confortée plus que contestée par la politique constitutive de la décentralisation. Les bonnes pratiques observées ici et là ne suffiront sans doute pas à générer plus que quelques ajustements tant que les réformes territoriales se traduiront par des additions institutionnelles et le refus de poser les questions qui fâchent.

CONCLUSION

C'est au fond la vieille philosophie ultra pragmatique d'Henri Queuille qui guide encore les responsables en la matière. « Je ne connais pas, disait-il, de problème qu'une absence de solution ne finisse par résoudre à la longue. »

À quoi sert-il d'être moins optimiste que lui si l'on pense avec Bernanos que « l'optimiste est un imbécile heureux, le pessimiste un imbécile malheureux » ? Dans cette alternative, autant choisir d'être résolument optimiste. Mais on peut aussi essayer d'échapper à cette alternative en faisant confiance au débat, qui reste ouvert autour de l'énigme du verre à moitié vide ou à moitié plein, pour améliorer notre compréhension de la complexité des choses.

RÉFÉRENCES

Antoine, Serge (15 mars 2004), « L'homme qui a dessiné les régions », *L'Express.*

Baraize, François et Emmanuel Négrier (dir.) (2001), *L'invention de l'agglomération*, Paris, L'Harmattan.

Burns, James MacGregor (1978), *Leadership*, New York, Harper and Row.

François, M. et E. Lengereau (1998), *L'avenir de la taxe professionnelle intercommunale*, Librairie générale de droit et de la jurisprudence (LGDJ).

Guigou, Jean-Louis et Dominique Parthenay (2001), « De la France éclatée à la France maillée : la nécessaire modernisation de nos cadres territoriaux d'action publique », dans *Conseil d'analyse économique, aménagement du territoire*, Paris, La Documentation française.

Kerrouche, Eric (2003), *Gouverner des espaces incertains : le cas des structures intercommunales en France*, Séminaire général du Centre de recherche sur la vie locale-Pouvoir, action publique, territoire (CERVL) (non publié).

Lacour, Claude, Aliette Delamare et Muriel Thoin (2003), « 40 ans d'aménagement du territoire », Colloque *Territoires en mouvement*, Paris, La Documentation française / Délégation à l'aménagement du territoire et à l'action régionale (DATAR).

Le Bras, David (2003), *La fiction intercommunale. Étude du processus de construction identitaire des communautés d'agglomération de Grenoble, Lens-Liévin et Voiron*, Thèse de sociologie, École des hautes études en sciences sociales (EHESS).

Le Saout, Rémy (2000), *Le pouvoir intercommunal. Sociologie des présidents des établissements intercommunaux*, Orléans, Presses universitaires d'Orléans.

Leurquin, Bernard (1999), « La dynamique des "pays" », *Pouvoirs locaux*, n° 43.

Mabrouk, Taoufik Ben (2003), *Le pouvoir d'agglomération en France : logiques d'émergence et modes de fonctionnement du gouvernement métropolitain (1964-2001)*, Thèse de science politique, Lyon II / Institut d'études politiques de Lyon.

Massardier, Gilles (1997), « L'intercommunalité pour s'isoler. Quelques réflexions sur la construction concurrentielle des territoires politiques locaux », dans Daniel, G. (dir.), *Luttes d'institutions et contradictions de l'administration territoriale*, Paris, L'Harmattan.

Palard, Jacques (2002), « Le "pays" dans le processus français de décentralisation », Colloque international *Pouvoirs et décentralisation en Europe et en Afrique*, Bamako.

Sadran, Pierre (2004), « La Région dans la décentralisation », *Regards sur l'actualité*, n° 298.

Sadran, Pierre (janvier-février 2004), « Démocratie locale : les carences de l'acte 2 », dans *Cahiers français*, n° 318, Décentralisation, État et territoires.

Sadran, Pierre (1997), *Le système administratif français*, Paris, Montchrestien, 2e édition.

Sadran, Pierre et Jean Dumas (janvier-mars 1981), « Le processus de réforme communale en France », *Revue française d'administration publique*, n° 17.

Saint Sernin, Dominique de (2003), « Intercommunalité de projet ou inter-communalité de guichet : le cas particulier des groupements à taxe professionnelle de zone », *Politique et management public*, vol. 20, n° 1.

MONTRÉAL FACE À QUÉBEC : LA LONGUE HISTOIRE DES RECOMPOSITIONS TERRITORIALES DANS LA RÉGION MÉTROPOLITAINE DE MONTRÉAL

Marie-Claude Prémont

L'analyse des fonctions exercées par les municipalités québécoises dans une perspective historique confirme qu'elles s'insèrent dans une dynamique de relation où le centre, contrairement à la situation française, n'est pas simplement situé dans la capitale nationale, mais se joue entre deux capitales. Cette observation tient à la structure fédérale de l'État canadien et à l'évolution des responsabilités et des pouvoirs fiscaux entre trois niveaux d'administration publique : le niveau fédéral, le niveau provincial et, enfin, le niveau local, partagé entre la municipalité et la commission scolaire.

La santé financière d'une municipalité et sa capacité à fournir des services sont également tributaires de la définition de son territoire. En principe, cette définition du territoire municipal relève de la seule responsabilité juridique du pouvoir provincial. Dans les faits, les contours territoriaux des municipalités sont perméables à plusieurs autres influences, dont les premières sont très locales. Dans une perspective de long terme, les responsabilités de services confiées aux municipalités, l'étendue des pouvoirs fiscaux dont elles disposent pour y répondre ainsi que la richesse foncière disponible à l'intérieur de ses frontières jouent également un rôle déterminant.

On peut distinguer deux grands types de contextes où se sont opérées des redéfinitions fondamentales de territoires municipaux au Québec. Le premier contexte survient en territoire fortement urbanisé. La région métropolitaine de Montréal en est le cas le plus important. Le deuxième contexte est celui de la ville industrielle en région, dont l'importance est également cruciale dans l'histoire de l'occupation du territoire québécois et de l'exploitation de ses ressources naturelles. Les exemples de l'annexion des villes sœurs Baie-Comeau et Hauterive (1982) et de Rouyn-Noranda (1986) viennent à l'esprit. Le présent texte se concentre sur le milieu fortement urbanisé, en ciblant la région métropolitaine de Montréal.

Je propose, à l'intérieur du contexte métropolitain, de distinguer deux épisodes de redéfinition du territoire municipal : d'une part, les annexions de nombreuses municipalités à la ville de Montréal au tournant du XIXe au XXe siècle et, d'autre part, un siècle plus tard, la fusion récente de l'ensemble des municipalités qui avaient survécu aux événements précédents et qui sera suivie de peu par un mouvement de démembrements.

Les circonstances des annexions du siècle dernier sont foncièrement distinctes de celles qui ont présidé à la fusion de 2002, même si certains éléments d'arrière-plan sont toujours les mêmes, c'est-à-dire la définition des services et de leurs niveaux, assumés par les municipalités dans un contexte en mouvance.

Sans pouvoir à ce moment-ci proposer de conclusions, j'aimerais simplement soumettre certaines synchronies qui ne manquent pas de soulever des questions, si elles n'apportent pas encore de réponses.

La première grande vague d'annexions de municipalités que la ville de Montréal a absorbées entre 1883 et 1921, avec un moment fort en 1910 au moment de l'annexion de dix municipalités, se caractérise par le rôle rédempteur que prend la grande ville (même si elle éprouve elle-même des difficultés économiques) face à de plus petites communautés aux prises avec des difficultés financières souvent critiques, se traduisant par de lourds fardeaux fiscaux imposés à leurs populations, souvent assez pauvres, ou par l'absence de services aussi essentiels qu'un réseau d'aqueduc et d'égouts.

La fusion de 2002 se caractérise en gros par son opposé, c'est-à-dire l'absorption par la ville de Montréal de municipalités que j'ai qualifiées ailleurs de refuges fiscaux, en raison d'un taux relativement faible de taxation foncière joint à une richesse foncière quant à elle supérieure à la moyenne. Autrement dit, après avoir absorbé il y a un siècle, aux moments les plus forts de l'industrialisation, les municipalités pauvres de l'agglomération urbaine, Montréal, un siècle plus tard, au cœur du mouvement de la mondialisation de l'économie, absorbe les municipalités riches du territoire de l'île. Les circonstances, les répercussions et les réactions sont en conséquence profondément différentes. Ce texte soumet quelques hypothèses quant à ces recompositions territoriales qui s'inscrivent dans une relation centre-municipalités en mouvance, en relevant certains traits des événements les entourant. Mais, d'abord, une note pour poser l'importante différence d'approche entre la France et le Québec en la matière.

LA FRONTIÈRE MUNICIPALE : VOIE D'ACCÈS OU REMPART ?

Il est frappant de constater que le terme même de recomposition territoriale porte un sens très différent selon qu'on se trouve d'un côté ou de l'autre de l'Atlantique. En France, on y voit d'une part la recomposition des responsabilités et des pouvoirs fiscaux entre les autorités centrales et les administrations locales et régionales provoquée par la décentralisation des années 1980, suivie de la réorganisation des territoires de coopération intercommunale au sein des autorités locales enclenchée par la loi Chevènement de 1999[1], à travers la création ou le renforcement des communautés d'agglomération et des communautés urbaines. La frontière de la commune française constitue, par son appartenance à une entité plus grande, une voie d'accès au partage ou à la répartition des pouvoirs et des ressources sur un territoire élargi.

---

1. Loi n° 99-586 du 12 juillet 1999 relative au renforcement et à la simplification de la coopération intercommunale.

Vue du Québec, la recomposition territoriale évoque un sens beaucoup plus matériel et tangible, puisqu'il s'agit de la définition même des frontières territoriales des municipalités. La recomposition territoriale devient le mécanisme privilégié pour abolir une frontière agissant davantage comme un rempart contre le partage ou la mise en commun des ressources.

Il faudra, bien sûr, tenter d'expliquer les raisons pour lesquelles les frontières des municipalités québécoises sont plus étanches que leurs vis-à-vis françaises, pourquoi elles sont mises sous tension et donnent lieu à des querelles frontalières (ici au sens métaphorique !) qui peuvent se traduire par des annexions, des fusions et, bientôt, des défusions[2]. Il est opportun, par regards croisés, de poser la question de l'origine de cette différence importante entre la France et le Québec. Pourquoi les frontières sont-elles aussi sensibles chez nous ? Pourquoi la tangibilité de la frontière est-elle au Québec la cible de l'attention du législateur, tandis que le droit français s'est d'abord et avant tout attardé à une recomposition administrative, par le mécanisme des transferts de responsabilités, transferts (ou occupation) de pouvoirs fiscaux ou de contributions financières, sans que les frontières des communes ne fassent l'objet d'un remaniement aussi important que celui qui a caractérisé le Québec en ce début de XXIᵉ siècle. Dit autrement, pourquoi la fiscalité d'agglomération n'a-t-elle pas été retenue comme le maître outil de la récente réforme municipale québécoise dans sa phase des annexions ?

J'aimerais tout de suite proposer une hypothèse pour expliquer pourquoi la définition territoriale des municipalités présente au Québec une importance et une acuité plutôt absentes en France. Je crois que la réponse tient essentiellement à la différence fondamentale entre la France et le Québec dans la structure des partages fiscaux et financiers entre le centre et les pouvoirs locaux. La France se caractérise par un fort malaxage des finances publiques entre les différents niveaux, où le

---

2.   Ou « démembrement », selon le terme retenu pour la question référendaire à laquelle ont répondu les électeurs des secteurs où s'est tenu le 20 juin 2004 un référendum, selon les modalités prévues dans la Loi concernant la consultation des citoyens sur la réorganisation territoriale de certaines municipalités, L.Q. 2003, c. 14 (projet de loi 9, ci-après Loi sur les défusions).

centre agit plus ou moins comme répartiteur, tandis que le Québec a favorisé une évolution de la fiscalité municipale vers un système parallèle autonome du financement de ses services publics désignés. Le brassage des ressources fiscales se mesure en France du fait que les budgets des instances locales sont alimentés davantage par le budget national que par les perceptions prélevées par les collectivités locales, qu'au chapitre même des perceptions locales directes l'administration nationale contribue plus du quart des recettes, et que la même assiette fiscale donne lieu à des superpositions de perception dont l'envergure géographique varie du plus petit au plus grand, de la commune à la région, en passant par les organismes intercommunaux et les départements (Blanc et Rémond, 1994 : 463 et suivantes). Par exemple, les communes ne reçoivent que 58 % des revenus tirés des quatre taxes locales directes. Pour compléter le tableau, il n'est pas inutile de rappeler que le poids des ressources fiscales locales françaises (communes, organismes intercommunaux, départements et régions) est plus lourd en France qu'au Québec, et y représentait déjà en 1994 près de 40 % des recettes fiscales nationales (Dosière, 1996 : 5).

Au Québec, la fiscalité locale et les responsabilités attribuées respectivement au centre et aux municipalités ont évolué non pas vers un partage et une mixité des ressources, mais plutôt vers l'indépendance financière mutuelle de chacun des niveaux, en diminuant les chevauchements de perceptions et de responsabilités. La création des municipalités régionales de comté (MRC) et des communautés urbaines n'a pas changé cette règle de base. Si on limite pour l'instant la réflexion à la relation entre le pouvoir provincial et les pouvoirs locaux, le chevauchement entre les pouvoirs fiscaux des deux niveaux, qui a varié au cours de l'histoire, est aujourd'hui réduit à sa plus simple expression. Les municipalités, qui partagent l'assiette fiscale foncière avec les commissions scolaires depuis les origines de ces deux institutions, disposent aujourd'hui de sa part la plus significative, de sorte qu'on peut pratiquement dire qu'elles en ont l'exclusivité. De plus, les municipalités perçoivent largement sur leur territoire la plus grande partie de leurs revenus, leur conférant une relative autonomie financière. Les transferts financiers du gouvernement central n'atteignent pas l'importance qu'on leur connaît en France. Bref, la structure d'autonomie financière des municipalités québécoises conduit au caractère déterminant et sensible de la définition du territoire puisqu'il s'agit du découpage même de l'assiette où les autorités locales puisent leurs ressources. *A contrario*, le malaxage des revenus publics français, que l'on dénonce parfois pour son manque de transparence pour les contribuables, désamorce dans une large mesure la tension qui se porterait autrement sur les contours du territoire de la commune.

LA SITUATION PARADOXALE
DE LA MUNICIPALITÉ QUÉBÉCOISE

La structure financière des municipalités québécoises a effective-ment évolué au cours de la deuxième moitié du XXe siècle vers une plus grande autonomie financière, pour clore le siècle avec une indépendance de 97 %, selon les chiffres de 1996[3]. L'autonomie financière des insti-tutions se conjugue souvent à une autonomie juridique ou à un statut juridique jouissant d'une protection. Or, en droit québécois et canadien, il n'en est rien, puisque, comme le rappellent les auteurs, « l'autonomie municipale est un faux concept ». Ils ajoutent que le discours de l'auto-nomie municipale est essentiellement « un discours tenu par certains politiciens » (Hétu et Duplessis, 1998 : 10), marquant par le propos la vacuité ou le caractère trompeur du concept. Les tribunaux ont répété depuis les débuts de la Confédération canadienne que les municipalités sont les simples créatures de la province, qui peut donc décider non seulement de leur existence et de leur abolition, mais aussi de leur com-position ou recomposition territoriale ainsi que des compétences qui leur sont conférées. Le centre est, sur le plan des principes juridiques, le maître d'œuvre de l'existence et de la détermination des frontières de la municipalité. La contestation judiciaire de la loi 170 adoptée le 20 décembre 2000[4] opérant les grands regroupements municipaux des régions de Montréal, de Québec et de l'Outaouais a permis à la Cour

---

3. L'indépendance financière se définit ici par les revenus perçus par les autorités municipales à même le territoire de la municipalité (ministère des Finances du Québec, 1996 : 16, tableau 5). Le rapport de la Commission nationale sur les finances et la fiscalité locales présente quant à lui des chiffres quelque peu différents, en proposant une autonomie pour 1997 qui se chiffrerait à 88 %. Voir Québec, 1999 : 7, tableau 3-A.

4. Loi portant réforme de l'organisation territoriale municipale des régions métro-politaines de Montréal, de Québec et de l'Outaouais, L.Q. 2000, c. 56, ci-après nommée loi 170, selon la numérotation du projet de loi.

supérieure[5] et à la Cour d'appel du Québec[6] de réitérer le rejet d'un statut constitutionnel indépendant pour les municipalités, réclamé par celles qui contestaient devant les tribunaux leur disparition[7]. Également, les tribunaux ont rappelé qu'il n'est pas de leur ressort de juger de l'opportunité ou de la sagesse politique ou économique des fusions, selon les principes séculaires du droit public[8].

La politique publique de l'autonomie financière des municipalités défendue avec acharnement par les municipalités au cours de la deuxième moitié du XXe siècle et appuyée dans une large mesure par le pouvoir central serait-elle responsable du dénouement que l'on connaît de la recomposition territoriale par la négation de l'existence même d'un grand nombre de municipalités ? L'autonomie financière peut-elle coexister avec une définition des territoires arrêtée à une époque qui a peu en commun avec la nôtre ? La recherche de l'autonomie financière par les municipalités prescrivait-elle à terme leur propre disparition ? Sommes-nous témoins d'une politique d'autonomie fiscale poursuivie par les municipalités qui s'est retournée contre elles ?

---

5. *Ville de Baie d'Urfé et al.* c. *P.-G du Québec* [2001] R.J.Q., 1589-1636 (C.S.). Le juge Lagacé écrit au paragraphe 87 : « Tout comme la doctrine, la jurisprudence du Canada établit clairement la pleine compétence des Législatures provinciales sur les institutions municipales incluant celles de les créer, fusionner, réorganiser ou abolir. » Il ajoute au paragraphe 96 : « Les institutions municipales ne possèdent pas un statut constitutionnel indépendant. Il n'existe aucune obligation pour une province de créer et maintenir des municipalités ou des institutions municipales. Et si de telles institutions n'existaient pas, l'ensemble de leurs pouvoirs seraient exercés par le gouvernement provincial. » Les prétentions des municipalités contestataires à ce sujet ont été délaissées devant la Cour d'appel pour ne maintenir essentiellement que l'argument propre à la protection des minorités linguistiques (en l'occurrence, de langue anglaise).

6. *Ville de Westmount et autres* c. *P.-G. du Québec* (2001) R.J.Q., 2520-2556 (C.A.).

7. La Cour suprême du Canada a rejeté le 7 décembre 2001 la requête pour permission d'en appeler de la décision de la Cour d'appel du Québec. : *Ville de Westmount et autres* c. *P.-G. du Québec*, Cour suprême du Canada, 7 décembre 2001 (dossiers 28869, 28870, 28893, 28894 et 28895).

8. La Cour d'appel, p. 2531-2532 dit : « Ce principe de la non-immixtion des tribunaux dans les décisions politiques (que ceux-ci les estiment valables ou non) est bien connu. »

J'aimerais soumettre à la discussion une réponse affirmative à ces questions. La recherche soutenue de l'autonomie financière des municipalités, à partir de la Révolution tranquille, par les mêmes acteurs qui s'opposaient, dans la région métropolitaine de Montréal, à tout compromis quant à la redistribution des responsabilités et au partage des ressources fiscales, révèle aujourd'hui dans toute son ampleur la tension créée par le maintien des contours originaux des municipalités. Le Législateur a choisi la solution de la fusion des territoires, qui peut paraître radicale, mais qui n'est que la réponse à la politique elle-même radicale de l'autonomie financière des municipalités poursuivie sur plus d'un demi-siècle.

LE RÔLE DE LA MUNICIPALITÉ
SELON LA CONSTITUTION CANADIENNE

La Constitution canadienne prévoit clairement que les institutions municipales relèvent de la responsabilité exclusive des législatures provinciales [art. 92.8 de l'Acte de l'Amérique du Nord britannique (AANB), maintenant Loi constitutionnelle de 1867]. Donc, en principe, le concept de *centre* devrait, au Québec comme en France, se limiter à une seule capitale, c'est-à-dire, respectivement, Québec et Paris. La problématique est cependant plus complexe au Québec qu'il n'y paraît à première vue, en raison de deux phénomènes : 1) la structure fédérative du Canada jointe à une distribution incertaine des pouvoirs fiscaux entre le niveau fédéral et les provinces dès l'origine du Pacte confédératif et 2) la modification en profondeur au fil du temps des types de services rendus par les municipalités et le déplacement sur plus d'un siècle de ces responsabilités entre, non pas deux, mais bien trois niveaux de gouvernement, dans un mouvement qui n'a d'ailleurs pas encore dit son dernier mot.

Au moment de l'adoption par le Parlement britannique de l'Acte de l'Amérique du Nord britannique qui consacrait la création du Canada fédéral, le Bas-Canada devenu Québec comptait 632 municipalités pour une population d'environ 1 150 000 habitants. Les municipalités québécoises de 1867 devaient répondre à des besoins et fournir des services qui, aux yeux de l'observateur contemporain, paraîtraient incongrus, tant par l'absence de certains services aujourd'hui essentiels que par la présence de responsabilités et de services qui ont depuis longtemps été délaissés ou accaparés par d'autres instances. Donnons ici pour exemple le rôle joué par les municipalités, avec un temps fort au cours du premier tiers du XXe siècle, en matière de sécurité sociale, de soutien aux hôpitaux et hospices, sans parler des pressions exercées, notamment sur le budget de Montréal, pour réduire le chômage en temps de crise : des domaines où le pouvoir provincial ou fédéral (à la faveur d'amendements constitutionnels) ont pris le relais. Les municipalités étaient à l'époque la principale instance publique qui fournissait ou finançait (en tout ou en partie) les services directs aux personnes[9] qui se mettaient alors difficilement en place.

Même en posant l'hypothèse que les fondateurs de la Confédération canadienne tenaient pour acquis que les municipalités allaient continuer de s'occuper des services qui étaient les leurs en 1866, rien dans la Constitution canadienne n'accorde aux municipalités une existence constitutionnelle ou des pouvoirs fiscaux qui leur sont propres. La Constitution canadienne ne fait référence au rôle des municipalités que pour soumettre leur existence et leurs pouvoirs aux Législatures provinciales. Elle ne traite nullement de façon explicite des sources de revenus ni des pouvoirs fiscaux qui leur sont dévolus. Cette décision est confiée aux pouvoirs de la province. Le mutisme relatif de la Constitution canadienne quant au rôle et aux pouvoirs fiscaux des municipalités ne signifie pas pour autant que la contribution municipale aux services des collectivités était absente des hypothèses pré-confédératives ou de l'interprétation judiciaire des premières décennies de fonctionnement du fédéralisme canadien.

Les sections du rapport de la Commission royale d'enquête sur les problèmes constitutionnels de 1956 [commission Tremblay] (Québec, 1956), traitant des fondements de la Confédération canadienne et du partage fiscal, nous permettent d'avancer l'hypothèse que les pouvoirs fiscaux ont été répartis entre le fédéral et les provinces sur la base d'un scénario où les municipalités maintiennent leur même rôle quant aux services, en puisant à la même source de revenus des impôts fonciers.

---

9.   Je ne retiens pas la qualification des services municipaux comme « services à la propriété », quelque peu dominante en sciences politiques et en études urbaines, contredite par l'histoire des municipalités québécoises et traduisant une position conservatrice qui a profondément marqué la politique fiscale (et territoriale) municipale du Québec au cours de la deuxième moitié du XXe siècle.

Bref, tout indique que le partage des revenus et des responsabilités entre le niveau fédéral et les provinces, au moment de la Confédération, s'est opéré sur l'hypothèse que les municipalités allaient continuer à assumer les responsabilités qui étaient les leurs en 1866, avec la taxe directe par excellence que représente l'impôt foncier. Dans cette perspective, le rôle des municipalités paraît central à la répartition des pouvoirs fiscaux dès la fondation du Canada[10]. Évidemment, personne ne soupçonnait les profondes mutations sociales en préparation qui allaient forcer les municipalités à revoir de fond en comble leurs contributions aux services publics et à expérimenter toute une panoplie d'impôts et de nouvelles formes de taxation, bien avant qu'elles ne soient accaparées par les provinces ou le gouvernement fédéral canadien (par exemple, un impôt sur les personnes, les professions, la taxe de vente à la consommation, l'impôt sur le revenu, etc.).

SYNCHRONIE ENTRE REDÉFINITIONS ET INDUSTRIALISATION

La naissance du Canada a été suivie de peu par l'intensification de l'occupation du territoire sur l'île de Montréal et de son urbanisation, dans la foulée de l'industrialisation qui s'accélère dès la fin du XIXe siècle. Montréal devient vite la capitale industrielle du Canada. Au cours de cette période, le pouvoir central est relativement peu présent dans la vie quotidienne des populations. Également, la Législature de Québec se fait relativement absente de la vie politique municipale. Par contre, si Québec était peu présent à Montréal, Montréal devait quant à elle fréquemment se rendre à Québec pour obtenir l'adoption par la

---

10. On lit souvent que les provinces ont eu à faire face à des coûts sociaux non anticipés en 1866. Par exemple, l'ouvrage clef en matière de répartition des pouvoirs fiscaux dit : « The functions and responsabilities assigned to the provinces, though important, were not costly. The maintenance of a civil government, the administration of justice, education, local works and undertakings, welfare – all these involved modest expenditures in 1867, and it was anticipated they would remain fairly static » (La Forest, 1981 : 2). Un silence doit être comblé à ce sujet. Il est exact de dire que certaines de ces dépenses sont peu élevées **pour la province**. Ces dépenses étant principalement assumées au niveau de la municipalité, elles sont alors relativement invisibles du point de vue de la fiscalité provinciale.

Législature provinciale de tout amendement à sa Charte municipale qui prévoit de façon détaillée ses pouvoirs et attributions. La municipalité préparait alors des propositions législatives (bill privé[11]) qu'elle défendait devant le Comité des bills privés, avant son approbation par le Parlement. Le même type de relation vaut pour l'ensemble des municipalités du Québec, où le centre entérine les demandes particulières qui lui sont présentées, même si elles peuvent parfois donner lieu à de fortes discussions qui entraînent des amendements importants à la demande originale.

La contrepartie de la relative absence des pouvoirs centraux dans les affaires des municipalités au moment de l'industrialisation se révèle au rôle de premier plan que jouent alors les municipalités, autant dans l'organisation du territoire qu'au chapitre des ponctions fiscales. Les municipalités doivent progressivement répondre à des besoins nouveaux et importants soulevés par l'industrialisation et l'urbanisation. Elles sont au front pour assumer la responsabilité des premières infrastructures urbaines. Cette prise en charge aura tendance à se faire selon une formule qu'on pourrait aujourd'hui qualifier de partenariats publics-privés, notamment en matière de transport en commun (tramways), d'électricité ou de fourniture d'eau.

Une autre dimension de cette époque frappe l'observateur contemporain. Il s'agit du rôle actif et dominant que jouent les institutions municipales au cours de toute la période de l'industrialisation pour subventionner l'industrie naissante à même les fonds publics. Les obligations municipales ainsi contractées se traduisent par de lourds impôts payés par des populations d'ouvriers qui peinent eux-mêmes à faire vivre leurs familles, au point où la prestation des services publics semble parfois passer au second rang des priorités. La synchronie entre le recours à l'entreprise privée pour la fourniture de services publics et la consécration des fonds publics aux entreprises privées à caractère industriel

---

11. Selon la terminologie de l'époque empruntée au droit anglais. On dit aujourd'hui « loi d'intérêt privé » (ce qui peut paraître étrange pour une loi qui concerne l'institution publique de la métropole de la province). Il faut comprendre que l'expression vise ici les lois dont l'application n'est pas généralisée à l'ensemble du territoire, ce qui est le cas des lois spéciales régissant une municipalité, traditionnellement dénommée « Charte de la *municipalité x* ».

ne saurait relever du seul hasard ou de l'air du temps. Il faudra un jour retourner étudier dans le détail le rôle du droit municipal lors de l'industrialisation de la région montréalaise.

Le vaste effort public qui est consenti pour établir une structure industrielle dans la région montréalaise au tournant des XIXᵉ et XXᵉ siècle n'a pas été fourni de façon uniforme par toutes les communautés réparties dans des municipalités distinctes à travers un territoire qui bénéficiait par ailleurs des effets économiques de l'industrialisation. L'activité réglementaire des municipalités n'y est certes pas étrangère (Collin, 1982 ; 1984 : 19-34). Or, cette synchronie entre l'industrialisation et la forte contribution de certaines municipalités s'est traduite par des difficultés financières graves pour certaines d'entre elles qui ont alors été absorbées par la ville centre de Montréal. L'histoire de la ville de Maisonneuve est bien connue (Linteau, 1981). Mais beaucoup reste à faire pour mieux comprendre la dynamique globale d'une région qui vit une industrialisation et une urbanisation massive, saccadée de fragmentation du territoire et d'annexions sur une grande échelle. On ne peut manquer d'être frappé par la vulnérabilité financière des municipalités qui se sont prêtées au jeu du capitalisme naissant de l'époque (jeu lui-même largement méconnu) de la générosité des fonds publics à l'endroit de l'industrie. Cette générosité chèrement payée par les villes ouvrières, mais dont les municipalités bourgeoises qui en recueillaient également les bénéfices étaient exemptées, doit être ajoutée à l'équation de la composition et recomposition du territoire montréalais au tournant du XIXᵉ-XXᵉ siècle.

On a beaucoup insisté dans les livres d'histoire sur la dynamique de pouvoir qui animait la ville de Montréal dans sa politique d'annexion des municipalités environnantes poursuivie depuis la fin du XIXᵉ siècle dans le but d'accroître son pouvoir ou de modifier le poids relatif des citoyens de langue française ou anglaise. À travers l'étude de ces considérations, il ne faudrait pas perdre de vue que les municipalités qui ont été assimilées à la cité (comme on nommait Montréal à l'époque par rapport aux municipalités environnantes) étaient le plus souvent devant des difficultés financières graves, se manifestant par un taux d'endettement qui mettait en péril la survie même de la municipalité.

En 1941, entre les deux vagues de recompositions à un siècle d'écart, soit au cours d'une période creuse en événements de recomposition territoriale (mais où d'autres municipalités de l'île sont mises en tutelle en raison de leur situation financière), l'échevin Taillon faisait un constat quant aux annexions à Montréal qu'il convient ici de rapporter : « Il faudrait au plus tôt corriger les erreurs du passé. Ainsi, Montréal n'a jamais annexé que des municipalités en faillite ou sur le point de l'être. Ne serait-il pas recommandable qu'elle annexe désormais des villes riches, afin de rétablir un peu l'équilibre dans ses finances ? » (« Annexion à Montréal de quatorze municipalités », 25 avril 1940). Ce constat lapidaire est en même temps une réflexion sur la manière dont le centre se définit et appréhende son rôle par rapport aux municipalités. Annexer à la métropole les municipalités en faillite ne relève d'aucune vision à long terme de l'organisation municipale, et témoigne surtout d'un effacement du centre, d'un repli du pouvoir politique provincial face au pouvoir économique qui s'exprime sur la scène locale. L'histoire des interventions législatives québécoises par rapport aux municipalités autorise le jugement sévère d'un centre qui se limite trop souvent à entériner les politiques locales jusqu'à sa limite du tolérable.

UN SIÈCLE PLUS TARD :
UN COURT MOMENT DE COURAGE DU CENTRE

Avant de parler de la recomposition territoriale entrée en vigueur en 2002, il convient de poser un diagnostic quant à la composition territoriale de l'île de Montréal à laquelle répondait la réforme Harel[12]. Quel était l'état global de la division territoriale municipale avant la fusion des 28 municipalités de l'île de Montréal ?

J'ai décrit ailleurs l'évolution territoriale municipale de l'île comme objet de ségrégation des populations selon la grille du statut socio-économique d'appartenance (Prémont, 2001 : 713-778). On y observe une tendance lourde au caractère doublement régressif de l'impôt foncier où la richesse des communautés municipales, mesurée selon la richesse foncière ou selon les revenus des familles, permet de bénéficier d'une diminution appréciable du taux d'imposition, avec son corollaire

---

12. Du nom de la ministre en titre des Affaires municipales et de la Métropole qui a dirigé la réforme en question, madame Louise Harel.

qui veut que les populations plus démunies souffrent d'un niveau d'imposition plus lourd. Par exemple, la municipalité de Westmount, qui constitue une enclave à l'intérieur du territoire de la ville de Montréal, profite d'un taux de taxation inférieur de 32 % en faveur d'une population jouissant par ailleurs de revenus familiaux plus de trois fois et demie supérieurs à ceux des familles de Montréal. Dans un tel contexte de ségrégation socio-économique des populations sur un même territoire urbain, les frontières artificielles des municipalités servent davantage à nier le rôle de solidarité des finances publiques pour la fourniture de services locaux. La fiscalité qui s'en dégage est plus près d'un esprit d'ancien régime où le poids le plus lourd de l'impôt repose sur les plus démunis en raison des privilèges accordés aux mieux nantis, ici consacrés par des définitions territoriales surannées.

Les municipalités dont il est question participent d'un même territoire urbanisé ininterrompu, avec une intégration totale des réseaux urbains routiers et de transport, d'égouts, d'aqueduc, et, il va sans dire, de leurs économies. Aucune relation significative n'existe entre le lieu de résidence et le lieu de travail, les personnes circulant à travers l'économie sans égard aux frontières municipales. À ce constat d'un brassage des personnes à travers le territoire de l'île, s'oppose la relative étanchéité des finances publiques municipales, avec l'atténuation des finances qui circulent à travers le conduit de la fiscalité d'agglomération (véhiculée avant la fusion de 2002 par la Communauté urbaine de Montréal), responsable de certains services communautaires.

Le centre a traditionnellement et constamment joué un rôle plutôt timoré par rapport à cette dynamique de ségrégation conjuguée aux privilèges fiscaux, construite au fil des âges (sauf peut-être en région éloignée, dans le contexte des villes industrielles, mais ce n'est pas le propos de ce texte). Comme nous l'avons souligné plus tôt, obliger la ville de Montréal à annexer des municipalités en difficulté financière, ou lui permettre de les annexer, ne requérait aucun courage de la part de Québec, puisque la province évitait par ce geste d'en assumer elle-même les conséquences[13]. Rompre avec le maintien de cette fiscalité à résonance féodale implique une redéfinition substantielle quant au rôle que Québec

---

13. La province devait garantir les emprunts municipaux, jusqu'à la réforme en matière d'évaluation foncière adoptée en 1971 (Loi sur l'évaluation foncière, L.Q. 1971, c. 50).

se donne par rapport à la structure de la fiscalité locale poursuivie sur plus d'un demi-siècle à travers le principe de l'autonomie financière des municipalités, comme nous l'avons souligné plus tôt. C'est la position courageuse qu'a adoptée le Législateur québécois en 2000 en prévoyant la fusion de l'ensemble des municipalités de l'île de Montréal. Cette position est pour le moins inusitée dans l'histoire de la relation entre Québec et les municipalités. Il fallait évidemment s'attendre à ce que les réactions soient vives de la part des communautés placées devant une perte de privilèges.

CONCLUSION : UN RETOUR À LA POSITION TRADITIONNELLE EFFACÉE DU CENTRE

Cette position du centre aura cependant été de courte durée, puisque, à la faveur d'une campagne électorale et d'une élection qui a amené un changement au pouvoir, le nouveau gouvernement s'est engagé dans une marche arrière et une remise en question de cette politique[14], en déférant à nouveau la question aux populations des municipalités visées. L'appellation de « fusions forcées » ou de « regroupements non volontaires[15] » est la traduction rhétorique de la politique du centre qui fait reposer l'abolition de privilèges fiscaux sur le consentement des contribuables. La position traditionnelle du centre ferait donc un retour marqué. Les prochains mois et les prochaines années permettront d'évaluer les conséquences de la réorganisation municipale annoncée par la Loi sur les défusions[16] et les résultats des référendums du 20 juin 2004 où les populations de quinze anciennes municipalités de l'île de Montréal[17] doivent à terme recouvrer leur identité juridique.

---

14. Voir note 2, loi adoptée le 17 décembre 2003, sanctionnée le lendemain.

15. C'est le terme utilisé dans le communiqué de presse qui annonce la mise en branle de la procédure de référendum pour les démembrements : « Réorganisation territoriale. Le gouvernement lance le processus de consultation des citoyens », Québec le 21 avril 2004. Disponible sur le Web à : http://communiques.gouv.qc.ca/gouvqc/communiques/GPQF/Avril2004/21/c3564.html.

16. *Supra*, note 2.

17. Baie-d'Urfé, Beaconsfield, Côte-Saint-Luc, Dollard-des-Ormeaux, Dorval, Hampstead, Kirkland, L'Île-Dorval, Montréal-Est, Montréal-Ouest, Mont-Royal, Pointe-Claire, Sainte-Anne-de-Bellevue, Senneville et Westmount.

RÉFÉRENCES

« Annexion à Montréal de quatorze municipalités », (25 avril 1940), *La Presse*.

Blanc, Jacques et Bruno Rémond (1994), *Les collectivités locales*, Paris, Presses de sciences po et Dalloz.

Collin, Jean-Pierre (juin 1984), « La cité sur mesure : spécialisation sociale de l'espace et autonomie municipale dans la banlieue montréalaise, 1875-1920 », *Revue d'histoire urbaine*, vol. XIII, n° 1.

Collin, Jean-Pierre (1982), *Pouvoir municipal et enjeux politiques locaux dans la paroisse de Montréal, de 1871 à 1921*, Mémoire de maîtrise, Université du Québec à Montréal, science politique.

Dosière, René (1996), *La fiscalité locale*, Paris, Presses universitaires de France (PUF), collection « Que sais-je ? ».

Hétu, Jean et Yvon Duplessis (1998), *Droit municipal. Principes généraux et contentieux*, Montréal, Hébert Denault.

La Forest, G.V. (1981), *The Allocation of Taxing Power under the Canadian Constitution*, Canadian Tax Foundation, Canadian Tax Paper, n° 65, 2ᵉ édition.

Linteau, Paul-André (1981), *Maisonneuve. Comment des promoteurs fabriquent une ville*, Montréal, Boréal Express.

Ministère des Finances du Québec (1996), *Le secteur local au Québec : organisation et fiscalité*, série « Fiscalité et financement des services publics », document n° 8.

Prémont, Marie-Claude (2001), « La fiscalité locale au Québec : de la cohabitation au refuge fiscal », *Revue de droit de McGill*.

Québec (1999), *Pacte 2000. Rapport abrégé de la Commission nationale sur les finances et la fiscalité locales*.

Québec (1956), *Rapport de la Commission royale d'enquête sur les problèmes constitutionnels*, 4 volumes.

LES TRANSITIONS INSTITUTIONNELLES TERRITORIALES EN FRANCE ET AU QUÉBEC

ANNE MÉVELLEC

La construction politique des agglomérations est envisagée comme l'ensemble des processus qui participent à l'affirmation de cet échelon territorial en tant que catégorie politique[1]. Ces dynamiques sont étudiées dans le contexte des transitions institutionnelles découlant des réformes Harel et Chevènement mises en œuvre au début des années

---

1. D'autres auteurs parlent encore d'invention politique (Baraize et Négrier, 2001).

2000[2]. Au Québec, on assiste à la fusion des municipalités d'une même agglomération pour ne créer qu'une seule unité juridique. En France, la transition institutionnelle fait référence à la transformation des anciens établissements publics de coopération intercommunale (EPCI) en communautés d'agglomération.

Ces réformes impulsées par les gouvernements français et québécois se rejoignent dans une même volonté : donner un nouveau cadre juridique aux agglomérations urbaines essentiellement caractérisées par l'émiettement municipal. Depuis longtemps, les pouvoirs publics cherchent à compenser les effets de débordement sur le partage des charges financières, là où la ville dépasse les frontières municipales. Selon l'histoire et les normes constitutionnelles et politiques, chaque État s'est engagé sur des voies particulières. La France a fait sien le principe de la coopération intercommunale, alors que le Québec a privilégié les regroupements municipaux.

Amorcées par le centre, les fusions municipales québécoises comme les communautés d'agglomération françaises offrent à voir une transformation du cadre de l'action publique. On s'intéressera particulièrement aux modalités qui composent et accompagnent les transitions

Loi 34 = Nouveau cadre décrit par de nombreux

---

2. La réforme Harel regroupe plusieurs textes. La loi 170 de l'automne 2000 concerne la réorganisation municipale des régions métropolitaines de Montréal, Québec et Hull. La mise en œuvre, par décret, de l'article 125.2 de la loi 124 sur l'organisation territoriale municipale permet au ministère des Affaires municipales d'exiger des municipalités locales une demande commune de regroupement. Cette disposition concerne les agglomérations de Trois-Rivières, Sherbrooke et Chicoutimi. La réforme Harel comporte également les textes afférents à la mise en place des communautés métropolitaines de Québec et de Montréal, ainsi que la loi 29 de 2001 sur l'organisation interne des nouvelles villes. La loi Chevènement relative au renforcement et à la simplification de la coopération intercommunale date du 12 juillet 1999. Elle crée trois nouveaux statuts, chacun associé à une strate démographique : les communautés urbaines pour les ensembles de plus de 500 000 habitants, les communautés d'agglomération à partir de 50 000 habitants et les communautés de commune en milieu rural. Elle est associée à deux autres textes que sont la loi Voynet du 24 juin 1999 mettant notamment en place les pays, ainsi que la loi Gayssot relative à la solidarité et au renouvellement urbain du 13 décembre 2000.

institutionnelles. Concrètement, ces réformes se matérialisent par des périodes d'ajustement durant lesquelles les acteurs locaux sont appelés à construire une solution territoriale. Ces processus ont été étudiés à Rennes (France) et à Saguenay (Québec) dans une double approche sociopolitique et comparative[3]. La compréhension de ces dynamiques nécessite un retour sur la notion de territorialisation. Deux sens lui sont associés. Cette terminologie fait référence, d'une part, à l'adaptation différenciée des politiques de l'État selon les situations locales. On parle alors de politique territorialisée. Il s'agit, d'autre part, de repérer une mutation de la régulation territoriale grâce à l'affirmation d'une logique ascendante œuvrant pour le décloisonnement et la transversalité de l'action publique (Béhar, 2000). Ces politiques sont dites territoriales. Une approche par le territoire permet donc de remettre en question les stratégies d'intervention de l'État par leur implémentation. Les créations d'institutions d'agglomération sont l'occasion d'explorer la relation entre un centre initiateur et une périphérie qui n'est pas toujours malléable. La mise en œuvre des réformes Chevènement et Harel offre l'occasion de réconcilier les deux perspectives de la territorialisation en menant un double questionnement. On cherchera à expliciter les modalités de territorialisation empruntées par ces deux réformes (1), et à mettre en lumière la manière dont les configurations locales réagissent à ces changements institutionnels (2).

territorialisée   décentralisée
décentralisation   et territorialisée

---

3. Une trentaine d'entretiens ont été menés dans chacun des deux cas, complétés par une étude documentaire ainsi qu'une revue de presse. Ce travail fait partie d'un doctorat de science politique à l'Université de Rennes 1 mené en cotutelle à l'Université du Québec à Chicoutimi. Les calendriers de ces transitions institutionnelles se décomposent en deux temps : le premier concerne la décision de la forme territoriale et institutionnelle. À Rennes, le passage du District rennais à la communauté d'agglomération de Rennes Métropole n'a pris que quatre mois, de septembre à décembre 1999. À Saguenay, près de dix mois, de septembre 2000 à juin 2001, ont été nécessaires. Cette période couvre l'annonce de la réforme, le travail du mandataire ainsi que celui du comité de conciliation aboutissant à la création, par décret de la nouvelle ville. Le deuxième temps concerne la période d'ajustement organisationnel, recouvrant les premières années de la communauté d'agglomération de Rennes Métropole, ainsi que le travail du comité de transition et des débuts de Saguenay.

LES IMPÉRATIFS DE LA TERRITORIALISATION VUS PAR LE CENTRE

Les réformes de l'organisation municipale sont traditionnellement considérées comme des politiques institutionnelles selon la nomenclature de Theodore Lowi (Lowi, 1972). Ces dernières sont reprises par Jean-Louis Quermonne qui les définit « par référence à leur principal objet qui est, dans une société donnée, la production, la transformation ou le dépérissement d'institutions publiques ou privées » (Quermonne, 1985 : 62). Si les réformes Harel et Chevènement correspondent en partie à cette définition, elles semblent également relever des politiques dites constitutives. Selon Patrice Duran et Jean-Claude Thoenig,

> une politique constitutive édicte des règles sur les règles ou des procédures organisationnelles. Elle ne dit pas quelle est la définition du problème et quelles sont les modalités de son traitement opérationnel. Elle se contente de définir des procédures qui servent de contexte d'action sans que soit présupposé pour autant le degré d'accord et d'implication des acteurs retenus [...]. La politique constitutive délègue le traitement du contenu (Duran et Thoenig, 1996 : 601-602)[4].

Patrice Duran souligne les transformations de l'action publique doublement soumise à la fragmentation de l'autorité publique et à la complexité des problèmes publics. Dans ce contexte, de nombreuses politiques publiques visent à « organiser et réglementer l'exercice du pouvoir politique » (Duran, 1999 : 114), c'est-à-dire à élaborer des procédures d'ajustement entre acteurs légitimes qui définiront eux-mêmes le contenu de l'action publique. Les réformes Harel et Chevènement relèvent de telles propositions d'arrangements institutionnels, mettant en évidence un système d'acteurs invités à produire le contenu de leur propre solution territoriale. En ce sens et selon l'expression de Patrice Duran, elles invitent à l'institutionnalisation territorialisée de l'action collective. Cette transformation de l'offre du gouvernement central

---

4.   Cette notion de politique constitutive rejoint celle de politique procédurale utilisée par Pierre Lascoumes (Lascoumes, 1996). Ces vocables traduisent la même réalité : l'accent est mis sur la procédure plutôt que sur le contenu. L'État propose des cadres d'action sans imposer la substance de cette dernière.

s'inscrit dans une plus grande prise en compte des nécessités de la terri-torialisation. Pour autant, le centre n'a pas ouvert la boîte de Pandore. Les réformes sont avant tout territoriales et n'engagent pas de modifi-cations substantielles des modèles de gouvernement local. La fiscalité locale, le statut de l'élu local ou encore la décentralisation de nouvelles compétences restent ignorés des réformes qui se présentent sous un jour essentiellement structurel.

Une approche institutionnelle classique ne permet pas d'appré-hender l'ensemble des processus qui ont cours à l'intérieur des réformes Harel et Chevènement. Il importe, au-delà du contenu explicite des réformes, de s'intéresser aux stratégies qu'elles adoptent. Cela conduit à réfléchir sur ces réformes non plus comme des cadres universels et universalisants, mais bien comme des propositions plus ou moins fermes d'arrangements territoriaux.

Deux stratégies : le tout ou la partie du tout

Les réformes françaises et québécoises s'opposent en bien des points. Plusieurs différences évidentes séparent la consolidation muni-cipale de la coopération intercommunale, le caractère obligatoire des fusions du volontariat affiché des communautés d'agglomération. Au-delà de leur contenu, chaque gouvernement a adopté des stratégies de mise en œuvre relevant de logiques très contrastées.

En France, le parti pris est d'offrir une solution universelle se déclinant en trois catégories territoriales : communautés de communes, communautés d'agglomération et communautés urbaines. La volonté gouvernementale affichée vise à refondre la carte de l'intercommu-nalité dans son ensemble quelle que soit la nature rurale ou urbaine des espaces considérés[5]. Cela permet de s'attaquer de front aux limites

---

5.   Le texte de loi est ainsi rédigé en deux parties : la première concerne les articles communs à l'ensemble des structures intercommunales, la seconde spécifie les particularités afférentes à chacune des trois catégories.

des dispositifs antérieurs dont a résulté une cartographie intercommunale très contrastée[6]. À ce déséquilibre dans la couverture intercommunale s'ajoute un certain essoufflement de la coopération intercommunale en milieu urbain. Le principe du volontariat ne semble plus suffisant pour créer et pour entretenir des établissements publics de coopération intercommunale (EPCI) dynamiques. Les effets d'aubaine ont conduit à la mise en place de coquilles vides (Gaxie, 1997). La plupart des établissements publics de coopération intercommunale (EPCI) prennent la forme la plus rudimentaire de la coopération, celle du syndicat à vocation unique. L'accumulation de près de 19 000 structures intercommunales aux quelque 36 500 communes rend illisible la carte de l'administration locale. En outre, le maintien de la multitude de municipalités fait de la décentralisation, telle qu'elle a été établie au début des années 1980, une « fiction juridique », selon le mot d'Henri Oberdoff (1994). La coopération intercommunale offre alors un « substitut fonctionnel » à une réforme de plus grande ampleur de la carte communale française (Thoening, 1992). Enfin, les établissements publics de coopération intercommunale (EPCI) à fiscalité propre ne constituent qu'un dixième de l'ensemble de ces instances, au sein duquel le monde urbain est sous-représenté (Luisin, 2000). Le succès quantitatif de l'intercommunalité française laisse donc apparaître un certain essoufflement qualitatif à la fin des années 1990.

Dans ce contexte, la loi Chevènement propose de relancer la coopération intercommunale en généralisant des établissements publics de coopération intercommunale (EPCI) à fiscalité propre sur l'ensemble du territoire. En cela, il s'agit moins d'une rupture que d'une accélération de la dynamique déjà proposée dès la Loi sur l'administration territoriale de la République de 1992. L'unité de statut à travers le titre de « communauté » permet de s'adresser à l'ensemble du territoire français, tout en prenant en compte trois configurations territoriales différentes. Elle instaure surtout pour la première fois une réduction du nombre de

---

6.   En effet, alors que le grand ouest, la région Rhône Alpes et le long de la frontière belge se couvrent de structures intercommunales à fiscalité propre, le centre de la France ainsi que la Provence-Alpes-Côte d'Azur en restent largement dépourvues.

formules intercommunales. En outre, la loi Chevènement offre une majoration importante de la dotation globale de fonctionnement (DGF), avec un montant *per capita* de 250 francs français aux nouvelles communautés mises en place au cours des trois premières années[7]. Finalement, les districts non transformés au 1er janvier 2002 deviendront automatiquement des communautés de communes. Ainsi, la loi Chevènement ne doit donc pas être considérée simplement comme une relance, mais véritablement comme une refondation de la coopération intercommunale en France, particulièrement en milieu urbain avec un outil original qu'est la communauté d'agglomération.

La méthode est tout à fait autre au Québec. Depuis plus de trente ans, les gouvernements successifs marchent sur les deux jambes du regroupement et de la coopération intercommunale. La réforme Harel tranche donc avec cette double tradition en supprimant toute solution de rechange à la fusion. Elle s'inscrit également en rupture avec les réformes précédentes puisqu'elle vise essentiellement le monde urbain. Par là même, elle reconnaît la légitimité de la problématique politique urbaine. À l'inverse de la réforme de 1979 créant les municipalités régionales de comté (MRC) qui associaient les villes et leur environnement rural, les fusions municipales de l'an 2000 consomment la fin de ce modèle en institutionnalisant le territoire des nouvelles villes. Néanmoins, elles s'inscrivent dans la lignée des réformes précédentes, avec un ciblage très précis des territoires à réformer. Trois catégories de villes sont distinguées et font l'objet d'un traitement législatif précis : les agglomérations de plus de 100 000 habitants dans un premier temps[8], celles de plus

---

7. Par exemple, à Rennes, la DGF passe de 93 à 250 francs français. Cet incitatif renforce le phénomène de « prime au sortant » observé au cours de l'année 2000. La plupart des communautés d'agglomération créées sont en fait des transformations de structures intercommunales déjà relativement intégrées. Le cas de Rennes illustre parfaitement cette situation. La carotte financière n'a donc pas toutes les vertus. Emmanuel Négrier en résume par ailleurs clairement les mythes en soulignant particulièrement l'existence nécessaire d'un projet politique à financer (Négrier, 2001).

8. Au sein de cette catégorie se détachent deux groupes : Montréal, Québec, Gatineau, Lévis et Longueuil créés par la loi 170 ; Sherbrooke, Trois Rivières et Saguenay découlent de décrets gouvernementaux.

de 25 000 dans un second et finalement le monde rural[9]. Ces dispositifs législatifs se succèdent, sans s'entremêler. De chaque étape découle le territoire qu'il reste à traiter. L'espace est ainsi à la fois hiérarchisé et compartimenté.

Par ailleurs, le volontariat n'est plus la base des regroupements municipaux. Si quelques villes avaient déjà fait l'objet de fusions « forcées » dans les trente dernières années de l'histoire québécoise[10], le volontariat était généralement de mise. Les politiques de réorganisation municipales ne se sont d'ailleurs traduites que par de faibles résultats[11]. La dernière politique en date, menée par Rémy Trudel en 1996, déclinait toujours le principe de l'incitation pour consolider l'organisation territoriale municipale. Ce n'est plus le cas avec la réforme Harel, dont la souplesse réside ailleurs. Contrairement au dispositif français centré essentiellement sur un cadre unique de la coopération intercommunale pour l'ensemble du territoire, le gouvernement du Québec a choisi une voie beaucoup plus souple. Les lois complémentaires s'accumulent au fur et à mesure que les problématiques se détaillent et deviennent urgentes à régler. Cela est particulièrement bien illustré par le cas de la loi 29 portant entre autres sur les arrondissements des nouvelles villes. Le principe même des arrondissements n'avait pas été défini dans la loi 170

---

9. Ceci représente néanmoins un changement notable dans la politique municipale du gouvernement du Québec. Les réformes précédentes s'étaient préoccupé essentiellement des petites collectivités et du milieu rural en général.

10. Par exemple, quatorze municipalités de l'île Jésus ont fusionné autoritairement en 1965 pour créer la ville de Laval au nord de Montréal. En 1974, une loi organise trois fusions municipales au Saguenay, et en 1982 les villes de Baie-Comeau et Hauterive sont regroupées dans la douleur par le gouvernement du Parti québécois d'alors.

11. La Loi de la fusion volontaire des municipalités (L.Q. 1965, cg. 56) avait pour but le regroupement de municipalités contiguës. La procédure du volontariat implique que les municipalités s'accordent entre elles librement, puis soumettent une requête conjointe de regroupement au gouvernement. La fusion est ensuite officialisée par un arrêté ministériel. La Loi favorisant le regroupement semi volontaire des municipalités (L.Q. 1971, ch. 53) contraint les municipalités choisies à se rencontrer et pour certaines à procéder à des études conjointes sur leur fusion éventuelle. Cette loi n'a guère plus de succès que la première. En deux ans d'application, seules vingt nouvelles entités regroupent 65 municipalités. Les élus locaux paraissent ainsi peu enclins à se saisir de ces possibilités de « rationalisation » de la carte territoriale municipale québécoise.

initiale[12]. C'est seulement à la suite des revendications des acteurs de terrain que ce dispositif a été imaginé, légiféré et enfin proposé. L'étude de la mise en œuvre conduit à préciser la perspective *top down* apparente[13]. La réforme Harel prend des allures de bricolage au fur et à mesure qu'elle est mise en place[14]. Elle se fait en marchant, s'adaptant aux enjeux de chaque regroupement.

Les stratégies de refonte des cartes municipales partagent un parti pris pour une logique de substitution. Ni en France ni au Québec, la transformation des dispositifs institutionnels existants n'est considérée comme une avenue féconde[15]. Les choix politiques valorisent une refondation, au moins symbolique, en offrant des bases juridiques nouvelles aux agglomérations. Pour autant, les stratégies de mise en œuvre sont différentes en France et au Québec. Au modèle français généralisant semble s'opposer à première vue une prise en compte du cas par cas

---

12. Le projet de loi 170 est adopté le 20 décembre 2000. Il est complété par les lois 29 du 21 juin 2001 et 60 du 20 décembre 2001. Les aménagements législatifs se sont échelonnés durant une année entière, alors même que les villes concernées étaient déjà en processus de transition. Le mandat des comités de transition des villes de Montréal, Québec, Gatineau, Longueuil et Lévis s'est écoulé du 22 janvier au 31 décembre 2001.

13. Cette dernière est adoptée par Pierre Hamel et Jean Rousseau lors d'une présentation du contexte de cette réforme. Pierre Hamel et Jean Rousseau, « Revisiting municipal reforms in Quebec and the new responsibilities of local actors in a globalising world ». Une fois de plus, on observe la complémentarité d'approche sur la production et sur la mise en œuvre des réformes, dans la lignée des travaux d'Aaron Wildavsky et Jeffrey Pressman. (Wildavsky et Pressman, 1973).

14. Cela rejoint la terminologie proposée par Alain Faure, qui évoque une « méthode PowerPoint », pour souligner le double aspect cumulatif et instable de la production de la réforme (Faure, 2004).

15. David Guéranger souligne particulièrement cet aspect dans son analyse de la loi Chevènement (Guéranger, 2003). L'un des problèmes de l'intercommunalité française réside dans l'accumulation de dispositifs au gré des réformes, obscurcissant d'autant le fonctionnement des scènes publiques locales. Un nettoyage juridique s'impose. Au Québec, parmi le faisceau d'éléments ayant conduit à privilégier la voie du regroupement municipal, on peut souligner les limites structurelles de la coopération intercommunale bornée par le principe « no taxation without representation ». La volonté de banaliser le cas montréalais apparaît également comme l'une des logiques ayant guidé l'action gouvernementale dans l'ensemble des six principales régions métropolitaines de la province.

québécois. Mais ces différences initiales laissent entrevoir certains revirements dans la mise en œuvre des réformes.

Délégation aux territoires des modalités de concrétisation

La mise en œuvre des réformes françaises et québécoises est un mélange d'implémentation au sens traditionnel et étroit du terme, mais aussi de réécriture des normes initiales. Dans les deux cas, des stratégies sont déclinées par le centre pour éviter le risque du « mur à mur », c'est-à-dire de l'application uniforme d'une norme prescrite par le centre. La revendication des acteurs locaux est donc celle d'une différenciation, d'une capacité d'aménagement différencié selon les réalités territoriales.

En France, la souplesse du système se niche dans l'intérêt communautaire. Non précisé par la loi, ce dernier est pourtant la clé de répartition des compétences et des équipements sur le territoire intercommunal. Il est défini comme un intérêt propre à la communauté d'agglomération, distinct des intérêts municipaux. Son interprétation est laissée à la discrétion des élus locaux, alors même que le gouvernement avait proposé un amendement permettant de spécifier plus objectivement son contenu. Les critères définissant l'intérêt communautaire sont établis pour chaque compétence à la majorité des deux tiers de chaque assemblée intercommunale. Cela procure une certaine souplesse territoriale : chaque communauté embrasse le niveau de compétence qui lui convient, selon son propre niveau d'intégration. Cette flexibilité est également temporelle, puisque l'intérêt communautaire est modifiable dans le temps. En tout état de cause, seuls les conseillers municipaux sont à l'origine de cette définition. Le choix initial des compétences est donc moins crucial que la négociation des critères qui se déroule en aval. L'enjeu politique réside dans ces résolutions établies par chaque assemblée communautaire. Comme l'ont évoqué François Baraize et Emmanuel Négrier (2001), ce sont aux acteurs locaux de définir ensemble les règles qui régiront leur propre domaine de jeu. Le modèle universalisant français s'ouvre en réalité sur une mise en œuvre territorialisée permettant de décliner indéfiniment la norme édictée au centre.

Au Québec, la lutte contre le mur à mur passe par la mise en place de mandataires gouvernementaux. Nommés par la ministre des Affaires municipales, ils sont choisis pour leur connaissance fine du milieu considéré, leur permettant de plonger dans l'épaisseur du contexte local. Leur mission est de proposer au gouvernement une solution territoriale[16]. Une fois ces premières recommandations établies, le gouvernement crée un comité de transition dont le mandat est de mettre sur pied une structure administrative opérationnelle tout en préparant l'entrée en fonction des futurs élus municipaux[17]. Ce dispositif est fortement marqué par une logique centralisatrice[18]. Les membres des comités de transition sont nommés par le gouvernement tout en portant un ancrage territorial fort. Ils assurent, par leurs parcours personnels, la jonction entre les univers politique et administratif. Les conciliateurs font aussi office de relais entre la problématique locale et les orientations gouvernementales[19]. Ils sont assistés du conseil des maires. Indépendants les uns des autres, ces comités représentent le double sens de la territorialisation. Ils incarnent, d'une part, la différenciation acceptée par le gouvernement dans la conduite de sa politique de réorganisation municipale. Ils servent, d'autre part, de point d'ancrage autour duquel se forme une configuration « de transition » participant à la création de la solution territoriale. Dans les deux cas, ils apparaissent comme le levier d'un centre qui résiste aux velléités d'autonomisation de ses territoires.

---

16. Les méthodes employées sont très diverses : le mandataire de Montréal s'entoure explicitement d'un comité d'élus ; celui de Sherbrooke fait appel à l'expertise de l'Université de Sherbrooke ; celui de Chicoutimi auditionne l'ensemble des acteurs qui se présentent et rédige seul son rapport final.

17. Pour les nouvelles villes de Saguenay, Sherbrooke et Trois-Rivières, une étape intermédiaire a consisté à mettre en place un comité de conciliation visant à obtenir le consensus sur les limites territoriales des nouvelles villes.

18. Jean-Pierre Collin et Jacques Léveillée soulignent deux caractéristiques fondamentales des comités de transition des dix plus grandes villes du Québec. Considérés comme des organismes publics, ils sont soumis aux règles du Conseil du Trésor et le gouvernement prend en charge l'ensemble des frais engagés. Par ailleurs, ils sont indépendants des institutions municipales afin d'en assurer l'apolitisme (Collin et Léveillée, 2002).

19. Dans le cas saguenéen, le gouvernement reconduit les trois membres du comité de conciliation dans le comité de transition. Le président, Bernard Angers, originaire de la région est recteur de l'Université du Québec à Chicoutimi. Il est assisté par Liz Gagné, de La Baie, présidente de la commission scolaire des deux-rives, ainsi que Jean-Marc Gagnon, ancien directeur général de la ville de Jonquière.

Alors que la stratégie universelle française se commet avec les spécificités territoriales, la méthode au cas par cas québécoise se pare des atours d'un maintien explicite du centre dans les processus territorialisés. Ainsi, les propositions d'arrangements que constituent ces nouvelles politiques institutionnelles offrent une territorialisation plus ou moins retenue par le centre. Les modalités de cette territorialisation ne sont pourtant pas seulement le résultat de stratégies menées par le centre, elles sont aussi fonction des configurations locales.

LES PROCESSUS D'APPROPRIATION
DES RÉFORMES PAR LES ACTEURS LOCAUX

La place prise par les acteurs politiques locaux dans ces nouvelles politiques institutionnelles ne peut se résumer à une simple mise en œuvre d'un dispositif qui aurait été pensé au centre. Un certain nombre d'acteurs locaux se mobilisent pour s'approprier le processus en cours. La question du périmètre institutionnel des agglomérations fait ainsi l'objet d'importantes interventions à Rennes comme à Saguenay. Le territoire fonctionnel saisi par les réformes métropolitaines est avant tout un territoire politique. Au-delà de cet enjeu territorial, la mise en œuvre des lois Harel et Chevènement offre une occasion pour réinitialiser la configuration politique locale[20].

Découpages et territorialisation de la réforme

Au moment des transitions institutionnelles, c'est-à-dire à l'automne 1999 pour Rennes et au printemps 2001 pour Saguenay, le choix du territoire de la future entité, qu'elle soit ville ou communauté d'agglomération, constitue le dossier le plus sensible. Être dedans ou dehors, inclure ou exclure, apparaît comme l'un des enjeux fondateurs

---

20. Selon Norbert Elias, le concept de configuration permet de prendre en compte une situation d'interaction dans sa totalité, comprenant les acteurs, les actions et leurs interdépendances (Elias, 1993).

de la nouvelle institution. Dans cette perspective, le travail politique regroupe différents savoir-faire pour « en être ou pas ». Jamais les territoires « statistiques » ne sont retenus dans le regroupement municipal québécois ni même dans les communautés d'agglomération. Les régions métropolitaines de recensement définies par Statistique Canada et les aires urbaines de l'Institut national de la statistique et des études économiques (INSEE) ne servent, au plus, que de repère scientifique. Le découpage des frontières apparaît donc comme un exercice essentiellement politique, non seulement dans le but à atteindre, mais aussi dans les savoir-faire mobilisés. On illustrera ce constat à partir de deux exemples : celui de la commune de Le Verger pour Rennes Métropole et celui de la ville de La Baie pour Saguenay.

Les statuts du district ne faisaient pas de la continuité territoriale une obligation. Cela permit à la commune de Le Verger distante d'une dizaine de kilomètres du périmètre d'intégrer, en 1992, l'intercommunalité rennaise. Mais cette situation, un peu exceptionnelle sous le district, s'avère incompatible avec les nouvelles dispositions juridiques définies par la loi Chevènement. Cette fois-ci, le principe de continuité territoriale est prononcé sans ambiguïté. Afin de maintenir cette commune dans le giron de la nouvelle communauté d'agglomération Rennes Métropole, le maire président Edmond Hervé engage plusieurs démarches. Deux stratégies concomitantes sont mises en œuvre. La première est locale. Le président organise une série de rencontres avec les élus des communes de Le Verger et de Talensac, territoire tampon entre Rennes district et l'isolat, dans le but de trouver une solution locale. Les élus de Talensac s'opposent à leur rattachement à la nouvelle communauté d'agglomération. Ils bénéficient du soutien de la commission départementale de la coopération intercommunale et du résultat d'un référendum municipal au court duquel 70 % des votants se sont exprimés en faveur du maintien dans la communauté de communes de Montfort. La voie diplomatique se solde ainsi par un échec pour Rennes. Il est à noter qu'au sein même de l'assemblée intercommunale du district de Rennes, le rattachement « forcé » de Talensac ne faisait pas l'unanimité. La seconde stratégie est extraterritoriale. Le maire président, également ancien député et ancien ministre de la Santé, investit la voie législative. C'est auprès des sénateurs qu'Edmond Hervé cherche et trouve une solution au problème territorial. Un amendement législatif instaure une étroite possibilité de dérogation au principe de continuité territoriale pour certaines communautés d'agglomération, qui correspond explicitement à la situation rennaise[21]. L'exemple de Rennes est caricatural puisque nombre de structures intercommunales ont dû céder devant la force de la loi. Néanmoins, il illustre la capacité de mobilisation de ressources politiques traditionnelles par le leader local pour adapter la norme à sa propre configuration territoriale.

À Saguenay, la définition du territoire de la future ville a fait l'objet de nombreux épisodes[22]. La mobilisation très forte des élus de la municipalité de La Baie n'a pourtant pas suffi à l'exclure du regroupement. Ici, plusieurs réseaux sont partie prenante de la contestation au projet gouvernemental. Le maire Réjean Simard est un des piliers de la cause souverainiste au Saguenay–Lac-Saint-Jean, proche du Parti québécois et de son chef Lucien Bouchard, premier ministre d'alors. Afin de contrer le projet de grande ville, le maire de La Baie propose une fusion avec les municipalités rurales du Bas-Saguenay au sein de la « Cité du Fjord ». Malgré les recommandations favorables des instances ministérielles chargées d'évaluer de telles propositions de regroupement, le mandataire du gouvernement refuse un tel scénario. La contestation se cristallise alors autour du maire, réunissant la présidente de la chambre de commerce, le député ainsi qu'une association de citoyens. Cette dernière entretient des liens très étroits avec la municipalité, notamment en termes logistiques pour l'organisation de campagnes d'affichage. Le maire engage quant à lui plusieurs actions : campagnes dans la presse régionale et nationale, politique de la chaise vide aux conseils de conciliation et de transition,

---

21. Il s'agit de l'amendement n° 33 du projet de loi modifiant le code général des collectivités territoriales et relatif à la prise en compte du recensement général de la population de 1999 pour la répartition des dotations de l'État aux collectivités locales n° 0056 (1999-00) du 10 décembre 1999. Cet amendement a été déposé par le sénateur socialiste de la Haute-Vienne, Jean-Claude Peyronnet.

22. Dès l'annonce de la réforme, en septembre 2000, plusieurs scénarios sont élaborés par diverses coalitions d'élus locaux. Seul le maire de la ville-centre est favorable à création d'une seule ville. Finalement, un consensus politique est obtenu au sein du comité de conciliation sur le regroupement des municipalités de Jonquière, Chicoutimi, Shipshaw, Lac-Kénogami et Canton-Tremblay. Par contre les élus de Larouche, Laterrière et La Baie continuent à s'opposer de manière virulente à leur intégration dans la nouvelle ville. Finalement, seule Larouche, municipalité la plus excentrée, réussit à obtenir gain de cause.

multiplication des représentations à l'Assemblée nationale, au ministère des Affaires municipales et au Cabinet du premier ministre, contestation juridique jusqu'en Cour suprême. Toutefois, malgré l'abondance des ressources mobilisées et la pérennité de la contestation, le centre est resté inflexible devant la requête du maire. Cette attitude appelle une triple explication. En plus de la pertinence territoriale de la future ville de Saguenay, on peut y voir un signe de cohérence générale de la réforme. Plusieurs mouvements municipaux antifusion contestent leur intégration dans les nouvelles villes, particulièrement dans l'ouest anglophone de l'île de Montréal. La logique gouvernementale ne souffre pas d'entorse grave. Enfin, le système des comités de transition, en technicisant l'ensemble du processus, a permis de dépolitiser la problématique de la réorganisation municipale. En territorialisant la mise en œuvre, le gouvernement du Québec s'est protégé des ressources politiques traditionnelles des élus locaux[23].

Ces deux exemples presque caricaturaux illustrent bien les stratégies mises en œuvre sur le territoire afin d'adapter ou de contourner la règle édictée au centre. Les élus mobilisent des ressources locales et extraterritoriales. Edmond Hervé réussit à trouver une issue à sa problématique territoriale. Réjean Simard échoue, non faute de ressources politiques, mais justement face à l'apolitisation et à la technocratisation du processus. Au-delà de leur contenu revendicateur, ces démarches incarnent également la réactivité des configurations locales face aux changements institutionnels.

---

23. Rappelons ici qu'il n'existe pas, comme en France, de cumul des mandats au Québec. Yves Mény, en se servant des travaux de J. Becquart-Leclercq, évoque l'existence de trois formes de cumul : vertical, temporel et horizontal. Dans une logique verticale, plusieurs mandats sont remplis simultanément alors que l'aspect temporel souligne l'absence de limites temporelles de l'activité politique. Il existe également une version horizontale du cumul insistant sur l'appartenance à différents champs d'activité (politique, économique, culturel). Ces trois caractéristiques du cumul des mandats français participent à façonner le corps politique en structurant leur champ d'opportunité (Meny, 1993). On notera que, si le cumul vertical n'est pas admis au Québec, les formes horizontale et temporelle participent également à structurer la scène politique. Les sphères politiques locales et provinciales entretiennent des liens étroits.

Les nouvelles configurations locales

L'appropriation territoriale des réformes passe également par la transformation des configurations locales. Ces dernières ne sortent pas indemnes de la transition institutionnelle à laquelle elles ont participé. On assiste à une redistribution des ressources politiques, et, à tout le moins dans les cas de Rennes et de Saguenay, à une concentration de ces dernières dans quelques mains. Par ailleurs, la force des institutions réapparaît à travers leur capacité à organiser des coopérations entre les acteurs, permettant de produire de l'action publique. Autant la réforme française a offert une place privilégiée aux élus locaux dans la mise en œuvre, autant avec la méthode québécoise le processus est confisqué par les hommes du gouvernement.

À Rennes, le maire président Edmond Hervé est sorti renforcé du processus de transition qu'il a mené à bien en un temps record. Il apparaît ainsi comme le grand artisan de l'intercommunalité dans la capitale bretonne, où il a non seulement lancé une nouvelle dynamique dès 1989 en engageant le district sur la voie de la fiscalité propre, mais il a aussi offert un cadre institutionnel compatible avec ses ambitions pour l'agglomération rennaise en 2000. Néanmoins, la prise en charge des compétences stratégiques par l'intercommunalité pose indéniablement le problème de sa politisation. Si les clivages partisans ne peuvent servir d'unique clef de lecture au fonctionnement des instances politiques de Rennes Métropole, ils en constituent des rouages importants. La distribution des vice-présidences intercommunales laisse ainsi apparaître un subtil mélange de considérations partisanes et géographiques[24]. L'absence de représentation directe à l'échelon intercommunal ainsi que la faible visibilité de ce dernier contribuent à minorer l'investissement partisan de cette scène pourtant de plus en plus politique. Plusieurs frémissements sont pourtant perceptibles : la production de programmes électoraux pour l'agglomération des principaux partis politiques aux élections municipales de 2001 (Fédération d'Ille-et-Vilaine du Parti socialiste, 2001), ainsi que le regroupement associatif des élus de droite comme de gauche siégeant à l'assemblée intercommunale en 2004.

---

24. La domination du parti socialiste dans l'agglomération rennaise mène à la répartition des mandats cantonaux, régionaux et législatifs, au sein desquels les plus hauts postes de l'intercommunalité sont désormais présents.

À Saguenay, libérés des questions organisationnelles par le comité de conciliation-transition, les élus locaux sont entrés très tôt en précampagne électorale au cours du printemps 2001. Les élections de novembre 2001 ont montré des éléments de transformation du travail politique. Le changement d'échelle a conduit à la production d'un discours politique renouvelé, essentiellement axé autour de la valorisation d'une nouvelle identité. À Saguenay, des semblants d'équipes politiques ont été plus affirmés qu'auparavant[25]. Plusieurs candidats se sont explicitement réclamés de la lignée de l'un ou l'autre des deux candidats à la mairie, sans pour autant s'inscrire dans une organisation formelle. Enfin, le maire élu bénéficie d'une légitimité élargie du fait même de l'agrandissement de sa circonscription.

La réorganisation municipale québécoise et la politique de renforcement de la coopération intercommunale française ont des effets directs et importants non seulement sur la configuration politique en tant que telle, mais également sur les outils organisationnels de cette dernière.

L'exemple de Rennes Métropole montre que les défis organisationnels sont toujours à l'ordre du jour. En instituant le transfert de plusieurs compétences stratégiques, la loi Chevènement a provoqué des transformations importantes dans les organigrammes intercommunaux. La constitution de nouveaux services à l'échelle intercommunale remet en question la nature même des communautés d'agglomération. Les établissements publics de coopération intercommunale, hier pensés comme des organismes de mission, intègrent actuellement des activités de gestion. Les organigrammes enflent : Rennes District employait 90 personnes. L'organigramme cible de Rennes Métropole, pour 2005, comprend 250 employés. La transformation n'est pas uniquement quantitative elle est aussi qualitative. Essentiellement composé de fonctionnaires d'encadrement, le district, en devenant communauté d'agglomération, incorpore progressivement du personnel de fonctionnement. Dans cet esprit, le président a créé une direction générale des services techniques. Le défi réside moins dans la gestion de cet organigramme grandissant

---

25. Seul le maire est élu par l'ensemble de la population. Les conseillers municipaux ou conseillers d'arrondissement le sont à partir de districts électoraux. Les partis politiques municipaux restent rares en dehors des villes de Montréal et de Québec (Quesnel et Belley, 1991).

que dans sa mise en place. Les instances intercommunales sont-elles vouées à prendre en charge la maîtrise d'ouvrage ? Dans le cas de Rennes Métropole, cette question reste à trancher.

L'émiettement municipal qui caractérisait les agglomérations québécoises a aujourd'hui largement disparu. Les nouvelles institutions municipales ne sont pas pour autant un lieu de pouvoir stabilisé. L'un des grands défis des fusions était de nature organisationnelle. Comment fondre en un seul organigramme plusieurs cultures et organisations municipales afin d'en faire un tout à la fois cohérent et opérationnel ? Ce travail d'ingénierie a été confié non pas aux élus locaux, mais aux instances nommées par le gouvernement. Les comités de transition avaient pour mission de nommer les cadres des nouvelles villes. À Saguenay, l'un des premiers gestes du maire de la nouvelle ville a été l'éviction du directeur général nommé par le conseil de transition[26]. Outre l'aspect anecdotique, cet épisode illustre les ajustements nécessaires qui ont eu lieu à partir de la mise en place des nouvelles villes. De plus, l'alternance gouvernementale au printemps 2003 a introduit de l'insécurité sur le devenir de ces institutions municipales. La possibilité annoncée de procéder à des « défusions » aiguise les espoirs des opposants aux regroupements, tout en semant le doute dans certains organigrammes municipaux. Après une première consultation populaire, des référendums sont finalement organisés dans 89 anciennes municipalités, dont 31 recouvreront une semi-autonomie. La méthode des comités de transition est de nouveau convoquée, pour préparer, cette fois-ci, le démantèlement des organigrammes.

CONCLUSION

Les réformes Harel et Chevènement constituent des politiques institutionnelles territoriales. En ce sens, elles sont dotées du double objectif de cohérence générale et de cohérence locale. Leur caractère

---

26. Jean Tremblay devenu maire de Chicoutimi en 1997 avait déjà tenté d'évincer le directeur général de la ville. Il réitère la même stratégie, une fois élu à la tête de Saguenay (Mévellec, 2000).

constitutif laisse voir les difficultés de mener de front ces deux enjeux. Dans l'exemple québécois, les difficultés du centre à imposer une cohérence générale *a priori* semblent être compensées par la juxtaposition de cohérences territoriales dans chacune des agglomérations. Le faible nombre de ces dernières, auquel il faut soustraire les cas particuliers de la métropole montréalaise et de la capitale québécoise n'a guère plaidé pour un traitement universalisant. La fragmentation de la représentation des élus municipaux renforce la stratégie gouvernementale de la résolution territorialement différenciée de la réorganisation municipale[27]. Cette différenciation territoriale s'accompagne d'une technocratisation du processus, offrant peu de prise aux revendications politiques locales. Le processus français est tout autre. L'État élabore un arsenal législatif visant à affirmer une certaine cohérence générale. Largement maîtrisés par les élus locaux présents au Parlement, ces dispositifs se révèlent compatibles à la pluralité des situations locales. La dynamique de renforcement de la coopération intercommunale insufflée par le centre se matérialise de façon différenciée selon l'éventail de pratiques territoriales.

L'étude des transitions institutionnelles territoriales s'insère dans un double champ de recherche. Le premier renvoie à la nécessité d'examiner les conditions de la production des textes législatifs dont ils découlent, afin de permettre de cerner la place des élus locaux dans l'ensemble du processus. Une fois de plus, élaboration et mise en œuvre des politiques publiques paraissent indissociables. Le second fait référence davantage à la capacité d'action des nouvelles institutions d'agglomération, qu'elles soient villes ou communautés. Il s'agit alors de renouer avec la substance de l'action publique. En quoi les organigrammes mis en place permettent-ils de répondre de manière efficace aux missions de ces institutions ? Quelles sont les conséquences de ces transformations institutionnelles sur les relations de ces territoires avec les autres échelons de gouvernement et particulièrement avec le centre ?

---

27. L'union des municipalités du Québec, principale force de représentation des élus municipaux, montre ses faiblesses au cours de cette réforme. Regroupant à la fois les élus des villes-centres pro-fusion et les élus des banlieues anti-fusion, elle peine à s'imposer comme un interlocuteur représentatif auprès du gouvernement.

RÉFÉRENCES

Baraize, François et Emmanuel Négrier (2001), *L'invention politique de l'agglo-mération*, Paris, L'Harmattan, collection « Logiques politiques ».

Béhar, Daniel (2000), « Les nouveaux territoires de l'action publique », dans Pagès, Dominique et Nicolas Pelissier (dir.), *Territoires sous influences*, Paris, L'Harmattan.

Collin, Jean-Pierre et Jacques Léveillée (2002), « Les comités de transition vers les nouvelles villes d'agglomération. Résultats d'une enquête », *Organisations et territoires*, vol. 11, n° 3.

Duran, Patrice (1999), *Penser l'action publique*, Paris, LGDJ, Droit et société.

Duran, Patrice et Jean-Claude Thoenig (août 1996), « L'État et la gestion publique territoriale », *Revue française de science politique*, vol. 46, n° 4.

Elias, Norbert (1993), *Qu'est-ce que la sociologie ?*, Paris, Pocket, collection « Agora ».

Faure, Alain (2004), « La fusion des municipalités à Montréal, l'évolution du pouvoir d'agglomération en débat », dans Laliberté, Robert et Denis Monière (dir.), *Le Québec au miroir de l'Europe*, Québec, AEIQ.

Fédération d'Ille-et-Vilaine du Parti socialiste (2001), *Rennes Métropole un nouvel horizon*, Rennes.

Gaxie, Daniel (1997), « Stratégies et institutions de l'intercommunalité, remarques sur le développement contradictoire de la coopération inter-communale », dans Centre universitaire de recherches administratives et politiques de Picardi (CURAPP), *Intercommunalité, bilan et perspectives*, Paris, Presses universitaires de France.

Guéranger, David (2003), *La coopération entre communes dans le bassin cham-bérien (1957-2001)*, Thèse pour l'obtention du doctorat en science poli-tique, Université Pierre Mendès-France, Grenoble II, Institut d'études politiques de Grenoble.

Hamel, Pierre et Jean Rousseau (2003), « Revisiting municipal reforms in Quebec and the new responsibilities of local actors in a globalising world », présenté à « Municipal-federal-provincial relations confer-ence », Kingston, Quenn's University (les 9-10 mai).

Lascoumes, Pierre (1996), « Rendre gouvernable : de la "traduction" au "transcodage". L'analyse des processus de changement dans les réseaux d'action publique », dans Centre universitaire de recherches adminis-tratives et politiques de Picardi (CURAPP), *La gouvernabilité*, Paris, Presses universitaires de France.

Lowi, Theodore (1972), « Four systems of policy, politics, and choice », *Public Administration Review*, vol. 32.

Luisin, Bernard (2000), « Les raisons de la loi Chevènement », dans Dantonel-Cor, Nadine (dir.), *L'avenir de l'intercommunalité après les réformes récentes*, Nancy, Presses universitaires de Nancy.

Meny, Yves (1993), « Le cumul des mandats ou l'impossible séparation des pouvoirs ? », *Pouvoirs*, n° 64.

Mévellec, Anne (2000), « L'approche contextualiste au service des problématiques de changement dans les organisations publiques. L'exemple de la municipalité de Chicoutimi », dans Lafontaine, Danielle et Nicole Thivierge (dir.), *Le développement et l'aménagement des régions fragiles à l'ère des mutations globales*, Rimouski (Québec), Groupe de recherche interdisciplinaire sur le développement régional, de l'Est du Québec (GRIDEQ).

Négrier, Emmanuel (2001), « L'invention politique de l'agglomération », dans Baraize, François et Emmanuel Négrier (dir.), *L'invention politique de l'agglomération*, Paris, L'Harmattan, collection « Logiques politiques ».

Oberdoff, Henri (1994), « Intercommunalité, décentralisation française et construction européenne », dans Caillosse, Jacques (dir.), *Intercommunalités, invariance et mutation du modèle français*, Rennes, Presses universitaires de Rennes, collection « Res Publica ».

Quermonne, Jean-Louis (1985), « Les politiques institutionnelles, essai d'interprétation et de typologie », dans Grawitz, Madeleine et Jean Leca (dir.), *Traité de science politique. Tome 4 : les politiques publiques*, Paris, Presses universitaires de France.

Quesnel, Louise et Serge Belley (1991), *Partis politiques municipaux, une étude de sociologie électorale*, Montréal, Éditions Agence d'Arc.

Thoenig, Jean-Claude (1992), « La décentralisation, 10 ans après », *Pouvoirs*, n° 60.

Wildavsky, Aaron et Jeffrey Pressman (1973), *Implementation*, Berkeley, University of California Press.

L'ÉTAT TERRITORIALISÉ, OU L'ARROSEUR ARROSÉ : LES AMBIGUÏTÉS DE L'ÉTAT FACE AUX RECOMPOSITIONS TERRITORIALES EN FRANCE

Patrick Moquay

Les recompositions territoriales qui se font jour en France, autour du renforcement de l'intercommunalité et de la mise en place des pays, s'inscrivent dans un contexte plus général de transformation des modalités d'intervention de l'État (Gaudin, 1991). Une cohérence s'établit ainsi entre les recompositions institutionnelles et les modalités privilégiées de mise en œuvre des nouvelles politiques d'aménagement du territoire ou de développement, qui insistent sur le basculement d'une logique de guichet à une logique de projet (Jambes et Tizon, 1997) et reposent sur la définition territorialisée (et décentralisée) des priorités stratégiques et des interventions publiques (Padioleau, 1991).

La diffusion de ce discours au sein des élites étatiques met l'État dans une situation délicate. Porteur d'un discours décentralisateur, tablant sur l'élaboration de projets et la différentiation territoriale des interventions publiques, il n'est guère préparé au changement de rôle qu'appelle la logique de son propre discours. Dans une situation de changement, et en l'absence de directives claires quant à l'attitude à observer et au positionnement à adopter, les services de l'État hésitent entre des positions traditionnelles d'opérateurs – dont ils n'ont plus guère les moyens – ou de tuteurs (par le contrôle régalien) et la recherche de nouvelles formes d'intervention locale. Le désarroi qui semble se manifester est le signe d'une période de transition, où s'invente pour l'État une nouvelle manière de s'inscrire dans le territoire – dans les territoires –, sans que le débat sur les voies et finalités de cette inscription ne soit clairement exposé (du moins en interne) ni surtout tranché.

Le paradoxe, en effet, est que le positionnement de l'État dans le système d'action territorial qu'il met en place ne semble pas avoir été énoncé ni *a fortiori* discuté au sein des services. Chacun se repositionne au fil des difficultés rencontrées, en jonglant avec les arguments et les positions qui sont à sa disposition, en tentant de trouver un registre d'expression et d'action compatible avec les discours portés. Comme le titre de ce texte le suggère, l'impréparation apparente de ces repositionnements, dans les cas de recompositions territoriales souhaitées, provoquées et encadrées par l'État, évoque la figure de l'arroseur arrosé – autrement dit, un acteur mis en difficulté par sa propre action.

Les réflexions qui suivent ne s'appuient pas sur une enquête systématique, mais sur le rassemblement d'observations glanées au fil des contacts entretenus, notamment à l'occasion d'activités de formation et de recherche, au cœur des administrations de l'État dans les domaines de l'aménagement du territoire, de l'agriculture et de l'environnement. Après avoir caractérisé les orientations des politiques d'organisation du territoire et les discours qui les fondent, je propose de retracer les principaux éléments du référentiel[1] en affirmation dans les politiques territoriales de l'État en France, puis, dans une troisième partie, de recenser et d'illustrer certaines manifestations du désarroi des services de l'État face aux transformations qui en découlent.

---

1. Selon la notion proposée par Jobert et Muller (1987).

L'AFFIRMATION DES POLITIQUES ÉTATIQUES DE RÉORGANISATION DU TERRITOIRE

Après la première vague de décentralisation du début des années 1980, qui a accru les domaines d'intervention des collectivités territoriales sans modifier leur organisation ni leur agencement, les années 1990 ont vu une intense activité législative dans le domaine de l'aménagement et du développement territorial. Les textes successifs relatifs à l'intercommunalité[2], à l'aménagement du territoire[3] et à l'urbanisme[4] ont progressivement affirmé et conforté des niveaux intermédiaires d'administration et d'élaboration de projets (intercommunalité à fiscalité propre et pays), conduisant à une recomposition territoriale (Guérin et Moquay, 2002). Le paysage institutionnel se trouve ainsi réformé de manière sensible, sans pour autant que n'apparaisse de traumatisme grave comme cela avait été le cas, par exemple, à la suite de la tentative de fusion des communes par la loi Marcellin de 1971 (De Kervasdoue *et al.*, 1976).

Des réformes séparées qui trouvent leur cohérence

On a pu à juste titre dénoncer l'incohérence partielle de certaines de ces réformes successives et, pour certaines, simultanées (Lacaze, 2004). C'est qu'elles ont été élaborées en fait dans des cénacles distincts. Chaque texte reflète avant tout les préoccupations de l'organisme d'État qui préside à son élaboration : la direction générale des collectivités locales (DGCL) du ministère de l'Intérieur pour les lois sur

---

2. Loi du 6 février 1992 relative à l'administration territoriale de la République (ATR), dite loi Joxe-Marchand ; loi du 12 juillet 1999 relative au renforcement et à la simplification de l'intercommunalité, dite loi Chevènement.

3. Loi d'orientation du 4 avril 1995 sur l'aménagement et le développement du territoire (LOADT), dite loi Pasqua ; loi d'orientation du 25 juin 1999 sur l'aménagement et le développement durable du territoire (LOADDT), dite loi Voynet.

4. Loi du 13 décembre 2000 relative à la solidarité et au renouvellement urbains (SRU), dite loi Gayssot, texte dont l'ambition et la portée ont été quelque peu altérées par la loi de juillet 2003 relative à l'urbanisme et à l'habitat.

l'intercommunalité, la délégation à l'aménagement du territoire et à l'action régionale (DATAR) pour les lois sur l'aménagement et le développement du territoire, le ministère de l'Équipement pour les lois sur l'urbanisme. Autant de visions différentes, voire divergentes, de l'administration territoriale de la République – pour reprendre l'intitulé de la loi de 1992 –, qui tendent à s'ignorer mutuellement.

Le rattachement temporaire de tel ou tel organe à d'autres ministères n'a pas véritablement conduit à intégrer ni même à harmoniser les approches. On peut l'illustrer par le parcours institutionnel de la DATAR. Relevant du ministère de l'Intérieur en 1995, elle n'en considérait pas moins, à l'origine, « ses » pays comme devant remplacer les communautés de communes (proposées trois ans plus tôt par le même ministère !), jugées inadaptées car trop petites… Les faits ont tranché, et il a bien fallu inventer, après coup, une articulation entre les deux dispositifs, en considérant les pays comme des fédérations de communautés de communes. Puis le rattachement en 1997 de la DATAR au ministère de l'Environnement, devenu alors ministère de l'Aménagement du territoire et de l'Environnement, n'empêcha pas l'absence de réelle réflexion anticipée sur l'articulation entre les pays (confortés par la LOADDT) et les parcs naturels régionaux (sous tutelle du ministère)…

La compatibilité des textes s'est donc construite petit à petit, pour partie lors de leur examen par le législateur – lorsque des incohérences notoires ou une absurde ignorance rendaient les textes réellement problématiques – et pour le reste lors de leur interprétation ultérieure, tant par les administrations que par les commentateurs.

Un paradoxe apparent est que ces textes, élaborés séparément et bien souvent dans un positionnement concurrentiel entre administrations, au-delà de leurs écarts ou problèmes de compatibilité ponctuels, offrent une vision relativement cohérente d'une organisation territoriale renouvelée et décentralisée. À condition du moins de prendre suffisamment de distance, négligeant les détails de procédure ou d'organisation, pour ne garder à l'esprit que l'agencement institutionnel global, les perspectives tracées et les valeurs de référence. Il y a bien congruence de sens, au-delà des divergences ou différences ponctuelles de dispositifs. Les réformes successives relèvent d'un discours général sur le territoire, qui semble partagé par la plupart des responsables politiques nationaux, porté avec plus ou moins d'enthousiasme par les services de l'État et repris par nombre d'acteurs locaux.

La diffusion d'un discours décentralisateur de l'État

Un élément notable de ce discours est la constance de la position décentralisatrice de l'État. La réforme de décentralisation, envisagée tant par la droite que par la gauche dès la fin des années 1970, n'a jamais été remise en cause depuis. Il a fallu les circonstances politiques particulières des années 2002-2004[5] pour que les partis d'opposition tiennent un discours critique à l'égard de l'approfondissement de la décentralisation, sans jamais revenir sur la dévolution actuelle des compétences[6]. Le principe d'un traitement local des problèmes, au nom de la proximité des citoyens-usagers, est repris par l'ensemble des responsables politiques, seules certaines modalités de mise en œuvre faisant débat[7]. Ce discours décentralisateur, ou du moins favorable globalement à une organisation décentralisée des institutions, a fini par se diffuser, au sein même de l'administration d'État, que la première décentralisation avait pourtant mis en état de choc et au sein de laquelle des voix discordantes se sont longtemps fait entendre, au nom d'un intérêt général que les pressions locales ne pourraient que dévoyer.

Ce discours décentralisateur forme l'arrière-plan de tout le débat sur la recomposition territoriale (Floquet, 2002). Celle-ci n'est en effet présentée que comme une nécessaire mesure d'accompagnement, permettant (ou préparant) l'exercice efficace des compétences décentralisées. La même constance caractérise logiquement les deux discours,

---

5.   Notamment la concordance de calendrier entre l'approfondissement annoncé de la décentralisation (présenté comme emblématique par le premier ministre, qui en fait un enjeu personnel), un programme gouvernemental marqué par le libéralisme et une vague de contestation liée notamment à la réforme des retraites.

6.   Alors qu'ils s'apprêtaient, en cas de victoire de Lionel Jospin à l'élection présidentielle de 2002, à lancer leur propre chantier de décentralisation…

7.   En l'occurrence, le débat a porté sur les transferts de personnels accompagnant les transferts de compétences de l'État vers les collectivités territoriales, transfert qui suscite effectivement beaucoup d'inquiétudes parmi les personnels concernés.

passant du soutien de principe à la décentralisation, au soutien de principe à la recomposition territoriale, simple conséquence ou condition de la décentralisation.

Au fil des 12 années qui nous séparent de l'impulsion initiale donnée en 1992 par la Loi sur l'administration territoriale de la République[8], les gouvernements ont certes cherché à marquer le cours des réformes par quelques inflexions, chaque texte reformulant et modifiant pour partie les réformes précédentes[9]. Dans la période considérée, pourtant, il faut noter que les alternances successives[10] n'ont jamais conduit à une contestation frontale des dispositifs mis en place par les gouvernements précédents. Si des ajustements ont été faits, ils n'ont pas remis en cause l'économie générale de l'organisation territoriale ni même contesté les perspectives dessinées. Ainsi, tous les gouvernements ont repris (fût-ce discrètement) l'espoir d'une couverture complète, à terme, du territoire français par les structures intercommunales à fiscalité propre.

Si menace il y avait, elle passerait actuellement par des décisions administratives ou budgétaires vidant les réformes de leur substance, plutôt que par une remise en cause explicite et assumée du mouvement de recomposition territoriale. Certaines inquiétudes de ce type se font jour pour les pays, qui voient les perspectives de financement de leurs projets de développement obérées par les mesures successives de restrictions budgétaires annoncées par l'État, contrairement à l'espoir initial

---

8. Le débat sur le renforcement des structures intercommunales remonte en fait à l'annonce de la mise en chantier de la loi, dès 1988.

9. Ainsi, la loi Pasqua (LOADT) était imprégnée d'une volonté de maintenir la capacité d'arbitrage et d'orientation de l'État, dans un système décentralisé, et se caractérisait, pour des raisons conjoncturelles de mobilisation des élites politiques, par un intérêt marqué pour l'espace rural. La loi Voynet qui lui succédera (LOADDT) remettra l'accent sur l'urbain et se montrera plus modeste dans l'affirmation du rôle de l'État. Le remplacement à la fin de 2002 du délégué à l'aménagement du territoire, Jean-Louis Guigou, s'est traduit par un certain flottement, notamment sur la question des pays, mais n'a pas conduit à la formulation d'une doctrine véritablement nouvelle, qui s'écarte des visions exprimées dans la décennie précédente.

10. En 1993 (deuxième cohabitation), 1995 (élection présidentielle sans élection législative, mais qui a conduit à un changement notable de l'équipe gouvernementale), 1997 (victoire de la gauche plurielle) et 2002 (réélection de J. Chirac et élection législative donnant une forte majorité à la droite).

d'une manne tombant quasi automatiquement du volet territorial des contrats de plan État-région[11].

Un discours relativement homogène tend donc à imprégner les diverses prises de position des acteurs politiques et administratifs, centraux puis locaux, quant à l'organisation territoriale de la République. Concernant les administrations dans leur ensemble, et notamment les services déconcentrés de l'État, on peut penser que ce discours leur est parvenu sous l'impulsion des décideurs politiques centraux. Mais ceux-ci, au préalable, l'ont adopté après qu'il eut été produit par certains cercles réformistes de la haute fonction publique, qui ont su instiller leur vision de l'organisation du territoire, probablement par une double voie. D'une part, au sein des cercles de réflexion et autres *think tanks* des partis politiques, têtes chercheuses qui alimentent les programmes électoraux ou gouvernementaux. D'autre part, au sein d'organes officiels, dont la fonction même est de proposer et de diffuser des politiques ou des formes d'intervention nouvelles : on pense aux administrations de mission ou de réflexion, telles que le commissariat général au plan, la DATAR ou encore la délégation interministérielle à la réforme de l'État.

On peut donc retrouver trace de la diffusion du nouveau référentiel territorial de l'État dans diverses productions administratives. On ne sera pas surpris de trouver ici les travaux de la DATAR, dont le champ d'intervention concerne précisément l'aménagement (donc l'organisation) du territoire. Elle porte avec une certaine constance depuis de nombreuses années, au-delà des alternances politiques, un discours favorable à l'élaboration de projets stratégiques locaux et au dépassement des cadres institutionnels anciens[12].

---

11. Cette déception est à la hauteur des faux-semblants par lesquels certains prosélytes du projet territorial ne font qu'en habiller de très classiques attentes de financement.

12. Les textes mettant en place la première génération de contrats de pays, en 1975, font déjà référence à la notion de développement local, appelant explicitement à l'élaboration d'un projet adapté aux conditions propres du territoire concerné. L'ambition initiale sera oubliée en pratique, lorsqu'une administration préfectorale peu sensibilisée aux démarches balbutiantes de projets de développement local négociera de manière plus expéditive (et pragmatique) avec les grands notables locaux le financement de leurs projets (d'équipements).

On trouve une même orientation, prônant la territorialisation et la contractualisation des politiques par l'élaboration de projets locaux associant étroitement les collectivités territoriales et l'État, dans le récent rapport d'évaluation des politiques de développement rural (CGP, 2003). L'instance pluraliste d'évaluation de ces politiques, dominée par la haute fonction publique, a donné son approbation à des initiatives concertées et de développement local, telles que les programmes européens LEADER ou les pays, et appelle à une généralisation de ces modes d'intervention, tout en affirmant la nécessité pour l'État de garder un rôle d'appui et de péréquation. Il semble bien qu'il y ait là un signe clair de la légitimité nouvelle, au sein de l'appareil d'État, du discours de territorialisation des politiques[13], si l'on entend par là leur déclinaison locale et leur adaptation circonstanciée aux préoccupations des acteurs locaux et aux enjeux propres à chaque territoire.

Enfin, de nombreuses publications de ministères sectoriels reprennent ces orientations et tentent d'y adapter leurs propres dispositifs. Il en est ainsi de publications du ministère de l'Équipement qui confortent la territorialisation comme solution aux difficultés contemporaines de l'action publique (voir par exemple CERTU, 2002). De même, le ministère de l'Agriculture fait-il place progressivement à la territorialisation de ses politiques, tout d'abord sous l'influence d'exigences environnementales, puis par la prise en compte de la multifonctionnalité des espaces agricoles et forestiers[14]. Il est vrai, dans ce dernier cas, que la territorialisation n'est pas dénuée d'arrière-pensées : il s'agit, dans une logique de « découplage » des aides, de mettre en place un système d'aide aux producteurs qui puisse être défendu dans les grandes négociations commerciales internationales. Ce rapprochement entre territorialisation et libéralisation des échanges peut ne pas être fortuit.

---

13. La force de ce discours allant jusqu'à rallier à sa cause des fonctionnaires au discours initial très centré sur la référence à l'État-nation, l'importance du rôle de l'État et l'idéal d'un intérêt général de type universaliste.

14. Ce qui s'est traduit par l'instauration de deux outils particuliers, reposant tous deux sur la définition d'un programme d'interventions adapté au contexte territorial, et notamment aux interactions entre activités : le contrat territorial d'exploitation, devenu contrat d'agriculture durable, liant les agriculteurs (seuls ou regroupés) à l'État (Brun, 2003) ; la charte forestière de territoire, proposant, sur la base d'un diagnostic partagé entre acteurs, un programme d'action couvrant diverses dimensions des problématiques forestières.

Le discours décentralisateur, en effet, prend place dans un mouvement général de recul de l'État, inspiré et justifié par la critique néolibérale qui s'est affirmée dès les années 1980. Le contexte néolibéral fonde l'appel à un État plus modeste (dans sa taille et ses prétentions), et peut présider à la reconnaissance (c'est-à-dire à la mise en concurrence) d'entités locales autonomes, aptes à définir des stratégies de développement et les niveaux de services qui y correspondent. Dans le cas français, cependant, l'offensive néolibérale est comme atténuée par une culture politique toujours attachée au rôle de l'État et formulant un haut niveau d'exigence en matière de services publics. L'État, ainsi, se veut moins interventionniste mais néanmoins toujours présent, soit comme stratège (ce qui suppose qu'il dispose d'une réelle capacité d'orientation à l'égard des autres acteurs), soit comme garant des valeurs fondamentales. Garant de l'unité nationale d'une part, sans que l'on sache clairement jusqu'où ce principe peut tolérer des formes de pouvoir décentralisé, mais surtout garant de l'égalité de traitement entre les citoyens, d'autre part, notamment dans l'accès aux services publics (ce qui pose également la question du degré d'écart acceptable). Le discours décentralisateur s'inscrit donc dans un arrière-plan idéologique, qui rend possible sa formulation et fonde sa légitimité. Cet arrière-plan idéologique forme en définitive, de manière à la fois plus générale (car englobante) et plus précise (dans ses implications) que le seul discours décentralisateur de l'État, le cadre d'interprétation et de justification des réformes en cours.

LE NOUVEAU RÉFÉRENTIEL DE L'ÉTAT TERRITORIALISÉ[15]

Ce cadre général trouve sa cohérence dans l'affirmation progressive d'un nouveau référentiel, que l'on peut chercher à caractériser, autour notamment de quelques oppositions binaires caractérisant les évolutions en cours. Les recompositions territoriales pourraient ainsi traduire le basculement (incomplet à ce jour) d'un paradigme ancien (que l'on peut nommer, selon une formule non dénuée de nostalgie critique, comme

---

15. Les réflexions qui suivent sont reprises de travaux menés avec Marc Guérin, au sein du groupe de prospective Espaces naturels et ruraux et société urbanisée, Programme de prospective territoriale *Territoires 2020* de la DATAR.

paradigme de l'État républicain, ou plus précisément État républicain universaliste) vers un paradigme nouveau, qui peine à trouver sa désignation explicite ou son mot d'ordre, tant son expression est encore problématique, mais que l'on pourrait référer à l'idée de démocratie pluraliste. Cette caractérisation renvoie à la transformation progressive des principes de référence de l'État en France. La conception d'un État incarnant l'universalisme, par sa prétention à porter un intérêt général universel, laisse place à la reconnaissance d'une pluralité d'intérêts légitimes ou encore de l'existence d'un intérêt général localisé, selon l'expression de J.-P. Gaudin (1999). Ce nouveau référentiel de l'État territorialisé, ordonné par l'opposition universalisme / pluralisme, peut être précisé par l'exploration de diverses oppositions entre principes.

Le rapport à l'État

La territorialisation des politiques ne correspond pas seulement à une modification de l'échelle d'intervention, à une adaptation de l'action menée aux caractéristiques des espaces concernés et à une diversification des interlocuteurs en jeu. L'analyse conventionnaliste l'interprète comme un changement de la convention établie entre l'État et les autres acteurs. À la convention d'un « État extérieur » se substituerait progressivement celle d'un « État situé » (Salais et Storper, 1993 ; Salais, 1999).

Dans son rapport aux acteurs économiques, l'État extérieur s'assigne pour rôle de pallier les défaillances de l'action économique collective ; le bien commun que cette intervention poursuit « est simplement considéré comme indiscutable et [n'a] pas besoin, pour exister et être atteint, d'une reconnaissance singulière par chaque acteur économique » (Salais, 1999 : 67). Ici, l'État prédéfinit de façon autonome les problèmes économiques à résoudre. Cet État doté d'une rationalité substantive, qui pose la politique comme une science en formalisant un savoir objectif apporté de l'extérieur, rappelle le modèle comtien (Laufer, 1991) et weberien de la puissance publique. L'État est une puissance hégémonique, non seulement extérieure mais même supérieure aux autres acteurs, surplombant (et organisant) la scène d'interaction où ceux-ci se démènent.

L'État situé serait d'une autre nature. Le référentiel de politique publique sur lequel il s'appuie se caractérise par la recherche d'une solution adaptée aux besoins du lieu. Il ne présume pas de l'homogénéité des situations mais, au contraire, de leur hétérogénéité. Dans ce type de référentiel, loin de se substituer à des individus estimés inaptes à résoudre les problèmes qui s'imposent à eux, les représentants des pouvoirs publics sont censés se positionner par rapport aux actions de leurs concitoyens et aux attentes formulées à leur égard. À l'extrême, l'État, dans ces conditions, devient un partenaire comme un autre, un acteur parmi d'autres, situé dans la scène d'interaction et y poursuivant ses fins au même titre que les autres acteurs poursuivent les leurs : « Les apports de chacun sont attendus dans leur complétude, car leur engagement repose sur une prémisse réciproque d'égalité en considération » (Salais, 1999 : 68).

Dans la gestion de l'incertitude des situations, le rôle de ce type d'État consisterait non pas à s'inscrire dans une logique d'assurance, mais à propager la confiance dans l'action en cours. La valorisation du capital humain, de l'innovation, de l'essaimage constituerait autant de modalités d'action de l'État situé. Pour corriger des défaillances de coordination, l'État répond à des attentes en participant, aux côtés de multiples acteurs aux conceptions différentes, à un processus d'élaboration collective d'un traitement du problème posé.

Dans cette nouvelle position, l'État devrait abandonner son statut d'aménageur. Son rôle, selon Béhar et Estèbe (1999 : 91), pourrait reposer sur trois piliers :

– l'énonciation de mythes mobilisateurs qui fonctionnent comme autant de questions adressées aux opérateurs territoriaux (la mixité, l'étalement urbain, la solidarité, etc.) ;

– l'intercession territoriale qui met en perspective les échelles les unes par rapport aux autres et qui tente de tenir la continuité entre développement et solidarité ;

– l'invitation permanente des opérateurs territoriaux à formuler des compromis raisonnables.

Pour assumer ces objectifs, l'État devrait être doté d'un pouvoir symbolique fort, ce qui semble difficile dans un contexte marqué par de faibles moyens matériels, d'autant que le succès de la notion de subsidiarité relativise son autorité.

L'émergence du principe de subsidiarité

L'usage du terme de subsidiarité s'est généralisé en raison de son utilisation pour caractériser la répartition des domaines de compétence entre les gouvernements nationaux et l'Union européenne. Cette notion s'inscrit dans une longue tradition spiritualiste, insistant sur la prééminence de l'homme sur l'État (Millon-Delsol, 1992). Selon Goyard-Fabre (1999), la notion de subsidiarité témoigne avant tout du refus du centralisme de tradition jacobine.

Elle peut être interprétée comme une tentative non pas de suppression mais de limitation des pouvoirs de l'État dans le but de surmonter les conflits entre l'autorité du pouvoir et la liberté des individus. Cette notion tend à replacer la société civile et l'individu au fondement du fonctionnement politique. C'est seulement lorsque l'initiative privée s'avère défaillante que les pouvoirs publics entrent en jeu. Ces principes peuvent renforcer une conception libérale et fédérale. Ils ouvrent une perspective pluraliste où chaque niveau d'autorité publique voit ses prérogatives limitées aux tâches que les individus, les échelons qui ont un contact immédiat avec eux ou divers groupes sociaux ne peuvent pas accomplir avec autant d'efficacité.

La notion de subsidiarité conduit à relativiser le postulat de la souveraineté de l'État sur lequel se fondaient le centralisme, le légicentrisme et l'interventionnisme et à renforcer la légitimité du fédéralisme et du local (Faure, 1997). Dans cette perspective, l'échelon local n'est plus seulement un niveau commode d'administration digne de confiance pour appliquer ou renforcer l'action publique, mais devient une source de souveraineté.

De la régulation croisée à la gouvernance

Dans la phase d'hégémonie de l'État face aux pouvoirs publics locaux, l'administration étatique contrôlait l'agenda politique, la formulation des problèmes à résoudre et les programmes d'action. Cependant, les collectivités locales ne se soumettaient pas sans contrepartie à la tutelle étatique ; elles disposaient de marges d'autonomie toujours contingentes mais bien réelles. Les modalités de mise en œuvre (réglementaires et surtout financières) des politiques qui consistaient essentiellement dans la production de biens publics faisaient l'objet d'âpres négociations à l'échelle locale. Les relations étroites et asymétriques instaurées entre les responsables politiques locaux et les représentants de l'État correspondaient à un système de régulation croisée (Crozier et Thoenig, 1975), dans lequel agents de l'État et notables élus se soutenaient mutuellement pour atténuer le poids des relations hiérarchiques (voire contourner toute relation d'autorité hiérarchique directe). Dans cet ajustement qui portait essentiellement sur les moyens, si les porte-parole de l'État étaient en situation dominante, la qualité de l'exécution des programmes dépendait fortement de l'étroitesse des relations avec les élus locaux[16].

Née des défaillances de l'État et de la modification des représentations de son rôle par une partie de l'opinion, ainsi que de l'émergence de nouvelles formes de politique (à dimension plus immatérielle) qui portent moins sur la production de biens publics que sur la résolution de problèmes (Duran, 1999), la gouvernance apparaît comme une nouvelle orthodoxie[17]. La difficulté de l'État à apparaître comme le principal détenteur de la légitimité, capable à lui seul d'imposer ou tout au moins de façonner une conception particulière de l'action publique, favorise l'émergence de nouveaux acteurs prétendant à une légitimité égale à la sienne. La gouvernance décrit de nouvelles formes d'actions publiques élaborées sur le mode du partenariat et de la négociation entre l'État, les collectivités territoriales, les secteurs marchand et associatif, les groupes d'intérêts et les populations elles-mêmes (Lorrain, 1998) et (Bertrand et Moquay, 2004).

---

16. En parallèle, les services de l'État étaient également engagés dans des systèmes de relations sectoriels, régissant la production des politiques étatiques et assurant leur acceptation par les principaux acteurs concernés, hauts dirigeants de l'administration et des entreprises du secteur, représentants des groupes professionnels (Jobert et Muller, 1987). Là encore, l'État se trouve en situation dominante, mais s'assure de la bonne mise en œuvre de ses politiques en y associant les intérêts concernés (ou du moins leurs relais nationaux).

17. « La doxa contemporaine veut que le problème des déficiences de la mise en vigueur des politiques publiques devrait être résolu par plus de déconcentration et de pouvoir discrétionnaire reconnu aux organes de mise en vigueur, le problème de motivation par plus de concertation et de persuasion, le problème de connaissance par plus d'évaluation et le problème de gouvernabilité par plus de décentralisation et un droit plus flexible, moins général et plus adaptable aux circonstances particulières » (Leca, 1996 : 124).

La gouvernance apparaît comme la traduction opérationnelle de la convention de l'État situé. Désormais, comme l'énonce Le Galès (1995 : 59), « l'État reste un acteur important mais il s'est banalisé, il est devenu un acteur parmi d'autres ou plutôt différents segments de l'État sont devenus des acteurs parmi d'autres dans le processus d'élaboration et de mise en place des politiques ». Les capacités d'initiatives locales sont beaucoup plus fortes qu'à l'époque où prévalait le système du « préfet et ses notables » décrit par Worms (1966). La différence fondamentale avec la situation antérieure de la régulation croisée ou du « pouvoir périphérique » (Grémion, 1976), où l'ajustement des dispositifs nationaux était possible, réside dans le fait que seule la logique de gouvernance « donne la possibilité [aux] cibles de la politique d'être productrices de leur propre droit » (Lallement, 1997 : 300). Ces relations de coopération, d'échange et de coordination entre acteurs institutionnels, économiques et sociaux constituent un « système local d'action publique » (Beslay *et al.*, 1998) susceptible de produire des actions et des projets mais aussi des référents collectifs et des normes.

Biarez (1997 et 1999) souligne la diversité des formes de gouvernance et leur lien possible mais problématique et conditionnel à certaines formes de démocratie locale. Le système d'acteur prenant part à la gouvernance territoriale peut être plus ou moins figé ou labile, et plus ou moins diversifié dans les origines, les profils, les fonctions et les intérêts des participants. Les formes de consultation peuvent être plus ou moins formalisées et ouvertes[18]. Ainsi, la gouvernance n'est pas une formule univoque mais peut au contraire prendre des formes très diversifiées. Elle peut modifier les rapports de force locaux en élargissant le cercle des participants à la décision publique. Pour autant, il serait très exagéré de considérer qu'elle est en soi et naturellement démocratique : elle entérine les asymétries entre acteurs (différences de ressources, de savoir-faire, d'influence…) et laisse place à tous les jeux imaginables de relations de pouvoir.

---

18. Ce qui peut s'éclairer par la distinction proposée par Jobert (1992) entre deux types de scènes de discussion : les arènes, fermées sur un cercle de décideurs coordonnés par des règles institutionnelles (procédures, territoires de compétences), et les forums, plus largement ouverts aux citoyens et aux leaders d'opinions, censés autoriser plus facilement la discussion des règles existantes.

Qui plus est, il est possible que les diverses formes de recomposition territoriale donnent à l'occasion naissance à des systèmes locaux d'action publique régis par des modes de relations assez traditionnels entre les pouvoirs locaux et l'État. Jouve (1995) souligne que des innovations institutionnelles (il s'agit en l'occurrence des politiques structurelles) ont permis un repositionnement favorable pour les services de l'État, grâce à leur capacité d'expertise. Même s'il doit composer avec une myriade d'acteurs – dont certains qu'il a lui-même suscités – l'État reste un acteur central dans certaines politiques sectorielles, même lorsqu'elles sont territorialisées (Grossetti *et al.*, 1998).

La conception de l'emboîtement des espaces politiques

La territorialisation des politiques, dès lors qu'elle postule un partenariat volontaire entre acteurs pour l'élaboration de projets collectifs, conduit à reconsidérer la conception fonctionnelle des emboîtements spatiaux en matière de gestion politique. Duran et Thoenig (1996) soulignent ainsi que l'on est passé d'un principe organisateur excluant tout chevauchement et superposition à un territoire identifié comme espace de gestion, dont la délimitation s'établit par types de problèmes à traiter.

La recomposition territoriale en cours est placée sous l'égide d'une adaptation des cadres politico-administratifs à l'évolution des cadres géographiques de la vie économique et sociale (Vanier, 1999). Face à la métropolisation, à la péri-urbanisation, à la polarisation des flux économiques, à la dévitalisation des campagnes, de nouveaux espaces de pertinence apparaîtraient pour l'action publique. Le pays apparaît ainsi comme l'un des instruments utilisés pour rendre cohérents les projets tout en accompagnant le dépassement de la conception des espaces politiques strictement emboîtés; de plus, le développement des relations contractuelles semble un des moyens d'assurer cette cohérence.

L'accent mis sur les projets de territoire (Jambes, 1998) porte en germe une différenciation des formes, mais aussi des rythmes d'organisation territoriale. À un maillage territorial uniforme et exhaustif, succéderait une organisation partielle et ponctuelle (limitée dans l'espace, mais également dans le temps) du territoire, avec ses pleins (des lieux à projets multiples, donc chevauchement d'organisations territoriales) et ses vides (des espaces sans dynamique d'expression et de portage de projet).

La recomposition en cours n'est cependant pas dénuée d'ambiguïtés. La compatibilité d'une flexibilité et d'une labilité des cadres d'intervention (par exemple, des espaces d'intervention « à géométrie variable », différents selon les domaines ou les opérations) avec le mode de fonctionnement de l'administration – et de la politique ! – reste à prouver (Bourdin, 2003). Déjà, on sent bien l'espoir d'une stabilisation de la carte intercommunale de la France, après quelques années de construction par tâtonnements, qui permettrait de revenir à un cadre stabilisé d'organisation de l'intervention publique (Auby, 2000). Or il n'y a pas de raisons *a priori* pour que les phénomènes sociaux et économiques qui échappaient aux cadres institutionnels anciens (ou plutôt qui les ignoraient et les dépassaient) décident subitement de se plier aux cadres institutionnels nouveaux[19] (Giraut, 2002). La différence de rythme est probablement inéluctable, et l'administration s'essoufflera avant d'avoir pu définitivement rattraper les contours fluctuants des transformations économiques et sociales.

Il y a de plus un paradoxe à mettre en évidence la déterritorialisation (toujours relative) de nombre de relations économiques et sociales (Giddens, 1994) tout en y répondant par une nouvelle forme d'organisation territoriale ! De ce point de vue, on peut considérer (ou plutôt espérer) que le pays marque l'avènement d'une pensée de la complexité territoriale (Giraut et Vanier, 1999 ; Chivallon, 1999), plus que la simple transition d'un ordre territorial ancien à un ordre territorial de même type mais rénové. À moins qu'un nouveau principe d'ordre, ou « bien commun territorial » (Vanier, 2003), ne vienne en définitive fonder notre nouvelle organisation territoriale[20], sans la situer dans une course infinie à l'ajustement aux phénomènes socio-économiques.

---

19. Ce qui n'interdit pas, bien évidemment, une meilleure adéquation des cadres territoriaux nouveaux, en l'occurrence intercommunalité et pays, aux espaces de manifestation et de résolution des problèmes d'aménagement et de développement. Simplement, la recherche (permanente) de l'adéquation devrait conduire à un ajustement permanent des périmètres d'intervention…

20. Vanier semble en l'occurrence exprimer une forme de *mea culpa* : « De ce champ de contradictions et d'enjeux de nature et d'échelle différentes émergera forcément une raison supérieure, transcendantale, de "refaire territoire". *Ex post*, la raison apparaîtra lumineuse. Pour l'heure, l'invention collective ne sait pas dire à quoi elle travaille et invoque la complexité. » (Vanier, 2003 : 131)

La généralisation des relations contractuelles

Les premières tentatives de politiques contractuelles remontent au milieu des années 1970 quand les contrats de pays (1975), puis les chartes intercommunales (1983) avaient visé « à construire une offre politique capable d'accueillir des initiatives locales dans un cadre contractuel où l'État puisse également exister » (Gaudin, 1999 : 236). La décentralisation a conduit à généraliser ces modes de relations entre institutions (notamment entre collectivités de niveaux différents), voire entre institutions et opérateurs publics ou privés (par exemple entre l'État et les grandes entreprises publiques, mais également entre des collectivités et de grands opérateurs privés ou des organismes représentant les acteurs économiques et sociaux).

Dans son principe, la contractualisation des politiques publiques a été développée afin d'améliorer le contrôle des engagements réciproques des parties. Au fil de sa généralisation, elle finit par être érigée en modèle politique, rendant publiques et (en principe) discutables les relations entre partenaires et les conditions de leurs transactions (Gaudin, 1997). Au sein des dispositifs d'action publique territorialisée, du type pays ou parcs naturels régionaux, le contrat remplit deux fonctions principales : il sert de base pour la définition même du territoire et du collectif qui y œuvre et représente par ailleurs un cadre d'apprentissage cognitif. Sur ce dernier plan, le contrat permet un apprentissage collectif et officiel de l'adaptation des règles, qui relevait précédemment du domaine quasi occulte des arrangements politiques.

Le contrat d'action publique (selon la formulation de Gaudin, 2000) puise sa force à deux sources : d'une part, la référence au contrat social, fondement d'une société, incarnant ses valeurs et régissant les relations entre ses membres ; d'autre part, le contrat de droit privé, liant deux partenaires dans une relation civile ou commerciale, en fixant les engagements respectifs des signataires. Ces deux références sont en l'occurrence fallacieuses, au moins pour une partie. Du contrat social, le contrat d'action publique n'a que l'apparence très lointaine. Il a un caractère formel et sa portée symbolique, dimension dont jouent fortement les parties prenantes, peut n'être que très limitée (quant il n'y a pas tout simplement décalage entre cette portée symbolique postulée et le contenu modeste et très terre-à-terre du contrat). En bref, le contrat ne saurait réellement subsumer l'essence des relations entre les parties qu'il prétend régir. Du contrat de droit privé, le contrat d'action publique n'a que l'apparence formelle, dans la mesure où son contenu ne paraît pas juridiquement contraignant pour les parties, même s'il peut faire l'objet d'une sanction politique. Ainsi, précisément, le contrat d'action publique ne régit pas réellement les relations qu'il postule, mais n'offre pour l'essentiel qu'un cadre de mise en scène de ces relations, relations (et contrat) qui obéissent en définitive à des formes traditionnelles de régulation politique croisant pouvoirs et intérêts respectifs des parties.

DÉSARROI, CONTRADICTIONS ET AMBIGUÏTÉS DE L'ÉTAT TERRITORIALISÉ

Ces dimensions du référentiel qui s'affirme dans les politiques territoriales impulsées ces dernières années dessinent pour l'État un rôle nouveau. Il doit changer de position, apprendre à traiter avec les autres acteurs sociaux dans une relation moins déséquilibrée, accepter de renégocier la dévolution des compétences avec les autres institutions territoriales, adapter ses modes d'intervention à la limitation de son autorité, de ses compétences et de ses moyens, renoncer (en théorie du moins) à nombre de modalités routinières d'administration pour s'engager dans des négociations et des ajustements tous azimuts...

Or ce changement de rôle, qui s'impose sur le terrain, tarde à être explicité et formalisé dans le fonctionnement et l'organisation des services. Si le discours semble bien diffusé, si la conscience de la nécessité d'une adaptation des formes d'intervention est bien partagée, la définition opérationnelle de ce nouveau positionnement émerge difficilement, et les principes mêmes qui doivent y présider posent problème. On peut mesurer ce décalage en rendant compte des modalités diverses par lesquelles des services déconcentrés de l'État tentent de se positionner par rapport aux collectivités territoriales, notamment dans des démarches de planification ou d'élaboration de projets telles que les directives territoriales d'aménagement ou les pays. En première ligne dans la relation avec les collectivités locales et le suivi des projets territorialisés, ces services sont particulièrement touchés par le désarroi. Ils font face à différents dilemmes, concernant l'étendue et la nature de leur intervention, ou encore le registre de leur expression auprès des collectivités locales (entre tutelle, imposition au nom d'un intérêt national et simple partenariat). À défaut d'une analyse systématique, nous nous appuierons sur quelques cas pour illustrer l'inconfort des services de l'État, en tentant de dégager les principales questions posées.

Le pouvoir d'initiative de l'État

Une première question concerne le pouvoir d'initiative de l'État. Certes, l'ensemble de la recomposition territoriale reste impulsée (au moins formellement) par l'État. Mais ce sont les administrations centrales qui portent ainsi l'initiative, sous la forme de schémas génériques et de grandes lignes directrices, par exemple en fixant l'objectif général d'un renforcement de l'intercommunalité, puis les critères de constitution de communautés d'agglomération, ou encore en énonçant des référents généraux permettant d'apprécier la taille escomptée d'un pays : la référence au bassin d'emploi, ou l'idée d'une couverture, à terme, du territoire national par quelque 400 pays.

Quant il s'agit de passer aux travaux pratiques, les services déconcentrés de l'État – en premier lieu, ici, les préfectures – se trouvent face à une apparente contradiction : ils sont en charge de la mise en œuvre d'une politique nationale d'organisation territoriale, mais cette politique nationale elle-même stipule, du moins si l'on suit les textes législatifs fondateurs, que l'initiative appartient aux collectivités territoriales concernées. Le pouvoir préfectoral a certes été doté, dans quelques cas particuliers, du pouvoir de lancer une procédure de regroupement, mais c'est là l'exception. Il dispose par ailleurs de larges possibilités d'interprétation dès lors que l'initiative locale s'est exprimée.

Pour l'essentiel, cependant, le rôle des services déconcentrés dépendra de leur autorité, telle qu'elle résulte d'un jeu politique local principalement déterminé par trois critères : des modes de faire hérités et des traditions politiques de rapport à l'État qui cadrent la scène politique locale ; l'attitude des grands notables locaux, qui peuvent tantôt s'affranchir de l'État, tantôt au contraire instaurer une relation d'appui mutuel ; la personnalité du préfet, plus ou moins porté à affirmer une doctrine au nom de l'État.

Ainsi, le secrétaire général de la Préfecture d'un département rural, la Haute-Loire, nous déclarait que, « dans ce département, la parole de l'État est toujours écoutée ». De fait, tant la création des structures intercommunales que la préfiguration des pays dans ce département ont fait l'objet d'une prise de position forte de l'État, sur la base d'un accord avec les principaux élus concernés. Accord, d'une part, avec le maire du chef-lieu de département pour constituer une communauté d'agglomération, qui ne sera approuvée que par la moitié des communes concernées, du fait des fortes réticences des nombreuses communes rurales intégrées dans le périmètre. Accord, d'autre part, avec l'exécutif départemental pour calquer les projets de pays sur les trois arrondissements existants, prenant à contre-pied d'autres projets, assis sur des pratiques contractuelles pourtant anciennes.

Le moins que l'on puisse dire, c'est que cette capacité d'impulsion – voire d'imposition – des regroupements intercommunaux par les services de l'État n'est pas générale. Dans nombre de cas, l'État se contente d'observer passivement les transactions entre élus, à l'issue desquelles lui sont soumis les périmètres proposés pour les nouvelles structures intercommunales ou les pays. Son pouvoir de réaction ou de contre-proposition est alors lui-même conditionnel. Plus largement, d'ailleurs, le nouveau référentiel des politiques territoriales rend fragile tout argumentaire d'intérêt général visant à légitimer des propositions de périmètres, voire des refus de périmètres. Le fondement des projets locaux est avant tout la volonté librement exprimée des collectivités concernées de travailler ensemble, sans qu'aucun critère solide d'ordre géographique, économique ou démographique ne permette de légitimer de façon fiable et constante les choix effectués.

La parole de l'État est particulièrement fragile dans le débat sur les périmètres de coopération, à l'exception de quelques aberrations que les services peuvent utilement souligner, sans être nécessairement entendus par les élus : ces « aberrations » sont généralement tout à fait délibérées, tenant à des égoïsmes fiscaux ou à des conflits politiques, et certains élus mettront toute leur énergie à résister à toute pression de normalisation. Une fois encore, l'issue dépend de l'autorité relative de l'État, telle qu'elle s'établit localement, et des relations entre élus, que le temps et quelques efforts de pédagogie pourront faire évoluer.

Quel rôle pour l'État dans l'élaboration des projets locaux ?

Là où les collectivités territoriales s'engagent dans l'élaboration de projets globaux d'aménagement et de développement, notamment au sein des pays, se pose la question de la participation des services de l'État aux réflexions locales. Dans le cas des pays, plusieurs choix successifs s'offrent aux acteurs administratifs : participer ou non au conseil de développement[21]; au-delà de ce conseil de développement, contribuer ou non, concrètement, aux réflexions locales; enfin, trouver le bon positionnement par rapport aux réflexions locales, pour préparer la phase finale d'examen et d'approbation éventuelle du projet par l'État. Selon les administrations et leurs responsables, des réponses différenciées se font jour face aux sollicitations des acteurs locaux. Or, on voit bien que ces choix ne sont pas indépendants, le positionnement à une étape étant susceptible de limiter les marges de manœuvre aux suivantes.

Première décision, donc, la participation éventuelle au conseil de développement. Ici, le pouvoir de proposition est entièrement aux mains des élus locaux. Dans certains cas, la présence des services de l'État au sein du conseil de développement n'est même pas envisagée. Ce sera le penchant naturel des pays très participatifs[22], où le conseil de développement est vu avant tout comme une chambre d'expression de groupes locaux, de citoyens engagés, à la limite d'organismes socioprofessionnels, à l'exclusion de la sphère technique incarnée par les personnels des collectivités et les agents de l'État des qualités.

Ailleurs, où le conseil de développement est vu comme le lieu d'élaboration (y compris technique) du projet de territoire, les services administratifs pourront être invités à y désigner des représentants. C'est le cas, par exemple, du projet de pays Combrailles (Puy de dôme), où le conseil de développement est formé de six collèges, dont un collège

---

21. Prévu par la LOADDT, le conseil de développement assure la représentation des acteurs économiques, sociaux, culturels et associatifs du territoire. Les textes sont muets quant à la participation de représentants de l'État; tous les cas de figure sont donc envisageables.

22. Cas illustré par les quatre pays participant à l'expérimentation « Développement responsable et solidaire » en Poitou-Charentes.

des agents de développement des structures intercommunales et un collège de représentants de l'État. Dans cet exemple, l'État a pratiqué la politique de la chaise vide, le préfet ayant refusé que ses services siègent au conseil de développement. Cette position entend clairement préserver l'autonomie de jugement de l'État, qui sera amené par la suite à se prononcer sur le projet élaboré.

Qu'ils siègent ou non au sein du conseil de développement, se pose ensuite la question de la contribution des services de l'État aux réflexions locales. Les services disposent d'éléments d'information, de capacités d'expertise, parfois de diagnostics déjà réalisés, qui peuvent être utiles à l'élaboration du projet local. Mais le même dilemme se pose à eux : jusqu'où peuvent-ils participer à la réflexion sans s'engager sur leur décision finale ? Dans la plupart des cas, une relation de collaboration s'établira sur la base d'un simple « porter à connaissance » (sans les implications juridiques habituelles de cette formulation), les services transmettant aux responsables locaux les éléments d'information à leur disposition. Dans quelques cas rares, ils s'engageront plus activement dans la réflexion, contribuant à la formulation des éléments de diagnostic puis des axes d'action et des opérations en découlant.

À l'inverse, on a pu observer en Bourgogne un cas de rétention d'information, dans lequel le préfet faisait réaliser par ses services leur propre analyse de la situation et des enjeux d'un pays en cours de constitution, mais refusait la communication de ces éléments aux opérateurs locaux, sous prétexte de ne pas influencer leur propre démarche. Il s'agit d'un positionnement original, qui vise à doter les services de l'État de leur propre vision du territoire. Pour le coup, il y a bien une stratégie d'adaptation du mode d'intervention de l'État à la territorialisation des politiques. Mais la distance instaurée pose néanmoins problème : pour restaurer une capacité étatique d'arbitrage et de sanction, elle contraint les acteurs locaux à avancer à l'aveugle. Cette situation suscite le sentiment d'une sorte de loterie : soit les constats élaborés séparément se trouveront finalement proches et compatibles, et l'État devrait approuver la charte du pays, soit ils divergent, auquel cas l'État devrait en toute logique refuser d'avaliser le projet territorial. Mais, dans ce dernier cas, l'État n'aurait-il pas mieux fait de prévenir plus tôt les acteurs locaux des divergences de vues qu'il constatait, et de tenter d'infléchir la démarche en proposant ses propres éléments de diagnostic et de stratégie ?

Tout se résume en définitive à l'anticipation du moment final d'examen et d'approbation de la charte par les services de l'État. En s'engageant trop avant dans les discussions locales, ces services craignent de s'enfermer dans une situation où il ne leur sera plus possible de refuser le projet élaboré. D'un autre côté, l'État n'a plus de garantie qu'il pourra contrôler ou orienter le déroulement des discussions, afin que le projet élaboré soit conforme à ses propres orientations. Mais n'est-ce pas là le propre de la décentralisation ? N'étant plus en position d'exiger, n'ayant plus la certitude d'être suivi, l'État doit redéfinir sa place dans les processus qu'il a lui-même mis en marche... Il fait face à une double difficulté qui renvoie aux points aveugles de son positionnement dans le nouveau référentiel des politiques territoriales : si seule l'élaboration collective d'un projet territorial consensuel peut légitimer l'action publique, au nom de quel principe l'État peut-il s'ériger en censeur des débats locaux et des décisions qui en résultent ? Et si l'État est un partenaire parmi d'autres dans les discussions locales, au nom de quel principe (et de quels arguments déclinant ce principe dans la situation locale considérée[23]) peut-il imposer ses vues plus que d'autres ?

La capacité d'énonciation par l'État d'orientations stratégiques

Une des solutions du dilemme qui vient d'être présenté pourrait être une claire séparation des fonctions, laissant à chaque niveau son autonomie décisionnelle et tablant sur des ajustements informels ou négociés entre partenaires pleinement libres de leurs engagements. Renonçant à valider formellement les projets élaborés localement, et laissant les collectivités monter comme elles le peuvent le financement de leur programme d'action – en pratique, c'est déjà largement le cas –,

---

23. L'idée d'un intérêt général porté par l'État peut en effet être acceptée dans son principe, mais récusée ensuite dans sa traduction locale et circonstanciée, soit que l'intérêt formulé soit comparé et ramené à d'autres, qui prétendent à une égale légitimité, soit que la solidité de l'argumentation soit mise à mal, par exemple sur le registre scientifique. Les controverses environnementales peuvent illustrer de telles remises en cause de la capacité de l'État à incarner un intérêt général accepté comme indiscutable.

l'État pourrait clairement énoncer qu'il n'appuiera que les actions qui correspondent à ses propres priorités, selon ses propres critères. Retour explicite au guichet, en considérant que la culture du projet s'est imposée localement et s'auto-entretiendra sans que l'État ait à superviser formellement l'activité d'élaboration des projets territoriaux.

Cette hypothèse se heurte à deux difficultés. D'une part, elle nie un des fondements de la culture du projet territorial, à savoir le caractère transversal des questions d'aménagement et de développement, et en conséquence l'imbrication des interventions portées par les niveaux de collectivité dans des programmes d'action cohérents, censés tabler sur les synergies entre partenaires. À l'extrême, la défection d'un des acteurs, et non des moindres s'il s'agit de l'État, ôte toute légitimité au principe même d'un projet de territoire collectivement porté et mis en œuvre.

D'autre part, elle suppose la capacité de l'État à énoncer des orientations stratégiques claires. Il s'agit de se donner un référentiel explicite et partagé (au sein des services de l'État) permettant l'arbitrage et la hiérarchisation des actions. Ce référentiel doit lui-même être territorialisé, c'est-à-dire pointer les enjeux particuliers de chaque territoire (ou la situation propre à ce territoire au regard d'enjeux nationaux ou génériques) pour repérer les leviers adaptés de changement de la situation considérée et ajuster les niveaux d'intervention.

Il y a une contradiction apparente entre les deux arguments qui viennent d'être avancés : comment faudrait-il à la fois que tous participent au projet territorial et que l'État se dote de sa propre vision stratégique, déclinable à chaque territoire ? L'un ne va pas sans l'autre, pourtant. Sans vision stratégique, l'État est muet sur le projet local ; mais, dans un cadre décentralisé et où chacun reconnaît les interdépendances entre acteurs, l'État est impuissant sans projet territorial : il ne peut mettre en œuvre ses orientations stratégiques s'il n'a pas de partenaires locaux et s'il ne peut leur faire partager une partie de ses préoccupations (Duran, 1998).

Or, l'État peine à se doter de ses orientations stratégiques territorialisées. D'une part, il n'a bien souvent plus les moyens réels de ses ambitions, notamment du fait de la suppression ou de la réduction des services d'étude qui ont porté sa pensée planificatrice dans les années 1960 et 1970. De plus, son mode d'organisation n'est généralement pas favorable à l'intégration des préoccupations sectorielles portées par chaque service. Les arènes de discussion interministérielles sont orientées vers la défense des préoccupations sectorielles, avant l'arbitrage préfectoral, plus que vers la formulation d'une vision collective intégratrice.

D'autre part, les nouveaux rapports de force issus de la décentralisation le conduisent à s'exprimer avec prudence, voire à anticiper les positions des collectivités dans la définition de ses propres orientations. L'élaboration des directives territoriales d'aménagement (DTA), telles qu'elles sont proposées par la LOADT de 1995 et mises en œuvre sur quelques grands espaces d'enjeux (estuaires de la Seine et de la Loire, littoral de la Côte d'Azur, grandes conurbations telles que l'agglomération lyonnaise ou le sillon alpin...) atteste de ces hésitations – voire atermoiements – de l'État. Dans leur conception d'origine, les DTA marquaient la réaffirmation du pouvoir d'arbitrage de l'État, imposant aux collectivités concernées, au nom d'un intérêt général appuyé sur une vision d'ensemble du territoire national, des normes d'aménagement (Bersani, 1999). En pratique, il a vite fallu se rendre à l'évidence : dans une république décentralisée[24], il n'était guère envisageable que de telles règles d'aménagement soient imposées sans concertation avec les collectivités territoriales, donc prises en compte de leurs propres préférences (Gomel, 2001)[25]. Un jeu de négociation – donnant donnant – s'est ainsi instauré, l'État promettant telle infrastructure ici contre l'acceptation d'une contrainte là.

Ici encore, la personnalité des responsables administratifs peut jouer : certains tiendront à manifester leur autorité en énonçant et en affichant un discours propre à l'État relativement aux questions territoriales ; d'autres chercheront à prévenir les éventuels conflits avec les collectivités en adoptant une position ouverte au dialogue et conciliante. L'absence d'orientation stratégique prédéfinie peut en définitive être

---

24. De fait avant de l'être de droit, depuis la révision constitutionnelle du printemps 2003.

25. Il faudrait bien sûr y ajouter les oppositions au sein même des services de l'État, notamment entre services aménageurs – typiquement les directions régionale et départementale de l'équipement (DRE et DDE) – et services protecteurs – typiquement la Direction régionale de l'environnement (DIREN).

la position la plus confortable pour s'adapter à toutes les vicissitudes des relations avec les collectivités.

Appel à l'élaboration de projets et maintien de modes de financement traditionnels

Un dernier point du malaise des services déconcentrés tient au décalage persistant entre les logiques d'élaboration de projets territorialisés et les modes d'instruction et de financement des dossiers, qui restent marqués par les traditions administratives de cloisonnement entre secteurs et de calage sur les nomenclatures budgétaires. Celles-ci sont à l'évidence inadaptées à la réalité des interventions et à un discours vantant les mérites de projets intégrés, c'est-à-dire transversaux dans les domaines couverts et divers dans les modes d'intervention.

Le malaise, ici, tient avant tout à la difficulté d'ordre rhétorique qu'éprouvent les services à tenir ce qui s'apparente à un double discours : dans un premier temps, exiger des partenaires qu'ils élaborent des projets territoriaux intégrés, montrant les interactions entre les secteurs et les effets de synergie entre les interventions envisagées ; puis, dans un deuxième temps, renvoyer les mêmes partenaires dans des circuits administratifs distincts et nombreux, organisés à nouveau de manière sectorielle[26]. Qui plus est, les financements d'État se trouvent toujours examinés sans réel engagement sur la durée, au nom du principe d'annualité budgétaire. Les partenaires locaux ne se privent pas de reprocher à l'administration d'État son incapacité à fournir une réponse d'ensemble sur les programmes d'action qui lui sont proposés.

Sans doute une part de la déception ici exprimée tient-elle tout simplement à l'absence de dotations financières particulières et supplé-

---

26. Un souvenir personnel cuisant peut illustrer ce mode de fonctionnement : après avoir produit un projet intégré d'aménagement de site littoral, conformément à la demande formulée par les collectivités et les services de l'État concernés, il a fallu décomposer ce projet en neuf dossiers distincts, croisant les procédures administratives (fonction du statut des espaces concernés) et les fonds mobilisés (notamment les divers fonds structurels européens, qui obéissent à des règles de procédure distinctes).

mentaires garantissant la réalisation des projets territoriaux. Le volet territorial des contrats de plan État-région, qui a initialement été perçu comme un tel fond dédié, a été pour l'essentiel constitué par l'identification de lignes budgétaires préexistantes, et qui restent soumises à leurs propres règles d'engagement. De plus, ce volet territorial (malgré son caractère « contractuel ») n'est pas plus protégé que l'ensemble des crédits d'État contre les mesures de restriction budgétaires ou de gel de crédits. Les projets de pays les plus avancés découvrent ainsi avec une certaine amertume les réticences de l'État à s'engager dans le financement de leurs opérations.

Au-delà des déceptions découlant en fait de ces faux espoirs, le financement des projets territoriaux par des lignes budgétaires préexistantes pourrait ne pas poser problème, pour autant que les services puissent réellement s'attacher à examiner le projet dans son ensemble, et non la simple acceptabilité de chaque opération analysée isolément. Mais cela suppose, d'une part, une organisation des services de l'État les rendant aptes à se forger un tel jugement global sur un projet territorial (donc un décloisonnement des services, par la constitution d'équipes croisant les secteurs d'intervention, ou encore une réelle autonomie décisionnelle d'échelons territorialisés de type sous-préfecture) et, d'autre part, une plus grande fongibilité des crédits, permettant de réorienter une partie des fonds d'État en fonction des besoins et des projets locaux – mais sur la base d'une expertise et d'un jugement d'opportunité qui resteraient étatiques.

CONCLUSION

La conjonction d'une décentralisation des pouvoirs et d'une territorialisation des politiques publiques crée pour l'État des exigences nouvelles. La recomposition territoriale, impulsée par l'État, se traduit par l'émergence de nouvelles institutions censées former des partenaires opérationnels de l'État dans les domaines de l'aménagement et du développement. Ce partenariat s'organise autour de l'élaboration de projets territorialisés, dont l'initiative – en principe – et le pilotage reviennent aux collectivités territoriales, mais dont l'État ne se désintéresse pas. L'autonomie accrue des institutions locales rend délicate la définition de cette relation entre État et collectivités (ou groupements de collectivités). Celle-ci passe tantôt par des formes de validation officielle, voire de contrôle lors du contrôle de légalité, tantôt par des collaborations plus ou moins formelles, toutes inscrites dans un cadre de négociations entre État et collectivités.

Plus que les administrations centrales, gagnées aux nouveaux principes des politiques publiques territoriales mais qui n'ont qu'une relation lointaine avec l'élaboration des projets territoriaux, les services déconcentrés sont aux prises avec la mise en pratique de cette territorialisation des politiques. Ces services sont amenés à définir au fur et à mesure leur position, en réponse aux situations auxquelles ils doivent faire face dans leurs relations avec les collectivités. En l'absence d'une doctrine claire de l'État, les services doivent définir des compromis opérationnels permettant de préserver leur autonomie de jugement et d'affirmer leur statut de représentants d'un État arbitre, garant d'un intérêt national surplombant les intérêts locaux, tout en contribuant à l'avancement de la réflexion locale et à l'élaboration d'un projet territorial partagé. L'instruction des projets de pays illustre parfaitement les hésitations qui peuvent caractériser ce positionnement des services déconcentrés, entre participation aux réflexions locales (ou au contraire politique de la chaise vide), participation de terrain et affichage d'une position arbitrale.

Ces difficultés sont le symptôme d'un changement de rôle de l'État, par adaptation à la situation institutionnelle créée par la décentralisation mais aussi, et surtout, par traduction et concrétisation du nouveau modèle d'action publique et d'organisation institutionnelle qui ressort du référentiel en affirmation dans les politiques d'aménagement et de développement : l'État territorialisé, avatar à la française d'une conversion à la démocratie pluraliste.

Les doutes et les tâtonnements des services déconcentrés traduisent des tentatives multiples et éparses d'adaptation à cette nouvelle donne. Ils appellent à une capitalisation des expériences, des difficultés rencontrées et des avancées constatées. Ils appellent aussi à une théorisation plus approfondie, plus aboutie, de ce que pourrait ou devrait être le contenu opérationnel de cet État territorialisé – ses formes d'intervention, ses modes d'organisation, les types de relations qu'il pourrait nouer, enfin les stratégies de coopération et d'alliance, mais également de régulation, voire de compétition, dans lesquelles il devrait s'engager.

RÉFÉRENCES

Auby, Jean-François (2000), « Vers de nouveaux territoires ? Le débat sur la carte administrative française », *Territoires 2020*, n° 1.

Béhar, Daniel et Philippe Estèbe (1999), « L'État peut-il avoir un projet pour le territoire ? », *Les Annales de la recherche urbaine*, n° 82.

Bersani, Catherine (1999), « Les DTA ou le retour de l'État gendarme », *Études foncières*, n° 83.

Bertrand, Nathalie et Patrick Moquay (2004), « La gouvernance locale, un retour à la proximité », *Économie rurale*, n° 280.

Beslay, Christophe, R. Guillaume *et al.* (1998), *La construction des politiques locales. Reconversions industrielles et systèmes locaux d'action publique*, Paris, L'Harmattan.

Biarez, Sylvie (1997), « Métropolisation contre gouvernement métropolitain », dans Saez, Guy, Philippe Leresche et Michel Bassand (dir.), *Gouvernance métropolitaine et transfrontalière. Action publique territoriale*, Paris, L'Harmattan.

Biarez, Sylvie (1999), « Repenser la sphère locale selon l'espace public », dans Bastien, François et Éric Neveu, *Espaces publics mosaïques : acteurs, arènes et rhétoriques des débats publics contemporains*, Rennes, Presses de l'Université de Rennes.

Bourdin, Alain (2003), « Gouvernance du "vivre ensemble" et gouvernance du projet », dans Beauchard, Jacques (dir.), *La mosaïque territoriale. Enjeux identitaires de la décentralisation*, La Tour d'Aigues, L'Aube.

Brun, Guilhem (2003), *Apprentissage et multifonctionnalité de l'agriculture. La genèse du Contrat territorial d'exploitation traduit la recherche d'un nouveau paradigme*, thèse de doctorat en science politique, Institut d'études politiques de Paris.

CGP (Commissariat général au plan) – Instance d'évaluation des politiques de développement rural (2003), *Rapport d'évaluation des politiques de développement rural*, Paris, La Documentation française.

CERTU (Centre d'étude et de recherche sur les transports et l'urbanisme) (2002), *Vers un nouveau positionnement de l'État local ? L'exemple des DTA*, Lyon, Centre d'études sur les réseaux de transport et l'urbanisme (CERTU), série « Diagnostics de territoire et systèmes d'acteurs », cahier n° 2.

Chivallon, C. (1999), « Fin des territoires ou nécessité d'une conceptualisation autre ? », *Géographie et cultures*, n° 31.

Crozier, Michel et Jean-Claude Thoenig (1975), « La régulation des systèmes organisés complexes. Le cas du système de décision politico-administratif local en France », *Revue française de sociologie*, vol. 16.

DATAR (2000), sous la direction de J.-L. Guigou, *Aménager la France de 2020*, Paris, La Documentation française.

De Kervasdoue, Jean *et al.* (1976), « Les lois sur les fusions et regroupements de communes », *Revue française de sociologie*, 1976, vol. 18, n° 3.

Duran, Patrice (1998), « Les parcs et les difficultés de la négociation institutionnalisée. Le cas du Parc national des Pyrénées occidentales », dans Barraqué, Bernard et Jacques Theys (dir.), *Les politiques d'environnement. Évaluation de la première génération : 1971-1995*, Paris, Éditions Recherches.

Duran, Patrice (1999), *Penser l'action publique*, Paris, Librairie générale de droit et de jurisprudence (LGDJ).

Duran, Patrice et Jean-Claude Thoenig (1996), « L'État et la gestion publique territoriale », *Revue française de science politique*, n° 4.

Faure, Alain (1997), « Subsidiarité rampante des territoires en politique », dans Faure, Alain (dir.), *Territoires et subsidiarité. L'action publique locale à la lumière d'un principe controversé*, L'Harmattan.

Floquet, Charles (2002), *Pour en finir avec la dé-centralisation*, La Tour d'Aigues, L'Aube/DATAR.

Gaudin, Jean-Pierre (1991), « Du jacobinisme au modèle républicain ? », *Autrement*, n° 122 (Faire la politique, le chantier français).

Gaudin, Jean-Pierre (1997), « Contrats et conventions : la négociation des politiques publiques », dans Godard, Francis (dir.), *Le gouvernement des villes. Territoire et pouvoir*, Paris, Descartes et Cie.

Gaudin, Jean-Pierre (1999), « L'espace public des politiques contractuelles », dans Bastien, François et Éric Neveu (dir.), *Espaces publics mosaïques : acteurs, arènes et rhétoriques, des débats publics contemporains*, Presses de l'Université de Rennes.

Gaudin, Jean-Pierre (2000), *Gouverner par contrat*, Paris, Presses de sciences po.

Giddens, Anthony (1994), *Les conséquences de la modernité*, Paris, Presses universitaires de France.

Giraut, Frédéric (2002), « Va-t-on rater la troisième révolution territoriale ? », *Territoires 2020*, n° 5.

Giraut, Frédéric et Martin Vanier (1999), « Plaidoyer pour la complexité territoriale », dans Gerbaux, Françoise (dir.), *Utopie pour le territoire : cohérence ou complexité ?*, La Tour d'Aigues, L'Aube.

Goyard-Fabre, S. (1999), *L'État, figure moderne de la politique*, Paris, Armand Colin.

Gomel, Cyril (2001), *La directive territoriale d'aménagement de l'estuaire de la Loire. Gestion de l'espace, action publique et questions d'environnement sur un territoire d'enjeux*, mémoire de DEA, Université de Nantes, Institut de géographie et d'aménagement régional de l'Université de Nantes.

Grémion, Pierre (1976), *Le pouvoir périphérique. Bureaucrates et notables dans le système politique français*, Paris, Le Seuil.

Grossetti, Michel, Christophe Beslay *et al.* (1998), « Le modèle néo-républicain et les sites en reconversion industrielle », *Annales de la recherche urbaine*, n°s 80-81 (Gouvernances).

Guérin, Marc et Patrick Moquay (2002), « Intercommunalité, pays : les recompositions territoriales », dans Perriet-Cornet, Philippe (dir.), *À qui appartient l'espace rural ?*, La Tour d'Aigues, L'Aube.

Jambes, Jean-Pierre (1998), « Entre reproduction et innovation, la notion de projet territorial en question », *Sciences de la société*, n° 45.

Jambes, Jean-Pierre et Philippe Tizon (1997), « Projets et territoires : vers de nouveaux modes de gouvernement local ? », dans Le Saout, Rémy (dir.), *L'intercommunalité. Logiques nationales et enjeux locaux*, Rennes, Presses de l'Université de Rennes.

Jobert, Bruno et Pierre Muller (1987), *L'État en action*, Paris, Presses universitaires de France.

Jobert, Bruno (1990), « Politiques publiques et sociétés locales », *Les cahiers du LERASS – Sciences de la société*, n° 21.

Jobert, Bruno (1992), « Représentations sociales, controverses et débats dans la conduite des politiques publiques », *Revue française de science politique*, vol. 42, n° 2.

Jouve, Bernard (1995), « Communautés et réseaux politiques en action », dans Le Galès, P. et M. Thatcher (dir.), *Les réseaux de politique publique. Débats autour des policy networks*, Paris, L'Harmattan.

Lallement, Michel (1997), « Du gouvernement à la gouvernance de l'emploi », *Cahiers internationaux de sociologie*, vol. CIII.

Lacaze, Jean-Paul (2004), « La planification stratégique des territoires », *Futuribles*, n° 295.

Laufer, Romain (1991), « Management public et modernisation de l'État », dans Muller, Pierre (dir.), *L'administration française est-elle en crise ?*, Paris, L'Harmattan.

Leca, Jean (1996), « Ce que l'analyse des politiques publiques pourrait apprendre sur le gouvernement démocratique », *Revue française de science politique*, vol. 46, n° 1.

Le Galès, Patrick (1995), « Du gouvernement des villes à la gouvernance urbaine », *Revue française de science politique*, vol. 45, n° 1.

Lorrain, Dominique (1991), « De l'administration républicaine au gouvernement urbain », *Sociologie du travail*, vol. 31, n° 4.

Lorrain, Dominique (1998), « Administrer, gouverner, réguler », *Annales de la recherche urbaine*, n°s 80-81.

Million-Delsol, Chantal (1992), *L'État subsidiaire*, Paris, Presses universitaires de France.

Padioleau, Jean-Gustave (1991), « L'action publique urbaine moderniste », *Politiques et management public*, vol. 9, n° 3.

Salais, Robert (1999), « Action publique et conventions : état des lieux », dans Commaille, Jacques et Bruno Jobert (dir.), *Les métamorphoses de la régulation politique*, LGDJ.

Salais, Robert et Michael Storper (1993), *Les mondes de production. Enquête sur l'identité économique de la France*, Paris, Éditions de l'École des hautes études en sciences sociales.

Vanier, Martin (2003), « L'invention des territoires : de la dispute au bien commun », dans Beauchard, Jacques (dir.), *La mosaïque territoriale. Enjeux identitaires de la décentralisation*, La Tour d'Aigues, L'Aube.

Vanier, Martin (1999), « La recomposition territoriale : un "grand débat" idéal », *Espaces et sociétés*, n° 96.

Worms, Jean-Pierre (1966), « Le préfet et ses notables. L'administration face au problème du changement », *Sociologie du travail*, vol. 8, n° 3.

PARTIE II

LES RECOMPOSITIONS TERRITORIALES AU QUÉBEC ET EN FRANCE

FUSION DE L'AGGLOMÉRATION DE GATINEAU ET REDÉFINITION DU CENTRE

Caroline Andrew et Guy Chiasson

Dans un contexte d'étude des recompositions territoriales locales, la notion de centre et celle de son vis-à-vis, la périphérie, peuvent prendre au moins deux sens. Une première façon serait, comme le fait par exemple Pierre Gremion (1976) dans son étude classique du pouvoir des notables locaux, de voir la périphérie comme le pouvoir politique local et le centre comme l'État national. Un second sens serait celui que l'on retrouve souvent au cœur des sciences régionales et des études urbaines où la centralité désigne les lieux qui ont un pouvoir d'attraction par rapport à leurs espaces périphériques régionaux. Les travaux de François Perroux (1969) sur les pôles de croissance seraient la référence classique à cet égard. Ces deux lectures ont en commun d'aborder les territoires locaux. Nous puiserons à ces deux définitions pour éclairer les recompositions qui sont à l'œuvre dans le cas de la ville de Gatineau[1] située au cœur de la région de l'Outaouais québécois. Plus précisément, nous interrogeons le redéploiement contemporain du centre régional en cherchant à évaluer les répercussions de la fusion de l'agglomération

---

1. En 2001, les municipalités d'Aylmer, de Buckingham, de Gatineau, de Hull et de Masson-Angers ont été fusionnées en vertu de la politique de consolidation municipale du gouvernement québécois. La nouvelle municipalité a pris le nom de Gatineau.

gatinoise décrétée par le centre politique (le gouvernement québécois) sur ce redéploiement.

Notons déjà que ces deux types de rapport centre-périphérie sont eux-mêmes présentement soumis à des logiques de recompositions éclairées par des relectures de la part des analystes des questions locales. Tout d'abord, comme le soulignent plusieurs auteurs, la relation de dépendance dans laquelle Gremion avait placé les instances politiques locales ne se présente plus aussi clairement dans la période actuelle. Les politiques de décentralisation entreprises depuis les années 1980 par la plupart des États centraux (Lemieux, 2001) ont facilité une plus grande interdépendance entre le local et l'État, laissant présager une *gouvernance multi-niveaux* (Blatter, 2004 ; Wood, 2004) où les allers-retours entre centre et périphéries deviennent la norme (Balme et Faure, 2000 ; Jouve et Lefèvre, 1999). Ensuite, des travaux sur *la métropolisation* (Veltz, 1999 ; Bassand *et al.*, 2001 ; Saez *et al.*, 1997) montrent comment l'ancien rapport économique entre le centre urbain et sa périphérie laisse place à un *découplage géographique*. C'est-à-dire que les grandes villes cherchant à consolider leur position dans les réseaux de villes mondiales de plus en plus compétitifs délaisseraient leurs espaces périphériques, condamnant ceux-ci à la marginalité économique dans une *économie d'archipel*. Ces critiques n'invalident pas la pertinence de la notion de *centre* mais elles nous incitent à réinterroger les mécanismes de création des lieux centraux.

L'identification d'un centre est toujours une question épineuse dans la région de l'Outaouais québécois due à sa position frontalière avec l'Ontario et la ville d'Ottawa, la capitale nationale du Canada. Dans *Histoire de l'Outaouais* (Gaffield, 1994), les auteurs soutiennent, avec raison, que cette région est un peu comme la « double face de Janus », tournée à la fois vers le Québec et vers Ottawa. Cette tension, si elle traverse l'histoire de la région, est sans doute très marquante depuis les trente dernières années. L'effondrement de la vocation industrielle régionale (surtout le secteur des pâtes et papiers) et la présence grandissante des activités du gouvernement fédéral du côté québécois depuis les années 1970 ont permis à la fois une forte poussée de l'urbanisation des espaces situés en face d'Ottawa et une intégration plus poussée de ces territoires urbains avec Ottawa (Gilbert, 2001).

C'est donc dire que le territoire de Gatineau participe d'un *espace urbain fonctionnel* (Lefèvre, 1997 ; Fontan, Klein et Tremblay, 1999) qui est transfrontalier (Saez *et al.*, 1997). De surcroît, avec moins du quart de la population de l'agglomération d'Ottawa-Gatineau et une dépendance économique assez forte face aux activités du gouvernement fédéral[2], Gatineau est dans une position de faiblesse marquée par rapport à l'agglomération dans son ensemble.

Le gouvernement québécois, préoccupé par l'intégration de l'Outaouais urbain dans la région de la capitale nationale (RCN), a répondu à maintes reprises par la mise en place d'institutions politiques supralocales ou régionales devant faire contrepoids à l'attraction d'Ottawa et à celle du gouvernement fédéral (Gaffield, 1994). En 1969, en réponse au pouvoir de la Commission de la capitale nationale (CCN)[3], le gouvernement québécois instaura la Communauté régionale de l'Outaouais (CRO) sur le territoire québécois de la CCN regroupant les municipalités plus urbaines ainsi qu'un ensemble de municipalités rurales (Gilbert, 2001 ; Gaffield, 1994). Plus tard, en 1990, la CRO sera scindée en deux, donnant place à la naissance de la Communauté urbaine de l'Outaouais (CUO) et à celle de la MRC des Collines-de-l'Outaouais qui regroupera les municipalités de la portion plus rurale. Finalement, en 2001 lors d'une réforme visant l'ensemble des agglomérations urbaines québécoises, le gouvernement québécois a décrété la fusion qui a mené à la création de la nouvelle ville de Gatineau, comme

---

2. Cette dépendance face aux activités du gouvernement fédéral a d'ailleurs été la cible depuis le début des années 1990 d'un certain nombre d'initiatives régionales visant à diversifier l'économie régionale outaouaise. C'est le cas notamment de la Société de diversification économique de l'Outaouais, un fonds de capital de risque régional mis sur pied par les instances supralocales (communauté urbaine et municipalités régionales de comté) de la région. L'emploi dans la région reste tout de même très majoritairement tributaire des activités du gouvernement fédéral, dont une bonne partie ont lieu du côté ontarien de la rivière des Outaouais.

3. La CCN est un organisme du gouvernement fédéral (à ne pas confondre avec la commission portant le même nom pour la capitale québécoise !) qui a pour mandat l'aménagement et la mise en valeur de la région de la capitale nationale (RCN) englobant une portion significative du territoire de l'Outaouais québécois (plus de 2 000 km²). Voir le site de la CCN (http://www.capcan.ca/corporate/index_f.asp).

seule entité municipale pour l'ensemble du territoire de l'ancienne communauté urbaine. Bien que ces réformes institutionnelles ont toutes cherché à contrer le rapprochement avec la région de la capitale nationale du Canada ainsi qu'à structurer un espace métropolitain autonome en Outaouais (Gilbert, 2001), ce texte se penchera plus précisément sur la dernière, c'est-à-dire la politique de fusion de 2001.

Comme nous pourrons le voir, la construction institutionnelle d'un nouvel espace métropolitain en Outaouais a enclenché des processus politiques quelque peu inattendus. Pour éclairer ces processus, nous ferons appel à une perspective développée par des travaux autour du concept de *gouvernance urbaine*. Ce courant est au cœur des relectures contemporaines du phénomène de centralité dont nous parlions plus tôt. Pour des auteurs tel Alain Faure (2003), Patrick LeGalès (1995) ou Dominique Lorrain (2003), la recomposition des États nationaux laisse place à la montée des villes comme acteurs politiques de premier plan et comme les « nouveaux territoires du politique » (Jouve et Lefèvre, 1999). Contrairement aux protagonistes de la théorie des « choix publics » américains qui font valoir le caractère ingouvernable des grands espaces urbains et le bien-fondé de la compétition entre les municipalités à l'échelle des agglomérations urbaines (Desbiens, 2003), la *gouvernance urbaine* tend à montrer la convergence des acteurs vers des projets urbains qui viennent donner cohérence et identité à la ville.

Les travaux autour du concept de gouvernance urbaine portent souvent sur le contexte des villes françaises[4] où les fusions municipales n'ont pas ou peu fait partie du paysage institutionnel. Le recours à ces travaux permettra de voir si des dynamiques de redéploiement des villes par la gouvernance prennent place aussi dans un contexte de fusion comme celui de Gatineau. C'est donc dire que nous tenterons de voir si la construction d'un centre, ou en d'autres mots d'un espace métropolitain cohérent, passe non seulement par le gouvernement par des institutions, mais surtout par l'action plus souterraine des acteurs ainsi que les dynamiques de réseautage et de négociations entre eux. C'est ce que

---

4.   On notera tout de même la publication récente d'un numéro de la *Revue française d'administration publique* (2003) portant sur les grandes métropoles du monde dans une perspective de *gouvernance urbaine*.

Dominique Lorrain (2003) qualifie dans un article récent de « gouvernement dur-mou ».

Après avoir présenté les grandes lignes de la fusion municipale de 2001 à Gatineau, notre analyse cherchera à capter ce gouvernement « dur-mou » en présentant deux tendances qui marquent la construction d'un centre à Gatineau : le recours aux communautés d'appartenance dans la construction d'une nouvelle identité gatinoise ainsi que l'élaboration de politiques globales. Si ces processus ne sont pas tous strictement déclenchés par la construction institutionnelle, ils l'accompagnent et viennent ainsi teinter la construction d'un centre à Gatineau.

LA FUSION MUNICIPALE À GATINEAU

La question des fusions remonte à bien avant 2001 en Outaouais. Plusieurs projets de fusions ont été mis en branle à partir des années 1970. Malgré certains échecs retentissants, ces fusions ont redessiné de façon importante la carte municipale de l'Outaouais, tout particulièrement celle de l'Outaouais urbain. La fusion de 2001 se démarque par rapport aux initiatives plus anciennes en ce qu'elle est la première qui avait pour objectif d'organiser le pouvoir municipal à l'échelle de l'Outaouais urbain dans le sens de lui donner une plus grande cohérence régionale.

La fusion de Gatineau s'explique tout d'abord par un diagnostic du gouvernement du Québec considérant que le développement des agglomérations urbaines québécoises est lourdement freiné par la fragmentation municipale. La présence d'un trop grand nombre de municipalités sur le territoire aggloméré contribuerait non seulement à l'étalement urbain, mais également à l'absence de stratégies de développement claires et cohérentes pour les agglomérations (Mamm, 2000). Les fusions relèvent donc d'une stratégie de réforme que l'on peut qualifier de technocratique et de « manageriale » (Latendresse, 2004) en ce sens qu'elle est dictée par Québec sans trop d'égards aux spécificités locales.

La réforme telle qu'elle fut mise en place en Outaouais n'est cependant pas tout à fait imperméable aux conditions locales particulières. Plusieurs analystes (Gilbert, 2001) ont fait valoir qu'une fois la fusion d'Ottawa terminée en 2000, celle de Gatineau devenait presque inévitable. L'opposition au projet de fusion du gouvernement fut d'ailleurs beaucoup moins virulente en Outaouais qu'elle le fut par exemple à Montréal ou même à Québec. Le débat porta autant sur le nom de la nouvelle ville que sur le principe de la fusion, tant la nécessité d'assurer un contrepoids à Ottawa s'imposait. De plus, de façon assez curieuse, l'organisation de la nouvelle ville avec un seul niveau de gouvernement calquait l'organisation privilégiée à Ottawa plus que celle qui a été privilégiée à Montréal ou à Québec où l'on avait retenu la formule des arrondissements.

Le caractère passablement technocratique de la réforme proposée par le centre politique ne doit pas cacher le fait que les acteurs locaux, à Gatineau, se sont approprié le processus de création d'une nouvelle ville. La fusion, comme nous avons cherché à le montrer dans un texte précédent (Chiasson et Andrew, 2003), a été un moment fort de création politique dans le sens où elle s'est avérée une occasion pour définir collectivement de nouvelles priorités et de nouvelles façons de faire. Plus précisément, c'est à travers tout d'abord un exercice de planification stratégique mené en collaboration avec la société civile en 2003 et 2004 et ensuite par l'élaboration d'un ensemble de politiques publiques faisant appel à l'initiative citoyenne que l'on a tenté d'« imaginer la ville[5] ».

LES VILLAGES URBAINS OU LA MOBILISATION DES QUARTIERS DANS LA CRÉATION D'UNE IDENTITÉ URBAINE

Les fusions municipales soulèvent souvent la question de l'identification des acteurs aux nouveaux territoires institutionnels proposés par les regroupements. Cette identification ne va pas toujours de soi même après plusieurs années d'existence des nouvelles entités municipales. Par exemple, l'étude de Dufresne (1996) réalisée auprès des acteurs de développement de la ville de Gaspé a montré comment leur identité restait fortement rattachée aux anciennes communautés, ce qui a représenté un frein considérable au potentiel de développement local. Dans plusieurs

---

5.   *Imagine ta ville* était le slogan retenu pour l'exercice de planification stratégique.

cas, le défi de construire une identité métropolitaine s'explique par une opposition braquée entre le centre-ville et la banlieue. C'est ce qu'a montré Anne Latendresse (2004) dans son analyse récente de la fusion à Montréal et de ses suites. Cependant, dans le cas de Gatineau, ce n'est pas l'opposition entre le centre-ville et la banlieue qui a primé, mais bien la difficulté de se définir à cause d'une position frontalière et un rapport à la fois intime et toujours délicat avec sa voisine Ottawa (Tremblay, 2002). Dans ce contexte, la construction d'une identité gatinoise distincte de l'agglomération Ottawa-Gatineau devenait un impératif pour la nouvelle ville.

Une identité à consolider

Les acteurs municipaux de Gatineau vont se montrer très conscients de la fragilité de l'identité de la population outaouaise et de la nécessité de travailler une identification nouvelle (Commission des choix stratégiques, 2003 : 23). On va d'ailleurs considérer qu'une identification forte des acteurs autant publics, que privés et associatifs aux nouveaux territoires tracés par la réforme municipale est un atout et une ressource indéniable afin de positionner Gatineau à la fois à l'intérieur de la capitale nationale et comme chef-lieu de la région outaouaise.

La Ville de Gatineau s'imposera dans le peloton de tête des villes québécoises et nord-américaines d'importance comparable, en mobilisant au maximum tous les acteurs socioéconomiques que l'on retrouve sur son territoire, qu'il s'agisse d'organismes communautaires, de représentants institutionnels d'autres niveaux de gouvernement, de propriétaires fonciers ou immobiliers, de représentants du secteur privé en général et de groupes de citoyens ou de simples citoyens. L'objectif de cette approche est de développer des projets qui donneront une identité unique à la ville de Gatineau et une qualité de vie susceptible d'y attirer et d'y maintenir les meilleurs talents associés à des activités et à des entreprises porteuses d'avenir (Commission des choix stratégiques, 2003a : 4).

La ville comme un réseau de villages urbains

Cherchant, dans ce contexte, à consolider une identité gatinoise autour des nouvelles frontières institutionnelles, la Ville a mis de l'avant le concept de « villages urbains » qu'elle a intégré au cœur de sa démarche de planification stratégique (Commission des choix stratégiques, 2003)[6]. Ce dernier concept cherche à désigner des lieux de proximité où les citoyens se reconnaissent, où ils se rencontrent soit pour leur travail, soit pour les diverses activités de la vie quotidienne. Ils désignent donc surtout des espaces de proximité auxquels les citoyens s'identifient ou encore pourraient s'identifier :

> Le quartier Notre-Dame dans le secteur Gatineau, le centre-ville du secteur de Buckingham, le quartier du boulevard Saint-Joseph dans le secteur de Hull et le Vieux-Aylmer sont autant de lieux, dans la grande ville de Gatineau, où certains d'entre nous vivent, étudient, se divertissent et parfois même travaillent. Le quartier du Plateau est un exemple plus récent. Nous nous identifions tous à un lieu qui représente notre environnement immédiat. C'est cette appropriation d'un espace urbain par les citoyens qui a donné naissance à l'image du village urbain (Commission des choix stratégiques, 2003 : 27).

On doit préciser ici que le recours au terme « village » n'est pas innocent. Il cherche à mettre en évidence le caractère solidaire et communautaire de ces lieux. Cela marque une distinction par rapport à de quelconques communautés politiques inframunicipales (par exemple la formule des arrondissements qui a été retenue pour la nouvelle ville de Montréal). Ces « villages urbains » ne doivent pas être vus comme des contrepoids au pouvoir politique de la Ville dans son ensemble. Autrement dit, l'évocation des villages urbains n'est pas, jusqu'à présent[7], l'amorce de projets de décentralisation du pouvoir de la mairie et du conseil municipal de la grande ville. La Ville a d'ailleurs privilégié, et cela

---

6.   « Vers une mosaique de villages urbaines » est une des quatre grandes orientations stratégiques retenues par la planification. Les trois autres sont « Vers une harmonisation entre les milieux naturels et bâtis », « Vers un développement économique, culturel, social et communautaire intégré » et « Vers une gouvernance participative » (Commission des choix stratégiques, 2003).

7.   On doit cependant mentionner qu'en 2004 la Ville a lancé un processus de réflexion public sur le renforcement du caractère participatif de la gouvernance locale (Gatineau, 2004) où la question des conseils de quartiers a soulevé beaucoup de discussions et d'intérêt. Aucune décision n'a cependant encore été prise à ce sujet jusqu'à maintenant.

de façon très explicite[8], un modèle de décentralisation administrative (par le maintien de centres de services dans les anciennes municipalités) plutôt qu'une décentralisation politique qui permettrait à des entités politiques à l'échelle des quartiers ou des anciennes villes de cohabiter avec les institutions centrales.

Ces *villages urbains* doivent plutôt être vus comme un passage obligé dans la construction de la nouvelle ville et surtout d'une identité urbaine nouvelle. C'est ainsi que le texte de la planification stratégique (Commission des choix stratégiques, 2003 : 27) dira de ces villages urbains qu'ils sont « le terreau qui permettra de faire croître notre sentiment d'appartenance envers Gatineau elle-même ». Comme l'explique ce document, si les villages urbains sont les lieux premiers où les citoyens s'identifient, c'est la mise en réseau de ces communautés de base qui permettra une identification à Gatineau dans son ensemble.

Ces lieux sont différents dans le sens où ils offrent des ressources différentes. Ces ressources peuvent et doivent être mises en lien, notamment par la mise en place et surtout le renforcement d'infrastructures permettant les échanges et la complémentarité des ressources. On parlera ainsi d'une « mosaïque de villages urbains » afin de signaler la contribution des divers lieux à la construction d'un tout. Également, en l'absence d'une identification forte à Gatineau – un des principaux débats entourant la fusion des municipalités a porté sur le nom (Gilbert, 2001) – les *villages urbains* servent également de base à une identité gatinoise plus forte. Plus précisément, c'est le tissage de liens et la rencontre entre ces divers noyaux qui vont permettre cette identité et le développement d'une perspective cohérente pour la nouvelle ville dans son ensemble.

LA CRÉATION DE POLITIQUES GLOBALES

Si la première stratégie décrite consistait à puiser dans les communautés identitaires pour fonder l'identité gatinoise, une deuxième stra-

---

8. Une commission constituée d'un certain nombre d'élus de Gatineau s'est penchée sur la question de la pertinence de la formule arrondissement pour Gatineau et a conclu qu'il serait préférable de s'en tenir au renforcement du rôle des centres de services administratifs.

tégie se construit autour de politiques publiques permettant d'enrichir l'intervention de la municipalité sur son territoire selon les besoins d'une « ville moderne ». Dans la foulée de son exercice de planification stratégique, la Ville a mis sur pied tout un ensemble de commissions et de comités de travail chargés de s'occuper de dossiers sectoriels. La liste de ces commissions que l'on retrouve sur le site de la Ville[9] laisse transparaître une volonté d'intervenir dans des champs de nature sociale (Letarte, 2003), économique et culturelle qui sortent largement du mandat traditionnel des municipalités canadiennes concentré surtout sur les infrastructures (Andrew, 1998) et le service à la propriété.

À l'image de la Commission des choix stratégiques qui a animé la démarche de planification, plusieurs des commissions de la Ville feront appel à des représentants de la société civile qui viennent s'ajouter aux quelques élus et fonctionnaires municipaux qui y siègent. Ces entités, en plus d'assurer un lien plus étroit entre les intervenants des milieux et les citoyens concernés, ont pour mandat de définir le cadre d'intervention de la municipalité pour le secteur en question. C'est donc dire que la Ville s'est lancée, par l'entremise de ces commissions, dans la formulation de politiques, pour l'instant surtout dans le domaine de la culture et dans celui des questions familiales. Les deux avaient des antécédents dans les anciennes municipalités mais les interventions étaient très inégales entre les villes. Comme nous pourrons le voir dans ce qui va suivre, les politiques récentes se démarquent autant par leur processus d'élaboration plus ouvert sur une dynamique partenariale avec la société civile que par leur caractère plus global, dans le sens où elles cherchent à faire pénétrer les préoccupations (familiales et culturelles) dans l'ensemble des interventions de la Ville.

La politique culturelle

La politique culturelle (Gatineau, 2003) mise de l'avant par la nouvelle Ville est particulièrement intéressante du fait qu'elle cherche à dépasser la simple question des infrastructures culturelles (salles de spectacles par exemple) – ce qui correspond au mandat municipal

---

9.   En ligne. http://www.ville.gatineau.qc.ca/gatineau/index.html.

traditionnel en matière de culture – pour fournir un cadre permettant de définir la place de la culture (définie comme patrimoine et histoire autant que la culture artistique) dans les actions futures de la Ville. C'est ainsi, par exemple, que la politique culturelle décrète l'obligation pour le plan d'urbanisme de la Ville de tenir compte de la richesse patrimoniale et historique (Gatineau, 2003 : 10).

Dans un même ordre d'idées, on peut voir que la Commission des arts, de la culture, des lettres et du patrimoine a animé une réflexion forte sur la thématique de l'accessibilité culturelle pour tous les citoyens de la ville et sur ce que pouvait faire la municipalité pour favoriser au maximum cette accessibilité[10]. Cette réflexion a donc porté comme on peut s'y attendre sur les formes de soutien à apporter aux artistes professionnels, mais également sur les moyens à privilégier pour favoriser l'émergence de créateurs de toutes sortes, même et surtout dans les milieux les plus défavorisés où les manifestations et la pratique artistique sont généralement peu présentes. Dans les mots de la politique culturelle : « Le citoyen ne doit pas être vu dans le seul rôle de consommateur d'art et de culture, mais aussi dans un rôle participatif en tant qu'acteur culturel œuvrant dans la conservation de biens culturels, la recherche, la formation, la création, la production, la diffusion, la sensibilisation artistique ou culturelle » (Gatineau, 2003 : 7).

L'intérêt de cette politique vient également des mécanismes qui ont été mis en branle pour son élaboration. Elle est, en effet, le produit de plus d'un an de travail qui a fait appel au concours des divers intervenants culturels (musées, associations d'artistes, producteurs, instituts donnant de la formation culturelle, association d'histoire locale, organismes voués à la défense du patrimoine et au développement des quartiers) et des personnes intéressées par le domaine. Ces intervenants ont pu se prononcer sur la politique non seulement à titre de représentants à la Commission des arts, de la culture, des lettres et du patrimoine – cette dernière sera formée de trois élus municipaux et d'une douzaine de représentants des divers milieux culturels et artistiques – mais également

---

10. Cette partie du texte s'appuie sur des informations riches recueillies à partir d'entrevues réalisées avec des intervenants qui ont été mobilisés pour l'élaboration de la politique culturelle. Ces entrevues ont eu lieu pour un projet de recherche connexe mené par l'un des auteurs et portant sur le renouvellement du modèle de développement de Gatineau.

par la participation à des exercices de consultation et de soumission de mémoire à la Commission. De surcroît, le rôle de la Commission ne se limite pas à la mise en place de la politique. Un mandat d'évaluation et de renouvellement périodique de cette politique lui est également attribué (Gatineau, 2003 : 21). On peut voir là une reconnaissance de la pertinence d'une participation continue de la société civile et de ses expertises à la définition et à la redéfinition des priorités et des moyens d'action en matière culturelle.

La politique familiale[11]

Le processus d'élaboration de la politique familiale ressemble à celui de la politique culturelle. Cette politique familiale a été une obligation pour toutes les villes du Québec. Elle est donc issue au départ d'une volonté de décentralisation du gouvernement québécois qui cherche à responsabiliser les villes face à certains enjeux sociaux. L'envergure des processus d'élaboration dans le cas de Gatineau démontrait, tout de même, une volonté particulière de faire participer la société civile à une politique où cette dernière se reconnaissait. Cette stratégie communautaire a été également une façon de chercher des appuis pour une définition de la famille, donc de la politique familiale qui était plus ouverte que celle que l'appareil municipal avait initialement développée. Même si la politique familiale fut commandée d'en haut, elle est également marquée par un certain volontarisme des acteurs locaux. Plus précisément, les promoteurs de cette politique à Gatineau ont débordé le mandat défini par Québec en cherchant à se doter d'une politique qui irait dans le sens du renforcement des liens des citoyens avec l'appareil municipal et de la place qui leur est faite dans la Ville. Il s'agissait donc de travailler bien entendu les rapports des familles avec la municipalité, mais également avec les autres groupes de citoyens : jeunes et personnes âgées tout particulièrement.

---

11. Cette section s'inspire en bonne partie d'une communication présentée lors du congrès annuel du Carrefour action municipale famille en mai 2004.

Le processus d'élaboration de la politique reflète bien cette préoccupation de départ. Les promoteurs de la politique à l'intérieur de la bureaucratie municipale ont en effet mobilisé plusieurs catégories d'acteurs pour participer à l'exercice de formulation de la politique. Une série de groupes de discussion a été réalisée – une quinzaine avec des familles et presque autant avec des jeunes et avec des personnes âgées. On demandait à ces groupes de se prononcer sur ce qui pourrait faciliter leur rapport avec la Ville.

Il est intéressant de noter que les promoteurs ont porté beaucoup d'attention à la composition des groupes de discussion. Ceux-ci ont été constitués de façon à assurer une représentativité sensible à la diversité même à l'intérieur de ces groupes. C'est ainsi que, pour les personnes âgées, on a par exemple fait attention d'inclure des jeunes retraités, mais également des représentants des plus de 75 ans dont l'intégration et la participation citoyenne sont souvent beaucoup plus problématiques. Pour les familles, on s'est assuré d'inclure des représentants de familles plus atypiques (monoparentales, mais également ménages homosexuels, immigrants ou bilingues). La consultation auprès des groupes de jeunes a fait place à de jeunes immigrants, à des décrocheurs, etc. De surcroît, dans les trois cas, on a tenté de représenter les cinq secteurs de la ville (c'est-à-dire autant Aylmer, Hull, Gatineau que Masson-Angers et Buckingham). Dans la mesure où ces deux derniers sont beaucoup plus ruraux que les trois autres, la population y est beaucoup moins nombreuse et les enjeux de population, significativement différents que ceux qui se posent dans les coins plus urbanisés de Gatineau.

En parallèle avec ces groupes de discussion, la municipalité a aussi constitué plusieurs comités de travail faisant appel à des intervenants de divers secteurs d'intérêt du point de vue de la famille. On peut compter parmi ceux-là un comité scientifique constitué de chercheurs travaillant sur les questions familiales et municipales. Ce dernier comité a notamment documenté les politiques familiales des autres villes québécoises et a contribué à doter la démarche d'une définition plurielle de la famille incorporant des réalités tout autres que celle de la famille nucléaire. D'autres comités faisant appel à des intervenants divers (régie régionale, maison de la famille, CLSC) ont aussi mis la main à la pâte pour tenter de déterminer comment l'action famille de la ville peut s'arrimer avec les actions des autres acteurs dans le champ de la famille.

DES PROJETS URBAINS

La gouvernance urbaine considère que les espaces urbains trouvent leur cohérence politique dans la convergence d'acteurs d'horizons différents autour de projets collectifs que l'on peut qualifier de « projets urbains ». Nous voudrions soutenir brièvement que les deux politiques globales examinées ici sont à tous le moins apparentées à ce concept de projets urbains. Ces deux politiques se démarquent d'interventions municipales habituelles par leur ouverture durable aux acteurs de la société civile autant lors de l'élaboration que lors de l'éventuelle mise en œuvre. La politique culturelle ou encore la politique familiale fait converger divers acteurs provenant d'horizons différents autour d'objectifs — celui de l'accessibilité culturelle par exemple – qu'ils se sont donnés eux-mêmes.

L'engagement qu'a pris la Ville dans sa planification stratégique face au renforcement des villages urbains nous semble s'inscrire également dans un projet urbain moins tangible mais tout aussi important, celui de construire une identité propre à Gatineau dans le contexte de la région de la capitale nationale.

CONCLUSION

Ce texte voulait s'interroger sur les dynamiques de centralité dans l'Outaouais urbain québécois. Plus précisément, nous avons montré comment la reconstruction du centre politique régional dépassait largement la mise en place d'institutions issues de fusions municipales. Notre analyse a souligné comment des dynamiques de gouvernance associant des acteurs de la société civile ont accompagné et soutenu les nouvelles institutions décrétées par Québec. Malgré qu'elle s'inscrive dans une réforme municipale à laquelle on peut reprocher de s'être uniquement préoccupée de la réorganisation des structures politiques (Collin, 2002), la fusion a tout de même permis une mobilisation des acteurs autour de projets collectifs. Si ces projets sont lancés et portés par les nouvelles institutions, on doit reconnaître, comme l'ont fait les élus à maintes reprises, que ces projets ont beaucoup plus de chance d'aboutir s'ils s'enracinent dans des dynamiques de gouvernance. Ce croisement entre les dynamiques institutionnelles et celles de gouvernance vient confirmer ce qu'Alain Faure (2003) observait dans le cas montréalais.

Notre analyse a pu montrer que la fusion à Gatineau a également amené le pouvoir local à s'intéresser à des champs d'intervention passablement négligés auparavant. Cet élargissement des cadres d'intervention des villes fait en sorte que le municipal devient un lieu politique pertinent pour des acteurs sociaux qui s'intéressent à ces enjeux beaucoup plus qu'à ceux qui étaient privilégiés jadis par le pouvoir local (Faure, 2003 ; Chiasson et Andrew, 2004). De ce point de vue, le rapprochement avec les acteurs sociaux permettrait aux villes d'aspirer à devenir des acteurs politiques moins périphériques sur l'échiquier politique québécois (Andrew, 1998).

RÉFÉRENCES

Andrew, Caroline (1998), « Les métropoles canadiennes », *Dislocation et permanence*, Ottawa, Presses de l'Université d'Ottawa.

Balme, Richard et Alain Faure (2000), « Politiques locales : acteurs, réseaux et mobilisation », *Sciences humaines*, n° 28.

Bassand, Michel, Vincent Kaufmann et Dominique Joye (2001), *Enjeux de la sociologie urbaine*. Lausanne, Presses polytechniques et universitaires romandes.

Blatter, Joachim (2004), « From Spaces of Place to Spaces of Flows ? Territorial and Functional Governance in Cross-border Regions in Europe and North America », *International Journal of Urban and Regional Research*, vol. 28, n° 3.

Boudreau, Julie-Anne (2004), « La coalition urbaine réformiste de Toronto et la fusion municipale », dans Jouve, B. et P. Booth (dir.), *Démocraties métropolitaines*, Québec, Presses de l'Université du Québec.

Chiasson, Guy et Caroline Andrew (2003), « Restructurations municipales et gouvernance locale : le cas d'Ottawa-Gatineau », texte présenté au Colloque international de géopolitique urbaine, Libreville.

Chiasson, Guy et Caroline Andrew (2004), « Gatineau : un exemple du modèle québécois de développement », Gatineau, *Cahiers de recherche de la Chaire canadienne de recherche en développement des collectivités*.

Collin, Jean-Pierre (automne 2002), « La réforme de l'organisation du secteur municipal au Québec : la fin ou le début d'un cycle ? », *Organisations et territoires*, vol. 11, n° 3.

Collin, Jean-Pierre (2001), « Le regroupement municipal en marche : Méga-Montréal et Méga-Longueil », dans Côté, Roch (dir.), *Québec 2002. Annuaire politique, social, économique et culturel*, Montréal, Fides.

Commission de la capitale nationale (2004), en ligne, http://www.capcan.ca/corporate/index_f.asp.

Commission des choix stratégiques (2003), *Plan stratégique 2003-2007*, Gatineau.

Commission des choix stratégiques (2003a), « Cahier de travail-rencontre sectorielle. Direction stratégique. Vers une gouvernance participative », *Forum sur l'avenir de Gatineau*, Gatineau (21 mars).

Desbiens, Jacques (2003), « L'éternel compromis entre l'équité et la performance en administration publique appliqué au monde municipal », *Revue Gestion*, vol. 28, n° 3.

Dufresne, Simon (1996), *Regroupement municipal légiféré et développement local : le cas de la ville de Gaspé*, mémoire de maîtrise en développement régional, Université du Québec à Rimouski.

Faure, Alain (2003), « Une île, une ville, un laboratoire politique ? », *Possibles*, vol. 27, n°s 1-2.

Fontan, J.-M., J.-L. Klein et D.-G. Tremblay (s.d.) (1999), *Entre la métropolisation et le village global*, Québec, Presses de l'Université du Québec.

Gaffield, Chad (1994), *Histoire de l'Outaouais*, Québec, Éditions de l'IQRC.

Gatineau (2003), *La culture. Une passion qui nous anime. Politique culturelle*, en ligne, http://www.ville.gatineau.qc.ca/gatineau/pdf/Politiqueculturelle.pdf.

Gatineau (2004), en ligne, http://www.ville.gatineau.qc.ca/gatineau/index.html.

Gatineau (2004), *Compte rendu du Colloque sur la démocratie municipale*, Gatineau.

Gilbert, Anne (2001), « Construire la métropole de l'Outaouais », *Québec 2002. Annuaire politique, social, économique et culturel*, Montréal, Fides.

Grégoire, Antoine (2000), *Rapport du mandataire du gouvernement sur la réorganisation municipale dans l'agglomération de l'Outaouais*, Québec, ministère des Affaires municipales et de la Métropole.

Grémion, Pierre (1976), *Le pouvoir périphérique : bureaucrates et notables dans le système politique français*, Paris, Éditions du Seuil.

Jouve, Bernard et Claude Lefèvre (1999), « De la gouvernance urbaine au gouvernement des villes en Europe ? Permanence ou recomposition des formes d'action publique », *Revue française de science politique*, vol. 49, n° 6.

Latendresse, Anne (2004), « La réforme municipale et la participation publique aux affaires urbaines montréalaises. Ruptures et continuités ? », dans Jouve, Bernard et Philip Booth (dir.), *Démocraties métropolitaines*, Québec, Presses de l'Université du Québec.

Lefèvre, Claude (1997), « Dynamiques institutionnelles et politiques publiques », dans Saez, Guy, Jean-Pierre Leresche et Michel Bassand (dir.), *Gouvernance métropolitaine et transfrontalière : action publique territoriale*, Paris, L'Harmattan.

Le Galès, Patrick et Dominique Lorrain (2003), *Revue française d'administration publique*, n° 107.

Le Galès, Patrick (1995), « Du gouvernement des villes à la gouvernance urbaine », *Revue française de science politique*, vol. 45, n° 1.

Lemieux, Vincent (2001), *Décentralisation, politiques publiques et relations de pouvoir*, Montréal, Presses de l'Université de Montréal.

Letarte, Georges (2003), *Les municipalités et le développement social : un cas-type : les municipalités de la région de la Capitale-Nationale*, Rimouski, Groupe de recherche interdisciplinaire sur le développement régional de l'est du Québec (GRIDEQ).

Lorrain, Dominique (2003), « Gouverner dur-mou : neuf très grandes métropoles », *Revue française d'administration publique*, n° 107.

Milroy, Beth Moore (2003), « Toronto's Legal Challenge to Amalgamation », dans Andrew, Caroline, Katherine Graham et Susan Phillips (dir.), *Urban Affairs. Back on the Policy Agenda*, Montréal, McGill-Queen's University Press.

Ministère des Affaires municipales et de la Métropole (2000), *La réorganisation municipale. Changer les façons de faire pour mieux servir les citoyens*, Québec, Gouvernement du Québec.

Perroux, François (1969), *L'économie du XXᵉ siècle*, Paris, Presses universitaires de France.

Saez, Guy, Jean-Pierre Leresche et Michel Bassand (dir.) (1997), *Gouvernance métropolitaine et transfrontalière : action publique territoriale*, Paris, L'Harmattan.

Tremblay, Rémy (2002), « Le tandem Gatineau-Ottawa ou la frontière fantôme », dans Côté, R. et M. Venne (dir.), *Annuaire du Québec 2003*, Montréal, Fides.

Veltz, Pierre (1999), « Métropoles, périphéries et économie mondiale », dans Fontan, Jean-Marc *et al.* (dir.), *Entre la métropolisation et le village global*, Québec, Presses de l'Université du Québec.

Wood, Andrew (2004), *Comparative Urban Politics and the Question of Scale*, texte présenté à l'Urban Affairs Annual Meeting, Washington, avril.

COMMENT LE « CENTRE » (SE) SORT-IL DES POLITIQUES DE DÉCENTRALISATION ?
ÉLÉMENTS DE RÉPONSE DU DROIT FRANÇAIS

Jacques Caillosse

Le type de lecture juridique auquel je propose de soumettre ici le « centre » et la « centralité » étatiques peut se justifier comme suit : le changement de l'ordre institutionnel que les politiques de décentralisation cherchent à promouvoir suppose une inscription juridique ; il n'est pleinement accompli qu'après cette épreuve de l'*écriture* ou du *marquage* juridique. Autant dire qu'il lui faut compter avec la mémoire même dont le droit constitue le grand registre[1]. De ce fait, ce réagencement insti-

---

1. Ce « temps long » de l'histoire du droit a été encore récemment sollicité pour une décision de Mme Popin rendue par le Conseil d'État le 29 mars 2004 (Schwartz, 2004 : 672-677). Le juge rappelle dans cette affaire que la justice est rendue de façon indivisible par l'État, en tant que puissance souveraine, quand bien même le jugement est produit par une institution juridiquement autonome et distincte de l'État. Mais ce rappel nous fait remonter le cours de notre propre histoire, en faisant revivre le temps du procès la théorie de la souveraineté de Jean Bodin. Le commissaire du gouvernement n'hésite pas à faire retour jusqu'au Conseil du Roi au XIVᵉ siècle pour mieux affirmer que la longue tradition de l'unité de l'État n'a, ici, jamais cessé d'être active. L'État d'aujourd'hui se découvre dans les couches les plus profondes de la mémoire juridique. Sur cette fonction d'archive propre à la juridicité, voir *La mémoire de l'administration* (2002), et plus spécialement les propos de Legendre (p. 223-228).

tutionnel est toujours soumis à des opérations de recodage. Les images de l'État, et notamment la métaphore du centre, que fabrique le grand récit juridique, ne sont évidemment pas étrangères à la construction des échanges sociaux par lesquels l'action publique territoriale est élaborée et mise en œuvre.

Encore faut-il examiner ce que le droit nous donne à voir du centre et de la centralité. Si le discours juridique de l'État sert les politiques de décentralisation qu'il nous incite à prendre au sérieux, il se lit dans le même temps comme une invitation à ne surtout pas les dramatiser. Par lui, on voit bien que le centre n'est pas en phase de déconstruction et qu'il n'est pas près de se transformer en une sorte de fonction dérivée du local (Brisson, 2003 : 111-114) ! Certes, il existe aujourd'hui de bonnes raisons de parler de « perte de centralité », ou de « décentrement » de l'État[2]. Mais on ne saurait oublier que ces évolutions peuvent aussi participer de la stratégie de l'État. Et le centre ne reste-t-il pas celui qui est seul en mesure de s'autodéfinir quand le local est, lui, toujours condamné à se construire par référence au centre ? De cette situation, le cas français donne une illustration édifiante, dès lors que les collectivités territoriales y restent privées de la compétence de leurs propres compétences. Si l'on peut admettre que l'Espagne (Pasquier, 2004) et l'Italie (Vandelli, 2002 : 81-91 ; Brunazzo et Roux, 2004 : 108-117) offrent, dans une certaine mesure, l'exemple d'États qui se « creusent », sinon qui se « vident », par le centre, telle n'est sûrement pas la situation française : non seulement les administrations décentralisées ne peuvent produire du droit que dans les limites admises par le centre, mais elles sont même vouées, au travers de leurs propres initiatives, à assurer la diffusion du droit de l'État.

Autant dire qu'il va s'agir dans les développements qui suivent de s'interroger sur la part que prend le droit français dans les opérations de recalibrage de la centralité étatique qu'impliquent les politiques de décentralisation. L'enquête se déroulera en trois étapes.

D'abord – on pourrait ici parler d'une question préalable –, il y a lieu de se demander en quoi et pour quoi le registre juridique vaut d'être ainsi sollicité, tant il est vrai qu'en tant que tel le droit n'est pas un prisme de lecture de la réalité.

---

2.   Voir les variations que propose sur ce thème Doat (2003 : 115-117).

Ensuite, une fois établi le mérite d'un tel questionnement pour notre sujet, il faudra prendre toute la mesure des tensions qui traversent le droit de la décentralisation[3]. À dire vrai, ce champ juridique est « double ». Il contribue tout à la fois à alimenter des discours qui s'ordonnent autour du récit de l'« État creux », et à servir un programme de restauration et de rénovation du centre, puisque tel est aussi l'enjeu que se donne la politique française de décentralisation.

Il restera enfin à décrire les procédures et les procédés juridiques grâce auxquels le centre peut renouveler son identité tout en demeurant lui-même.

LE DROIT, POURQUOI ?

S'interroger, depuis le droit de l'État, sur la façon dont le centre se redéfinit à la faveur des politiques de décentralisation n'a rien d'une tâche convenue. Paradoxalement, la pensée juridique n'est pas très sensible à la métaphore du centre. Peut-être est-elle à ce point « habitée » par le centre qu'elle n'a aucun besoin de le faire parler ! Une chose est à peu près sûre : en tant que tel, le centre ne constitue pas une catégorie juridique. Alors que le « local » peut prétendre à un pareil statut[4], tout se passe comme si le centre n'en avait aucun besoin. À dire vrai, il est partout ce centre, derrière le local qu'il produit, découpe et retaille en fonction des circonstances. Au fond, il est cela même qui fait exister juridiquement le local. Le fameux modèle explicatif « centre/périphérie » (Chevallier, 1978 : 2-131 ; Meny, 1983), que l'on dit aujourd'hui débordé par les mécanismes de la gouvernance (Duran et Thoenig, 1996), n'a pas vraiment reçu de traduction dans le discours du droit, alors que la théorie juridique de l'organisation administrative est difficilement concevable sans l'opposition structurante du centralisme et de la décentralisation. C'est à croire qu'en la matière le centre n'a nul besoin d'être pensé :

---

3. Des tensions dont on trouvera une expression caractéristique dans les brèves études regroupées dans la *Revue du droit public* pour la rubrique (« Forum », 2003 : 111-122).

4. Voir en ce sens notre contribution *Le local, objet juridique* à l'ouvrage dirigé par Mabileau (1993 : 11-151).

il faut et il suffit qu'il soit supposé ! Plutôt que cette représentation horizontale des territoires du droit que fait prévaloir le modèle centre/périphérie, les juristes préfèrent l'image de la *pyramide* hiérarchisée qui joue sur la dimension verticale : on fait face moins à un centre qu'à un sommet. La pyramide n'a pas vraiment de centre ; s'il existe, c'est comme lieu vide. Elle est en revanche identifiable par son sommet : c'est de là que tout dérive, et c'est vers là que tout remonte. La construction administrative de l'espace dépend donc plus d'un sommet que d'un centre. Elle suppose une loi qui descend jusqu'aux territoires grâce à des relais hiérarchisés. Sans doute les juristes ont-ils toujours fait – au prix d'interminables discussions[5] – une différence essentielle entre les rapports hiérarchiques et les relations de tutelle caractéristiques de la décentralisation à la française d'avant les années 1980. Mais cette « tutelle » n'en définissait pas moins un schéma de fonctionnement vertical, dès lors qu'elle permettait au préfet de toujours faire prévaloir le point de vue de l'État sur celui des élus de la décentralisation, y compris en leur imposant sa volonté propre[6].

On ne saurait toutefois s'arrêter à ces considérations : que le centre ne soit pas à proprement parler une catégorie juridique n'empêche pas le droit de constituer l'un des registres de lecture privilégiés des transformations subies par l'État du fait de la décentralisation en cours. Cette orientation méthodologique repose sur une justification matérielle : pour que l'État change de structure – il s'agit en l'occurrence, on le sait, de son mode d'organisation territoriale – un énorme travail de formalisation juridique doit être accompli, qui conditionne la mutation en même temps qu'il l'« affiche », pour mieux la consacrer. Ceux qui sont en charge de manœuvrer le corpus des textes ont-ils d'ailleurs le choix ? Ils se livrent, par la force des choses, à une véritable opération de mise en scène théâtrale. Avec la réécriture du droit, l'État se dévoile, se raconte, se donne en représentation (Caillosse, 2002 : 18-29). Il apparaît alors comme un *composé juridique*. L'analyse de ce matériau dont il est ainsi constitué est à coup sûr du plus grand intérêt. Sans doute ne donne-t-il pas directement accès à la réalité des rapports sociaux qu'expriment et

---

5. Les travaux d'Eisenmann (1982 : 156-300) sont, sur cette question aussi, décisifs.
6. Sur la subtilité de ces rapports, voir la contribution précitée d'Eisenmann (1982 : 257-284).

organisent les institutions publiques, mais il n'a rien d'un simple décor qui servirait de « toile de fond » aux jeux des acteurs. Ceux-ci savent fort bien qu'ils ont affaire à un matériau actif qu'il est toujours risqué d'ignorer. À sa manière, il constitue une mémoire des plus contraignantes avec laquelle il leur faut compter car elle est porteuse du *grand récit* de l'État. Ininterrompue, la production juridique est bien un phénomène édifiant : c'est par elle aussi que l'État se reproduit. On ne saurait la réduire à une accumulation mécanique de textes. D'autant que ce matériau a toujours offert à ceux qui en ont la maîtrise d'inestimables ressources, et qu'il est à ce titre directement engagé dans le débat politique. Les acteurs le mobilisent et finissent immanquablement par « s'installer » dans les mots du droit pour en faire autant d'enjeux stratégiques. C'est ainsi que le juridique acquiert son statut de substance politique à part entière : les textes ne cessent d'être remis en question, investis par des interprètes en lutte pour les « faire parler », soumis à d'incessantes entreprises de réappropriation.

Voilà, schématiquement présentées, quelques raisons justifiant que l'on puisse porter sur le terrain juridique l'interrogation sur la façon dont le centre se redéfinit. Le droit nous donne accès au récit ininterrompu dans lequel l'État – du moins ceux qui ont charge de l'incarner – se projette idéalement dans l'espace et dans le temps. Mais alors, me dira-t-on, ce n'est là qu'un récit mythique ! Nous faisons ici, sans aucun doute, le choix d'examiner l'État à travers son imagerie juridique. Mais, ainsi qu'on a tenté de l'établir ci-dessus, à cette position, il y a une forte raison d'être : ce que le droit donne à voir participe pleinement de la construction des échanges sociaux dont dépendent l'élaboration comme la mise en œuvre de l'action publique.

Pareille démarche ne peut évidemment être mise en œuvre qu'en pleine connaissance de ses propres limites. Autant une approche par le droit des changements institutionnels me semble s'imposer en raison de la forte identité juridique des politiques publiques qui les accomplissent[7], autant il importe de déterminer les seuils de possibilité qu'offre ce type de lecture. Il s'agit de porter le regard là où, en général, l'analyse

---

7. Concernant la notion de « politique institutionnelle », voir la contribution de Quermonne (1985).

des politiques publiques estime qu'il n'y a rien à voir. Comme si le droit était vide de sens et devait, de ce fait, lui demeurer étranger[8], et que la manœuvre des textes juridiques n'était qu'une sorte d'opération blanche ! Comme s'il ne s'agissait que d'une innocente rhétorique destinée à l'ornementation des échanges sociaux ! Mais, en réagissant ainsi contre l'impasse faite sur la question du droit, on n'entend nullement considérer les politiques publiques, et notamment celles qui instituent la décentralisation, comme de purs objets juridiques. On ne niera pas que les territoires fonctionnent, le cas échéant, selon des règles propres et parfois fort éloignées du grand récit juridique de l'État, jusqu'au moment bien sûr où, le cas échéant, les agents du centre – qu'il s'agisse des préfets ou des autorités administratives en particulier – interviennent pour le leur rappeler[9] ! Reste que du « local » est toujours susceptible d'émerger jusque dans des territoires que le centre entend mettre à l'abri par son droit d'une pareille dynamique institutionnelle. On en veut pour preuve la capacité des régions et des villes à « forcer » leur identité juridique[10]. Aussi serait-il absurde de prétendre que les jeux d'acteurs, ouverts ou fermés selon les cas par la réécriture du droit de l'État, peuvent se déchiffrer tels quels dans le discours de la Constitution ou dans celui des lois. Il y a dans les pratiques territoriales une part décisive d'improvisation que le droit est impuissant à saisir. Mais la reconnaissance des limites inhérentes à toute appréhension juridique de la réalité ne doit pas empêcher de traiter de la manœuvre des textes comme d'un authentique travail politique. *A fortiori* là où, comme en France, la légitimation du centre, de la centralité et du centralisme a pratiquement toujours été une affaire de droit et de juristes. C'est ainsi que la construction du droit

---

8.   Un tel exemple d'éradication du droit du champ des politiques publiques est donné dans l'étude de Hassenteufel et Smith (2002 : 53-74). Sur cette question en général, voir Renard, Caillosse et de Béchillon (2000).

9.   Encore qu'on puisse s'interroger sur la manière dont fonctionnent vraiment les dispositifs de rappel à l'ordre du centre. Voir le constat qu'en dressait le Conseil d'État (Rapport public 1993, 1994).

10.   Ainsi a-t-on pu voir les régions se comporter comme des collectivités territoriales avant d'accéder pleinement à ce statut. Ainsi voit-on aujourd'hui nombre d'établissements publics de coopération intercommunale (EPCI) fonctionner à la manière de collectivités territoriales, sans pouvoir bénéficier des ressources de cette catégorie juridique. Sur la question, voir Caillosse (2002).

administratif moderne par le Conseil d'État n'aura pas peu contribué à servir les agencements centralistes de l'action publique[11].

LE DROIT, OUI, MAIS LEQUEL ?

Dans le retour effectué ici sur le centre, n'y a-t-il pas quelque chose de « décalé » ou de désuet ? L'heure n'est-elle pas plutôt au *décentrement* ? À travers les politiques de décentralisation et de régionalisation, pour ne rien dire des possibles développements du fédéralisme[12], c'est bien une tendance lourde qui se dessine, comme en contrepoint de la mondialisation, au bénéfice du local. Autant de mouvements dont on ne peut qu'attendre la banalisation de l'idée même de centre, puisque avec eux s'imposent réseaux (Castells, 1998), rhizomes (Deleuze, 1976) et autres nouvelles configurations polycentriques[13], autant dire dépourvues de centre[14]. L'importance prise par les problèmes de la gouvernance n'est d'ailleurs pas étrangère à ce processus global de déchéance de la centralité : dans le triomphe des réseaux, n'est-il pas logique de lire la fin du vieux modèle centre/périphérie[15] ?

---

11. Cette observation gagnerait sans doute à être précisée à deux titres. Le Conseil d'État est désigné ici comme l'une des institutions où s'élabore le grand récit de l'État. Cette fonction, il l'a assumée jusque dans son rôle de juge du contentieux administratif, en soumettant le « local » à des modes de traitement particuliers. Il l'assume encore aujourd'hui, en sa qualité de rapporteur du discours de la réforme administrative. Dans ses rapports officiels comme dans son activité de producteur d'avis, il montre à l'égard des politiques de décentralisation une fort symptomatique réserve. À titre d'illustration de ce scepticisme institutionnel, voir Rapport public 1993, 1994.

12. L'évolution récente de la structure administrative de certains pays européens (Belgique, Espagne, Italie, Royaume-Uni) oblige en effet à poser la question en ces termes. Les débats relatifs à la politique française de décentralisation l'exigent également, tant il est vrai que la dénégation du fédéralisme constitue, du moins en France métropolitaine, l'une des sources de légitimation de la réforme des territoires.

13. On trouvera un large usage de cette métaphore, par exemple, dans les ouvrages de Chevallier (2003) et Arnaud (2003).

14. Voir le point de vue exprimé par Doat (2003).

15. Voir, pour une théorisation de cette démarche, Duran et Thoenig (1996).

Le paradoxe pourrait bien n'être qu'apparent ! L'actuelle remise en cause de la centralité de l'État (qu'on le prenne en sa qualité d'acteur, ou qu'on le considère en tant que scène politique) dans les relations internationales n'empêche pas qu'il faille à l'État un centre, c'est-à-dire un mode d'ancrage territorial qui fasse toute leur place (combien même celle-ci est susceptible de variations substantielles d'une expérience étatique à l'autre) aux fonctions de centralité. L'institutionnalisation de formes de gouvernance polycentrique[16] ne fait pas disparaître l'État. Mais il lui faut repenser son rapport au territoire et, dans ce contexte, se reconstruire comme centre, fût-ce au travers de politiques de décentralisation. C'est bien pourquoi le décentrement de l'État ne rend nullement intempestive l'interrogation sur le centre et ses relations avec le local. La question s'est cependant déplacée : elle concerne désormais la polarisation d'un territoire « sans frontières[17] » : maintenant plus que jamais, la logique de déterritorialisation propre à la mondialisation suscite en retour ou en réaction des phénomènes de re-territorialisation par lesquels le centre est à nouveau remis en question. Ainsi qu'on peut le supposer après les développements consacrés ci-dessus aux mises en scènes juridiques de l'État, tous ces mouvements qui affectent les territoires de l'action publique trouvent leur inscription dans le droit. C'est à cette inscription qu'il convient maintenant de prêter attention, dans la mesure où le centre y dévoile sa stratégie de recomposition.

Lorsque le droit constitutionnel d'un État aussi traditionnellement centraliste que l'État français est repensé et réécrit afin qu'y soit consacrée la décentralisation de l'action publique, que se passe-t-il vraiment ? Jusqu'où le centre peut-il concevoir et accepter le principe de sa propre *réduction juridique* au bénéfice du local ? Qu'est-ce que désigne l'expression « organisation décentralisée de la République » dans un État qui, dans son droit, n'a jamais cessé de se vouloir unitaire et indivisible[18] ?

---

16. Voir les usages faits de cette notion, par exemple, chez Arnaud (2003) ou Chevallier (1983).

17. Au sens où Arnaud parle dans sa « critique de la raison juridique » de « gouvernants sans frontières », 2003.

18. C'est notamment dans la jurisprudence du Conseil constitutionnel que ces propriétés sont l'objet d'un affichage ostensible. Voir tout particulièrement en ce sens la décision rendue dans l'affaire des langues régionales. Sur cette question, voir Caillosse (2000 : 100-108) et Bui-Xuan (2004 : 141-147).

Ou, transposée sur le registre du discours politique ordinaire, qu'est-ce que cette nouvelle « République des proximités » ? À ces questions, il n'y a pas curieusement une seule et unique réponse juridique, mais deux. Le droit contribue en effet, avec ses propres moyens de représentation et de persuasion, au montage des deux grandes figures que la littérature politique donne à l'État contemporain et entre lesquelles elle se partage sans pouvoir choisir[19] : lui aussi participe de l'actuelle *mise en tension* entre la figure de l'« État creux » et celle de l'« État rusé ».

L'emploi de ces métaphores requiert sans doute quelques explications. Si la décentralisation est parfois décrite dans des termes qui peuvent mettre à contribution l'image de l'« État creux », c'est parce qu'on fait le choix d'y voir une stratégie – séduisante pour les uns, inquiétante pour les autres – par laquelle l'État traditionnel perd volontairement de la substance, pour mieux affronter les tâches qu'appellent les redéploiements de l'action publique liés tout à la fois à la mondialisation, à la construction européenne et à leurs effets conjugués sur les frontières et les territoires. Sa fortune relative, l'« État creux » la doit surtout à des effets de résonance, mais aussi de brouillage, dans le champ sémantique auquel il appartient : il y fait en effet bon ménage avec les discours du déclin, du décentrement, ou de la perte de centralité de l'État, voire ceux de l'« État subsidiaire » (Chavrier, 2004) ou encore de l'« État postmoderne », dans la mesure où il agrège les précédents. Quant à l'autre horizon d'interprétation, celui de l'« État rusé », il s'offre à la reconnaissance de tous ceux qui, à des titres divers, voient pour raison première du modèle français de décentralisation une manœuvre du centre pour garder l'essentiel de la maîtrise des territoires, bref, une politique de changement pour que rien ne change vraiment. L'État est ici perçu comme feignant de se retirer du local pour mieux y faire retour[20]. Le juriste ne manquera pas d'observer qu'après la révision constitutionnelle de mars 2003[21] le texte fondamental joue sur les deux *figures édifiantes*

---

19. Cette suspension du sens semble bien constituer l'une des marques de ce que l'on classe dans la rubrique post-modernité.

20. Voir déjà en ce sens la préface de Sfez (1977 : 9-15) et Caillosse (2003 : 7-14).

21. Sur cet événement juridique, voir, en particulier, le dossier « La révision constitutionnelle sur la décentralisation » (2003). Voir la série d'articles regroupés sous le titre « Le renouveau constitutionnel des collectivités territoriales », dans le numéro automne-hiver 2002 des Cahiers administratifs et politistes du Ponant.

précédemment évoquées, dont il entretient et renouvelle lui-même, à la suite d'une grande opération théâtrale, les « Assises des libertés locales », la mise en tension. Ce sont bien deux parties différentes qui se jouent ici sur la même scène juridique[22]. Dans l'une, on voit clairement le repli du centre derrière les territoires, mais ce n'est sûrement pas un État creux qui résulte de ces réagencements institutionnels ! Dans l'autre, le jeu de la décentralisation semble obéir à une règle inverse. Le centre semble mener les opérations de bout en bout, mais les apparences pourraient bien être trompeuses : les volontés de l'État sont bel et bien contraintes et forcées ; le centre est condamné à donner une expression juridique à une dynamique territoriale qui lui échappe et contribue à le « vider ». Dans le droit politique de l'État, aucun choix n'est fait entre ces deux scénarios. Comme si l'on avait voulu laisser aux acteurs-interprètes le soin de tirer le meilleur parti de cette ambivalence. Examinons d'un peu plus près ces deux *modes opératoires* du droit.

On peut d'un côté faire le constat que depuis le début des années 1980, à bien des titres, l'État se retire des territoires : ses préfets ont perdu l'exécutif des départements et des régions et n'assurent plus la tutelle du pouvoir décisionnel local ; nombre de ses compétences administratives ont été redistribuées et continuent de l'être, au bénéfice des collectivités territoriales, toutes catégories confondues ; ses contrôles ne sont plus susceptibles de se prévaloir de l'opportunité, il leur faut prendre appui sur la seule légalité. De ce nouveau rapport des appareils étatiques au local résulte un autre paysage institutionnel : la diversité des reliefs périphériques s'impose là où le centre était l'unique principe de lecture de l'espace tout entier. Mais on se gardera bien d'une interprétation univoque de ces métamorphoses : en même temps qu'il se décentralise, l'État cherche à endiguer les tendances à la régionalisation et au fédéralisme. Son droit ne valorise le local que pour mieux soutenir la nécessité de l'État unitaire.

La réécriture constitutionnelle de mars 2003 ne laisse rien ignorer de cette stratégie de l'ambivalence. L'analyse du texte révisé montre que

---

22. Il ne s'agit en effet nullement de proposer deux lectures séparées du même droit, lequel se prêterait à deux interprétations différentes. Les deux « récits » dont il est ici question appartiennent à un même système où ils se croisent et se combinent.

les innovations juridiques imaginées pour servir les collectivités territoriales – qu'il s'agisse d'étendre leurs compétences et de favoriser leur diversification –, et sur lesquelles les professionnels du droit et de la politique ont tant glosé, sont finalement assez peu « disponibles ». C'est que leur usage demeure, si l'on peut ainsi s'exprimer, *sur-déterminé* par le centre qui dispose de la maîtrise du changement. Il en est ainsi de la reconnaissance d'un pouvoir réglementaire local[23], qui ne peut pleinement s'exercer que pour autant que le premier ministre ne met pas le sien en œuvre. Le même constat vaut pour le fameux droit à l'expérimentation[24] dont sont dorénavant investis les collectivités territoriales et leurs groupements : à proprement parler, ce droit n'en est pas un puisque ses conditions de possibilité sont étroitement définies par les lois d'un centre qui garde la maîtrise des dérogations aux « dispositions législatives et réglementaires qui régissent l'exercice de leurs compétences ». N'oublions pas non plus que les réformes en cours ne mettent pas fin à cette singulière ambiguïté que garde en France la notion d'administration locale. Celle-ci ne cesse de désigner deux appareils, deux réseaux institutionnels distincts : les administrations décentralisées sont redoublées par les services territoriaux de l'État qui, placées sous l'autorité du préfet, sont autant de relais périphériques du centre. Les politiques de décentralisation gagnent à être vues comme des manifestations de la réforme de l'État qui, ainsi, réorganise ses propres territoires d'action publique[25]. Encore convient-il de relever que le travail juridique de reproduction du centre ne concerne pas seulement la matière première des institutions (structures, personnels et moyens financiers), mais qu'il fait jouer leur imaginaire. L'État se sert ainsi du droit comme d'un grand récit. La territorialisation des politiques publiques à laquelle conduit toute décentralisation ne prive pas le centre de la maîtrise des dispositifs de représentation symbolique. Le discours de l'intérêt général reste son affaire et il peut ainsi continuer de se projeter dans un territoire toujours idéalement unifié et dans lequel il garde entière la manœuvre de ce qui fait lien.

---

23. Tel est par exemple le sens de l'étude de Frier (2003 : 559-563).

24. Voir, dans une littérature déjà impressionnante, Crouzatier-Durand (2004 : 21-30) et Verpeaux (2004 : 655-663).

25. Désormais, c'est plutôt à l'échelle régionale que l'État semble vouloir se recomposer. Voir en ce sens : Chauvin (2003 : 103-109) et Kada (2004 : 6-7).

C'est bien pourquoi le travail juridique du centre s'offre à une autre lecture, celle des ruses d'un État qui se servirait du droit de la décentralisation pour se refaire tout à la fois une identité et une santé ! Pas plus que la précédente, cette seconde figure du discours juridique ne saurait être sous-estimée[26]. Elle investit le centre d'un pouvoir de manipulation dont il est loin de posséder tous les moyens nécessaires. Cet « État rusé » n'existe que dans les limites qu'imposent les trois arguments suivants.

En premier lieu, l'usage des « outils » nouvellement introduits dans la Constitution et dont il vient d'être fait mention plus haut n'est pas absolument sûr ! Les règles du jeu qu'écrit le centre sont l'expression d'une représentation du territoire dont la maîtrise lui revient. Mais ignore-t-il qu'il n'en aura pas nécessairement toute la manœuvre ? Il affiche une indéfectible volonté de garder le monopole de la production juridique, tout en organisant en creux, jusque dans le texte de la Constitution, les conditions de possibilité d'un tout autre équilibre de ses rapports avec la périphérie. Tout dépendra des capacités des acteurs locaux à exploiter ces potentialités juridiquement ouvertes. C'est ainsi que l'État pourrait se trouver contenu, sinon contraint par le principe de subsidiarité, dès lors qu'il permet de contester, y compris devant le juge constitutionnel, l'intervention du centre dans un champ de compétences revendiqué par le local. Le même raisonnement vaut pour le principe de l'autonomie financière et fiscale tel qu'il vient d'être constitutionnalisé, ainsi que pour le droit à l'expérimentation dont il est difficile de dire, aujourd'hui, quelle évolution il est susceptible de favoriser.

Voilà qui pourrait conduire à faire de la récriture constitutionnelle l'origine d'une nouvelle histoire institutionnelle, un événement capable

---

26. La teneur des débats concernant le projet de loi relatif aux responsabilités locales est, de ce point de vue, édifiante. En déclarant que, dans cette affaire, « le gouvernement n'avance pas masqué » (*Le Monde*, 26 février 2004), le premier ministre confirme indirectement que cette représentation n'est pas infondée. Quant à l'opposition qui parle de « tours de passe-passe » (le mot est notamment de J.-M. Ayrault, *Le Monde*, précité), elle fait délibérément appel à ce registre de la ruse : il s'agit de démontrer qu'en période d'argent public rare l'État est tenté de s'en remettre par défaut aux collectivités territoriales. Et ces dernières, faute de moyens, devront, pour assumer leurs nouvelles missions de service public, s'en remettre dans nombre de cas au secteur privé. Ainsi l'État chercherait à détourner sur les collectivités décentralisées les protestations sociales contre les risques de la décentralisation (voir en ce sens, à propos des éventuels péages routiers, *Le Monde*, 25 février 2004).

de libérer des énergies, jusqu'à présent contraintes. On voit tout spécialement comment pareil processus pourrait fonctionner outre-mer. Là, le centre ouvre à son extrême périphérie les marges du jeu institutionnel (Gohin, 2003 : 678-683 ; Thiellay, 2003 : 564-570). Mais, bien que ce soit en d'autres termes, la question se pose également dans le contexte métropolitain. En apparence, le texte révisé offre les mêmes ressources à chacune des catégories de collectivités territoriales. Mais il n'est pas illogique d'imaginer qu'elles serviront surtout la cause montante des régions et des agglomérations. En une trentaine d'années, de simple circonscription administrative de l'État, la région a conquis son inscription dans la catégorie constitutionnelle des collectivités territoriales. Cette dynamique régionale n'est évidemment pas achevée. Elle pourrait trouver dans l'institution des « collectivités chefs de file » (Joye, 2003 : 12-17) des raisons supplémentaires de prospérer. En réorganisant ses propres services déconcentrés[27], l'État semble bien l'indiquer : c'est surtout à l'échelle régionale que s'effectuera le redéploiement de l'action publique[28]. Quant aux agglomérations, elles restent contraintes, c'est vrai, par leur statut d'établissements publics de coopération intercommunale (EPCI), et, faute d'être issu du suffrage universel direct, leur appareil de gouvernement demeure privé de la légitimité démocratique[29]. Une caractérisation juridique aussi manifestement étrangère aux réalités sociopolitiques est-elle encore longtemps tenable[30] ? Le centre, pourtant spontanément réticent, a d'ores et déjà dû étendre aux groupements de collectivités le fameux « droit à l'expérimentation », et les habilite par ailleurs à prétendre au rôle de « chef de file » : l'artifice d'une qualification juridique pénalisante, destinée principalement à rassurer la communauté des élus locaux les moins dotés, n'en est que plus visible !

---

27. Voir en ce sens le titre *Missions et organisation de l'État*, de la loi d'août 2004 relative aux libertés et aux responsabilités locales.

28. Voir au soutien de cette thèse, outre l'article précité de Chauvin, les travaux de Pasquier (2004), la circulaire du premier ministre du 19 octobre 2004 relative à l'administration territoriale de l'État, J.O.R.F. du 24 octobre 2004.

29. Pour des développements plus élaborés sur cette question, voir Caillosse (2002).

30. La question ne date pas d'hier en effet. Voir sur ce sujet, l'étude de De Laubadere (1974 : 411). On imagine combien l'écart a pu depuis se creuser entre ce qu'est devenue la substance institutionnelle des EPCI et sa qualification juridique !

Il est enfin nécessaire d'évoquer, au-delà de ces transformations bien connues du paysage institutionnel, les tendances à la *déterritorialisation des États* qui affectent en profondeur les modes d'identification traditionnels des appareils publics. Avec la mondialisation des échanges, la communication électronique et la multiplication des réseaux (Castells, 1998), c'est le concept de territoire qui est à repenser. Aux vieux territoires, toujours structurés autour de leurs capitales et découpés par leurs frontières, qui faisaient l'assise matérielle de la souveraineté des États se surajoutent des territoires symboliques et virtuels, ou, si l'on peut ainsi s'exprimer ainsi, des « territoires sans terres » dont le fonctionnement se passe de centre comme de frontières. C'est, transposée, cette perte du centre que vivent les juristes, lorsqu'ils se demandent si la Constitution est encore la norme fondamentale de la République (Gohin-Tchakaloff, 1999 : 120-128)[31].

QU'EST-CE QUE LE « CENTRE » DU DROIT ?

Reconnaissons-le, la réponse à cette question relève à bien des égards d'une mission impossible[32]. Rien n'interdit cependant de « faire travailler » l'interrogation elle-même. Pour cela, il est certainement nécessaire d'en rappeler les conditions de possibilité. Deux remarques préalables me paraissent en ce sens s'imposer : On peut tout d'abord chercher à disqualifier jusqu'au principe de toute réflexion sur le centre, en observant que le modèle centre/périphérie n'a pas survécu aux bouleversements introduits ces 25 dernières années dans les rapports que les États entretiennent avec leurs territoires. Pour incontestable qu'il soit, ce constat ne saurait, à lui seul, remettre en cause la réalité obligée des polarisations territoriales. L'existence de l'État, aussi décentralisé, régionalisé

---

31. Une interrogation que ne devrait évidemment pas manquer de réactiver la décision rendue publique par le Conseil constitutionnel le 15 juin 2004, et dont le journal *Le Monde* rendait compte, abusivement, sous le titre « Le droit européen prime désormais la Constitution française ».

32. La fréquentation des très nombreux manuels d'« institutions administratives » suffit pour se convaincre de la difficulté du sujet. D'un auteur à l'autre, le périmètre des administrations centrales est susceptible de connaître de très importantes variations. Ni les composantes ni même la place du « centre », contrairement à ce que l'on semble parfois imaginer, ne sont donc juridiquement fixées par avance.

ou fédéralisé soit-il, suppose la création sans cesse renouvelée d'un *centre*. Son statut peut changer : sous l'effet d'évolutions géo-politiques, les fonctions et les représentations de la centralité changent. Mais, partout où il y a État, un centre demeure.

Cela dit, je ne me risquerai pas à donner une définition juridique du centre. Mieux vaut adopter ici une démarche beaucoup plus modestement descriptive et tenter de rechercher dans la topographie juridique ce que le droit réserve au centre. Ainsi voit-on fonctionner un dispositif de répartition des rôles entre ce qui relève en tout ou partie du centre et ce qui revient au local, en tout ou partie. *Grosso modo*, la centralité étatique se constitue à partir d'institutions et de fonctions qui se rapportent à la production de l'intérêt général. Le centre existe là où se fabrique l'intérêt général. Que ce dernier fasse l'objet d'une mise en œuvre de plus en plus territorialisée ne change rien à l'affaire, dès lors que la détermination de son économie interne reste la propriété du centre. Du moins dans les limites permises par une nouvelle configuration européenne où la capacité juridico-politique des États à définir l'intérêt général doit composer avec celle des organes communautaires[33].

Dans les limites ainsi fixées, une recherche sur ce qu'est le centre du droit doit prendre en considération deux séries de données.

Des données institutionnelles en premier lieu, dans la mesure où la théorie juridique de l'organisation administrative désigne un ensemble d'institutions qui forment un système et donnent au centre son expression à la fois matérielle et symbolique. Le droit détermine ainsi ce qui dans l'espace institutionnel est constitutif de « son » centre. Il est alors pleinement dans son rôle de machine à classer : il assigne aux objets dont il se saisit la place qui leur revient dans l'ordre qu'il régit. Nous sommes ici dans la topographie juridique : elle distribue dans l'espace public les institutions par lesquelles et autour desquelles *se réalise* l'État.

Des données fonctionnelles ensuite : le centre du droit s'entend aussi des fonctions juridiques dont l'État est en charge pour faire tenir ensemble des territoires divisés et plus ou moins parcourus par des forces

---

33. Pour un récent retour sur ces questions, voir Boutayeb (2003 : 587-614).

centrifuges. Ici se monte le *récit* dans lequel l'État se pense et se raconte comme personne à part entière, douée du pouvoir de parler au nom de la communauté que son territoire rassemble.

Les politiques de décentralisation concernent cette double dimension, topographique et fonctionnelle, de la centralité vue du droit.

La dimension topographique tout d'abord. La décentralisation fait « bouger » le centre. Comme le montrent les politiques qu'elle inspire depuis les années 1980, elle l'oblige à se redéployer sur le territoire. La déconcentration se fait ainsi indissociable de la décentralisation, dont elle finit par devenir une composante nécessaire[34]. L'État, pour répondre aux aspirations stimulées du « local », repense sa propre organisation territoriale autour des services préfectoraux. Certes, la substance institutionnelle de centre ne s'en trouve pas en tant que telle affectée, mais elle est plus ou moins redistribuée dans l'espace au bénéfice de ce qu'on dénommait, d'une métaphore édifiante, les « services extérieurs de l'État ». Car, ne nous y trompons pas ! L'administration dite centrale ne se résume pas à ses organes centraux. Elle continue d'agir localement par ses *représentants* territoriaux[35]. À travers ses structures déconcentrées, c'est toujours l'État central qui est à l'œuvre et qui agit alors, non au titre d'un quelconque intérêt local, mais au nom de l'intérêt général. Le centre est donc toujours là, en creux, jusque dans le « local » étatique, prêt à se sur-imposer à lui[36]. L'« acte 1 » de la décentralisation avait justifié un mouvement de redéploiement spatial des services de l'État qui avait trouvé son expression juridique dans la notion, sans doute

---

34. Il n'en a sans doute pas toujours été ainsi. Pendant longtemps, la déconcentration semble bien avoir été considérée comme une sorte de substitut de la décentralisation.

35. On sait qu'après la dernière révision de la Constitution le préfet perd sa qualité de délégué du gouvernement, pour devenir « représentant de l'État, représentant de chacun des membres du gouvernement ».

36. Ainsi que l'écrit justement Eisenmann (1982 : 294) : « En tout cas, les organes locaux sont hiérarchiquement subordonnés aux organes centraux, c'est-à-dire que ceux-ci peuvent leur prescrire ce qu'ils doivent faire ou ne pas faire – ceci dans le cadre des lois et des règlements en vigueur, naturellement – c'est-à-dire peuvent déterminer leur action : ainsi ce qui serait déclaré initialement comme d'intérêt local exclusivement peut être comme dénaturé – on veut dire : jugé ou traité, envisagé d'un point de vue national. »

passée trop inaperçue, d'*administration territoriale de la République*[37]. Avec l'« acte 2 », le processus se poursuit : il fait plus que jamais de la déconcentration une question à l'ordre du jour et conduit l'État central à se recomposer à l'échelle régionale, là où la dynamique de la décentralisation porte le centre à se reconstruire pour agir en phase avec les territoires émergents. Sans doute s'achemine-t-on vers l'institutionnalisation du rôle hiérarchique du préfet de région déjà plus ou moins amorcée avec le décret du 1er juillet 1992 portant charte de la déconcentration (Chauvin, 2003 : 35).

La dimension fonctionnelle ensuite. Il faut pour en prendre toute la mesure rappeler que la décentralisation s'accomplit à l'intérieur d'un État qui n'a jamais cessé de se vouloir unitaire. L'unité dans la décentralisation – ou malgré cette dernière, ou, le cas échéant, contre elle – suppose un constant réaménagement des fonctions de centralité. Cette opération est permise par le recours à des techniques juridiques particulières. Mais, avant de les décrire, une brève évocation des acteurs qui en ont l'usage est nécessaire : c'est en eux, au sens propre du terme, que le centre s'incarne.

Sont plus spécialement engagés dans cette expression juridique d'un centre toujours recomposé les producteurs de droit dont l'activité se fait sentir sans limites sur la totalité du territoire national[38]. Car telle est bien la propriété singulière du centre : le droit le rend toujours susceptible d'être partout présent. Ainsi peut-il être considéré tout à la fois comme condition et produit de la loi et du règlement, puisque la décentralisation, y compris dans sa nouvelle version constitutionnelle, n'affecte pas les conditions institutionnelles de leur fabrication juridique. Mais la parole du centre est encore fortement portée par les juges en charge de son interprétation : la juridiction administrative aussi bien que le Conseil constitutionnel[39] ne manquent jamais de rappeler les

---

37. Voir cependant la tentative faite dans leur manuel par Dreyfus et d'Arcy (1997 : 5e chapitre).

38. Alors que les organes non centraux voient leur compétence à créer du droit bornée par les frontières d'un territoire infra-étatique. Sur ces problèmes, voir les travaux déjà cités d'Eisenmann (1982).

39. Ce qui ne veut pas dire que le juge administratif et le juge constitutionnel fassent nécessairement entendre le même discours sur la décentralisation. L'étude comparée de leur jurisprudence ferait apparaître des différences de sensibilité. On en veut pour preuve le Rapport public du Conseil d'État de 1993.

autorités décentralisées à l'ordre du centre dont ils se veulent de vigilants garants[40].

Venons-en maintenant, pour finir, à ces outils qu'utilise le centre, autant que de besoin, pour s'assurer de la reproduction d'un territoire juridiquement unifié quand, par les politiques de décentralisation, il se fait par ailleurs promoteur de diversité locale. Les dispositifs susceptibles de servir pareille cause ne manquent pas. Je m'en tiendrai ici à l'examen rapide de quelques-uns d'entre eux, parmi les plus significatifs[41]. Le moyen le plus sûr dont dispose le centre pour penser sa propre « diffusion » sur l'ensemble du territoire, c'est de préserver son monopole du pouvoir normatif initial : par la loi et le décret, il se rend visible à tous comme centre incontesté. Mieux, il condamne ainsi le local à devoir se définir par rapport à lui, qui reste seul investi du pouvoir de s'autodéfinir. Le centre est donc ce « lieu » d'où les territoires tiennent leur mode

---

40. Parmi les exemples marquants de pareils rappels à l'ordre du centre, voir notamment les affaires jugées par le Conseil constitutionnel les 2 décembre 1982 (annulation intégrale de la loi portant création d'une « assemblée unique », dans les départements et régions d'outre-mer), 9 mai 1991 (annulation des dispositions de la loi relative au nouveau statut de la Corse, en ce qu'elles font mention de l'existence d'un « peuple corse »), 15 juin 1999 (le juge de la loi estime que la Charte européenne des langues régionales et minoritaires porte atteinte aux principes d'indivisibilité de la République, d'égalité devant la loi et d'unicité du peuple français), 17 janvier 2002 (annulation d'une des dispositions emblématiques du texte issu des « accords de Matignon » relatifs à la réforme des institutions corses). La jurisprudence du Conseil d'État offre une démonstration analogue, concernant notamment ce qu'on peut appeler l'ordre juridique de la langue. Voir ainsi les décisions par lesquelles le juge administratif annule les textes réglementaires visant à intégrer les « écoles Diwan » dans l'enseignement public (C.E., 29 novembre 2002 : 1512-1514), note Viola.

41. Dans cette entreprise originale de redistribution des rôles entre le centre et la périphérie qu'implique la décentralisation à la française, il faudrait également prêter attention aux jeux ouverts par le principe de subsidiarité tel qui s'affirme, tant au sein de l'administration d'État proprement dite (voir en ce sens le décret, précité, portant charte de la déconcentration), qu'à l'intérieur de l'administration tout entière (voir le nouvel article 72, alinéa 2 de la Constitution révisée : « Les collectivités locales ont vocation à prendre les décisions pour l'ensemble des compétences qui peuvent le mieux être mises en œuvre à leur échelon. » Ce « mieux » étant évidemment laissé à l'appréciation du centre). Dans le même ordre d'idées, on prêtera une attention particulière aux « reclassements » de fonction autorisés par le centre en vertu de ce qu'on appelle le « droit à l'expérimentation ».

d'organisation, de fonctionnement et de contrôle, puisque, selon la formule consacrée, il les prive de leurs compétences. Ainsi se fonde-t-il comme autorité symbolique en situation de déterminer les périmètres et les contenus juridiques du local. Contrairement à ce que font apparaître les actuelles expériences italienne et espagnole par exemple, les territoires issus de la décentralisation française ne sont toujours justiciables que d'une seule loi : celle de l'État, puisque leurs assemblées délibérantes ne sont habilitées à agir que par la voie d'actes administratifs, justiciables pour cette raison des juridictions administratives[42]. Mais on aurait tort de croire que le « bornage » du pouvoir local de décider s'opère nécessairement ainsi, d'en haut, sur le mode vertical. À travers la banalisation de l'« agir contractuel » le centre parvient à renouveler ses techniques de reproduction territoriale. Il ne s'agit pas de tout confondre et de recoder le contrat dans les termes anciens de la décision unilatérale, mais de reconnaître dans l'actuel maillage traditionnel de l'action publique l'effet d'un changement d'orientation stratégique du centre lui-même[43].

CONCLUSION

Si, pour des pays comme l'Espagne ou l'Italie, il n'est sans doute pas faux d'affirmer que, *dans une certaine mesure*, le centre se creuse, la métaphore est totalement déplacée là où, comme en France, malgré les politiques de décentralisation, le centre continue de largement « déborder » sur les territoires. Ce n'est nullement prétendre qu'il serait en position de maîtriser l'ensemble des dynamiques territoriales en cours, mais faire le constat que les acteurs locaux sont encore loin de pouvoir oublier le centre. Mieux, par leurs propres interventions juridiques, ils sont voués à le reproduire !

---

42. Sans doute conviendrait-il de mettre à part le cas des lois dites « du pays » propres à la Nouvelle-Calédonie, encore que la qualification législative ne fasse pas l'unanimité de la doctrine. Voir sur ces questions la synthèse proposée par Gohin (2003 : 177-193).

43. La jurisprudence du Conseil d'État relative aux contrats de plan est pour cette analyse un précieux recours. Voir les conclusions de Stahl (C.É., 1997 : 339).

Mais la réalité présente est loin d'être aussi simple. En même temps qu'il lui donne ses formes et son contenu institutionnels, bref en même temps qu'il le *reconfigure*, le centre change le statut du local et le met en position de se soustraire, le cas échéant, au « marquage » juridique et de se constituer ainsi en acteur politique à part entière. C'est pourquoi, dans toute politique de décentralisation, l'État est conduit à se repenser : condamné à reculer dans les territoires matériels, il doit s'affirmer plus que jamais comme seul responsable de l'ordre symbolique. Promoteur exclusif par la loi et le décret du grand récit de l'intérêt général, il entend s'assurer la maîtrise juridique des références qui font lien.

RÉFÉRENCES

Actualité juridique droit administratif, (2003), « La révision constitutionnelle sur la décentralisation », n° 11.

Arnaud, A.-J. (2003), *Critique de la raison juridique. 2. Gouvernants sans frontières*, Librairie générale de droit et de jurisprudence (LGDJ), collection « Droit et Société ».

Boutayeb, C. (2003), « Une recherche sur la place et les fonctions de l'intérêt général en droit communautaire », *Revue trimestrielle de droit européen*, n° 4.

Brisson, J.-F. (2003), « La France est une République indivisible... son organisation est décentralisée », *Revue du droit public*, n° 1.

Brunazzo, M. et C. Roux (2004), « La démocratie régionale italienne : un modèle à nuancer », *Pouvoirs locaux*, n° 60.

Bui-Xuan, O. (2004), « Langues régionales et droit public français : état des lieux », *Pouvoirs locaux*, n° 61.

Cahiers administratifs et politistes du Ponant, Nantes, automne-hiver 2002, Le renouveau constitutionnel des collectivités territoriales.

Caillosse, J. (2003), « La décentralisation, Acte moins deux », *Pouvoirs locaux*, n° 57.

Caillosse, J. (2002), « Quelle(s) démocratie(s) d'agglomération ? », *Les Cahiers de l'Institut de la décentralisation*, n° 6.

Caillosse, J. (2002), « Le territoire en représentation(s) juridique(s) », dans Debarbieux, C. et M. Vanier (dir.), *Ces territorialités qui se dessinent*, Paris, L'Aube/Datar.

Caillosse, J. (2002), « Quel(s) territoire(s) dans les mots du droit ? », *Informations sociales*, n° 104.

Caillosse, J. (2000), « L'ordre de la langue », *Pouvoirs locaux*, n° 46.

Castells, M. (1998), *La société en réseaux*, Paris, Fayard.

Chauvin, F. (2003), « Les préfets face à "l'acte 2" de la décentralisation », *Pouvoirs locaux*, n° 59.

Chavrier, G. (22 janvier 2004), « L'expérimentation locale : vers un État subsidiaire ? », Colloque du Groupement de recherche sur l'administration locale en Europe (GRALE), *Réforme de la décentralisation, réforme de l'État*, Assemblée nationale, Paris.

Chevallier, J. (2003), *L'État post-moderne*, Paris, Librairie générale de droit et de jurisprudence (LGDJ), collection « Droit et Société ».

Chevallier, J. (1978), « Le modèle centre/périphérie dans l'analyse politique », dans *Centre, périphérie, territoire*, travaux du Centre universitaire de recherches administratives et politiques de Picardie (CURAPP), Paris, Presses universitaires de France.

Christophe-Tchakaloff, M.-F. et O. Gohin (1999), « La Constitution est-elle encore la norme fondamentale de la République ? », *Dalloz*, chronique.

Conseil d'État (25 octobre 1996), « Association "Estuaire écologie" », *Revue française de droit administratif.*

Conseil d'État (29 novembre 2002), « SNES et autres, et Conseil national des groupes académiques de l'enseignement public, UNSA et autres, *Actualité juridique droit administratif.*

Crouzatier-Durand, F. (2004), « L'expérimentation locale », *Revue française de droit administratif*, p. 21-30.

Debarbieux, C. et M. Vanier (dir.) (2002), *Ces territoires qui se dessinent*, Paris, L'Aube/Datar.

De Laubadere, A. (1984), *Vicissitudes d'une distinction classique : établissement public et collectivité territoriale*, Mélanges Couzinet.

Deleuze, G. (1976), *Rhizome*, Paris, Éditions de Minuit.

Doat, M. (2003), « Vers une conception a-centralisée de l'organisation de la France », *Revue du droit public*, n° 1.

Duran, P. et J.-C. Thoenig (1996), « L'État et la gestion publique territoriale », *Revue française de science politique*, vol. 46, n° 4.

Dreyfus, F. et F. d'Arcy (1997), *Institutions politiques et administratives de la France*, Paris, Economica, 5ᵉ édition.

Eisenmann, C. (1967), « Les structures », contribution au *Traité de science administrative*, Paris, Éditions Mouton.

Eisenmann, C. (1982), « Problèmes d'organisation de l'administration, au cours de l'année 1966-1967 », dans *Cours de droit administratif*, Librairie générale de droit et de jurisprudence (LGDJ), tome 1.

Frier, P.-L. (2003), « Le pouvoir réglementaire local : force de frappe ou puissance symbolique ? », Paris, dossier précité de l'*Actualité juridique droit administratif*, n° 11.

Gohin, O. (2003), « L'outre-mer dans la réforme constitutionnelle de la décentralisation », *Revue française de droit administratif*, n° 4.

Gohin, O. (2003), « Pouvoir législatif et collectivités locales », dans *Les collectivités locales*, Mélanges en l'honneur de J. Moreau, Paris, Economica.

Hassenteufel, P. et A. Smith (2002), « Essoufflement ou second souffle ? L'analyse des politiques publiques "à la française" », *Revue française de science politique*, vol. 52, n° 1.

Joye, J.-F. (juillet 2003), « La notion de "chef de file" en droit des collectivités locales », *Collectivités territoriales-Intercommunalité*, éditions du Juris-Classeur.

Kada, N. (2004), « L'État face à sa régionalisation », *Pouvoirs locaux*, n° 61.

Legendre, P. (2002), « Une mémoire fonctionnelle », *Revue française d'administration publique*, n° 102.

Mabileau, Albert (1993), *À la recherche du « local »*, Paris, L'Harmattan.

Marcou, G. (2002), « Bilan et avenir de la déconcentration », *Annuaire 2002 des collectivités locales*, Paris, Centre national de la recherche scientifique.

Meny, Y. (dir.) (1983), *Centres et périphéries : le partage du pouvoir*, Paris, Economica.

Pasquier, R. (2004), *La capacité politique des régions. Une comparaison France/Espagne*, Rennes, Presses universitaires de Rennes.

Pasquier, R. (2004), « Vers une maturité politique des régions françaises ? », *Les Cahiers de l'Institut de la décentralisation*, n° 7.

Quermonne, J.-L. (1985), *Traité de science politique*, dans Grawitz, M. et J. Leca (dir.), Paris, Presses universitaires de France, vol. 4.

Renard, D., J. Caillosse et D. de Béchillon (dir.) (2000), *L'analyse des politiques publiques aux prises avec le droit*, Paris, Librairie générale de droit et de la jurisprudence, collection « Droit et Société ».

Schwartz, R. (2004), conclusions sur le Conseil d'État, Mme Popin, *Actualité juridique droit administratif.*

Sfez, L. (1977), « Le local en question », Actes du colloque *L'objet local*, Paris, Union générale d'éditions.

Stahl, J.-H. (1997), conclusions sur le Conseil d'État, 25 octobre 1996, « Association "Estuaire écologie" », *Revue française de droit administratif.*

Thiellay, J.-P. (2003), « Les outre-mers dans la réforme de la Constitution », *Actualité juridique droit administratif*, n° 24, mars.

Vandelli, L. (2002), « Du régionalisme au fédéralisme ? », *Pouvoirs*, n° 103.

Verpeaux, M. (2004), « La loi organique relative à l'expérimentation par les collectivités territoriales », *La semaine juridique, administrations et collectivités territoriales*, n° 20.

Viola, A. (29 novembre 2002), note sous Conseil d'État, « SNES et autres, et Conseil national des groupes académiques de l'enseignement public, UNSA et autres », *Actualité juridique droit administratif*.

La territorialisation des politiques publiques est d'abord avant tout le fait que l'État est très actif depuis quelques années dans les réaménagement qui touchent les structures et institutions infranationales

RENFORCEMENT DE L'ÉTAT LOCAL ET TERRITORIALISATION DE L'ACTION PUBLIQUE DANS LES DOMAINES DE L'AMÉNAGEMENT ET DU DÉVELOPPEMENT AU QUÉBEC

MARIO CARRIER

L'aménagement du territoire et le développement local et régional semblent deux domaines de prédilection pour la territorialisation de l'action publique. Au Québec, l'État central a été particulièrement actif au cours des récentes années dans des réformes touchant ces domaines au moyen d'une restructuration de l'État local. En examinant deux de ces réformes, soit la politique de développement local et régional de 1997 et la réorganisation municipale de 2001, force est de constater que l'État québécois s'est préoccupé de revoir son fonctionnement et ses structures dans ces domaines. Dans le cas de la politique de développement local et régional, nous nous sommes intéressé à la création des centres locaux de développement (CLD) à titre de structure de gouvernance économique au niveau local. En ce qui a trait à la réorganisation municipale, nos travaux ont porté, d'une part, sur le renforcement des municipalités régionales de comté (MRC) par l'attribution de nouvelles responsabilités à cet organisme en matière d'aménagement et, d'autre part, sur la mise sur pied des communautés métropolitaines et le rôle de gouvernance métropolitaine qu'elles ont reçu. À partir de ces travaux de recherche reliés à ces réformes, nous analyserons celles-ci du point de vue, premièrement, de la transformation du fonctionnement de l'État, particulièrement sous l'angle de ce qui nous apparaît comme un renforcement de l'État local et, deuxièmement, de l'utilisation dans ce processus de consolidation de l'État local de la gouvernance territoriale comme nouveau mode de gouverne.

LA POLITIQUE DE DÉVELOPPEMENT LOCAL ET RÉGIONAL ET LA MISE SUR PIED DES CENTRES LOCAUX DE DÉVELOPPEMENT (CLD)

En 1997, le gouvernement du Québec a adopté une politique de développement local et régional par laquelle il mettait sur pied les centres locaux de développement (CLD) à l'échelle de tout le Québec, dans les territoires autant urbains que ruraux. C'est plus d'une centaine de CLD qui étaient ainsi créés, relevant chacun d'un conseil d'administration composé d'élus municipaux et de représentants de la société civile. Le gouvernement a confié aux CLD un rôle de planification stratégique et différents outils financiers, tels des fonds de développement, afin de stimuler le développement économique local. Dans les territoires ruraux et non métropolitains, il y a un CLD par territoire de MRC. Il y avait, à ce moment-là, environ 95 MRC au Québec.

Afin d'illustrer la fonction de gouvernance économique que remplissent selon nous les CLD au Québec, nous présenterons des éléments d'information d'une étude de cas[1] (Carrier et coll., 2003) d'un CLD que nous avons réalisée en 2002, soit le cas du CLD de Rouyn-Noranda actif sur le territoire de Rouyn-Noranda. Ce territoire est situé

---

1. Cette étude de cas sur le CLD de Rouyn-Noranda s'est inscrite dans une recherche plus large sur les CLD et la gouvernance locale au Québec, sous la direction de Benoît Lévesque (UQAM), Louis Favreau (UQO) et Marguerite Mendell (Université Concordia) lors des activités du Centre de recherche sur les innovations sociales dans l'économie sociale, les entreprises et les syndicats (CRISES), UQAM, Montréal.

au centre-ouest de la région de l'Abitibi-Témiscamingue et fait partie de ce que l'on appelle le Moyen-Nord québécois. La superficie de la MRC est de 6 638 kilomètres carrés. Avant la fusion de toutes les municipalités de la MRC en 2001, dans la foulée des fusions municipales engendrées par la réforme, cette MRC comptait douze municipalités rurales, deux villes et un territoire non organisé. La proportion d'urbanisation de la MRC en 1996 était de 71 %, la concentration urbaine étant située essentiellement dans la ville de Rouyn-Noranda d'alors. En 2002, la population de cette ville-MRC comptait 40 695 habitants.

La gouvernance économique dans la ville-MRC de Rouyn-Noranda

Au début de l'année 1999, alors que la crise dans le secteur minier commence vraiment à faire sentir ses effets sur l'emploi dans la région de Rouyn-Noranda, un grand exercice de mobilisation de tous les intervenants socio-économiques de la MRC de Rouyn-Noranda autour de l'objectif de la création d'emplois est engagé. Cette mobilisation est officiellement patronnée par le maire de Rouyn-Noranda. Au mois de mai 1999, est lancé officiellement le « Chantier défi emploi » lors d'un rassemblement public regroupant plus de deux cents personnes. Ces personnes sont pour la plupart des représentants d'organismes socio-économiques dédiés aux questions de développement, des gens d'affaires, des élus municipaux et des représentants de différentes institutions dans les secteurs de l'éducation, de la santé ou de la fonction publique. Il se dégage lors de ce rassemblement un sentiment d'unanimité face à la nécessité d'un tel mouvement.

Dans la première moitié de l'an 2000, parallèlement au « Chantier défi emploi », une autre organisation est créée autour également de l'objectif de création d'emplois. Il s'agit du « Club défi emploi » qui est essentiellement un regroupement de gens d'affaires. Le « Club défi emploi » travaille essentiellement à la réalisation de deux moyens :

– l'amélioration des infrastructures d'accueil pour les entreprises industrielles, en mettant notamment sur pied une association des parcs industriels et aéroportuaires;

- la création, au moyen d'une collecte de fonds populaire, d'un fonds de 1 M$ pour faire de la prospection d'entreprises industrielles. Aux fins de la prospection d'entreprises, une firme de Montréal spécialisée dans le démarchage pour la venue d'entreprises est embauchée par le « Club défi emploi ».

À la suite de la création du « Club défi emploi », le « Chantier défi emploi » se transforme en une table de concertation avec une multitude de tables sectorielles d'animation socio-économique. Le conseil d'administration du « Chantier défi emploi » devient alors composé des personnes suivantes :

- le président du Centre local de développement (CLD) de Rouyn-Noranda ;

- le président de la Société d'aide au développement des collectivités (SADC) de Rouyn-Noranda ;

- le président de la Chambre de commerce de Rouyn-Noranda ;

- le président du « Club défi emploi » ;

- le maire de Rouyn-Noranda qui occupe le poste de président de la table de concertation que constitue le « Chantier défi emploi ».

Le plan stratégique du CLD de Rouyn-Noranda, qui avait été élaboré dans une première version en 1999, est révisé en l'an 2000 et devient également le plan du « Chantier défi emploi ». En d'autres termes, le CLD de Rouyn-Noranda est désormais responsable de la planification stratégique du « Chantier défi emploi ».

Le « Chantier défi emploi » devient ainsi en quelque sorte le pivot d'une gouvernance économique dans la MRC de Rouyn-Noranda. Les principaux acteurs de cette gouvernance du point de vue des organisations, sont la Ville de Rouyn-Noranda, dont le maire occupe la présidence du « Chantier défi emploi », et les organismes nommés ci-dessus qui sont représentés au conseil d'administration du « Chantier défi emploi ». Il faut ajouter également le Centre local d'emploi (CLE) de Rouyn-Noranda, un organisme gouvernemental qui s'occupe des questions d'employabilité et de formation de la main-d'œuvre. Le CLD et la SADC de Rouyn-Noranda servent en quelque sorte de comité aviseur au CLE. Dans cette structure de gouvernance (voir la figure 1) comme nous l'a indiqué un intervenant rencontré, le leadership politique revient alors à la Ville de Rouyn-Noranda et le leadership organisationnel aux organismes de développement. La Ville de Rouyn-Noranda, au dire d'une personne rencontrée lors de l'étude, aurait investi, depuis la naissance du « Chantier défi emploi » jusqu'à juin 2002, au moins 100 000 $ dans le fonctionnement de celui-ci.

Selon des personnes rencontrées, le « Chantier défi emploi » aurait permis d'accroître la collaboration entre les organismes de développement, particulièrement depuis qu'il s'est transformé en table de concertation en l'an 2000. Les propos d'un intervenant sont très explicites à cet égard :

Automatiquement, l'entreprise, sa porte d'entrée était soit le CLE, soit la SADC, soit le CLD. Souvent, la plupart des dossiers étaient partagés entre ces trois organismes. Par exemple: une entreprise arrivait, puis on pouvait dire, bon, bien on fait un prédiagnostic. Puis pour ça [le financement], c'est le CLD qui peut répondre à cela avec le Fonds local d'investissement. Donc on dirige des clients et là, bien souvent, tout le monde est assis à la même table. Avec l'employeur, on regarde tout ce qu'on peut faire.

Cela fait à peu près un an qu'on travaille plus étroitement. On va travailler les dossiers en partenariat, CLD, chambre de commerce, etc. Exemple : lorsqu'on parle d'entrepreneuriat de tel programme, c'est à nous, mais c'est le CLD qui gère. On regarde aussi ce qu'on peut faire avec la Chambre de commerce de Rouyn-Noranda, la SADC, le CLD.

C'est sûr qu'à Rouyn, avec le « Chantier défi emploi », ça augmente la concertation, c'est plus systématique. Un moment donné, ce sont les tables toutes les semaines, c'est très, très régulier. Ce n'est pas juste un, deux, trois événements par année. Ça veut dire que le réflexe vient plus vite entre les partenaires, de dire ah oui. C'est telle personne... Eux autres... Puis en plus, plus tu le vois, plus tu connais le service. Tous les ministères, le CLD, la SADC, tout le monde est là autour de la table pour dire : bien, il faut créer de l'emploi et comment on fait cela.

FIGURE 1
Gouvernance économique dans la MRC de Rouyn-Noranda

CHANTIER DÉFI EMPLOI*
(Table de concertation)

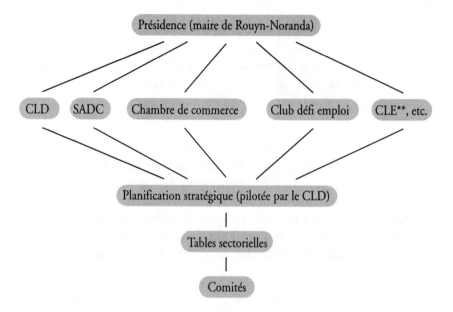

*   Leadership politique à la Ville.
    Leadership organisationnel aux organismes de développement.
**   Le CLD et la SADC servent de comité aviseur au centre local d'emploi
    (CLE).

Le « Chantier défi emploi » en tant que table de concertation semble répondre à un besoin, selon nos interlocuteurs, et cette structure faciliterait cette concertation. Ainsi, un intervenant propose cette interprétation de la mise sur pied du « Chantier défi emploi » :

> Ce que le « Chantier défi emploi » a réussi à faire comme mobilisation des gens d'affaires et comme vision globale qui a orienté tous les gens d'affaires de la ville dans le même sens, je ne pense pas qu'au niveau des organismes comme le CLD, que ça aurait pu se faire… probablement par notre alliance politique. Les gens n'embarquaient pas. Ça prenait vraiment une organisation apolitique carrément, c'est pour cela que je dis que le CLD ou […] n'aurait pas pu chapeauter un projet comme celui-là.

Un autre intervenant commente ainsi l'effet créé par le « Chantier défi emploi » :

> Il fut une certaine époque où des représentants politiques ou autres avaient un discours à l'effet que bon, il y a trop d'organismes de développement, il faudrait unifier ça. On avait sorti la notion d'un guichet unique... non seulement on n'est pas arrivé à un guichet unique mais il y a de nouveaux organismes depuis qui sont apparus autant au niveau national que régional et même local... mais en même temps, parallèlement, il y a probablement plus de concertation.

La même personne souligne la fonction d'intégration que joue le « Chantier défi emploi » en matière de planification stratégique. « Moi, ma préoccupation, c'est l'intégration des différents plans... les plans du CLD, le plan de la SADC, les objectifs de chacun, puis de ramener ça au niveau d'une planification stratégique de la ville... avec la table de concertation. »

Un représentant du CLD de Rouyn-Noranda fait référence lui aussi à l'utilité du « Chantier défi emploi » du point de vue de la planification stratégique :

> [...] on veut qu'à Rouyn-Noranda, les choses marchent ensemble... le maire et le directeur général de la municipalité siègent à la table de concertation. Chacun des DG et président des organismes siègent... tu as le CLD naturellement... la SADC... La chambre de commerce... le club Défi... et si on veut la représentation de deux présidents de tables thématiques qui opèrent toujours à peu près à 14 tables. Il y a deux présidents de ces tables qui sont présents à la table de concertation... on invite aussi le CADT [Centre d'aide au développement technologique], le CLE... je te dirais premièrement qu'on s'est donné un mandat qui était celui de faire la planification stratégique (Carrier *et al.*, 2003).

Les années 1998 à 2001 ont été marquantes pour la MRC de Rouyn-Noranda. En effet, sur le plan économique, la population de cette MRC a connu de graves difficultés au plan de l'emploi, difficultés reliées surtout à la crise dans le secteur minier et dans le secteur du bois d'œuvre. Cette situation a coïncidé, par ailleurs, avec la mise sur pied du CLD de Rouyn-Noranda, mais aussi avec un processus de réorganisation municipale qui a mené en 2001 à la création de la Ville-MRC de Rouyn-Noranda. Dans ce contexte, il est intéressant de voir comment les intervenants socio-économiques de la MRC et les élus de la ville de

Rouyn-Noranda ont travaillé en matière de gouvernance économique. Le « Chantier défi emploi » est une structure de gouvernance économique destinée à effectuer une meilleure intégration de la planification et de l'action dans le domaine du développement économique. Dans cette structure, le CLD de Rouyn-Noranda joue un rôle déterminant comme responsable de la planification stratégique et la Ville-MRC de Rouyn-Noranda, tant par son leadership politique, que par son appui financier au « Chantier défi emploi », de même que par l'influence qu'elle a sur le CLD Rouyn-Noranda, s'avère le maître d'œuvre de cette gouvernance économique.

LA RÉORGANISATION MUNICIPALE

La réorganisation municipale de 2001 au Québec a donné lieu à trois réformes de structures municipales principalement : la fusion de municipalités surtout dans les grandes agglomérations urbaines pour donner ainsi naissance à de plus grandes villes, la création des communautés métropolitaines à Montréal et à Québec et le renforcement des MRC par l'attribution de nouvelles responsabilités à cet organisme, surtout en matière d'aménagement. Dans cette section, nous traiterons d'abord des nouvelles responsabilités confiées aux MRC, puis de la création des communautés métropolitaines.

Les nouvelles responsabilités aux MRC

La réforme municipale a distingué les MRC rurales-urbaines[2] des MRC rurales pour le partage des nouvelles compétences. Ainsi les MRC catégorisées « rurales-urbaines » se sont vues confier de nouvelles compétences obligatoires dans les domaines suivants :

– la planification et la coordination en matière de sécurité incendie et de sécurité civile ;

---

2   Les MRC rurales-urbaines se distinguaient des MRC rurales par un taux d'urbanisation plus élevé se manifestant nécessairement par un pôle urbain important au sein de la MRC. Cette distinction entre ces deux catégories de MRC n'a pas été maintenue par le nouveau gouvernement élu en 2003.

- la planification de la gestion des matières résiduelles et l'exercice du pouvoir de limiter ou d'interdire la disposition sur leur territoire des matières résiduelles provenant de l'extérieur à celui-ci ;

- le financement du logement social ;

- le partage du financement des équipements, des activités et des services à vocation supralocale.

Les compétences obligatoires additionnelles suivantes ont aussi été attribuées aux MRC catégorisées « rurales » :

- la gestion de tous les cours d'eau municipaux, autant locaux que régionaux ;

- l'évaluation foncière à l'égard des municipalités dont le territoire est compris dans le sien.

De plus, les MRC rurales se sont vues reconnaître le droit de choisir leur préfet au suffrage universel et de déclarer, si elles le voulaient, leurs compétences dans les domaines suivants :

- la gestion des matières résiduelles ;

- l'élaboration d'une politique de développement culturel et patrimonial ;

- l'élaboration d'une politique de développement touristique local ;

- le transport adapté ;

- la voirie locale ;

- le partage du financement du logement social ;

- l'établissement de modalités de gestion et de financement d'équipements, d'infrastructures, de services et d'activités à caractère supralocal.

Dans une enquête réalisée à l'automne 2001 (Carrier *et al.*, 2002) auprès des maires et des secrétaires-trésoriers des municipalités de moins de 2 500 habitants à travers tout le Québec, il a été demandé à ces personnes dans quelle mesure elles adhéraient à ce transfert de nouvelles compétences obligatoires ou facultatives et à la nouvelle possibilité d'élire le préfet au suffrage universel dans les MRC rurales.

En examinant les tableaux 1 et 2, il est intéressant de constater que les maires et les secrétaires-trésoriers sont dans une bonne ou très bonne majorité en accord avec le transfert des nouvelles compétences obligatoires. Le tableau 3 indique, par ailleurs, un très bon niveau d'accord en ce qui a trait aux nouvelles compétences facultatives dans les MRC rurales. Enfin, le tableau 4 montre qu'un peu plus de la moitié des répondants sont d'accord avec l'élection du préfet de la MRC au suffrage universel dans les MRC rurales.

Le transfert de ces compétences obligatoires ou facultatives aux MRC et la possibilité d'élire le préfet au suffrage universel dans les MRC rurales, de même que l'opinion de ces responsables municipaux face à ces réformes constituent un changement important si l'on compare à la situation qui existait lors de la création des MRC au début des années 1980. À leurs débuts, les MRC étaient confinées surtout à la confection du schéma d'aménagement de leur territoire et les élus étaient plutôt défavorables à l'addition de responsabilités à cette nouvelle structure, ainsi qu'ils étaient assez majoritairement opposés à l'élection du préfet au suffrage universel (Fortin et Parent, 1985 ; Lemieux, 1986).

TABLEAU 1

Degré d'adhésion en regard des nouvelles compétences obligatoires dans les MRC rurales-urbaines (exprimé en %)

Degré d'adhésion	%
Tout à fait d'accord	20
Plutôt d'accord	47
Plutôt en désaccord	20
Tout à fait en désaccord	7
Ne sait pas	5

Source : Carrier *et al.* (2002).

TABLEAU 2

Degré d'adhésion en regard des nouvelles compétences obligatoires dans les MRC rurales (exprimé en %)

Degré d'adhésion	%
Tout à fait d'accord	29
Plutôt d'accord	50
Plutôt en désaccord	14
Tout à fait en désaccord	5
Ne sait pas	3

Source : Carrier *et al.* (2002).

TABLEAU 3

Le transfert facultatif de nouvelles compétences aux MRC (exprimé en %)

Nouvelles compétences	Tout à fait d'accord	Plutôt d'accord	Plutôt en désaccord	Tout à fait en désaccord	Ne sait pas	Total
1- La gestion des matières résiduelles	54	32	8	4	2	82 d'accord 12 désaccord
2- Le transport adapté	56	28	8	5	3	85 d'accord 13 désaccord
3- L'élaboration d'une politique de développement touristique local	46	38	10	5	1	84 d'accord 15 désaccord
4- La sécurité publique (police, sécurité, incendie et sécurité civile)	53	29	10	6	2	82 d'accord 16 désaccord
5- L'élaboration d'une politique de développement culturel et patrimonial	42	39	10	5	3	81 d'accord 15 désaccord
6- La création de parcs régionaux	37	40	12	8	4	77 d'accord 20 désaccord
7- Le logement social	33	31	18	12	6	64 d'accord 30 désaccord
8- La gestion et le financement d'équipements à caractère supralocal	31	30	18	19	3	61 d'accord 37 désaccord

Source : Carrier *et al.* (2002).

TABLEAU 4
Élection du préfet au suffrage universel
dans les MRC rurales (exprimé en %)

Élection du préfet au suffrage universel	%
Très favorable	26
Plutôt favorable	28
Plutôt défavorable	17
Très défavorable	21
Ne sais pas	8

Source : Carrier *et al.* (2002).

La création des communautés métropolitaines

Les communautés métropolitaines ont été créées lors de la réforme municipale de 2001, uniquement pour les régions métropolitaines de Montréal et de Québec. Elles sont venues remplacer les communautés urbaines qui existaient avant la réforme dans trois régions, soit les régions de Montréal, Québec et de l'Outaouais. Une des principales nouveautés avec les communautés métropolitaines, c'est leur autorité sur un territoire plus vaste que celui des communautés urbaines qui les ont précédées. Dans le cas de la Communauté métropolitaine de Québec (CMQ), par exemple, le nouveau champ d'application s'étend sur un territoire qui touche à une partie du côté sud de la grande région de Québec, c'est-à-dire la nouvelle ville de Lévis, en plus de la majeure partie du côté nord de cette même région, c'est-à-dire la nouvelle ville de Québec et trois MRC contiguës à cette ville. Au total, ce sont près de 700 000 personnes qui composent la CMQ. Le pouvoir décisionnel des communautés métropolitaines est exercé par un conseil qui est composé exclusivement d'élus municipaux de ces municipalités et MRC. Les communautés métropolitaines, contrairement aux communautés urbaines qui avaient, en plus de leur mandat de planification de l'aménagement du territoire, des mandats en matière de prestation de services (transport en commun, assainissement des eaux, gestion des déchets, évaluation foncière, etc.), seront avant tout des organismes de planification.

Les communautés métropolitaines se sont vues attribuer différentes fonctions qui relèvent en bonne partie de ce qu'on pourrait appeler la gouvernance métropolitaine (Carrier et Gingras, 2003). Le tableau 5 présente les fonctions de la CMQ avec ses champs de compétence. Ces mandats de la CMQ constituent autant de champs d'application de la gouvernance métropolitaine. Il en est ainsi parce que les pouvoirs que la CMQ peut exercer dans les domaines de compétence exposés dans le tableau 5 interpellent une pluralité d'acteurs politiques et socio-économiques qui, eux aussi, ont des pouvoirs similaires à ceux de la CMQ dans ces mêmes domaines de compétence. Il sera indispensable que la CMQ réalise ses mandats en concertation avec les groupes d'acteurs qui constituent son environnement institutionnel. Ceux-ci possèdent tous une expertise spécifique dont l'apport peut s'avérer nécessaire pour mettre en place une stratégie cohérente de gestion dans des domaines aussi vastes que ceux qui constituent les champs de compétence de la CMQ.

TABLEAU 5

Fonctions de la CMQ selon ses champs de compétence

Domaines de compétence	Fonctions de la CMQ			
	Planifier	Harmoniser	Promouvoir	Financer
1. Aménagement du territoire et transport en commun métropolitain	•	•		•
2. Développement économique, touristique et international	•	•	•	•
3. Développement social	•			
4. Développement environnemental	•			
5. Développement culturel	•			

Source : CMQ-Loi, 2003, art. 118, 119, 143, 144, 145, 147, 148, 150, 151, 171.

CONCLUSION

La politique de développement local et régional de 1997 et la récente réorganisation municipale de 2001 ont permis à l'État central au Québec de renforcer les structures étatiques infranationales en matière d'aménagement et de développement. Ces réformes ont renforcé, d'une part, les MRC dans les régions non métropolitaines et, d'autre part, les villes dans les régions métropolitaines. Le nouveau gouvernement élu en 2003 n'a fait que confirmer le rôle accru des MRC en leur accordant la responsabilité en matière de développement économique et en leur confiant l'autorité sur les CLD. Les MRC deviennent la structure de gestion territoriale privilégiée par l'État central dans les domaines de l'aménagement et du développement. Elles constituent de plus en plus le lieu d'ancrage dans les régions non métropolitaines au Québec, de ce que O. Borraz (1999) appelle les trois mises en forme de l'action publique locale, soit l'institutionnalisation de l'action collective, la contractualisation[3] et la gouvernance (urbaine ou régionale). Le fait de permettre l'élection du préfet de la MRC au suffrage universel dans les MRC à caractère fortement rural ne fera qu'augmenter également leur légitimité. Les nouvelles villes fusionnées, pour leur part, verront également accroître leurs responsabilités dans ces domaines. Les communautés métropolitaines, de leur côté, permettront à l'État central, grâce à cette nouvelle structure régionale, d'accroître son emprise territoriale dans la gestion de ces questions.

Dans ce processus de consolidation de l'État local, les cas présentés montrent comment la gouvernance peut agir en amont de la structuration de l'État local. C'est ce qu'illustre le cas des CLD. Avant d'être complètement intégrés aux MRC récemment, les CLD et les organismes qui les ont précédés, comme les corporations de développement économique, ont structuré le champ social des acteurs du développement économique sur une base territoriale qui débordait les frontières municipales, particulièrement dans les milieux ruraux et non métropolitains. La gouvernance, si elle agit parfois en amont de la structuration de l'État local, continue à jouer un rôle également au sein des nouvelles structures de l'État. Ainsi, que ce soit les MRC, les villes ou les communautés métropolitaines, toutes ces structures auront besoin et continueront d'utiliser la gouvernance à des fins de coordination et d'intégration des

---

3. Un bon exemple de la contractualisation se trouve dans la Politique nationale de la ruralité que le gouvernement du Québec a mise en place en 2001. Pour assumer ses orientations et atteindre ses objectifs, cette politique prévoit deux dispositifs, le pacte rural et la clause territoriale. Le pacte rural est un contrat par lequel une entente formelle est établie entre le gouvernement du Québec et chaque municipalité régionale de comté (MRC) ciblée par la politique. Une enveloppe budgétaire est prévue pour soutenir la réalisation des objectifs contenus dans le pacte rural. Chaque MRC est censée établir sur son territoire ses priorités d'intervention à travers le pacte.

acteurs dans les processus sociaux sous-jacents à la réalisation des missions en matière d'aménagement et de développement. La gouvernance territoriale s'avère ici complémentaire aux structures de gouvernement local dans la conduite des affaires publiques.

RÉFÉRENCES

Borraz, Olivier (1999), « Pour une sociologie des dynamiques de l'action publique locale », dans Palme, Richard, Alain Faure et Albert Mabileau (dir.), *Les nouvelles politiques locales. Dynamiques de l'action publique*, Paris, Presses de sciences po.

Carrier, Mario et collaborateurs (2003), *Les Centres locaux de développement (CLD) et la gouvernance locale : le cas du CLD de Rouyn-Noranda*, Montréal, Cahiers du Centre de recherche sur les innovations sociales dans l'économie sociale, les entreprises et les syndicats.

Carrier, Mario et Patrick Gingras (2003), *La gouvernance métropolitaine à la Communauté métropolitaine de Québec : principes et procédures*, Étude réalisée pour la Communauté métropolitaine de Québec, Centre de recherche en aménagement et développement, Université Laval.

Carrier, Mario, Jean-Pierre Collin, Pierre J. Hamel, Vincent Lemieux et Guy Chiasson, avec la collaboration d'Odette Lacasse (décembre 2002), *Réorganisation territoriale et gouverne politique et administrative dans les petites municipalités*, Montréal, Chaire Desjardins en développement des petites collectivités (UQAT) en association avec le Groupe de recherche sur l'innovation municipale (INRS-UCS).

Fortin, Gérald et Lucie Parent (1985), *Les MRC, un devenir perpétuel*, Montréal, INRS-Urbanisation.

Lemieux, Vincent (1986), *Rapport du Comité de travail sur les pouvoirs des municipalités et des MRC*, Sainte-Foy, Union des municipalités régionales de comté et des municipalités locales du Québec.

Ministère des Régions (2001), *Politique nationale de la ruralité. Une vision d'avenir*, gouvernement du Québec.

LE FUTUR MOINS QUE PARFAIT DES TRÈS PETITES COLLECTIVITÉS :

RÉORGANISATION DES PAROISSES CATHOLIQUES ET DES CAISSES POPULAIRES DANS L'ARRIÈRE-PAYS QUÉBÉCOIS

Pierre J. Hamel

> Et du loin au plus loin
> De ce neigeux désert
> Où vous vous entêtez
> À jeter des villages
>
> Gilles Vigneault
> *Les gens de mon pays*

L'arrière-pays québécois connaît un déclin démographique accéléré et vraisemblablement inexorable[1]. Dans ce contexte, qu'adviendra-t-il de

---

1. D'entrée de jeu, je tiens à remercier plusieurs collègues de l'Institut national de la recherche scientifique (INRS) : Julie Archambault, géo-cartographe, qui a produit les cartes utilisées ici, à même les données colligées par Louis Carrier, doctorant, et aussi Magali Dupont, agente de recherche, pour ses commentaires. Je suis également redevable envers Emmanuelle Demange qui multiplie les efforts pour améliorer la qualité linguistique de mes productions écrites.

ces centaines de municipalités² qui gèrent au quotidien le vaste territoire de très petites collectivités éparpillées, de loin en loin ? Plutôt que de me risquer à un périlleux exercice de prospective sans filet, je vous propose ici de regarder ce qui vient tout juste de se produire dans deux réseaux à plusieurs égards similaires au réseau municipal, pour tenter d'en tirer quelques hypothèses : le réseau des paroisses catholiques qui sont encore plus nombreuses que les municipalités, et celui des caisses populaires Desjardins – ce sont des coopératives locales d'épargne et de crédit qui se regroupent brusquement, alors qu'on comptait dans ce réseau encore récemment presque autant d'unités de semblables dimensions, tout simplement parce qu'elles se sont développées au siècle dernier sur la base des paroisses.

En fait, on verra que les paroisses catholiques constituent l'unité de base du local, la particule élémentaire avec laquelle se sont construits plusieurs réseaux institutionnels québécois : le réseau des municipalités, celui des caisses populaires, celui des commissions scolaires et celui des syndicats agricoles, entre autres. Bien plus, si l'on avait pris en compte le niveau régional, on se serait rendu compte que la structuration régionale de ces réseaux, mais aussi l'organisation de bon nombre de ministères et d'agences gouvernementales ont tout simplement été calées sur le découpage du territoire des diocèses catholiques – mais ce sera pour une autre fois.

En regardant l'évolution parallèle des municipalités et des parois-ses, je ne fais (et je ne l'ai su qu'à la fin, faute d'avoir, dès le départ, bien fait ma « revue de la littérature ») qu'appliquer au Québec l'analyse que développe Palard au sujet de la France :

> Commandées par une même nécessité de gérer plus rationnellement des ressources humaines et financières devenues plus rares, les préco-nisations des réformateurs de chacune des deux sphères [renvoyant aux communes et aux paroisses] présentent des similarités, comme en présentent d'ailleurs les résistances locales, dictées à l'inverse par l'affirmation de sentiments d'appartenance communale/paroissiale qui s'accommodent mal de regroupements territoriaux potentiellement négateurs des identités locales. [...] [O]n observe en effet une homologie

---

2.   Au Québec, on dit « municipalité » pour désigner ce que les francophones d'ailleurs appellent « commune ».

structurale des rapports de forces et des tendances organisationnelles à l'œuvre dans chacun de ces deux systèmes institutionnels [...] (Palard, 1999 : 72-73)[3].

LA RÉDUCTION DU NOMBRE DE MUNICIPALITÉS

Dans le monde municipal, on entend, au Québec autant qu'en France, constamment le même reproche : la fragmentation locale est sans commune mesure avec ce qui se pratique dans les pays voisins et – sans qu'il ne semble habituellement nécessaire d'en faire la démonstration – on en conclut donc qu'il y a trop de municipalités autonomes. Et pourtant il y a, proportionnellement, moitié moins de communes au Québec qu'en France (mais c'est encore trop). Et pourtant, depuis le début du XX[e] siècle, le nombre de municipalités québécoises avait décru, lentement mais régulièrement : « [d]es 1 054 municipalités de 3 000 habitants et moins en 1911, 187 avaient cessé d'exister ou changé d'appellation en 1981 » (Dugas, 1984 : 194), souvent à la suite d'annexions de municipalités financièrement mal en point par des voisines plus prospères. Depuis les années 1960, le rythme s'était accéléré : toutes catégories confondues, au bout de chaque période de dix ans, on dénombrait 100 municipalités de moins[4]. En effet, les gouvernements successifs avaient imposé quelques fusions, mais, surtout, ils encourageaient fortement les fusions volontaires[5]; récemment, on avait encore

---

3. Palard va bien plus loin en observant que, dans les deux cas, la réorganisation au niveau local s'accompagne d'une centralisation au profit des lieux de pouvoir internationaux : Rome et Bruxelles. Ainsi, pendant que le Vatican court-circuite les conférences épiscopales nationales, « [...] on retrouve semblable conjonction entre processus de localisation et de régionalisation et processus de globalisation dans le champ des institutions politiques, au travers notamment de la mise en œuvre de la politique régionale européenne ; en effet, celle-ci opère aussi par des pratiques de « contournement » du niveau national, au profit de relations directes entre les instances communautaires supra-nationales et les régions » (Palard, 1999 : 70).

4. Depuis les 1 600 qu'elles étaient en 1971, puis 1 500 en 1981 (Baccigalupo et Rhéaume, 1984 : 96-126) jusqu'à 1 400 au cours des années 1990 et 1 300 en l'an 2000.

5. Le Parlement adopta la Loi sur les fusions volontaires en 1965, suivie en 1971 de la Loi favorisant le regroupement des municipalités (Baccigalupo et Rhéaume, 1984 : 86).

redoublé d'efforts, en bonifiant certains avantages offerts aux municipalités qui acceptaient de se regrouper, tout en menaçant plus ou moins
clairement les récalcitrantes ; on ciblait notamment les « doublons »
– ces paires de municipalités qui partageaient souvent le même nom et
qui géraient l'une le territoire du village et l'autre, celui de la « paroisse »
environnante : « Saint-Gédéon village » et « Saint-Gédéon paroisse » ou
encore L'Isle-Verte (le village) et Saint-Jean-Baptiste-de-l'Isle-Verte (la
paroisse).

Toujours est-il qu'au tournant du millénaire il y avait encore un
peu plus de 1 300 municipalités locales. C'est alors qu'en décembre
2000 l'Assemblée nationale adopta une loi qui imposa nombre de
fusions municipales, essentiellement à l'intérieur (de la plupart) des
agglomérations urbaines, des plus grandes au plus petites. Cependant,
en 2003, les élections ont porté au pouvoir un nouveau gouvernement
qui avait promis de revenir sur les fusions forcées, ce qui fut fait : dans
les anciennes municipalités où suffisamment d'électeurs ont signé le
registre à cet effet, se sont tenus au printemps 2004 des référendums
proposant la défusion à l'horizon 2006. En fin de compte, quelques-
unes seulement des fusions forcées ont été rejetées et, lorsque la pous-
sière sera retombée, le nombre des municipalités locales aura été ramené
à un peu plus de 1 100.

Les très petites collectivités ont été relativement peu touchées par
les récentes vagues de réorganisation qui ont bouleversé la scène municipale québécoise, mis à part les cas de fusion entre des « doublons »
et exception faite pour quelques-unes qui étaient situées au pourtour
immédiat d'une petite agglomération urbaine pour laquelle le ministère
a orchestré une processus de fusion. Pourquoi d'ailleurs en aurait-il été
autrement ? En effet, d'une part, les grandes distances qui séparent les
noyaux villageois restreignent les possibilités de regroupement municipal ou même la mise en commun de certains services et équipements[6] ;
d'autre part, si l'on s'en tient uniquement aux fonctions proprement

---

6.   On a parfois tenté un partage des équipements utilisés pour l'entretien de la
voirie avant de conclure que ce n'était pas une très bonne idée. Car, les populations ont beau être très peu nombreuses (à un niveau sous-optimal comme
disent certains), le territoire est immense et la longueur des chemins à déneiger
justifie tout à fait le maintien de deux ou trois garages municipaux pour abriter
autant de chasse-neige.

municipales et aux services que les municipalités fournissent à leurs citoyens – une gamme de services, certes, relativement limitée, surtout si l'on considère ce qu'offrent ailleurs les communes comparables, notamment en France –, on constate que même les plus petites se tirent généralement fort bien d'affaire (Hamel, 2000). Il n'y aurait donc pas de raison vraiment rationnelle de les contraindre à changer quoi que ce soit : quelqu'un connaît-il un technocrate « raisonnable » au sens le plus commun du terme ? D'autant plus que la coopération intermunicipale permet aux plus petites municipalités d'assumer plus facilement plusieurs des services et des responsabilités qui pourraient dépasser leurs moyens limités ; c'est particulièrement vrai avec les municipalités régionales de comté (MRC), dont certaines fonctionnent mieux que d'autres.

Mais, alors que la structuration municipale des régions périphériques évolue très lentement, tout le reste, tout ce qui constitue le décor local et régional, change rapidement : d'importantes transformations – des fusions, des regroupements et des fermetures de points de service, mais aussi des réorientations et des redéfinitions de vocation – ont grandement modifié la configuration territoriale de divers réseaux. C'est le cas du réseau public de la santé[7], du service de la poste, du réseau des paroisses catholiques et de celui des caisses populaires, mais aussi de celui de l'éducation. Sans parler des entreprises commerciales qui ont de plus en plus tendance à déserter les petites surfaces des petits villages ou des centres-villes pour surconcentrer l'offre dans des centres commerciaux toujours plus vastes. De plusieurs façons, les très petites collectivités se

---

7. Les centres locaux de services communautaires (CLSC) ont été créés au cours des années 1970 ; ils assuraient en principe la « première ligne » des services de santé et des services sociaux et ils devaient notamment privilégier la prévention sous toutes ses formes, en adaptant leur pratique aux « problématiques » locales, en laissant les interventions curatives « lourdes » aux centres hospitaliers. Les CLSC ont connu une histoire tumultueuse et, déjà, en 1988, on les disait « à la croisée des chemins » (*Nouvelles pratiques sociales*, 1988). Au cours des dernières années, le gouvernement a retiré ce qui leur restait d'autonomie et de marge de manœuvre locale. Ils se sont vus, pour la plupart, fusionner à des centres hospitaliers de soins de longue durée (CHSLD), destinés essentiellement à accueillir la population vieillissante en perte d'autonomie, ou à des structures rassemblant également des hôpitaux généraux. Il est encore trop tôt pour porter un jugement définitif sur les conséquences de l'opération, mais il semble, d'ores et déjà, que les budgets destinés, par exemple, à prévenir la délinquance juvénile ne résisteront pas longtemps devant les besoins impérieux des hôpitaux traditionnels aux prises avec un manque de ressources.

retrouvent ainsi de plus en plus intégrées dans de grands ensembles (au sens de « vastes », à défaut d'être populeux), leur autonomie en étant réduite d'autant.

CARTE 1

Mes terrains de chasse

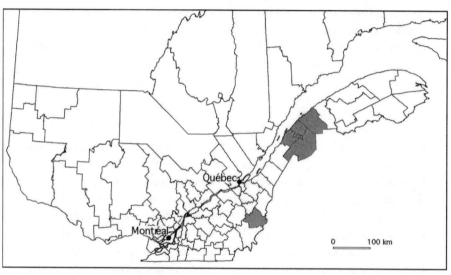

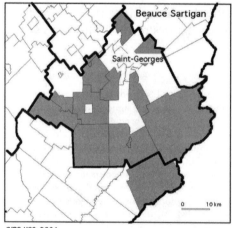
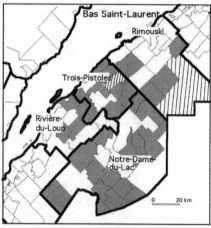

INRS-UCS, 2004

MES TERRAINS DE CHASSE

Le présent article s'inscrit dans une (lente) démarche (on ne peut plus zen[8]) amorcée en 1996, où j'observe (calmement) l'évolution (tranquille) d'une quarantaine de municipalités (paisibles) comptant chacune en moyenne un peu plus de 500 habitants, pour une densité brute d'à peine quatre personnes au kilomètre carré (le territoire de ces municipalités est indiqué en gris sur les petites cartes en médaillon au bas de la carte du sud du Québec; les endroits hachurés correspondent à des territoires non organisés (TNO) qui, comme le nom l'indique, ne sont pas sous gestion municipale et ne comptent dans chaque cas que quelques résidants permanents, voire aucun). Certes, la densité brute est une mesure trompeuse car elle peut masquer le fait que la plupart des habitants sont concentrés dans un noyau villageois relativement dense; en fait, cela signifie souvent que la distance entre deux villages est de 15 ou 20 km; mais parfois aussi, lorsque la population totale n'est en tout et pour tout que de 103 personnes pour un territoire de 140 km^2 (comme à Saint-Guy, MRC des Basques), ou encore de 330 personnes mais sur 289 km^2 (comme à Saint-Athanase, MRC de Témiscouata), que la population soit concentrée ou pas, la densité est très faible, peu importe la façon de mesurer.

Le choix de mes terrains de chasse a été orienté par cette volonté de privilégier des territoires de faible densité, mais aussi par un souci de diversifier les contextes[9]. Les deux territoires ont en commun de longer la frontière sud du Québec et de n'avoir été peuplés qu'au XXe siècle : de

---

8. Pour cette recherche précise, je n'ai aucun échéancier contraignant ni aucun compte à rendre à qui que ce soit. Ô luxe suprême ! En effet, le projet d'origine est terminé en bonne et due forme depuis longtemps et la petite subvention qui le rendait possible est bien entendu complètement épuisée. Mes excursions n'ont donc d'autre but que de faire progresser la Science, par pur plaisir. Peut-on en dire autant si souvent ?

9. Sans compter que mes excursions ont eu le mérite de m'exposer en rase-mottes à une toponymie étonnante. Je me souviens de la tête de mon agente d'administration à qui je présentais une note de frais pour un voyage professionnel à La Guadeloupe, dans le sud... de la Beauce, ou encore quand je lui expliquais que, pour se rendre à Esprit-Saint, il suffisait d'aller à Lac-des-Aigles, puis de bifurquer vers La Trinité-des-Monts. Plus souvent, on retrouve sur la carte le nom de tous les saints du calendrier et d'autres encore, injustement oubliés.

nombreuses municipalités célèbrent ces années-ci leur 75ᵉ anniversaire de fondation. Pour le reste, les différences abondent.

Par rapport au fleuve Saint-Laurent, la MRC de Beauce-Sartigan est à la hauteur de la ville de Québec mais tout à fait au sud de la Beauce, adossée à la frontière avec les États-Unis. Il s'agit d'un milieu à certains égards rural, comptant un peu moins de 49 000 habitants, avec une densité d'environ 24 personnes au kilomètre carré (une densité tout à fait similaire à celle de la Creuse qui, quant à elle, comptait en 1999 un peu plus de 124 000 habitants) et avec une petite ville centre très dynamique (Saint-Georges) ; mais la MRC de Beauce-Sartigan est caractérisée surtout par un entrepreneuriat débridé qui semble imprégner l'ensemble de la société et a conduit à un essor industriel presque miraculeux (Palard, 2001) : une multitude de petites entreprises manufacturières ne payant souvent que le salaire minimum, d'autres plus grandes, d'autres plus rares payant mieux une main-d'œuvre un peu plus sérieusement syndiquée, tout cela avec une population en (légère) croissance et un taux de chômage relativement faible... Un cas !

Plus loin au nord-est, entre le fleuve et la frontière, on retrouve le territoire de quatre MRC du Bas-Saint-Laurent : celle de Rivière-du-Loup (autour de la ville du même nom), celle de Témiscouata (autour de Notre-Dame-du-Lac), celle des Basques (au sud de Trois-Pistoles) et celle de Rimouski-Neigette (au sud de Rimouski). Comparativement à la MRC de Beauce-Sartigan, ces quatre MRC du Bas-Saint-Laurent sont moins florissantes, le taux de chômage y est plus élevé, leurs populations ne croissent que très légèrement, stagnent ou déclinent parfois rapidement et depuis déjà longtemps et leurs densités sont globalement plus faibles (une densité globale de l'ordre de 13 personnes au kilomètre carré, comparable à celle de la Lozère qui compte 73 500 habitants, alors que la population totale de ces quatre MRC en compte un peu plus de 118 000).

Mais il ne faut pas non plus s'appesantir sur les différences socio-démographiques pour opposer les MRC de la Beauce et du Bas-Saint-Laurent car, peut-être assez curieusement, elles s'avèrent plus ou moins utiles pour comprendre les pratiques municipales, que ce soit en matière de style de gestion municipale ou de gamme des services publics locaux : il n'y a pas de déterminisme « régional ». Les municipalités sont souvent très différentes de leurs voisines et les plus dynamiques ne sont pas celles que l'on croirait *a priori* (Pépin, 2000). Il en est de même, on le verra à l'instant, pour ce qui se passe du côté des paroisses catholiques comme des caisses populaires; mentionnons déjà, par exemple, que, avant qu'elles fusionnent entre elles, certaines caisses de la MRC des Basques, qui n'est pourtant pas l'Eldorado, s'avéraient parmi les plus rentables de tout le Québec.

LA RÉORGANISATION DES PAROISSES CATHOLIQUES

Le Québec du début des années 1960 ressemblait à la Pologne d'avant la chute du Mur de Berlin : partout des prêtres en soutane et des églises bondées. L'Église catholique semblait exercer une emprise profonde et inébranlable. Et pourtant, tout bascula d'un seul coup : pratiquement du jour au lendemain, prêtres, religieux et religieuses défroquèrent presque en bloc et toc ! La foule des fidèles fondit à la même allure; les organisations de masse s'effondrèrent (la Jeunesse étudiante catholique, notamment); le contrôle des réseaux d'éducation et de santé s'étiola presque aussi vite, au profit de l'État québécois qui se construisait en reprenant ces réseaux à son compte, le tout entraînant du même coup une chute vertigineuse des rentrées de fonds et une érosion rapide des appuis, des relais et des ressources de toutes sortes. Des pans entiers du gigantesque appareil de l'Église catholique ont disparu subitement et ceux qui demeuraient fidèles au poste avaient désormais toutes les raisons de répéter : « Mon Royaume n'est pas de ce monde. » Cependant, ces disparitions parfois complètes ne se sont pas produites sans laisser de traces, au contraire : il s'agit en fait d'une formidable « transsubstantiation[10] » où les institutions se sont métamorphosées… mais pas complètement. Enfin… nous l'allons voir à l'instant.

---

10. Comme lorsque le pain et le vin deviennent le corps et le sang du Christ. Euh… comment expliquer ce qu'est un « mystère » à des lecteurs mécréants et ignorants ? Il vous suffira de savoir ce qu'une lecture du *Petit Catéchisme* vous aurait appris : « [question n°] 28.- Qu'est-ce qu'un mystère ? – Un mystère est une vérité que nous ne pouvons pas comprendre, mais que nous devons croire […] », voilà ! (Reproduit du *Catéchisme des provinces ecclésiastiques de Québec, Montréal et Ottawa*, « Approuvé, le 20 avril 1888, par les Archevêques et Évêques de ces provinces et publié par leur ordre », en ligne, http://pages.globetrotter.net/gtrudel/Catechis.htm.

Depuis près de 40 ans déjà, le réseau des paroisses catholiques doit donc composer avec un contexte de diminution généralisée des effectifs, un contexte qui devient progressivement celui des municipalités de l'arrière-pays[11]. Comment les gestionnaires de ce réseau ont-ils réagi ? Depuis l'époque des catacombes, l'Église catholique a acquis une longue expérience de gestion d'équipements et de services locaux. La période actuelle de reflux et de contraction du « marché » n'est pas la première, même si elle déstabilise l'appareil, car elle survient après un long cycle où l'Église en était venue à quadriller le territoire québécois de façon plus fine et plus intense qu'aucune autre structure gouvernementale ou privée. Est-ce que l'expérience de gestion millénaire a été utile ?

Il faut d'abord constater que la réaction a été très lente, comme si l'on avait tardé à voir les choses en face, comme si les dirigeants avaient été frappés de stupeur et d'incrédulité. Les premiers mouvements de repli organisé se sont produits dans les grandes villes. Déjà, dès la fin des années 1960, les collèges et les séminaires s'étaient prestement « convertis » mais en gardant à peu près la même vocation, en fournissant les premiers immeubles du réseau de l'Université du Québec et des tout nouveaux cégeps (collèges d'enseignement général et professionnel, une institution propre au Québec qui s'intercale entre le secondaire et l'université). Mais le mouvement finit par atteindre les églises paroissiales alors que les fabriques, ces entités corporatives juridiquement responsables de la bonne marche matérielle des paroisses, devaient faire face à des dépenses croissantes (pour l'entretien d'immeubles vieillissants) avec des revenus qui périclitaient : peu à peu, puis de plus en plus rapidement, des églises et aussi des monastères ont été désaffectés et recyclés, le plus souvent en immeubles de logement haut de gamme. Le phénomène a pris une ampleur telle qu'on en est venu à craindre pour la conservation du patrimoine religieux (avec la création d'un pro-

---

11. Pour bien faire, il faudrait également regarder ce qui s'est produit pour d'autres religions, chez les juifs comme du côté des réseaux protestants traditionnels : en dehors de la région de Montréal et de quelques rares poches de résistance, l'Église anglicane notamment a dû faire face non pas tant à une désaffection des fidèles mais bien plutôt à une disparition des populations qui lui étaient acquises, des suites d'un exode rural rapide vers Montréal ou même vers l'extérieur du Québec.

gramme gouvernemental *ad hoc* sous la pression de groupes soucieux de préserver l'héritage architectural) ; il faut voir que les églises sont souvent les plus anciens édifices du quartier et fréquemment les seuls véritables monuments et c'est encore plus net dans mes petits villages qui n'ont pas 100 ans d'existence : au Québec, il y a bien quelques manoirs seigneuriaux (mais bien évidemment uniquement dans les vieilles seigneuries concédées le long du fleuve et pas dans les villages récemment ouverts à la colonisation), mais peu ou pas de châteaux, pas d'arènes gallo-romaines, seulement des églises qui concentrent les œuvres des architectes, des peintres et des sculpteurs à la mode au moment de la construction. C'est un euphémisme de dire que les gens tiennent à leur clocher, qu'ils soient pratiquants ou simplement croyants ou rien du tout, peu importe.

Au pourtour nord-est de la région de Montréal, le diocèse de Joliette avait renforcé, en 1993, diverses formules de coopération entre ses paroisses ; puis, en 2002, il a procédé à une réorganisation importante des sept paroisses urbaines de l'agglomération de Joliette : elles n'ont désormais plus de curé en propre et elles sont sous la responsabilité d'une seule et même équipe pastorale (Hamel *et al.*, 2003). Bien qu'il ne soit pas question pour l'instant de fusion en bonne et due forme, certains observateurs ne se privent pas pour dire ouvertement que le regroupement des paroisses urbaines pourra passer à un niveau supérieur d'intégration, si la tendance se maintient, un jour ou l'autre ; mais cela peut être encore long car l'Église a souvent un horizon temporel plus profond que la durée usuelle des mandats électoraux dans la société civile.

Voilà que le phénomène vient d'atteindre les régions périphériques : on n'y connaît pas encore le recyclage des églises paroissiales, mais déjà plusieurs presbytères ont été vendus et certains ont été carrément déménagés, transportés, pour les rapprocher des routes touristiques où ils deviennent des auberges. On y expérimente depuis quelques années tout au plus des mises en commun de services et des regroupements fonctionnels. Bien sûr, les dirigeants diocésains n'ont pas tous, ni tout le temps, la recette infaillible pour gérer leurs ressources déclinantes à la satisfaction de tous et chacun ; un évêque l'a encore récemment appris à ses dépens, en soulevant une fronde incroyable pour avoir tenté d'engager une fusion de deux paroisses, avec la fermeture d'un des deux temples concernés[12]. Car les paroisses rurales ne fusionnent pas. En effet, dans d'autres diocèses où les choses se passent paisiblement, et notamment ceux de Rimouski et de Joliette, les évêques s'appuient, plus ou moins explicitement, mais avec un bonheur certain, sur quelques principes dont celui-ci : pour plusieurs raisons, il est très malaisé de fusionner des paroisses en milieu rural[13] alors que c'est plus facile en milieu urbain, particulièrement pour des paroisses relativement récentes, surtout si elles sont établies dans de presque tout nouveaux quartiers de banlieue (avec des paroissiens dont les racines identitaires ne sont pas très profondes). Avec doigté, lenteur et diplomatie, les évêques cherchent à ménager les susceptibilités tout en procédant aux nécessaires réorganisations (sans délocalisations ! mais, mondialisation oblige, en important parfois de la main-d'œuvre étrangère, car les anciennes terres de mission produisent désormais plus que leur quote-part de vocations religieuses).

Au cours des récentes années, pratiquement toutes les paroisses du Québec en sont donc déjà venues à partager bon nombre de services avec leurs voisines et cette mise en commun va parfois très loin (curé itinérant, secrétariat et tout ce qui est nécessaire à la bonne marche temporelle des paroisses). Dans les deux régions que nous observons ici, il semble que le poids démographique relatif de chaque communauté ait été le facteur déterminant pour fixer le pôle de chaque petit réseau : pratiquement chaque fois, le curé réside dans la paroisse la plus populeuse et rayonne aux alentours pour les mariages, les baptêmes et, plus souvent, les funérailles, pour ensuite revenir gaiement à sa base.

---

12. Cela s'est produit avec la fusion récemment avortée (ou suspendue) de paroisses rurales des Laurentides, au nord de Montréal : Saint-Adolphe-d'Howard et Morin-Heights.

13. À titre d'illustration, les paroisses de Saint-Faustin et de Sainte-Jeanne-d'Arc du Lac-Carré se partagent le même curé mais ne sont pas fusionnées (les clubs de l'âge d'or non plus) alors que les municipalités correspondantes ont fusionné pour former la municipalité de Saint-Faustin–Lac-Carré, en ligne, (http://www.municipalite.stfaustin.qc.ca/index.html). Seul l'ancien Saint-Faustin avait une caisse populaire et la question de la fusion ne s'est donc pas posée.

CARTE 2

Les paroisses catholiques de Beauce-Sartigan

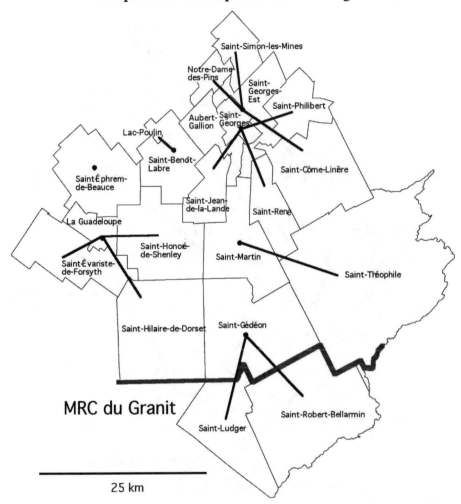

CARTE 3

Les paroisses catholiques de quatre MRC du Bas-Saint-Laurent

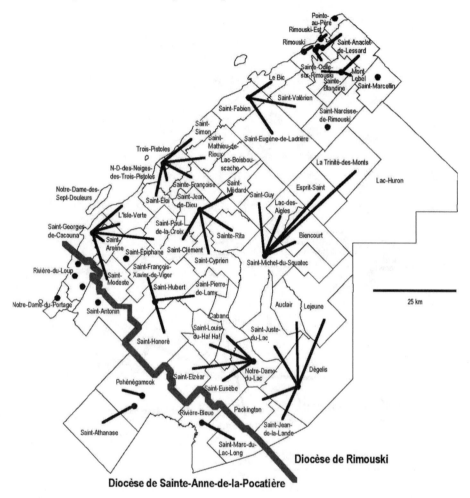

Sans surprise, les pôles de desserte sont situés dans les municipalités les plus importantes : en Beauce-Sartigan tout d'abord, on remarque Saint-Georges bien sûr, mais en maintenant la séparation entre l'est et l'ouest de l'agglomération[14], Saint-Martin (site d'une importante école secondaire à vocation régionale), La Guadeloupe (avec son milieu d'affaires particulièrement dynamique), Saint-Benoît-Labre et Saint-Gédéon (qui abrite une des principales usines et le siège social de Canam, un important fabricant de produits d'acier). Dans ce dernier cas, on a le seul exemple d'un réseau de desserte qui déborde les frontières de la MRC : Saint-Ludger et Saint-Robert-Bellarmin sont desservis par un curé résidant à Saint-Gédéon. Il faut reconnaître ici l'opportunisme des autorités ecclésiales qui ont sans doute été à l'écoute de leurs ouailles ; en effet, dans le nord-est de la MRC du Granit, on retrouve souvent des gens qui demandent un rattachement formel à la Beauce et les discussions en ce sens sont même assez vives du côté de Saint-Robert-Bellarmin.

Dans le Bas-Saint-Laurent, les choses se sont passées de la même façon : Trois-Pistoles mais aussi Saint-Jean-de-Dieu, Saint-Michel-du-Squatec, Notre-Dame-du-Lac et Dégelis voient confirmer leur influence. Par contre, le sud-est du territoire appartient à un autre diocèse que celui de Rimouski, celui de Sainte-Anne-de-la-Pocatière : les frontières diocésaines ont forcément prévalu, séparant notamment Rivière-du-Loup de ses voisines, ce qui permet à Saint-Georges-de-Cacouna du diocèse de Rimouski de s'affirmer sur les paroisses environnantes.

LA RÉORGANISATION DES CAISSES POPULAIRES

La toute première caisse populaire Desjardins a été fondée en 1900 à Lévis, en face de Québec, par Alphonse Desjardins, d'où le nom. La formule s'est répandue peu à peu mais elle a connu quelques difficultés au moment de la Grande Crise. Il a fallu alors l'appui massif de l'Église catholique (Dupuis, 1997) pour rassurer les épargnants et pour permet-

---

14. Différemment de ce qui a été fait, on l'a vu, dans au moins un cas similaire de petite agglomération urbaine, celui de Joliette, mais aussi, on le verra à l'instant, dans les cas de Rimouski et de Rivière-du-Loup : autres diocèses, autres mœurs.

tre que les caisses se répandent comme une traînée de poudre partout au Québec et, en fait, un peu partout en Amérique du Nord, là où il y avait des paroisses catholiques regroupant des Acadiens ou des Québécois immigrés. De nos jours, les caisses Desjardins (caisses populaires et caisses d'économie) comptent 5,5 millions de membres au Québec (ce qui, au moins parmi les francophones, laisse peu de brebis égarées[15]). On ne sera pas étonné d'apprendre qu'à l'origine pratiquement toutes les caisses portaient le nom de leur paroisse tutélaire.

Chaque caisse locale est dotée d'une autonomie de décision très importante. Peu importe l'orientation des dirigeants nationaux, il est toujours possible pour l'assemblée générale des membres d'une caisse de résister à des propositions de fusion ; à moins qu'elle n'éprouve de sérieuses difficultés et que l'aide du Mouvement ne soit plus ou moins conditionnelle à un regroupement. On ne dit d'ailleurs pas le groupe ou le consortium mais bien le Mouvement Desjardins, comme on disait les mouvements d'Action catholique[16].

Le village québécois typique (mais cela vaut également pour les quartiers des grandes villes) est centré et organisé autour de son clocher. Fréquemment, le premier local de la caisse populaire avait été aménagé au sous-sol de l'église. Lorsqu'elle en a eu les moyens, la caisse s'est fait construire un bel édifice (offrant assez souvent au regard du passant étonné une architecture... stupéfiante et très peu intégrée à son environnement) qui se situe presque invariablement à l'ombre du clocher,

---

15. Le Mouvement Desjardins rejoint 75 % de la population active du Québec et affiche un actif de 100 milliards de dollars canadiens. En 1996, on comptait encore un peu plus de 1 300 caisses (Inspecteur général des institutions financières, 1998 : I-3) mais les cinq millions de membres sont désormais regroupés en moins de 600 caisses ; en fait, si l'on met de côté les caisses sectorielles (groupes de travailleurs comme les policiers de Montréal ou les employés de telle grande entreprise ou encore caisse d'un groupe ethnique – Italiens, Portugais, etc.) qui sont un peu moins de 60, il ne reste plus que 500 caisses « locales ». Selon certains, « [l]a nouvelle caisse est en avance sur les fusions de municipalités [...] » (Chouinard *et al.*, 2001 : 7).

16. Ou comme à la Confédération des syndicats nationaux (CSN), la centrale syndicale qui était à l'origine catholique, on parle plus spontanément qu'ailleurs du « mouvement ouvrier », du « mouvement syndical » ou du « mouvement populaire » ; le terme « mouvement » est même parfois utilisé comme synonyme de CSN (CSN, 2002). Soit dit en passant, à la CSN, les syndicats locaux disposent d'une autonomie réelle et véritablement sans égale, en comparaison de ce qui se vit dans les autres centrales syndicales de tradition états-uniennes.

littéralement : à côté ou en face[17]. Mais les caisses des toutes petites localités n'ont parfois pas eu le temps de prospérer suffisamment pour se doter d'un immeuble construit sur mesure. Souvent, dans ces cas-là, la diminution du nombre d'élèves a eu tôt fait de libérer des espaces dans l'école du village, quand elle n'a pas entraîné carrément la fermeture de l'école ; on y retrouve alors la caisse, le bureau municipal et les associations de toutes sortes.

Le décor étant ainsi planté, on s'attendrait à ce que les caisses populaires démontrent les mêmes affinités que les paroisses : on ne sera pas déçu. L'ancienne caisse de Saint-Gédéon abrite le siège social de la caisse de la Haute-Chaudière regroupant, comme dans le cas des paroisses, les caisses des deux villages voisins qui font partie de la MRC du Granit mais qui se sentent beaucerons dans l'âme. Le scénario est un peu différent pour La Guadeloupe, dont la caisse s'appelle maintenant la caisse de la Haute-Beauce : elle s'est associée avec la caisse de Saint-Évariste-de-Forsyth, comme dans le cas des paroisses, mais elle n'a pas attiré la caisse de Saint-Honoré-de-Shenley, demeurée autonome ; en revanche, elle est allée chercher la caisse d'une municipalité située de l'autre côté de la frontière de la MRC. Même capacité d'attraction à Saint-Éphrem-de-Beauce, qui a rassemblé deux autres caisses également en dehors du territoire de la MRC pour devenir la caisse du Royaume de l'érable. Par contre, Saint-Martin a perdu son ascendant sur Saint-Théophile, dont la caisse a préféré l'offre de celle de Saint-Côme-Linière pour former la caisse de Kennebec. À Saint-Georges, on a réussi ce qui semblait impossible ou inapproprié, ou prématuré dans le cas des paroisses, car toutes les caisses de l'agglomération urbaines sont réunies dans une seule et même caisse[18].

---

17. Cela a pour conséquence que les guichets automatiques des caisses bénéficient de la meilleure signalisation qui soit : où que vous soyez, à moins que ce ne soit dans la moitié ouest (et anglophone) de l'île de Montréal, il suffit de repérer le clocher pour trouver un guichet automatique dans un rayon d'au plus cent mètres.

18. Même si la fusion a probablement été laborieuse ; en effet, jusqu'à très récemment (en fait au moment de faire la carte), le nom même de la nouvelle caisse (tel qu'il apparaissait sur le site Web du Mouvement Desjardins) était lui-même laborieux – Caisse de L'Assomption et de Saint-Georges – et il rappelait probablement des négociations difficiles avec les membres de la caisse de L'Assomption qui tenaient coûte que coûte à préserver une trace de leur identité. Mais, au moment où ces lignes sont écrites, le nom officiel est devenu celui de Caisse populaire de Saint-Georges.

CARTE 4

Les caisses populaires de Beauce-Sartigan

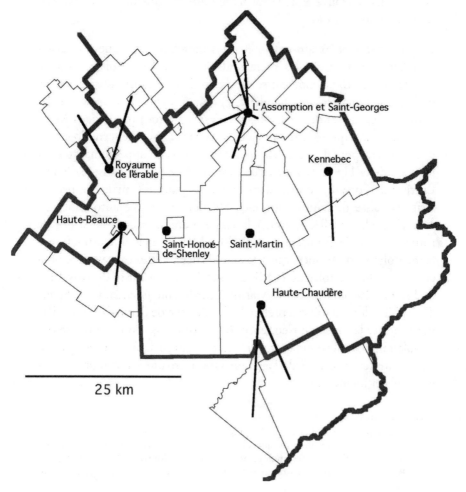

CARTE 5

Les caisses populaires de quatre MRC du Bas-Saint-Laurent

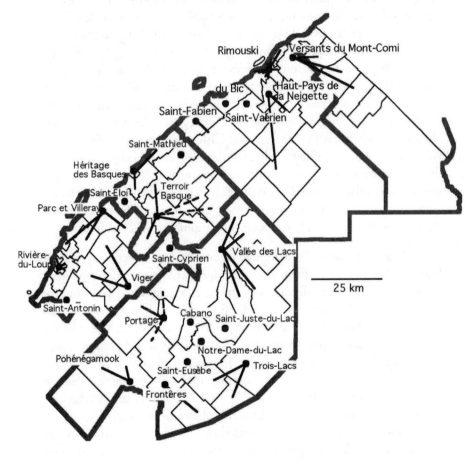

C'est également sans surprise qu'on constate des mouvements similaires pour les caisses du Bas-Saint-Laurent. Par exemple, à l'extrême sud du territoire, imitant les paroisses correspondantes, la caisse des Frontières rassemble les deux caisses de Rivière-Bleue et de Saint-Marc-du-Lac-Long. De même, généralement, les pôles qui émergeaient de la réorganisation des paroisses sont également les sites des sièges sociaux des nouvelles caisses issues d'une fusion : Dégelis et la caisse des Trois-Lacs, Squatec et la caisse de la Vallée des Lacs, Saint-Jean-de-Dieu et la caisse du Terroir basque. On notera que les caisses des agglomérations les plus importantes se sont unifiées : Rimouski, Rivière-du-Loup et Trois-Pistoles (Héritage des Basques). Le seul important renversement de situation est observable un peu à l'est de Rivière-du-Loup : dans le cas des paroisses, on a vu que Cacouna avait fédéré les petites voisines, alors que, dans le cas des caisses, c'est L'Isle-Verte qui accueille la nouvelle caisse du Parc et Villeray (du nom de seigneurs du lieu). Au nombre des caisses irréductibles, en faisant abstraction de caisses desservant des populations relativement importantes, il convient de signaler celle de Saint-Juste-du-Lac, fondée en 1943, et qui compte 580 membres en règle, dans un village où le recensement dénombrait 672 habitants.

Pour bien saisir la marginalisation des petites collectivités, il faut mentionner un autre phénomène qui peut passer inaperçu dans le processus de réorganisation des caisses : la création, par l'instance nationale du Mouvement, des « CFE » (centres financiers pour les entreprises). Dans un cas de fusion, le siège social concentre déjà les ressources humaines plus spécialisées en ne laissant aux anciennes caisses qu'un rôle de centre de services plus routiniers ; mais bien plus, et très fréquemment, les caisses (fusionnées ou non) ont commencé dans le même temps à impartir à des CFE les services rendus aux entreprises, ne conservant que la clientèle des particuliers. Il faut rappeler que les caisses locales faisaient affaire essentiellement avec des particuliers et que la clientèle des entreprises était tournée davantage vers les banques traditionnelles ; les caisses locales n'ont donc (presque) rien perdu de leur volume d'affaires avec les entreprises puisqu'elles n'avaient pas grand-chose. Ces CFE desservent parfois de très vastes territoires (Chouinard *et al.*, 2001) ; c'est moins vrai en Beauce-Sartigan, où l'on trouve à Saint-Georges le Centre financier aux entreprises Desjardins Chaudière Sud ; mais c'est bien le cas avec le Centre financier aux entreprises Desjardins du Bas-Saint-Laurent qui couvre un territoire encore plus vaste que les quatre MRC que nous étudions : ce CFE compte cinq points de services : à Rivière-du-Loup, à Cabano et à Rimouski, mais également, plus à l'est, à Amqui et à Matane. En somme, en ce qui concerne les services aux entreprises, ce qui constitue un nouveau marché pour Desjardins, les caisses locales sont doublement tenues à l'écart : d'une part, les CFE relèvent directement de la direction nationale, d'autre part, ils englobent des territoires parfois immenses.

Soit dit en passant, on constate que l'espace desservi par le CFE du Bas-Saint-Laurent correspond, *grosso modo*, au territoire du… diocèse de Rimouski ! En effet, les frontières de cet espace sont celles de la vice-présidence du Bas-Saint-Laurent, qui est elle-même l'héritière de l'Union régionale du diocèse de Rimouski (fondée en 1937). Dès les années 1920, les unions régionales des caisses avaient commencé à se constituer sur une base volontaire, très fréquemment à l'échelle des diocèses catholiques[19] ; ce n'est qu'en 1932 qu'on voit apparaître la « Fédération de Québec des unions régionales des caisses populaires Desjardins ». L'autonomie des caisses était alors bien réelle : ainsi, en 1945, on vit même neuf caisses montréalaises (parmi les plus importantes) se dissocier de l'union régionale de Montréal pour former une fédération dissidente qui ne réintégrera le mouvement qu'en 1981. En 1979, les unions

---

19. Parce qu'il avait généralement quelques années d'avance sur les autres, le découpage du territoire québécois en diocèses a souvent eu pour conséquence de définir ou d'orienter bon nombre des divers découpages administratifs adoptés par différents organismes, gouvernementaux ou autres (Collin *et al.*, 1998 : 27-28). La dynamique propre des diocèses impliquait déjà la création, au pourtour de l'évêché, de plusieurs institutions qui constituent encore aujourd'hui une partie importante de la base du secteur tertiaire des capitales régionales ; ce mouvement a, de plus, fréquemment entraîné dans son sillage l'implantation de bureaux administratifs, tribunaux et autres officines gouvernementales rayonnant sur un territoire similaire à celui des diocèses. Enfin, les diocèses ont explicitement servi d'assise aux divers mouvements d'inspiration catholique ; c'était ainsi le cas, jusqu'à récemment, des conseils centraux de la Confédération des travailleurs catholiques du Canada, créée en 1921 et « transsubstanciée » en CSN (Confédération des syndicats nationaux) en 1960 ; tout comme c'était le cas de l'Union catholique des cultivateurs (UCC), créée en 1924 et devenue l'Union des producteurs agricoles (UPA) en 1972, et dont les 16 fédérations régionales actuelles épousent encore assez étroitement les frontières diocésaines ; mentionnons au passage que l'UCC-UPA fédère les syndicats agricoles locaux, qui avaient été établis sur une base paroissiale, et que le nombre de ceux-ci est subitement passé de 828 en 1972 à 178 en 1975, pour en arriver à 156 en 2004, en ligne, (http://www.upa.qc.ca/fra/qui_sommes_nous/pages_histoires.asp).

régionales prirent le nom de « fédérations » et leur regroupement devint, logiquement, la Confédération. Mais, vingt ans plus tard, les fédérations régionales disparurent pour ne devenir que des vice-présidences régionales, au sein d'une fédération qui concentrait désormais des pouvoirs inégalés. En observant l'évolution des structures du Mouvement, on voit donc nettement le déplacement du pouvoir du local vers le national.

EN GUISE DE CONCLUSION : LE FUTUR IMPARFAIT DES TRÈS PETITES COLLECTIVITÉS

Si les paroisses catholiques et les caisses populaires semblent sujettes à la loi de la gravitation universelle, est-ce à dire que les petites municipalités vont inéluctablement finir par être absorbées par leurs voisines un peu plus grosses, qui seront elles-mêmes à leur tour attirées par les pôles régionaux ? C'est bien possible. Même sans aller jusqu'à la fusion, il est fort possible que la coopération intermunicipale prendra plus de poids au fur et à mesure du rehaussement des normes de toutes sortes que le gouvernement du Québec impose aux municipalités, que ce soit pour la protection contre les incendies, pour l'eau potable, les eaux usées et tout le reste (Hamel, 2002) ; dans chaque cas, on pourra voir la plus grosse des petites municipalités d'un coin de pays offrir ses services à ses voisines.

Mais un autre scénario semble encore plus vraisemblable que les fusions : les MRC (municipalités régionales de comté) sont probablement en mesure de prendre de l'importance et d'assumer davantage de responsabilités concrètes, tout en laissant aux municipalités locales le soin d'assurer les services de proximité. Certaines MRC, et notamment celle de la Matapédia (située encore un peu plus à l'est, aux marches de la Gaspésie), réussissent mieux que d'autres à conjuguer les énergies locales pour produire des résultats étonnants (Hamel, 2000). En règle générale, les élus et les administrateurs locaux des petites municipalités semblent tout à fait disposés à pousser plus loin l'expérience des MRC (Carrier *et al.*, 2002). On peut donc imaginer un futur pas trop imparfait où les petites municipalités auraient la possibilité de préserver leur autonomie tout en étant équipées pour suivre la musique.

Mais encore, comme rien n'est vraiment parfait, un autre scénario se dessine et concerne cette fois-ci les MRC : il laisse entrevoir un regroupement des plus petites d'entre elles. On peut sentir venir le vent du côté scolaire. En 1998, la dernière réforme des commissions scolaires a eu pour effet de les fusionner encore une fois pour faire en sorte que, par exemple, les territoires de deux de nos MRC, celles des Basques et de Témiscouata, soient désormais desservis par la seule Commission scolaire du Fleuve-et-des-Lacs. Les commissions scolaires ont été pratiquement aussi nombreuses que les municipalités : elles ont déjà été plus de 1 400 (Audet et Gauthier, 1969 : 140)[20] et elles étaient encore plus de 800 au début des années 1970 ; elles ne sont plus qu'au nombre de 60 pour couvrir tout le territoire québécois[21], alors que les MRC ou leur équivalent sont au nombre de 100[22]. Certains estiment que le nouveau découpage des territoires scolaires préfigure celui des MRC. Si tel était le cas, il est clair que les très petites collectivités se retrouveraient un peu plus marginalisées que maintenant.

---

20. « À l'époque où furent érigées les premières municipalités scolaires [ancêtres directs des commissions scolaires] (1845), la loi leur assigna sensiblement les mêmes limites que celles des municipalités civiles lesquelles correspondaient d'ailleurs au cadre paroissial [...] » (Audet et Gauthier, 1969 : 50-51).

21. Il n'y a que 60 commissions scolaires francophones, mais il y a également neuf commissions scolaires anglophones, couvrant elles aussi l'ensemble du territoire, ainsi que trois commissions scolaires « à statut particulier », deux commissions scolaires autochtones et une autre encore qui couvre le très vaste territoire de la Basse-Côte-Nord (là où se situerait le village de Sainte-Marie-la-Mauderne du film *La Grande Séduction*). D'ailleurs, cette cible d'environ 60 commissions scolaires ne date pas d'hier et paraît même magique tellement on y revient fréquemment et avec insistance au cours de l'histoire ; ainsi, en 1964, le ministère de l'Éducation avait lancé la fameuse « Opération 55 », visant à ramener à ce nombre les commissions scolaires responsables de l'enseignement secondaire et cela avait conduit à la création de commissions scolaires régionales et d'écoles secondaires « polyvalentes » ; mais, déjà en 1930, l'Inspectorat de l'Instruction publique avait réorganisé le territoire et partageait le Québec en 62 districts ruraux groupés en 8 régions administratives, en plus des villes de Québec et de Montréal (Audet et Gauthier, 1969 : 49).

22. 86 municipalités régionales de comté (MRC), 14 municipalités locales « exerçant certaines compétences de MRC » et deux communautés métropolitaines.

RÉFÉRENCES

Audet, Louis-Philippe et Armand Gauthier (1969), *Le système scolaire du Québec*, Montréal, Beauchemin, 2e édition.

Baccigalupo, Alain et Luc Rhéaume (1984), *Les administrations municipales québécoises, des origines à nos jours : anthologie administrative*, Montréal, Agence d'Arc.

Carrier, Mario, Jean-Pierre Collin, Pierre J. Hamel, Vincent Lemieux et Guy Chiasson, avec la collaboration d'Odette Lacasse (2002), *Réorganisation territoriale et gouverne politique et administrative dans les petites municipalités au Québec*, Rouyn, Chaire Desjardins en développement des petites collectivités, Université du Québec en Abibiti-Témiscamingue.

Chouinard, Omer, Pierre-Marcel Desjardins, Éric Forgues, Benoît Lévesque et Marie-Claire Malo (2001), « Coopératives financières, cohésion sociale et nouveau territoire à l'ère de la mondialisation », *Cahiers du CRISES*, collection « Cahiers de recherche », n° 0108.

Collin, Jean-Pierre, Éric Champagne, Pierre J. Hamel et Claire Poitras (1998), *La Rive-Sud de Montréal : dynamique intermunicipale et intégration métropolitaine*, pour le compte de la Ville de Longueuil, Montréal, INRS-Urbanisation.

CSN (s.d., circa 2002), *La CSN, Mouvement et organisation*, en ligne, http://www.csn.qc.ca/Connaitre/MouvementEtOrganisation.pdf.

Dugas, Clermont (1984), « Évolution du monde rural québécois », *Cahiers de géographie du Québec*, vol. XXVIII, n°s 73-74.

Dupuis, Jean-Pierre (1997), « La place et le rôle du Mouvement Desjardins dans le modèle québécois de développement économique », dans Lévesque, Benoît *et al.* (dir.), *Desjardins, une entreprise en mouvement*, Sainte-Foy, Presses de l'Université du Québec.

Hamel, Pierre J. (automne 2002), « Le "Pacte fiscal" entre le gouvernement du Québec et les municipalités : la raison du plus fort est toujours la meilleure », *Organisations et Territoires*, vol. 11, n° 3, http://www.vrm.ca/documents/Hamel_PJ.pdf.

Hamel, Pierre J. (2000), « La gestion des services publics locaux sur des territoires de très faible densité ; préambules et hors-d'œuvre variés », dans Carrier, Mario et Serge Côté (dir.), *Gouvernance et territoires ruraux. Éléments d'un débat sur la responsabilité du développement*, Sainte-Foy, Presses de l'Université du Québec.

Hamel, Pierre J., Jean-Pierre Collin et Claire Poitras, avec la collaboration de Julie Archambault, Dany Fougères, Marc-Antoine Guimont, Jacques Ledent et Jaël Mongeau (2003), *Scénarios de réorganisation municipale dans la MRC de Joliette*, Groupe de recherche sur l'innovation municipale (GRIM), INRS-Urbanisation, Culture et Société, en ligne, http://www.inrs-ucs.uquebec.ca /pdf/rap2003_02.pdf.

Inspecteur général des institutions financières (1998), *Rapport annuel sur les caisses d'épargne et de crédit 1997*, en ligne, http://www.igif.lautorite.qc.ca/publications/rapports_annuels/caisse_epargne_credit/rap_cec1997.

Nouvelles pratiques sociales, « Les CLSC à la croisée des chemins », vol. 1, n° 1.

Palard, Jacques (2001), « La vallée de la Chaudière, creuset du "miracle beauceron". Les traditions culturelles comme facteurs d'innovation économique », *Études canadiennes/Canadian Studies*, n° 50.

Palard, Jacques (1999), « Les recompositions territoriales de l'Église catholique entre singularité et universalité. Territorialisation et centralisation », *Archives de sciences sociales des religions*, n° 107.

Pépin, Lucie (2000), « Les services de proximité en milieu rural québécois », Rimouski, Groupe de recherche interdisciplinaire sur le développement régional de l'Est du Québec (GRIDEQ), Université du Québec à Rimouski, collection « Cahiers du Grideq », n° 22.

LA RECOMPOSITION DES TERRITOIRES LOCAUX AU QUÉBEC : REGARDS SUR LES ACTEURS, LES RELATIONS INTERGOUVERNEMENTALES ET LES POLITIQUES DEPUIS 1990

SERGE BELLEY

Dans une entrevue éditoriale qu'il accordait au journal *Le Soleil*, le 23 novembre 2000, l'ancien Premier ministre du Québec, Lucien Bouchard, affirmait : « Quand on est au gouvernement, il faut être capable de prendre de vraies décisions et de changer les choses [...] il faut regrouper nos forces et faire cesser les chicanes paroissiales... » (Salvet, 2000 : A1). Cette déclaration du Premier ministre a marqué un point tournant dans la volonté de son gouvernement d'aller de l'avant avec la réforme des institutions municipales.

En effet, depuis cette déclaration, un nouveau pacte fiscal a été signé entre le gouvernement et les unions municipales, une quarantaine de regroupements municipaux ont été imposés dans les principales agglomérations métropolitaines et urbaines du Québec, des communautés métropolitaines ont été créées, les compétences des municipalités régionales de comté (MRC) ont été élargies, le Rendez-vous national des régions s'est tenu, des pactes ruraux ont été signés avec chacune des MRC et deux contrats de ville ont été conclus avec les villes de Montréal et de Québec.

D'autres changements politiques sont survenus depuis cette déclaration qui ne sont pas sans liens avec le dossier municipal. Sur la scène provinciale d'abord, le Parti libéral, dirigé par Jean Charest, délogeait, le 14 avril 2003, le Parti québécois qui était au pouvoir depuis septembre 1994. Quatorze mois plus tard, soit en juin 2004, dans la foulée de la loi 9, adoptée en décembre 2003, les citoyens de 31 villes fusionnées de force, dont quatre à Longueuil et quinze à Montréal, décidaient, par référendum, de quitter leur nouvelle ville d'adoption et de retrouver ainsi leur autonomie. Sur la scène fédérale ensuite, le nouveau Premier ministre, Paul Martin, qui succédait à Jean Chrétien en décembre 2003, invitait, en février 2004, les municipalités canadiennes, au grand dam des premiers ministres provinciaux, à jouer « un rôle crucial en aidant le gouvernement à réaliser ses priorités nationales [et à prendre] une place véritable à la table où se décidera le changement dans la vie nationale […][1] ».

Ces déclarations, décisions et résultats électoraux sont liés très directement à la dynamique des recompositions territoriales locales. S'agissant des politiques du gouvernement du Québec à l'égard de l'organisation territoriale locale et régionale, nous voudrions montrer que ces politiques sont le résultat d'une dynamique dans laquelle interagissent six éléments ou composantes : les acteurs, en l'occurrence les gouvernements fédéral, provincial, municipaux et scolaires et les groupes organisés, les résultats des élections (ÉL) à ces différents niveaux, les compétences (CO) de chaque niveau de gouvernement, leurs ressources fiscales (RF), la culture politique (CP) et les aléas de la vie politique qui, encore là, à chaque niveau, influencent les priorités gouvernementales (PG).

À ces six éléments s'ajoute l'environnement global (international et national), dont principalement l'évolution du contexte politique et

---

1. « Le Canada du XXIe siècle, selon Paul Martin », extraits du discours du Trône, *Le Soleil*, 3 février 2004, p. A13.

économique, dans lequel prennent place les acteurs et leurs politiques (voir la figure 1).

Après avoir présenté sommairement notre cadre d'analyse, nous passerons en revue un certain nombre de décisions ou de politiques adoptées depuis 1990 par le gouvernement du Québec et le gouvernement fédéral qui ont profondément influencé, selon nous, la dynamique du jeu municipal. Nous faisons l'hypothèse que, si le gouvernement du Québec demeure toujours celui qui, constitutionnellement et légalement, définit formellement les règles du jeu municipal, il éprouve cependant de plus en plus de difficulté, dans un contexte marqué par la complexité des enjeux et du système d'acteurs, à en maîtriser le déroulement. Il est de ce point de vue un acteur à la fois contrôlant et contrôlé dans des configurations changeantes d'acteurs interdépendants[2].

ARRANGEMENTS POLITICO-INSTITUTIONNELS, JEU DES ACTEURS ET POLITIQUES MUNICIPALES : UN CADRE D'ANALYSE

La nature fédérale du régime politique canadien influence la dynamique des relations entre les niveaux de gouvernement (fédéral, provincial et municipal) et le contenu des politiques qu'ils adoptent. Bien que les gouvernements provinciaux aient, en vertu de la constitution canadienne, la compétence exclusive en matière d'institutions municipales, cela n'empêche pas le gouvernement fédéral, en raison de ses compétences propres, de son pouvoir de dépenser et des priorités nationales qu'il se fixe, d'élaborer et de mettre en œuvre des politiques et des programmes qui ont des effets importants sur les politiques des gouvernements fédérés (provinces) et décentralisés (municipalités et commissions scolaires). Notre cadre d'analyse fait donc une place au gouvernement fédéral, place dont l'importance varie au gré des conjonctures économique et politique, mais qui tend à s'affirmer depuis le milieu des années 1990.

S'agissant du Québec, nous incluons aussi dans notre cadre d'analyse les commissions scolaires. Instances politiques décentralisées,

---

2.   Sur le concept de configuration et l'autonomie relative des acteurs, voir Elias (1991 : 154 et suivantes).

les commissions scolaires, au nombre de 72, sont des organismes élus dotés d'un pouvoir de réglementation et de taxation autonome. Ce dernier aspect est particulièrement important puisque les commissions scolaires financent une partie de leurs responsabilités en prélevant des impôts fonciers locaux. Elles partagent ainsi avec les municipalités le champ d'impôt foncier qui demeure cependant pour ces dernières la principale source de revenus. En raison de la logique des vases communicants, l'augmentation des charges foncières scolaires est ainsi devenue au cours des dernières années une source additionnelle d'irritation pour les municipalités.

FIGURE 1

Dynamique des politiques provinciales municipales et régionales

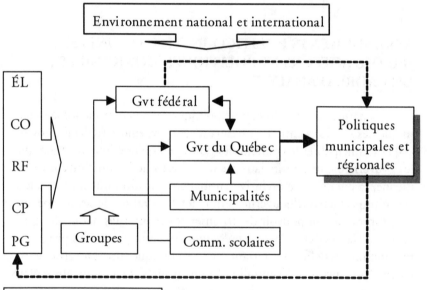

ÉL : Élections
CO: Compétences
RF : Ressources fiscales
CP : Culture politique
PG : Priorités
       gouvernementales

Entre le gouvernement fédéral et les commissions scolaires figurent le gouvernement du Québec et les municipalités qui incluent ici les communautés métropolitaines (CM) et les municipalités régionales de comté (MRC). La figure 1 montre que les relations sont bidirectionnelles entre les deux ordres de gouvernement supérieurs. Il s'agit de relations d'influence et de négociation, ces deux échelons étant souverains dans leurs champs respectifs de compétence. Les flèches qui partent des municipalités et des commissions scolaires vers le gouvernement du Québec et le gouvernement fédéral correspondent aux demandes exprimées par les élus municipaux et scolaires pour des changements aux lois, aux règlements ou aux programmes qui concernent notamment leurs compétences et leurs ressources fiscales.

Nous n'avons pas indiqué comme tel dans notre figure, sinon que par une boîte générique intitulée « groupes », chacun des nombreux groupes d'intérêt présents à chaque niveau de gouvernement et dont les demandes et les actions influencent la production et la mise en œuvre des politiques provinciales municipales. On pense notamment ici aux groupes « spécialisés » ou sectoriels (par rapport au secteur municipal) comme les associations nationale (Fédération canadienne des municipalités, FCM) et provinciales de municipalités (Union des municipalités du Québec, UMQ et Fédération québécoise des municipalités[3], FQM) et aux groupes non spécialisés (par rapport au secteur municipal) qui peuvent, à l'occasion, se prononcer sur des enjeux ou des questions qui intéressent le monde municipal. On pense, par exemple, aux groupes nationaux comme la Fédération des commissions scolaires du Québec (FCSQ), le Conseil du patronat du Québec (CPQ) et les grandes centrales syndicales (CSN, CSQ, CSD, FTQ et SCFP).

La boîte située dans la partie gauche de la figure 1 inclut les cinq éléments qui structurent la dynamique des relations entre les acteurs gouvernementaux et sociaux et, partant, le contenu et le cheminement des politiques provinciales municipales. Ces éléments agissent en même temps, directement ou indirectement, sur chaque niveau et sur les relations entre ces niveaux. C'est ainsi que les résultats des élections (ÉL) se déroulant au niveau fédéral influencent les décisions prises à ce niveau,

---

3. Anciennement l'Union des municipalités régionales de comté et des municipalités locales du Québec (UMRCQ).

lesquelles influencent à leur tour celles des gouvernements des provinces. Il en va de même des résultats des élections au niveau provincial qui influencent les décisions prises à ce niveau et celles qui sont prises par les instances municipales et scolaires. Les résultats des élections municipales et scolaires, qui influencent les décisions prises à ces niveaux, ont cependant, du fait des compétences et des ressources fiscales limitées de ces institutions et de leur morcellement sur le plan territorial, un effet plus limité sur les décisions prises aux autres niveaux. C'est surtout ici la force politique (découlant de l'organisation, de la taille, des ressources et des stratégies) des associations qui représentent et défendent les intérêts de ces institutions ou d'une catégorie d'entre elles (les grandes villes, par exemple) sur le plan national qui détermine leur capacité à influencer les politiques des gouvernements supérieurs.

La force des acteurs et leur capacité à agir dépendent largement de la quantité et de la variété de leurs compétences et de leurs ressources fiscales. C'est la raison pour laquelle ces éléments constituent eux-mêmes des enjeux. Bon nombre des demandes adressées par les municipalités et les commissions scolaires au gouvernement du Québec, comme du reste par ce dernier au gouvernement fédéral, concernent en effet leurs compétences (CO) et leurs ressources fiscales (RF). La particularité de ces deux éléments par rapport aux trois autres (ÉL, CP et PG) est qu'ils sont en partie possédés en propre et en partie partagés. C'est pourquoi chaque niveau ou ordre de gouvernement, qui défend jalousement ses compétences et ses ressources fiscales propres, cherche le plus souvent à les accroître en en obtenant davantage des autres. Le niveau provincial est ici dans une position avantageuse par rapport aux instances municipales et scolaires puisque c'est lui qui détermine les compétences et les ressources fiscales de ces instances. On peut aussi dire de ce point de vue que le gouvernement fédéral est en position avantageuse par rapport aux provinces puisque c'est lui qui détermine les règles entourant le calcul des montants qu'elles reçoivent au titre de la péréquation et des programmes partagés en matière de santé, d'éducation et de services sociaux. Il est toutefois dépendant des provinces ou d'une partie d'entre elles pour les changements à la Constitution.

À ces trois éléments, nous en ajoutons deux autres qui ont trait à la culture politique (CP) et aux priorités gouvernementales (PG). La culture politique renvoie aux valeurs, lesquelles, « considérées en tant que noyaux de croyances, sont reliées à des conceptions de ce qui est désirable et forment la base des opinions que les citoyens se font de leur monde social, économique et politique » (Nevitte, 2002 : 9). Les valeurs politiques sont importantes non seulement parce qu'elles façonnent les préférences et les attentes des citoyens, mais aussi parce que les partis politiques, les gouvernements et les groupes s'inspirent d'elles dans la construction de leurs discours, de leurs programmes et de leurs politiques.

C'est ainsi, par exemple, que depuis le milieu des années 1980 les nouvelles valeurs politiques touchant la transparence, la réduction de la bureaucratie, la participation citoyenne et la performance (qualité, efficience et efficacité) des organisations publiques ont largement inspiré, à tous les niveaux et dans tous les secteurs de politiques publiques, les discours des politiciens et les réformes se réclamant du « nouveau management public » (NMP). Ces changements dans les valeurs ont fait en sorte que, dans la plupart des pays de l'Organisation de coopération et de développement économiques (OCDE), les gouvernements, peu importe leur idéologie, ont poursuivi, à peu de chose près, les mêmes politiques[4].

Les politiques publiques ne sont pas conçues, adoptées et mises en œuvre dans un vide. À tous les niveaux, la prise de décision politique s'effectue dans un contexte économique, politique, social et culturel global[5] dans lequel interviennent un grand nombre de demandes et d'événements de tous ordres qui scandent la vie politique et influencent l'ordre du jour des priorités gouvernementales (PG). La politique ou les priorités gouvernementales, comme l'affirme Kingdon (1984), est un élément important dans le cheminement et l'aboutissement d'une politique publique. Il ne s'agit pas qu'un problème trouve sa solution pour qu'une politique publique aboutisse. Il faut aussi, selon Kingdon, que le contexte ou la conjoncture politique du moment soit favorable, qu'une « fenêtre politique » s'ouvre et qu'un acteur (*policy entrepreneur*) réussisse à ce moment précis à faire converger ensemble le problème

---

4. Voir sur ce point : Dobuzinskis (1997 : 298-316), Peters et Savoie (1995), Charih et Landry (1997), Rouillard (2003 : 209-226) et Lesage (2004 : 10-21).

5. Sur la production des politiques publiques et le contexte sectoriel-global, voir notamment Jobert et Muller (1987).

à résoudre, la meilleure solution disponible et la politique ou les priorités gouvernementales[6].

La théorie de Kingdon est intéressante en ce qu'elle nous rappelle qu'une demande politique, peu importe le niveau auquel elle s'adresse, n'arrive jamais seule. Ainsi, de même qu'elles sont fortement dépendantes, comme le montrent Sabatier et Jenkins-Smith (1999 : 117-168) dans le cas des politiques nationales ou encore Savitch et Kantor[7] dans le cas des politiques locales, du jeu des coalitions d'acteurs qui cherchent à les influencer, les politiques publiques le sont aussi des aléas de la vie politique qui, à tous les niveaux et à tout moment, influencent les priorités gouvernementales.

Notre modèle prend donc en compte l'interdépendance qui existe entre les niveaux politiques et décisionnels, la dépendance des acteurs des échelons inférieurs (scolaire et municipal) de gouverne envers ceux des échelons supérieurs (fédéral et provincial) étant cependant plus forte que l'inverse. Il prend aussi en compte la variable temporelle ou, si l'on veut, le caractère dynamique et conséquemment changeant des relations intergouvernementales, des priorités gouvernementales et des politiques.

À partir de notre cadre théorique, nous analyserons maintenant les principaux enjeux autour desquels s'est structurée la dynamique des politiques publiques territoriales au Québec depuis le début des années 1990. Ces enjeux concernent la fiscalité scolaire, l'état des finances publiques provinciales et fédérales, la situation des villes-centres, le devenir des régions périphériques et la présence fédérale en sol municipal.

---

6. « During the pursuit of their personal purposes, entrepreneurs perform the function for the system of coupling the previously separate streams. They hook solutions to problems, proposals to political momentum, and political events to policy problems » (Kingdon, 1984 : 191).

7. Ces derniers ont bien montré que la composition de ces coalitions gouvernantes, appelées aussi « régime », et leur capacité à influencer les politiques de développement urbain sont notamment fonction des conditions économiques générales et locales et des relations intergouvernementales. Ils affirment toutefois que, si ces facteurs influencent en même temps qu'ils contraignent fortement les politiques locales de développement, « neither market condition nor intergovernmental support is immutable, and cities have been successful in remaking their economic base as well as tightening their intergovernmental support » (Savitch et Kantor, 2002 : 53).

LA FISCALITÉ SCOLAIRE

Lors de la réforme fiscale municipale de 1979, le gouvernement du Québec avait conclu une entente (un « pacte ») avec les municipalités en vertu de laquelle il leur réservait, en contrepartie des montants qu'elles « consentaient » à ne plus recevoir au chapitre des recettes de la taxe de vente provinciale, la quasi exclusivité du champ d'impôt foncier. Cette entente sera respectée jusqu'en 1989, année où le gouvernement du Québec décide de hausser le plafond des taxes foncières scolaires de 0,25 $ à 0,35 $ du 100 dollars d'évaluation. Depuis, en raison de compressions budgétaires imposées aux commissions scolaires, le total des taxes foncières perçues par les commissions scolaires est passé d'environ 200 M$ annuellement à plus d'un milliard de dollars. Comme plusieurs commissions scolaires ont atteint au début des années 2000 le taux de taxation maximal autorisé, l'augmentation annuelle de leurs dépenses accentue sans cesse la pression sur le gouvernement pour qu'il augmente les subventions (générales ou de péréquation) versées aux commissions scolaires ou autorise un nouveau relèvement du taux maximal de la taxe foncière scolaire.

Du point de vue des politiques provinciales municipales, l'enjeu de la fiscalité scolaire soulève au moins deux types de problèmes. Un problème budgétaire d'abord puisque le refus du gouvernement d'augmenter le plafond de la taxe foncière scolaire crée une pression grandissante sur ce dernier pour qu'il augmente ses subventions aux commissions scolaires ou, à défaut de le faire, sur ces dernières pour qu'elles réduisent leurs dépenses et revoient leurs priorités. Si la première option a des incidences sur les priorités gouvernementales et les relations entre le gouvernement, les groupes nationaux (spécialisés et non) et l'électorat, la deuxième en a sur la variété et la qualité des services éducatifs locaux et les relations entre les dirigeants scolaires, les élèves, les parents et les électeurs. La décision d'augmenter le plafond de la taxe foncière scolaire a des incidences quant à elle sur l'équité interrégionale et sur les relations entre les élus scolaires, les élus municipaux et les électeurs-contribuables locaux[8].

---

8.   Sur les enjeux entourant la fiscalité locale (municipale et scolaire) au Québec d'un point de vue historique et sociojuridique, voir Prémont (2001 : 713-778).

Un problème structurel ensuite puisque la recherche de l'efficience (des services éducatifs à moindre coût) conduit soit à une révision des compétences des commissions scolaires, soit à une rationalisation des structures, soit à une combinaison des deux mesures. C'est cette dernière voie que le gouvernement a empruntée en 1995-1996 lorsqu'il a fait passer de quelque 150 à 72 le nombre de commissions scolaires et qu'il a révisé en même temps le partage des compétences entre les commissions scolaires, les directions d'école et les nouveaux conseils d'établissement[9]. Ce projet de décentralisation, qui est resté interne au secteur de l'éducation, aurait pu cependant, comme certains le souhaitaient, tendre vers une plus grande intégration des secteurs scolaire et municipal. Le projet de transférer la responsabilité du transport scolaire et de l'entretien des bâtiments scolaires aux municipalités sera discuté peu après dans la foulée de l'annonce par le ministre des Finances du Québec de transférer 500 M$ de nouvelles responsabilités vers le niveau local. Les élus scolaires, opposés à un tel transfert, n'arriveront pas à s'entendre avec les élus municipaux. L'idée sera tout de même reprise deux ans plus tard dans le rapport de la Commission nationale sur les finances et la fiscalité locales[10].

Pour l'heure, les dossiers de la fiscalité scolaire et de la décentralisation scolaire sont absents de l'agenda gouvernemental. Le nouveau gouvernement Charest, élu en avril 2003, a choisi d'augmenter le budget du ministère de l'Éducation (le seul avec celui de la Santé qui a vu son budget augmenter plus vite que l'inflation), procurant ainsi un peu de répit aux commissions scolaires. L'évolution de la marge de manœuvre budgétaire du gouvernement décidera de la durée de ce répit. La fragilité des finances scolaires demeure donc un élément important de la dynamique des relations provinciales-municipales. En plus de surgir à tout

---

9. Sur l'option d'une décentralisation plus poussée des pouvoirs et des ressources du ministère de l'Éducation et de la commission scolaire vers l'école publique, voir Marceau et Bernier (2004 : 261-298).

10. « Que soit envisagé à moyen terme, dans un contexte de réforme globale du gouvernement local, le transfert au secteur municipal de la responsabilité de gérer et de financer les services publics d'éducation primaire et secondaire et, dans cette perspective, le rattachement des commissions scolaires aux instances supramunicipales [...] » (Commission nationale sur les finances et la fiscalité locales, 1999 : 78).

moment, elle fait partie aussi bien du problème que de la solution à une meilleure gouverne du secteur public local.

L'ÉTAT DES FINANCES PUBLIQUES PROVINCIALES ET FÉDÉRALES

La déclaration du Premier ministre du Québec, Lucien Bouchard, citée au tout début, illustre bien le caractère unilatéral, voire autoritaire, que revêtent, à certains moments, les interventions du gouvernement du Québec à l'égard de ses « créatures » que sont les municipalités. Au Canada, le pouvoir de créer et d'abolir des municipalités et de déterminer leurs champs de responsabilités et leurs ressources fiscales appartient aux gouvernements provinciaux. Ce pouvoir leur est non seulement utile pour imposer aux municipalités des décisions qu'elles ne souhaitent pas ou qui sont souhaitées seulement par certaines d'entre elles, mais aussi pour bloquer ou dénoncer l'intrusion du gouvernement fédéral dans les affaires « urbaines » ou, suivant le nouveau vocabulaire fédéral, des « collectivités ».

Depuis le début des années 1990, trois tendances marquent la dynamique des relations fédérales-provinciales-municipales au Canada : 1) la réduction des transferts fédéraux au chapitre de la santé, de l'éducation post-secondaire, de l'aide sociale et de la péréquation ; 2) l'intensification des interventions fédérales dans plusieurs champs de compétence relevant des provinces, dont celui des affaires municipales ; et 3) la volonté récente du gouvernement fédéral de procurer aux municipalités de nouvelles sources de revenus et de les faire participer plus activement à l'établissement des priorités nationales.

Le rapport de la Commission sur le déséquilibre fiscal (commission Séguin), rendu public en 2002, s'est appliqué à faire la démonstration que les difficultés vécues par le gouvernement du Québec, depuis au moins le début des années 1990, à maintenir et, à plus forte raison, à améliorer l'offre des services publics à la population découlaient en grande partie de la réduction des transferts fédéraux (Commission sur le déséquilibre fiscal, 2002)[11]. Une stratégie budgétaire qui a accentué les tensions entre le gouvernement fédéral et les provinces et qui a envenimé, par ricochet, les relations entre les dirigeants provinciaux et municipaux.

La réduction des transferts fédéraux a, en effet, forcé plusieurs provinces à sabrer dans leurs programmes de subventions (conditionnelles et inconditionnelles) aux municipalités, notamment dans les domaines du logement social, du transport en commun et des infrastructures. Au Québec, les changements apportés à la fiscalité scolaire, la réforme fiscale de 1992 (« réforme Ryan ») et la facture annuelle de 375 M$ imposée aux municipalités entre 1997 et 2000 font partie des mesures mises de l'avant par le gouvernement pour contrer l'effet des compressions fédérales et pour lui permettre d'atteindre son propre objectif d'assainissement des finances publiques (Belley, 2003 : 24-28).

On peut faire l'hypothèse ici que la détérioration des finances publiques provinciales et, par voie de conséquence, de celles de plusieurs municipalités, dont principalement les villes-centres, a créé une pression politique supplémentaire pour revoir le partage des responsabilités entre le gouvernement et les instances locales et l'organisation municipale dans plusieurs provinces (Graham et Phillips, 1998 : 174-185). Au Québec, l'analyse et les recommandations de la Commission nationale sur les finances et la fiscalité locales (commission Bédard) suggèrent qu'un des objectifs recherchés par les scénarios de réorganisation du secteur public local proposés était notamment l'amélioration, tout au moins à moyen terme, de l'état des finances publiques de la Ville de Montréal et du gouvernement[12].

---

11. Il est cependant intéressant de noter que la Commission prend bien soin de préciser dès les premières pages de son rapport qu'il ne peut y avoir de déséquilibre fiscal entre le gouvernement et les instances locales à l'intérieur d'un État unitaire ou d'une province. La notion de déséquilibre fiscal, affirme la Commission, « est intrinsèquement liée au fédéralisme » (Commission sur le déséquilibre fiscal, 2002 : 14). Pour une critique de ce rapport et de la notion de « déséquilibre fiscal », voir notamment Bédard (2003 : 29-34) et Charest et Vaillancourt (2004 : 63-102).

12. « D'une part, la Ville de Montréal connaît une situation financière particulièrement difficile depuis quelques années. D'autre part, le secteur public québécois n'a pas encore tout à fait atteint l'équilibre financier et l'on n'a pas encore corrigé l'écart persistant de fardeau fiscal qui défavorise l'économie québécoise par rapport à ses concurrents. Il était donc important que ces deux éléments soient explicitement pris en considération dans les travaux de la Commission [...] » (Commission nationale sur les finances et la fiscalité locales, 1999 : 4).

Les politiques provinciales municipales au Québec au cours de la décennie 1990-2000 n'ont cependant pas été dictées seulement par la conjoncture économique et budgétaire. Au cours de la première moitié de la décennie 1990-2000, en effet, l'agenda gouvernemental au Québec et à Ottawa a aussi été largement accaparé par le dossier constitutionnel (l'échec de l'Accord du lac Meech, la commission Bélanger-Campeau, l'Accord de Charlottetown et son rejet par référendum en 1992) (Gagnon, 2003 : 165-172), lequel a eu d'importantes répercussions sur la reconfiguration des forces politiques et les résultats des élections fédérales de 1993 (création du Bloc québécois et retour au pouvoir du Parti libéral dirigé par Jean Chrétien) et québécoises de 1994 (création de l'Action démocratique du Québec et retour au pouvoir du Parti québécois dirigé par Jacques Parizeau). On connaît la suite : l'option souverainiste est battue au référendum de 1995, le Premier ministre Parizeau démissionne peu après et un nouveau Premier ministre, Lucien Bouchard, est assermenté en janvier 1996.

Le changement sera brutal. Le nouveau gouvernement met désormais le cap sur l'atteinte du déficit zéro. Après les secteurs de la santé et de l'éducation, le secteur municipal est appelé à faire sa part. Le gouvernement annonce, dans un premier temps, son intention de rationaliser les structures municipales (Gouvernement du Québec, mai 1996) et, dans un deuxième temps, de transférer de nouvelles responsabilités de 500 M$ vers les municipalités (Belley, 1997 : 495-515). Le gouvernement reste toutefois préoccupé par la situation économique et financière de Montréal pour laquelle il entend bien trouver des solutions. Le dossier montréalais et, plus généralement, celui des villes-centres figurent donc à l'agenda.

LA SITUATION DES VILLES-CENTRES

Avec la création du Groupe de travail sur Montréal et sa région (GTMR)[13] en 1992, le dossier des villes-centres prend un nouveau

---

13. Les travaux du Groupe Pichette donnent naissance à deux rapports remis au gouvernement en 1993. Le premier dresse un état des lieux et le deuxième propose une centaine de recommandations visant à faire de Montréal une ville-région moderne, dynamique et prospère (Groupe de travail sur Montréal et sa région, 1993).

tournant au Québec. Le gouvernement libéral annonce en effet son intention de revoir l'organisation municipale et régionale dans la région métropolitaine. Par ailleurs, devant les demandes insistantes des maires des autres grandes villes-centres du Québec pour de nouvelles sources de revenus et une révision des structures régionales, le ministre des Affaires municipales crée, peu de temps après, la Table ronde sur les villes-centres. Toutefois, au grand dam des maires des six villes-centres des régions métropolitaines, le ministre annonce que des représentants des 24 villes-centres des agglomérations urbaines participeront aussi aux travaux de la Table ronde.

Si les six grandes villes-centres obtiennent ainsi, pour la première fois, une forme de « statut particulier » et la mise à l'agenda politique de leurs problèmes, les solutions proposées devront toutefois convenir à plusieurs catégories de villes-centres dans toutes les régions du Québec. La largesse de vue du ministre des Affaires municipales ne s'arrête cependant pas là. Voulant apaiser la colère des maires de banlieue qui digèrent mal le traitement de faveur accordé à leurs vis-à-vis des villes-centres, le ministre ira jusqu'à les inviter à s'asseoir à la Table ronde. Les deux groupes d'élus concluront rapidement à l'impossibilité de s'entendre et déposeront chacun un rapport dont les conclusions et les recommandations sont aux antipodes[14]. La grogne suscitée par le dépôt du rapport du Groupe de travail sur Montréal et sa région en décembre 1993 et l'imminence des élections provinciales inciteront le gouvernement à remettre la réforme à plus tard.

Après le retour au pouvoir du Parti québécois en septembre 1994 et l'adoption, en juin 1997, de la Loi sur la Commission de développement de la métropole, laquelle ne sera jamais mise en œuvre, il faudra attendre le dépôt, en mars 1999, du rapport de la Commission nationale sur les finances et la fiscalité locales pour que soit relancé le débat sur une réforme en profondeur des structures municipales. Suivront ensuite le dépôt, en avril 2000, du Livre blanc sur la réorganisation municipale (Gouvernement du Québec, 2000) et l'adoption, en décembre 2000, dans un climat politique particulièrement houleux, de la loi 170 qui crée cinq nouvelles villes dans les régions métropolitaines de Montréal, de Québec et de l'Outaouais (Gouvernement du Québec, décembre

---

14. Pour une analyse de ces rapports, voir Belley (1997).

2000; Quesnel, 2000 : 115-134; Baccigalupo et Nkot, 2001 : 526-531 et Collin, 2002).

Le dossier des villes-centres trouve en partie son aboutissement dans la conclusion d'un nouveau pacte fiscal avec les unions municipales en septembre 2000, la politique des fusions forcées de décembre 2000 et les référendums municipaux qui, promis par le Parti libéral alors qu'il était dans l'opposition, ont été tenus en juin 2004. Parallèlement à ses interventions touchant les territoires les plus urbanisés, le gouvernement devra s'attaquer au dossier des régions non métropolitaines ou périphériques.

LE DEVENIR DES RÉGIONS PÉRIPHÉRIQUES

De 1985 à 1994, sous les gouvernements libéraux de Robert Bourassa et de Daniel Johnson, les régions du Québec vivront à l'heure de l'entreprise régionale et de la planification stratégique (Gouvernement du Québec, 1988). Après avoir mis fin à l'expérience plus ou moins concluante des sommets socioéconomiques régionaux à la fin des années 1980, le gouvernement invite les acteurs locaux et régionaux, devenus partenaires, à inventorier les forces et les faiblesses de leurs milieux et à mettre l'accent sur l'entrepreneuriat et l'innovation. Les programmes sont désormais modulés en fonction des besoins particuliers des diverses régions et une partie de l'aide financière gouvernementale est dirigée en priorité vers les MRC les plus démunies. C'est la fin, promet le gouvernement, des politiques dites « mur à mur ».

Les élus municipaux se montrent par ailleurs disposés à assumer plus de responsabilités. Par la voix de leurs associations (l'Union des municipalités du Québec et l'Union des municipalités régionales de comté et des municipalités locales du Québec), ils cherchent à relancer le débat, le plus souvent sans grande conviction, sur la décentralisation (Union des municipalités du Québec, 1994; Union des municipalités régionales de comté et des municipalités locales du Québec, août 1994). Leur hésitation tient, d'une part, au fait qu'ils ne s'entendent pas sur la structure qui devrait accueillir les nouvelles responsabilités transférées et, d'autre part, à la crainte que ces dernières ne soient pas accompagnées de nouvelles sources de revenus. L'Union des municipalités régionales de comté et des municipalités locales du Québec privilégie la MRC, qui deviendrait un petit gouvernement régional dirigé par des personnes élues au suffrage direct et doté d'un pouvoir de taxation, tandis que l'Union des municipalités du Québec favorise, de son côté, la municipalité locale, les MRC devant demeurer, selon elle, des coopératives de services.

Le retour au pouvoir du Parti québécois en 1994 marque un nouveau tournant. Le Premier ministre Parizeau, qui a découvert les vertus de la décentralisation pendant son mandat comme président de la Commission d'étude sur les municipalités (Commission d'étude sur les municipalités, 1986) et qui a besoin surtout du vote des électeurs des régions pour gagner le référendum à venir sur la souveraineté, fait la cour aux régions. En plus d'annoncer lors de la présentation de son conseil des ministres la création d'un nouveau ministère consacré au développement des régions, chacune des seize régions administratives se voit attribuer un ministre et un sous-ministre responsables. La Table Québec-régions, qu'il entend présider, est aussi créée afin que les acteurs régionaux puissent faire entendre officiellement leurs voix au plus haut niveau politique.

La défaite du oui au référendum d'octobre 1995 va toutefois reléguer une nouvelle fois aux oubliettes le dossier de la décentralisation. Il faudra attendre l'adoption, en 1997, de la Politique de soutien au développement local et régional (Gouvernement du Québec, 1997) pour que le dossier des régions revienne à l'ordre du jour. Le renforcement des pouvoirs des MRC, l'adoption, en 2001, de la Politique nationale de la ruralité, la tenue, en novembre 2002, du Rendez-vous national des régions et la signature, au printemps 2003, d'un pacte rural avec chacune des MRC figurent parmi les principales interventions du gouvernement du Parti québécois dans le dossier du développement des régions. Plusieurs mesures économiques (crédits d'impôt et régionalisation des interventions de la Société générale de financement) seront aussi adoptées pour favoriser et soutenir la création d'emploi en région.

Ce qui commençait à ressembler à un début de politique globale sur la place et le rôle des régions au Québec a de nouveau été stoppé avec le changement de gouvernement survenu en avril 2003. La « vision » du nouveau gouvernement Charest en matière de développement régional s'annonce en effet bien différente de celle du gouvernement précédent. Moins d'interventionnisme gouvernemental et renforcement des pouvoirs des élus municipaux dans les instances régionales constituent les deux éléments clés de la politique régionale du nouveau gouvernement. Le premier budget du gouvernement, adopté en juin 2003, qui rend moins avantageux pour les entreprises les investissements faits en région (Gouvernement du Québec, 2003 : 10-13), le projet de loi 34, adopté en décembre 2003, qui accorde une représentation majoritaire aux élus municipaux au sein des nouvelles conférences régionales des élus (CRE) et le projet de loi 31, adopté aussi en décembre 2003, qui facilite le recours à la sous-traitance dans le secteur municipal, sont venus concrétiser plusieurs des engagements pris par le Parti libéral lors de la campagne électorale.

Avec le projet annoncé de « réingénierie » de l'appareil gouvernemental, qui pourrait se solder par des transferts de fonctions ou d'organismes gouvernementaux vers les municipalités ou les MRC ou encore par la conclusion de partenariats public-privé (PPP) dans les domaines du transport en commun, de l'assainissement des eaux et de la voirie municipale (Lévesque, 2004 : A1) au cours des prochains mois, les acteurs locaux et régionaux entrent dans une nouvelle ronde de changements.

Il est trop tôt pour prédire la nature, l'ampleur et les conséquences de ces changements. D'autant que la baisse marquée de la popularité du nouveau gouvernement dans les sondages l'a incité à mettre la pédale douce et à se montrer plus ouvert au dialogue avec la population après l'adoption de plusieurs lois controversées en décembre 2003 (Gouvernement du Québec, 2004a). Le Discours sur le budget de mars 2004, qui annonce la création d'un nouveau programme d'aide pour les régions ressources, donne d'ailleurs un avant-goût des « nouvelles » intentions et actions du gouvernement à l'égard des régions et des municipalités (Gouvernement du Québec, 2004b : 16-20)[15]. Des intentions et des actions qui demeurent largement dépendantes de ce qui se passera sur la scène fédérale.

---

15. Les autres décisions du gouvernement prises à ce jour (août 2004) concernent soit son refus (dossiers de la papeterie Gaspésia à Chandler et de l'aluminerie Alcoa sur la Côte-Nord), soit son appui (dossier de la compagnie Intrawest à Mont-Tremblant) à des projets d'investissements privés en région. Les critères ou la politique économique qui guident les décisions gouvernementales en cette matière restent cependant nébuleux. Voir sur ce point : Dubuc (2004 : A17).

LA PRÉSENCE FÉDÉRALE EN SOL MUNICIPAL

L'intervention du gouvernement fédéral dans les champs de compétence qui appartiennent en propre aux provinces, qu'il s'agisse de l'éducation, de la santé ou des affaires sociales, remonte au moins à la fin de la Seconde Guerre mondiale. L'urbanisation croissante d'après-guerre, qui le conduira à intervenir, souvent à la demande des provinces, dans les domaines des infrastructures, de l'habitation, de la rénovation urbaine et du développement économique régional[16], pavera progressivement la voie au développement des relations gouvernementales à trois[17].

Une simple consultation du site Internet du gouvernement fédéral montre de façon éloquente que son rôle dans les affaires locales et régionales ou, pour emprunter la nouvelle terminologie fédérale, « des collectivités » s'est considérablement élargi et diversifié ces dernières années. Les politiques et les programmes fédéraux qui s'adressent aux régions et aux municipalités se comptent en effet par dizaines. Ils touchent aussi bien le développement économique, la pauvreté, les sans-abri, la sécurité urbaine et la protection civile que l'environnement, les arts, la culture et le patrimoine.

Le rôle des municipalités au Canada tend à devenir d'autant plus important et stratégique dans les politiques publiques fédérales que le nouveau gouvernement Martin, réélu en juin 2004[18], veut faire d'elles de véritables partenaires. C'est du moins l'intention annoncée par le

---

16. Pour une revue du rôle et des interventions du gouvernement fédéral dans les champs de compétence des provinces et de l'évolution des relations inter-gouvernementales au Canada, voir notamment Graham et Phillips (1998 : 171-202) et Fowler et Siegel (2002).

17. L'importance politique et constitutionnelle qu'a prise la question autochtone depuis le début des années 1990 sur la scène aussi bien fédérale que québécoise fait qu'il serait plus juste de parler de relations et de négociations à quatre. Sur la question autochtone et ses implications sur les relations fédérales-provinciales et provinciales-municipales au Québec, voir notamment Salée (2003 : 117-150) et Chouinard (2003 : 768-772).

18. Le Parti libéral de Paul Martin, qui a récolté 37 % des suffrages, a fait élire 135 députés alors que les conservateurs, le Bloc québécois et le NPD ont fait élire 99, 54 et 19 députés respectivement. Le gouvernement Martin est donc minoritaire en Chambre.

gouvernement dans le Discours du trône prononcé du 2 février 2004 et réitérée depuis sa réélection. En plus d'annoncer le remboursement intégral de la taxe sur les produits et les services (TPS) aux municipalités, ce qui représente la remise d'un montant de 7 milliards de dollars aux municipalités sur 10 ans, le gouvernement annonçait en même temps la nomination d'un secrétaire parlementaire chargé de conseiller le Premier ministre dans le dossier des villes et de mettre en œuvre le nouveau partenariat qu'il entend établir avec elles[19].

Jusqu'ici le Québec et les autres provinces ont résisté tant bien que mal aux volontés, réelles et appréhendées, du gouvernement fédéral de prendre une part active à la régulation des problèmes urbains et ruraux au pays. Trois raisons principales sont à l'origine des résistances des provinces ou de leurs hésitations à acquiescer aux interventions fédérales. Il y a, premièrement, le caractère non permanent ou non récurrent des programmes et des ententes fédérales-provinciales, lequel rend les provinces dépendantes des changements qui peuvent survenir à tout moment dans les orientations politiques et budgétaires du gouvernement fédéral. L'intervention fédérale dans l'habitation sociale illustre bien ce phénomène de dépendance alors que le gouvernement fédéral, après avoir décidé, au milieu des années 1990, de se retirer presque complètement de ce domaine, obligeant de ce fait les provinces à augmenter leur contribution, est redevenu, depuis qu'il engrange annuellement d'importants surplus budgétaires, un partenaire intéressé au financement du logement abordable.

---

19. Discours du trône : http://www.nouvelles.gc.ca/cfmx/CCP/PDF/sft_fe2004_f.pdf. Les nouvelles orientations politiques fédérales à l'égard des municipalités annoncées dans le Discours du trône ont été confirmées dans le budget fédéral déposé le 23 mars 2004. On y écrit notamment que « le gouvernement fédéral est déterminé à donner aux municipalités l'occasion de mieux se faire entendre en ce qui a trait aux questions qui les touchent [et que] le ministre des Finances a accepté de consulter formellement les représentants municipaux avant le dépôt de chaque budget fédéral » (Gouvernement du Canada, 23 mars 2004). Le 20 juillet 2004, soit un mois après sa réélection, le Premier ministre Martin annonçait la création d'un nouveau poste de ministre d'État aux Infrastructures et aux Collectivités « pour aller de l'avant dans son programme destiné aux villes et aux localités canadiennes » (Gouvernement du Canada, en ligne, http://www.pm.gc.ca), Cabinet du Premier ministre, 21 juillet 2004. Sur les nouvelles relations entre le gouvernement fédéral et les municipalités, voir Bradford (2004 : 39-44) et Sancton et Young (2004 : 29-34).

Il y a, deuxièmement, la crainte qu'une présence plus grande du gouvernement fédéral dans les affaires urbaines et rurales réduise d'autant la capacité des provinces à définir elles-mêmes leurs priorités dans ce champ de politiques. Enfin, troisièmement, il y a la crainte des provinces que les municipalités deviennent un véritable troisième « ordre de gouvernement », reconnu comme tel par le gouvernement fédéral, et qu'elles soient ainsi invitées à discuter, au côté des premiers ministres provinciaux, des priorités nationales. Au Québec, cette crainte a notamment fait partie de l'argumentaire du gouvernement péquiste dans le débat sur la décentralisation. Une crainte qui est en partie partagée par le nouveau gouvernement Charest.

Ainsi, dans un Québec qui demeurerait un état fédéré au sein du Canada, une décentralisation trop poussée des responsabilités et des ressources fiscales au profit des instances locales et régionales affaiblirait dangereusement, prétendait le gouvernement péquiste en 1995, les pouvoirs du Québec vis-à-vis du gouvernement fédéral (Gouvernement du Québec, 1995 : 53-54). De même, dans la foulée de la création du nouveau Conseil de la fédération dont l'initiative revient au gouvernement Charest, aucune place n'est faite au sein de ce conseil aux représentants des municipalités. Seuls les premiers ministres des provinces et des territoires y participeront pour discuter des dossiers qui concernent les deux seuls ordres de gouvernement au Canada, soit le gouvernement fédéral, d'une part, et les provinces et les territoires, d'autre part. Dans un texte décrivant le rôle du Conseil de la fédération, le ministre québécois des Affaires canadiennes, Benoît Pelletier, écrit :

> Le Conseil permettra ainsi aux provinces et aux territoires d'être plus efficaces dans leur lutte contre le déséquilibre fiscal et les diverses tentatives centralisatrices fédérales, de même qu'il leur permettra éventuellement d'avoir davantage leur mot à dire par rapport aux grandes questions nationales (Pelletier, 2004 : A17).

En aucun endroit dans ce texte, le ministre fait référence au rôle des municipalités, petites ou grandes, ou aux enjeux ou problèmes qui les concernent. Il serait surprenant qu'il s'agisse d'un oubli !

La tendance centralisatrice bien réelle à laquelle fait référence le ministre Pelletier et le désir du nouveau gouvernement Martin à Ottawa de conclure un *new deal* avec les gouvernements municipaux rendent désormais plus visibles deux réalités. D'une part, 64 % de la population canadienne (67 % au Québec et 74 % en Ontario) (Collin et Robertson, 2004 : 10) est aujourd'hui concentrée dans les agglomérations métropolitaines. D'autre part, la conception et la mise en œuvre des politiques publiques visant la régulation des grands ensembles urbains et métropolitains tout autant que des milieux moins densément urbanisés ne pourront donner des résultats satisfaisants que si les trois ordres de gouvernement apprennent à mieux travailler ensemble de façon à concevoir de meilleures politiques et à coordonner plus efficacement leurs interventions (Bradford, 2004).

Électoraliste ou non, c'est l'essence même du message du nouveau gouvernement Martin à Ottawa. Il ne fait cependant aucun doute que bon nombre de politiciens municipaux au Canada et au Québec ne retiennent de ce message que ses retombées attendues en espèces sonnantes et trébuchantes, reléguant au second plan la délicate question de la négociation d'une nouvelle gouvernance à trois. Quoi qu'il en soit des attentes et des intérêts des acteurs municipaux, il faudra bien que les gouvernements provinciaux, incluant le Québec, assument leurs responsabilités et consentent à attribuer, notamment aux grandes villes, les ressources qui leur permettront d'assumer plus efficacement leur rôle dans l'avenir. À défaut de le faire, elles n'auront plus aucune raison, comme l'affirme Plunkett, d'interdire le gouvernement fédéral de le faire à leur place (Plunkett, 2004 : 25).

CONCLUSION

À la lumière de notre cadre d'analyse et du rappel de l'évolution de la dynamique des politiques provinciales municipales depuis 1990 au Québec, il ressort trois choses.

Premièrement, que la mise à l'agenda public et politique des problèmes des villes a été fortement reliée ces dernières années à l'enjeu des ressources fiscales et notamment à la détérioration de la situation fiscale et budgétaire du vaisseau amiral municipal que constitue la Ville de Montréal. De la même façon que le retard et la difficulté du gouvernement du Québec à répondre à cet enjeu découlent de ses propres problèmes budgétaires, lesquels ont été amplifiés par la politique budgétaire du gouvernement fédéral. L'enjeu du financement scolaire est venu détériorer un peu plus des relations provinciales-municipales déjà malmenées par le transfert de responsabilités et de factures vers les municipalités.

Deuxièmement, que le calendrier électoral et référendaire, sur la scène aussi bien provinciale que fédérale, a tantôt ralenti, tantôt relancé sur de nouvelles bases le dossier municipal et celui des régions périphériques ou des régions dites ressources. Des dossiers qui sont loin d'être réglés comme le prouvent bien les résultats des référendums municipaux de juin 2004 dans l'agglomération montréalaise et le sort tout à fait incertain réservé à la politique des contrats de ville[20]. Au niveau régional, c'est l'incertitude engendrée par la création des nouvelles conférences régionales des élus (CRE) et les nouvelles orientations en matière de développement économique régional qui fragilise le *modus vivendi* auquel en étaient arrivés l'ancien gouvernement et les acteurs régionaux entre 1997 et 2002.

Troisièmement, que le blocage (ou le déblocage) d'une politique s'explique difficilement si l'on ne fait pas référence à la conjoncture politique et au jeu des groupes et des coalitions d'acteurs. Le fait, par exemple, que plusieurs maires de banlieue et que les communautés anglophone et allophone à Montréal soient des « alliés naturels » du Parti libéral provincial explique que le gouvernement Bourassa ait retardé, au début des années 1990, l'application des recommandations des rapports Pichette, du Comité des grandes villes-centres et de la Table ronde sur les villes-centres. De même, le peu de sympathie dont jouit le Parti québécois chez ces groupes et l'appui, à tout le moins circonstanciel, qu'il a reçu en 2000 des maires des grandes villes, des milieux syndicaux et en partie d'affaires expliqueraient sa détermination à aller de l'avant avec sa politique des fusions forcées[21].

De façon un peu paradoxale, la dynamique politique qui paraissait favorable aux villes-centres et, dans une moindre mesure, aux régions

---

20. Sur le contrat de ville de Montréal et ses répercussions sur les politiques urbaines, voir Séguin et Divay (2003 : 824-835).

21. L'analyse des résultats de l'élection d'avril 2003 montre cependant que le mécontentement suscité par les fusions forcées et l'engagement du Parti libéral à tenir des référendums sur la reconstitution des anciennes villes auraient contribué à la défaite du Parti québécois aux élections d'avril 2003. Voir sur ce point Drouilly (2003 : 598-614).

ressources sur la scène québécoise au début des années 2000, mais moins, à ce moment-là, sur la scène fédérale, est aujourd'hui inversée. Depuis la fin de l'année 2003, les villes et les régions jouissent, en effet, d'un contexte et d'une écoute plus favorables sur la scène fédérale que sur la scène provinciale. Aussi, quatre éléments seront, selon nous, déterminants pour l'évolution de la « cause » des villes et des régions au Québec au cours des prochains mois : 1) la volonté et aussi l'habileté des élus des nouvelles grandes villes, notamment à Montréal compte tenu du renforcement important des pouvoirs des arrondissements, à tirer le maximum des nouvelles possibilités de développement que leur offre la nouvelle organisation municipale et métropolitaine ; 2) la capacité du gouvernement du Québec, de concert avec les autres provinces et les partis d'opposition à Ottawa, à obtenir du gouvernement fédéral qu'il délie encore un peu plus les cordons de sa bourse en ce qui a trait au financement des programmes de santé et de péréquation[22] ; 3) l'habileté du gouvernement Martin, aujourd'hui minoritaire, à réaliser, avec l'assentiment des provinces, ses promesses électorales d'octroyer de nouvelles sources de revenus aux municipalités et de continuer à les soutenir financièrement dans la réhabilitation de leurs infrastructures ; 4) la volonté du gouvernement Charest, parallèlement à l'exercice annoncé de modernisation (« réingénierie ») de l'appareil gouvernemental, d'enclencher, tel que promis, une véritable décentralisation des responsabilités et des programmes gouvernementaux, assortie de ressources fiscales et financières additionnelles, vers les instances locales et régionales (Gouvernement du Québec, 2004a : 139-147).

La recomposition des territoires locaux au Québec a donc connu depuis 1990 des hauts et des bas. De fait, ce sont surtout les structures qui ont été remodelées, et ce très récemment, puisque les compétences et les ressources fiscales des municipalités et les mécanismes formels

---

22. Un déblocage sur la question des transferts fédéraux aux provinces pour le financement des services de santé est survenu en septembre 2004 alors que le gouvernement fédéral a accepté d'augmenter sa contribution au cours de prochaines années. Au moment où ces lignes sont écrites (en septembre 2004), les provinces étaient également confiantes d'obtenir une aide accrue du gouvernement fédéral au chapitre de la péréquation. Voir sur ce point : « Entente entre le fédéral et les provinces en santé » (17 septembre 2004 : A13) et Giroux (2004 : A9).

de consultation et de négociation entre ces dernières et les deux ordres « supérieurs » de gouvernement sont demeurés pour ainsi dire inchangés. Si le gouvernement du Québec a joué un rôle clé dans cette recomposition, il est toutefois demeuré le plus souvent hésitant et réactif face aux demandes des acteurs municipaux et régionaux ne sachant pas comment (ou ne voulant pas) faire d'eux de véritables partenaires dans la conception et la conduite des politiques publiques touchant le développement urbain et régional.

Pour que s'enclenche un véritable changement qui aille au-delà d'une réforme des structures, il faudra, comme le suggère Plunkett, que les gouvernements provinciaux fassent davantage confiance aux élus municipaux et octroient aux municipalités, notamment aux plus grandes, par leur charte ou encore une loi particulière qui s'appliquerait à elles, des pouvoirs et des ressources leur permettant d'expérimenter des modèles de gouvernance mieux adaptés à leurs rôles et responsabilités (Plunkett, 2004 : 24-25). Si le principe d'une telle approche, que l'on pourrait qualifier de « sur mesure », semble aujourd'hui acquis au Québec, tout au moins sur le plan du discours politique, le vrai défi demeure toujours celui de sa mise en œuvre.

RÉFÉRENCES

Baccigalupo, Alain et Fabien P. Nkot (2001), « Pourquoi le gouvernement de Lucien Bouchard a-t-il enfin osé ? », dans Côté, Roch (dir.), *Québec 2002*, Montréal, Fides.

Bédard, Denis (mars 2003), « Au-delà du "déficit zéro", la recherche de l'équilibre des finances publiques », *Télescope* (L'Observatoire de l'administration publique, ENAP), vol. 10, n° 2.

Belley, Serge (mars 2003), « Forces et faiblesses des acteurs de la nouvelle scène municipale », *Télescope* (L'Observatoire de l'administration publique, ENAP), vol. 10, n° 2.

Belley, Serge (automne 1997), « Le nouveau management public et la gestion des agglomérations urbaines au Québec », *Administration publique du Canada*, vol. 40, n° 3.

Bradford, Neil (février 2004), « Place Matters and Multi-level Governance : Perspectives on a New Urban Policy Paradigm », *Options politiques*.

Charest, Caroline et François Vaillancourt (2004), « Les finances publiques québécoises et le déséquilibre fiscal : mythes et réalités », dans Bernier, Robert (dir.), *L'État québécois au XXIe siècle*, Québec, Presses de l'Université du Québec.

Charih, Mohamed et Réjean Landry (dir.) (1997), *La gestion publique sous le microscope*, Sainte-Foy, Les Presses de l'Université Laval.

Chouinard, Tommy (2003), « L'entente de principe avec les Innus. Une année de contestation », dans Venne, Michel (dir.), *L'annuaire du Québec 2004*, Montréal, Fides.

Collin, Jean-Pierre et Mélanie Roberston (2004), « Metropolitan Change and Related Political Behaviour in Canadian Metropolises », présenté à l' *International Metropolitan Observatory Meeting* (January 9-10), Bordeaux.

Collin, Jean-Pierre (automne 2002), « La réforme de l'organisation du secteur municipal au Québec : la fin ou le début d'un cycle ? » *Organisations et territoires*, vol. 11, n° 3.

Commission nationale sur les finances et la fiscalité locales (1999), *Pacte 2000*, Québec.

Commission sur le déséquilibre fiscal (2002), *Pour un nouveau partage des moyens financiers au Canada*, Québec.

Commission d'étude sur les municipalités (1986), *Rapport*, Montréal, Union. des municipalités du Québec

Dobuzinskis, Laurent (1997), « Historical and Epistemological Trends in Public Administration », *Journal of Management History*, vol. 3, n° 4.

Drouilly, Pierre (2003), « Qui a voté quoi, où et pourquoi ? », dans Venne, Michel (dir.), *L'annuaire du Québec 2004*, Montréal, Fides.

Dubuc, Alain (25 août 2004), « Intrawest : jusqu'où aller ? », *Le Soleil*.

Elias, Norbert (1991), *Qu'est-ce que la sociologie ?*, Paris, L'Aube.

« Entente entre le fédéral et les provinces en santé » (17 septembre 2004), Extraits de l'entente conclue entre les premiers ministres des provinces et Paul Martin, *Le Soleil*.

Fowler, Edmund P. et David Siegel (dir.) (2002), *Urban Policy Issues. Canadian Perspectives*, Don Mills, Oxford University Press, 2e édition.

Gagnon, Alain G. (2003), « Le dossier constitutionnel Québec-Canada », dans *Québec : État et société*, tome 2, Montréal, Québec Amérique.

Giroux, Raymond (28 septembre 2004), « Péréquation. Le front commun des provinces chancelle », *Le Soleil*.

Gouvernement du Canada (23 mars 2004), *Le budget de 2004. Un nouveau pacte pour les collectivités*, Ottawa.

Gouvernement du Québec (2004a), *Briller parmi les meilleurs. La vision et les priorités d'action du gouvernement du Québec*, Québec.

Gouvernement du Québec (2004b), *Discours sur le budget, Budget 2004-2005*, Québec.

Gouvernement du Québec (12 juin 2003), *Budget 2003-2004, Discours sur le budget*, Québec.

Gouvernement du Québec (2000), *La réorganisation municipale. Changer les façons de faire, pour mieux servir les citoyens*, Livre blanc, Québec.

Gouvernement du Québec (décembre 2000), projet de loi 170 : *Loi portant sur la réforme de l'organisation territoriale municipale des régions métropolitaines de Montréal, de Québec et de l'Outaouais*, Québec.

Gouvernement du Québec (1997), *Politique de soutien au développement local et régional*, Québec.

Gouvernement du Québec (mai 1996), *Le renforcement des institutions municipales. La consolidation des communautés locales, Problématique et objectifs*, Québec.

Gouvernement du Québec (1995), *Décentralisation. Un choix de société*, Québec.

Gouvernement du Québec (1988), *À l'heure de l'entreprise régionale. Plan d'action en matière de développement régional*, Québec.

Graham, K. et S. D. Phillips (avec A. M. Maslove) (1998), *Urban Governance in Canada*, Toronto, Hartcourt.

Groupe de travail sur Montréal et sa région (1993), *Montréal : une ville-région*, Montréal.

Hamel, Pierre J. (automne 2002), « Le "Pacte fiscal" Québec-Municipalités », *Organisations et territoires*, vol. 11, n° 3.

Jobert, Bruno et Pierre Muller (1987), *L'État en action. Politiques publiques et corporatismes*, Paris, Presses universitaires de France.

Kingdon, John (1984), *Agendas, Alternatives, and Public Policies*, University of Michigan, Harper Collins Publishers.

Lesage, Edward C. (2004), « The problem of how "New Public Organizations" choose their priorities », dans McConkey, Michael et Patrice Dutil (dir.), *Making Connections : Municipal Governance Priorities Today*, Institut d'administration publique du Canada et Comité intergouvernemental de recherches urbaines et régionales, n° 13.

Lévesque, Kathleen (8 mars 2004), « Québec pourrait céder aux villes la gestion d'organismes gouvernementaux », *Le Devoir*.

Marceau, Richard et Sylvain Bernier (2004), « La démocratie scolaire à la croisée des chemins. Une institution politique affaiblie mais une dynamique renouvelée par le choix de l'école », dans Bernier, Robert (dir.), *L'État québécois au XXIᵉ siècle*, Québec, Presses de l'Université du Québec.

Martin, Paul (3 février 2004), « Le Canada du XXIᵉ siècle », extraits du discours du Trône, *Le Soleil*.

Nevitte, Neil (dir.) (2002), *Nouvelles valeurs et gouvernance au Canada*, Montréal, Presses de l'Université de Montréal.

Pelletier, Benoît (4 mars 2004), « Un outil pour faire évoluer le fédéralisme canadien », *Le Soleil*.

Peters, Guy B. et Donald J. Savoie (dir.) (1995), *Les nouveaux défis de la gouvernance*, Sainte-Foy, Les Presses de l'Université Laval.

Plunkett, T.J. (février 2004), « A Nation of Cities await Paul Martin's "New Deal" – Federal Funds for Creatures of the Provinces », *Options politiques*.

Prémont, Marie-Claude (mai 2001), « La fiscalité locale au Québec : de la cohabitation au refuge fiscal », *Revue de droit de McGill*, vol. 46, nᵒ 3.

Quesnel, Louise (2000), « Municipal Reorganisation in Quebec », *Canadian Journal of Regional Science*, XXIII.

Rouillard, Christian (2003), « L'innovation managérielle et les organismes centraux au Québec », dans Gagnon, Alain G. (dir.), *Québec : État et société*, tome 2, Montréal, Québec Amérique.

Sabatier, Paul A. et Hank C. Jenkins-Smith (1999), « The Adcocacy Coalition Framework : An Assesment », dans Sabatier, Paul A., *Theories of the Policy Process*, Boulder / Oxford, Westview Press.

Salée, Daniel (2003), « L'État québécois et la question autochtone », dans Gagnon, Alain G. (dir.), *Québec : État et société*, tome 2, Montréal, Québec Amérique.

Salvet, Jean-Marc (24 novembre 2000), « Finies les chicanes paroissiales. Le gouvernement ne reculera pas dans le dossier des fusions, Lucien Bouchard », *Le Soleil*.

Sancton, Andrew et Robert Young (février 2004), « Paul Martin and Cities : Show us the Money », *Options politiques*.

Savitch, H.V. et Paul Kantor (2002), *Cities in the International Marketplace*, Princeton, Princeton University Press.

Séguin, Anne-Marie et Gérard Divay (2003), « Le contrat de ville de Montréal et la lutte à l'exclusion », dans Venne, Michel (dir.), *L'annuaire du Québec 2004*, Montréal, Fides.

Union des municipalités du Québec (1994), *La décentralisation et les municipalités : les enjeux, le potentiel, les étapes préalables à une réalisation efficiente*, Montréal.

Union des municipalités régionales de comté et des municipalités locales du Québec (août 1994), *Vers un partenariat entre le gouvernement, les municipalités et les MRC*, Québec.

PERCEPTION DES CONSÉQUENCES DES FUSIONS MUNICIPALES DANS LES AGGLOMÉRATIONS URBAINES AU QUÉBEC : RÉSULTATS D'UNE ENQUÊTE

JEAN-PIERRE COLLIN, JACQUES LÉVEILLÉE
ET JASMIN SAVARD

La dernière vague de réformes municipales au Québec a pris pour cible les agglomérations urbaines telles qu'elles sont définies par Statistique Canada. Après une période de réflexion et de débat autour des diverses pistes et approches à la consolidation des agglomérations, en avril 2000, le gouvernement du Québec a opté pour la fusion des municipalités comme première sinon seule mesure capable d'assurer la modernisation du secteur public municipal[1].

---

1. On trouvera des descriptions et des analyses des divers aspects de la réforme municipale des années 2000-2002 dans Jean-Pierre Collin (dir.) (automne 2002), *Organisations et territoires*, numéro thématique sur la « Réforme de l'organisation municipale », vol. 11, n° 3. Parmi les mesures d'importance, la réforme comprend aussi la création de communautés métropolitaines à Montréal et Québec, des éléments de transformation et de renforcement des municipalités régionales de comté (dont les répercussions concernent moins les agglomérations que les milieux « ruraux ») de même que certains aménagements au « pacte fiscal » entre le gouvernement provincial et les municipalités.

CARTE 1

Nouvelles villes d'agglomération créées en 2001-2002

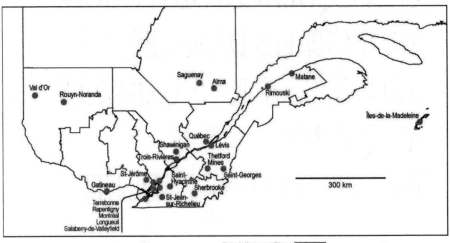

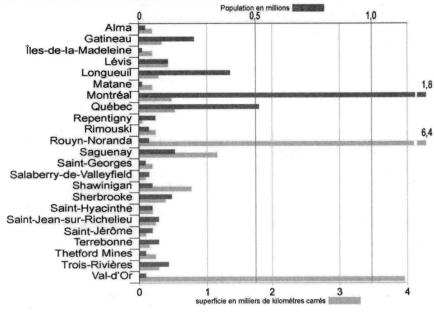

Au livre blanc ont donc succédé les projets de loi 124 et 170[2] de même qu'une série de décrets qui ont eu pour résultat la création de vingt-trois nouvelles villes selon le principe une agglomération une ville (voir l'annexe 1 et la carte 1) ; sauf à Québec où l'on a opté pour le « deux rives, deux villes » et à Montréal qui est restée l'une des rares agglomérations fragmentées malgré la réalisation du séculaire « une île, une ville », du Grand Longueuil et de la mise en place d'une communauté métropolitaine à l'échelle de la région statistique.

Cette réorganisation municipale constitue l'aboutissement d'une orientation politique prise au milieu des années 1960. Les objectifs les plus souvent avancés à l'appui de la réforme sont au nombre de cinq :

–   Assurer une répartition plus équitable du fardeau fiscal entre les contribuables ;

–   Se doter d'une vision commune du devenir des collectivités ;

–   Instaurer des conditions optimales de développement économique ;

–   Rendre le secteur municipal plus efficace tout en permettant un allègement du fardeau fiscal ;

–   Prendre en considération les objectifs de développement durable et d'aménagement du territoire, notamment pour contrer l'étalement urbain.

Cela dit, les animateurs de la réforme ont aussi insisté sur des arguments plus « classiques » tels que le potentiel d'économies d'échelle que renfermerait une telle réforme, la fin des chevauchements coûteux et la mise au rancart des chicanes de clochers.

Malgré la jeunesse de la réforme, il est opportun d'engager dès maintenant un processus d'évaluation de ses effets et, plus particulièrement, d'en faire le bilan en regard des objectifs de départ ou plus géné-

---

2.   Projet de loi 124 modifiant la Loi sur l'organisation territoriale municipale et d'autres dispositions législatives et projet de loi 170 portant réforme de l'organisation territoriale municipale des régions métropolitaines de Montréal, de Québec et de l'Outaouais.

ralement des argumentaires utilisés à l'appui de la nécessité de réduire la fragmentation municipale. Bien entendu, la documentation pour ce faire est mince. Mises en place au 1er janvier 2002, sauf quelques rares exceptions, les nouvelles villes en sont encore aux premiers balbutiements et sont engagées dans un long processus de restructuration dont la plupart des effets budgétaires, fiscaux et organisationnels sont encore à venir[3]. D'autant plus que l'obligation a été faite à plusieurs d'entre elles de s'engager dans une réorganisation administrative (effet des projets de loi 23 et 33[4]) et la mise en route des défusions (à la suite du projet de loi 9[5]) ont sérieusement ralenti la construction des nouvelles villes, voire, dans les cas de Montréal et de Longueuil, provoqué une nouvelle onde de choc dont les conséquences seront certainement aussi importantes que celles de la fusion.

Dans ce contexte, à défaut d'une documentation statistique ou autre disponible, nous nous tournons vers les opinions des acteurs et observateurs de la scène municipale pour sonder leurs perceptions des conséquences de ces fusions municipales. En pratique, dans ce sondage par questionnaire postal, nous nous sommes adressé à six intervenants pour chacune des 23 nouvelles villes d'agglomération de plus de 10 000 personnes. Ces villes sont issues des regroupements intervenus dans la foulée de la réorganisation municipale. Les villes concernées ont été instituées en 2001 ou dans la première moitié de 2002[6].

---

3. Une anecdote parmi de nombreuses autres : les réseaux de bibliothèques et de piscines de la ville de Montréal n'ont pas encore connu la fusion vingt-huit mois après la naissance de la nouvelle ville. Ainsi, pour les premières, un Montréalais doit se munir de 22 cartes pour avoir accès à l'ensemble du réseau et devra consulter autant de bases de données pour faire au préalable sa recherche bibliographique (François Cardinal, « Fusion ou confusion ? », *La Presse*, 17 avril 2004, A1 et A4).

4. Loi modifiant de nouveau diverses dispositions législatives concernant le domaine municipal, projet de loi 23 (2003, chapitre 19) et Loi modifiant la Charte de la Ville de Montréal, projet de loi 33 (2003, chapitre 28).

5. Loi concernant la consultation des citoyens sur la réorganisation territoriale de certaines municipalités (2003, chapitre 14).

6. Au total, la réorganisation territoriale menée par la ministre Louise Harel aura permis le regroupement de 212 municipalités en 42 nouvelles villes.

Évidemment, entreprise à l'automne 2003, alors que les nouvelles villes ne sont encore qu'au premier stade de la mise en place, au moment de l'adoption d'un premier véritable budget, il s'agit d'une étude exploratoire visant à prendre le pouls et à repérer quelques-unes des répercussions « probables » des fusions municipales, à partir des perceptions d'un échantillon restreint d'acteurs. De toute évidence, les observations que nous pouvons dégager des résultats du sondage représentent au mieux des hypothèses qu'il sera utile, voire essentiel, de vérifier ultérieurement, lorsque des données et des séries statistiques seront devenues disponibles et lorsque le choc des défusions prochaines aura été passé.

L'objectif de ce chapitre est donc modeste. Après une présentation de la méthodologie de l'enquête, nous rapportons les résultats les plus significatifs des réponses à la trentaine de questions fermées regroupées en six thèmes :

– Les économies d'échelle ;

– La gestion des services municipaux ;

– La gestion administrative et organisationnelle ;

– Les changements politiques et institutionnels ;

– La vie politique et les dynamiques sociopolitiques ;

– La solidarité d'agglomération, la planification et le développement économique.

UNE ENQUÊTE PAR QUESTIONNAIRE AUPRÈS DES NOUVELLES GRANDES VILLES

L'élaboration du questionnaire a été précédée d'une revue des analyses faites au Québec, au Canada et ailleurs dans le monde sur l'effet des regroupements municipaux. L'exercice avait pour but d'inventorier un certain nombre d'indicateurs et de constituer une grille d'analyse utile à l'évaluation des conséquences de regroupements ou de fusions de municipalités. Les objectifs précis de la recension des écrits ont été les suivants :

- Effectuer une synthèse des méthodes utilisées dans la littérature pour évaluer les « résultats » et les « conséquences » des regroupements municipaux ;

- Retracer les thèmes privilégiés d'analyse des « conséquences » des regroupements municipaux ;

- Faire ressortir des éléments du terrain empirique qu'il serait intéressant d'analyser.

Cette revue de la littérature nous apprend d'abord qu'en règle générale les études de ce genre arrivent difficilement à des conclusions fiables en faveur ou en défaveur de la fusion comme stratégie de réorganisation municipale. C'est tout particulièrement le cas des analyses statistiques qui s'attardent, pour les unes, à la question des économies d'échelle que rapporteraient les regroupements municipaux, pour les autres, aux surcoûts qu'entraînerait la fusion. Ensuite, cette revue de la littérature nous apprend qu'au classique critère des économies d'échelle il faut ajouter au moins cinq autres grands thèmes à la grille d'évaluation des fusions municipales : la gestion des services municipaux, la gestion administrative et organisationnelle, les changements politiques et institutionnels, la vie politique, la démocratie et la transformation des dynamiques sociopolitiques, la solidarité d'agglomération, la planification et le développement économique.

Notre questionnaire reprend donc chacun de ces thèmes au moyen de quelques indicateurs. Au total, il s'agit d'un ensemble de 30 questions fermées et quatre questions ouvertes réparties en six séries thématiques (tableau 1). Les questions invitent les répondants à fournir, à propos des thèmes abordés, une évaluation (ou une appréciation) de la fusion au sein de leur agglomération.

Pour les questions 1, 2 et 4 à 9 inclusivement, nous inspirant de la nomenclature la plus courantes dans le monde municipal au Québec, nous avons demandé au répondant de détailler sa réponse selon les secteurs de l'activité municipale, soit :

a) Travaux publics (voirie et hygiène du milieu) ;

b) Loisirs, culture et vie communautaire ;

c) Administration générale ;

d) Sécurité publique (police et incendie) ;

e) Développement du territoire et aménagement;

f) Ensemble des services municipaux.

TABLEAU 1
La structure du questionnaire, les thèmes et les indicateurs

N°	Thème	Indicateur	
1	Économies d'échelle	Évolution du nombre d'employés	
2		Éliminer les chevauchements	
3			Opinion générale
4	Gestion des services municipaux	De meilleurs services	
5		Plus grande accessibilité	
6		Variété accrue des services	
7		Uniformisation du niveau de service	
8	Gestion administrative et organisationnelle	Spécialisation accrue des employés	
9		Éliminer les chevauchements	
10		Création de nouvelles entités	
11		Arrimage des cultures organisationnelles	
12		Climat de travail	
13			Question ouverte
14	Changements politiques et institutionnels	Création de partis politiques	
15			
16		Professionnalisation des élus	
17		Nouvelles stratégies de communication	
18			Question ouverte
19	Vie politique et dynamiques sociopolitiques	Démocratie participative	
20		Participation citoyenne	
21		Engagement bénévole	
22		Soutien à la vie associative	
23		Organisation communautaire	
24		Relations avec le communautaire	
25			Question ouverte
26	Solidarité d'agglomération et	Sentiment d'adhésion à la nouvelle ville	

TABLEAU 1 - suite

N°	Thème	Indicateur	
27		Équité	
28		Meilleure planification du territoire	
29	Développement écono-mique	Organisation	
30		Stratégie	
31		Nouvelles initiatives	
32		Regroupement d'organismes	
33		Moins de concurrence inter-municipale	
34			Question ouverte
35	Caractéristiques du répondant	Âge	
36		Niveau de scolarité atteint	
37		Catégorie linguistique	
38		Sexe	
			Commentaires

Le questionnaire a été soumis à six intervenants clés dans chacune des 23 villes à l'étude, soit :

– Maire/Mairesse de la nouvelle ville

– Directeur général/Directrice générale de la nouvelle ville

– Président/Présidente de la chambre de commerce locale

– Président/Présidente du centre local de développement (CLD)

– Journaliste local affecté à la couverture des affaires municipales

– Intervenant dans un regroupement local d'organismes communau-taires

Dans l'analyse, nous distinguerons trois catégories de villes selon la taille démographique (tableau 2). Ainsi, les « grandes villes » sont celles qui, après fusion, ont 100 000 personnes et plus au recense-ment de 2001. Les « villes moyennes » comprennent entre 40 000 et 99 999 personnes et les « petites villes » ont moins de 40 000 habitants.

TABLEAU 2

Répartition des destinataires par catégorie de villes

Catégorie de ville	Caractéristique	Nombre de villes	Nombre de questionnaires expédiés
Grandes villes	100 000 habitants et +	8	48
Villes moyennes	40 000-99 999 habitants	8	48
Petites villes	10 000-39 999 habitants	7	42

L'envoi des questionnaires s'est effectué dans la première semaine de septembre 2003. En octobre, une relance par courriel a été effectuée. Au terme du processus d'enquête, nous obtenons un taux de réponses relativement satisfaisant de 38,4 %, soit 53 questionnaires remplis sur une possibilité de 138.

Les taux de réponses pour chacune des catégories de villes sont relativement similaires (tableau 3). En ce qui a trait aux réponses par catégorie de répondants, on remarque toutefois des écarts considérables (tableau 4). Les directeurs généraux ont été les plus assidus avec un taux de réponse de 69,8 %. Pour les autres, huit maires (34,7 %), seulement quatre présidents de chambre de commerce (17,3 %), sept présidents de CLD (30,4 %), dix journalistes (43,4 %) de même que six représentants de groupes communautaires (26,0 %) ont répondu au questionnaire. La plus grande assiduité des directeurs généraux des villes fait en sorte qu'ils sont surreprésentés au sein de l'échantillon. Au cours de l'analyse, nous distinguerons aussi à l'occasion entre, d'une part, les intervenants municipaux (maires et directeurs généraux) et, d'autre part, les intervenants socio-économiques et communautaires.

TABLEAU 3

Taux de réponses par catégorie de villes

Catégorie de ville	Nombre de réponses sur questionnaires envoyés	Taux de réponses (en %)	Répartition du total des réponses reçues	Répartition du total des réponses (en %)
Grandes villes	18/48	37,5 %	18/52	34,6 %
Villes moyennes	17/48	35,4 %	17/52	32,7 %
Petites villes	17/42	40,5 %	17/52	32,7 %

TABLEAU 4

Taux de réponses par catégorie de répondant

Catégorie de répondant	Nombre de réponses sur questionnaires envoyés	Taux de réponses (en %)	Répartition du total des réponses reçues	Répartition du total des réponses (en %)
Maires	8/23	34,7 %	8/52	15,4 %
Directeurs généraux	16/23	69,8 %	16/52	30,8 %
Présidents de chambres de commerce	4/23	17,3 %	4/52	8,0 %
Présidents de CLD	7/23	30,4 %	7/52	13,5 %
Journalistes	10/23	43,4 %	10/52	19,2 %
Représentants de groupes communautaires	6/23	26,0 %	6/52	11,5 %

Si l'on jette un œil sur le profil des répondants, on remarque que la très grande majorité (84,6 %) sont de sexe masculin. Par ailleurs, 82,7 % disent avoir terminé des études universitaires et ce pourcentage grimpe à 98,1 % lorsque l'on considère aussi les études collégiales. La presque totalité (98,1 %)[7] se disent francophones. L'âge moyen et médian des répondants est respectivement de 49 et de 54 ans.

LES RÉSULTATS DE L'ENQUÊTE

Bien entendu les résultats du sondage ne sont pas tous également significatifs, surtout que le petit nombre de répondants en rend parfois difficile l'interprétation. Nous ne rapportons pas tous les résultats du sondage mais seulement les constats les plus significatifs pour chacun des six thèmes. De surcroît, seuls les résultats aux questions fermées sont pris en compte.

---

7.   Du seul fait qu'un répondant a refusé de répondre à cette question.

Le regroupement municipal est-il source d'économies d'échelle ?

La question des économies d'échelle demeure l'une des plus débattues dans la littérature consacrée à l'analyse des regroupements municipaux. Nous l'avons abordée de trois manières : la première s'intéresse à l'évolution du nombre d'employés de la fonction publique locale, la deuxième tente de percevoir s'il y a eu élimination des chevauchements de services, la dernière est plus générale (globale) et se formule ainsi : Selon, vous, le regroupement municipal a-t-il permis d'atteindre les objectifs d'économies d'échelle ? »

Dans l'ensemble, 50,0 % des répondants estiment que le regroupement n'a pas, après vingt mois, atteint les objectifs d'économies d'échelle alors que 40,4 % jugent le contraire. La réponse n'apparaît donc pas très claire.

L'analyse des résultats par catégories de villes suggère tout de même quelques éléments d'explications (tableau 5). Ces résultats nous indiquent que, pour ce qui est des grandes villes de plus de 100 000 habitants, loin de faire l'unanimité, cette question divise littéralement les répondants. Cependant, selon 58,8 % des répondants concernés, les villes moyennes bénéficieraient d'économies d'échelle à la suite de la fusion tandis que, pour les petites villes, 76,5 % des répondants prétendent tout le contraire.

TABLEAU 5

Selon vous, le regroupement municipal a-t-il permis d'atteindre les objectifs d'économies d'échelle ?

Catégories de villes	Classification	Choix de réponses		
		Oui	Non	Ne sait pas
Grandes villes	100 000 et +	44,4 %	44,4 %	11,1 %
Villes moyennes	40 000 à 99 000	58,8 %	29,4 %	11,8 %
Petites villes	10 000 à 39 999	17,6 %	76,0 %	0 %

On remarque aussi une nette divergence entre les opinions des représentants municipaux (maires et directeurs généraux) et celles des représentants des milieux socio-économiques et communautaires.

En effet, une courte majorité des premiers répondent par l'affirmative tandis que les répondants issus des milieux socio-économiques et communautaires sont en majorité d'opinion contraire (tableau 6).

TABLEAU 6

Selon vous, le regroupement municipal a-t-il permis d'atteindre les objectifs d'économies d'échelle ?

Répondants	Choix de réponses		
	Oui	Non	Je ne sais pas
Maire	50,0 %	37,5 %	12,5 %
Directeur général	56,3 %	37,5 %	6,3 %
Président CC	25,0 %	50,0 %	25,0 %
Président CLD	28,6 %	71,4 %	0 %
Journaliste	30,0 %	60,0 %	10,0 %
Intervenant communautaire	33,3 %	66,7 %	0 %

TABLEAU 7

Perception de l'amélioration de la gestion des services municipaux, tous les répondants

Services	Meilleurs services ? Q.4		Plus grande accessibilité ? Q.5		Variété accrue de services ? Q.6		Uniformisation des services ? Q.7	
	Qualité		Accessibilité		Variété		Uniformité	
	Oui	Non	Oui	Non	Oui	Non	Oui	Non
Travaux publics	**48,1**	40,4	30,8	**55,8**	28,8	**53,8**	**69,2**	15,4
Loisirs, culture…	**63,5**	26,9	**65,4**	28,8	**55,8**	36,5	**71,2**	23,1
Administration générale	**51,9**	36,5	28,8	**61,5**	34,6	**51,9**	**84,6**	9,6
Sécurité publique	**65,4**	23,1	**55,8**	34,6	44,2	**46,2**	**73,1**	21,2
Développement du territoire	**55,8**	32,7	**48,1**	42,3	44,2	44,2	**69,2**	21,2
Ensemble des services	**53,8**	25,0	**44,2**	36,5	40,4	**42,3**	**67,3**	19,2

Quel est l'effet de la fusion sur la gestion des services municipaux ?

Une série de quatre questions ont été consacrées respectivement aux thèmes de la **qualité**, de l'**accessibilité**, de la **variété** et de l'**uniformité** des services municipaux depuis la création des nouvelles villes. Le tableau 7 présente de manière synthétique les résultats des réponses à ces questions.

Dans l'ensemble, les répondants ont déclaré que la qualité et l'uniformité des services ont été améliorées depuis la création des nouvelles grandes villes. Les résultats aux questions d'accessibilité et de variété de services sont quant à eux plus mitigés. La fusion n'aurait pas eu d'effet (ou aurait eu un effet négatif) sur l'accessibilité et la variété des services en matière de travaux publics et d'administration générale. Si l'on en croit les résultats, ce sont les services de loisirs, de la culture et de la vie communautaire qui semblent avoir bénéficié le plus des regroupements municipaux : les répondants estiment majoritairement que ces derniers ont bénéficié d'un accroissement de la qualité, de l'accessibilité, de la variété et de l'uniformité.

Cela dit, les grandes villes afficheraient un bulletin plus négatif que les petites ou les moyennes villes. Autrement dit, ce sont les petites et les moyennes villes qui semblent avoir bénéficié le plus des regroupements.

Finalement, pour chacune des questions, on constate une nette opposition entre les représentants des villes et ceux des milieux socio-économiques. Cette opposition s'explique probablement par la position qu'occupent les répondants. De toute évidence, on comprend bien que le maire ou le directeur général d'une nouvelle ville ait une appréciation plus positive des répercussions de la fusion pendant que les acteurs extérieurs à la municipalité adoptent plus souvent une position sinon critique du moins plus mitigée à l'égard de l'amélioration des services municipaux à la suite du regroupement.

TABLEAU 8

Perception de l'amélioration de la gestion
des services municipaux, par catégorie de villes

	Qualité		Accessibilité		Variété		Uniformité	
	Oui	Non	Oui	Non	Oui	Non	Oui	Non
Grandes villes	33,3 %	33,3 %	22,2 %	**55,6 %**	33,3 %	**50,0 %**	38,9 %	38,9 %
Villes moyennes	**70,6 %**	11,8 %	**52,9 %**	29,4 %	**47,1 %**	29,4 %	**94,1 %**	0 %
Petites villes	**58,8 %**	29,4 %	**58,8 %**	23,5 %	41,2 %	**47,1 %**	**70,6 %**	17,6 %

Le regroupement municipal, source de changements politiques et institutionnels ?

La réorganisation municipale a-t-elle engendré d'importantes transformations politiques et institutionnelles ? Des résultats à cette série de questions, on peut dégager que les regroupements municipaux n'ont pas donné lieu à la création de nouveaux partis politiques municipaux (question 14), n'ont pas substantiellement modifié les rapports entre, d'une part, les élus et, d'autre part, les fonctionnaires ou les citoyens (question 15). Il y aurait, par contre, une certaine « professionnalisation » des postes de maire, dans les trois catégories de villes (grandes, moyennes et petites), et de conseiller municipal, dans les seules grandes villes, plus souvent exercés à plein temps après la fusion (question 16). Aussi, les villes grandes et moyennes auraient mis en place de nouvelles stratégies d'information et de communication (près des trois quarts des répondants l'affirment).

Une gestion administrative et organisationnelle en transformation ?

Le thème de la gestion administrative et organisationnelle vise à éclairer les transformations relatives à la gestion interne des nouvelles villes. Les quelques questions consacrées à ce thème ont pour objectif de cerner quelques-unes des transformations importantes en ce qui a trait à la fonction publique locale, aux structures administratives de même qu'aux relations de travail.

Avec cette série de questions, nous nous sommes donc intéressés aux répercussions du regroupement municipal sur la spécialisation du personnel cadre et des employés (question 8), à l'élimination des chevauchements (question 9), à la création d'entités parallèles de gestion (question 10), à l'arrimage des cultures organisationnelles (question 11) et au climat de travail (question 12). Une dernière question ouverte (question 13) demandait au répondant une évaluation libre et personnelle des « principaux changements qui se sont opérés dans la nouvelle ville en ce qui a trait aux modes de fonctionnement organisationnel, à la fourniture de services municipaux et aux relations de travail ». Bien qu'elles soient relativement nombreuses, ces appréciations « libres » ne font pour l'essentiel que reprendre et confirmer les réponses aux questions fermées.

Les avis sont très partagés en ce qui concerne les conséquences du regroupement sur la spécialisation du personnel (cadres et employés), la création d'entités parallèles et le climat de travail. Par contre, on constate qu'une nette majorité des répondants considèrent que les regroupements ont eu effectivement pour effet d'éliminer un certain nombre de chevauchements, et ce, dans chacun des secteurs de l'activité municipale.

– Travaux publics : 61,5 %

– Loisirs, culture et vie communautaire : 69,2 %

– Administration générale : 67,3 %

– Sécurité publique : 63,5 %

– Développement du territoire : 61,5 %

– Ensemble des services municipaux : 59,6 %

Les résultats par catégorie de villes affichent d'ailleurs les mêmes tendances. En effet, 50 % des répondants des grandes villes, 70,6 % de ceux des villes moyennes et 58,8 % de ceux des petites villes jugent qu'il y a eu élimination de chevauchements pour l'ensemble des services municipaux. Encore que c'est à nouveau dans les villes moyennes que l'influence de la réforme semble le plus affirmée.

Les représentants des villes présentent une évaluation très positive des regroupements en ce qui a trait aux chevauchements de structures. En effet, ceux-ci estiment, dans une proportion de 83,3 %, que les regroupements ont permis l'élimination des chevauchements pour l'ensemble des services municipaux. Les répondants des milieux socioéconomiques sont, quant à eux, plus sceptiques (tableau 9). Ainsi, bien qu'ils soutiennent majoritairement avoir perçu l'élimination de chevauchements pour quatre des cinq secteurs de l'activité municipale, ils ne sont plus que 40,7 % à conclure à l'élimination des chevauchements pour l'ensemble des services municipaux. Par ailleurs, dans le cas particulier du développement du territoire et de l'aménagement, les représentants des villes estiment à 83,3 % l'élimination des chevauchements de structures administratives ; pendant que ceux des milieux socioéconomiques et communautaires ne partagent cette opinion qu'à 44,4 % seulement.

TABLEAU 9
Le regroupement a permis d'éliminer les chevauchements

	Maires et directeurs généraux des villes	Milieux socioéconomiques et communautaires
Travaux publics	70,8 %	55,5 %
Loisirs, culture…	75,0 %	66,6 %
Administration	83,3 %	55,5 %
Sécurité publique	70,8 %	66,6 %
Développement du territoire	83,3 %	44,4 %
Ensemble des services municipaux	83,3 %	40,7 %

Mais peut-être cette fin des chevauchements est-elle indicatrice surtout du fait que nous sommes devant un processus d'annexion des banlieues à la ville-centre plutôt que de regroupement municipal, comme le promet et le promeut la réforme. En effet, à en croire les résultats obtenus, force est de constater que, de l'avis de 69,2 % des répondants, le processus de regroupement a eu pour conséquence de faire prédominer la culture organisationnelle de la ville-centre sur les autres (question 11). La même tendance s'observe pour les trois catégories de villes. En effet, 66,7 % des répondants des grandes villes, 88,2 % de ceux des villes moyennes et 52,9 % de ceux des petites villes jugent qu'une culture organisationnelle a prédominé sur les autres. Les résultats par catégories de répondants ne sont pas, cette fois, en contradiction avec les tendances observées. En effet, la grande majorité, dans chacune des catégories à l'exception des intervenants communautaires, constatent que la culture organisationnelle de la ville-centre a prédominé.

Solidarité d'agglomération, développement économique et planification

De manière générale, les répondants sont divisés sur la question du sentiment d'appartenance au sein des nouvelles villes (question 26) dans la mesure où 48,1 % des répondants estiment constater la naissance d'un nouveau sentiment d'appartenance alors que 40,4 % contestent cette évaluation. L'émergence d'un nouveau sentiment d'appartenance serait cependant plus affirmée dans le cas du groupe des villes moyennes où 58,8 % des répondants estiment que les citoyens cultivent un nouveau sentiment d'appartenance à l'égard de la nouvelle ville.

À nouveau, les représentants municipaux et ceux des milieux socioéconomiques et communautaires affichent une nette divergence sur la question du sentiment d'appartenance des citoyens. Les maires et les directeurs généraux des nouvelles villes considèrent majoritairement (62,5 %) que la nouvelle ville a stimulé l'émergence d'un nouveau sentiment d'appartenance de la part des citoyens. À l'opposé, les répondants des milieux socioéconomiques et communautaires ne croient pas, selon 51,8 % d'entre eux, que les citoyens entretiennent un nouveau sentiment d'appartenance à l'égard des nouvelles villes.

Cela dit, à voir les résultats obtenus, nous serions tenté de croire que la création des nouvelles villes montrerait une tendance vers l'atténuation des inégalités entre les entités regroupées (question 27). En effet, 76,9 % des répondants estiment que les regroupements ont permis d'atteindre l'objectif d'une plus grande équité entre les citoyens et les parties des nouvelles villes. Seulement 15,4 % prétendent que cet objectif n'est pas atteint. Ce résultat positif vaut pour toutes les catégories de répondants. Il est plus prononcé chez les répondants des moyennes et petites villes (82,4 %) que chez ceux du groupe des grandes villes (66,7 %).

En matière de planification du territoire, on remarque à l'analyse des résultats que la réforme municipale aurait eu un effet très positif. En effet, 82,7 % de l'ensemble des répondants estiment que les fusions assurent un meilleur contrôle du développement urbain (question 28). La tendance qu'affichent les résultats par catégories de villes est exactement la même dans la mesure où, pour chacune des catégories, les répondants disent à plus de 82 % que les regroupements permettent une meilleure planification du territoire. Les résultats par catégorie de répondants, qui oscillent entre 66,7 % et 100 %, ne font que confirmer la tendance. Fait intéressant, la totalité des maires et des directeurs généraux affirment que la création des nouvelles villes assure une meilleure planification du territoire et un meilleur contrôle du développement urbain.

Le regroupement municipal ne semble pas avoir eu pour effet d'inciter à la transformation ou au regroupement des organismes publics (tels que les CLD) ou privés (tels que les chambres de commerce) de développement économique (questions 29 et 32). Par contre, le regroupement municipal se serait traduit par de nouvelles initiatives en matière de développement économique (question 31) dans les cas des villes grandes (selon 66,7 % des répondants) et moyennes (selon 70,6 % des répondants). Surtout, les nouvelles villes se montreraient particulièrement préoccupées par la question du développement économique dans la mesure où 75 % des répondants affirment que les villes se sont dotées, ou sont en voie de se doter, d'une stratégie globale de développement économique (question 30). À l'analyse des résultats par catégorie de villes, il apparaît que cela vaut surtout pour les grandes (selon 83,3 % des répondants) et moyennes villes (82,4 %), mais que les petites villes ne sont pas en reste puisque 58,8 % des répondants disent que leur ville s'est dotée d'un plan global de développement économique.

La réforme avait pour objectif avoué d'éliminer la « concurrence stérile » entre les municipalités formant les agglomérations urbaines. Nous avons donc posé la question à savoir si, depuis la naissance de la nouvelle ville, la concurrence entre les anciennes municipalités est moins vive. La réponse est relativement claire. En effet, 73,1 % des répondants affirment que la concurrence intermunicipale est moins vive depuis la naissance des nouvelles villes. La réponse paraît tout aussi affirmative dans chacune des catégories de villes alors que 66,7 % des répondants des grandes villes, 88,2 % de ceux des villes moyennes et 64,7 % des petites villes affirment que la concurrence est moins intense depuis les fusions.

Les résultats par catégorie de répondants montrent une tendance similaire. Les représentants des villes disent à 75 % que la concurrence intermunicipale est moins vive depuis les regroupements alors que

62,9 % des représentants des milieux socioéconomiques et communautaires arrivent à la même conclusion.

Vie politique, démocratie et transformation des dynamiques sociopolitiques

Quelle est l'incidence des regroupements municipaux sur la dimension politique et démocratique des gouvernements locaux ? Avec cette dernière série de questions, nous nous sommes donc intéressé à la mise en place de mécanismes de démocratie participative, à la participation des citoyens à la vie politique locale, à l'engagement bénévole, à la vie associative de même qu'aux relations entre les groupes communautaires et l'administration municipale.

Les résultats obtenus montrent que la réorganisation municipale aurait eu pour effet, dans bon nombre de villes, de mettre en place de nouveaux mécanismes de démocratie participative (question 19). En effet, globalement, 61,5 % des répondants disent avoir remarqué l'implantation de nouveaux dispositifs de participation alors que 28,8 % n'arrivent pas à ce constat. Pour chacune des catégories de répondants, une majorité constate la mise sur pied de nouveaux mécanismes participatifs, à l'exception des présidents de CLD. Il semble toutefois que cela concerne surtout les grandes villes (selon 77,8 % des répondants de cette catégorie), moins les petites villes (58,8 %) et encore moins les villes moyennes (47,1 %).

Mais s'il y a innovation au chapitre des mécanismes de participation, l'engagement citoyen ne serait pas plus grand. Ainsi, la participation des citoyens à la vie politique locale serait, en règle générale, demeurée inchangée (question 20) tout comme l'engagement bénévole (question 21). On constate, en effet, que 55,6 % des répondants des grandes villes, 64,7 % de ceux des villes moyennes et 70,6 % des petites affirment que l'engagement bénévole est demeuré inchangé. Cette opinion atteint même 95,8 % parmi les représentants des villes.

À l'exception des maires qui affirment à 62,5 % que les nouvelles villes ont implanté des nouvelles mesures incitatives, de nouvelles mesures de soutien ou de nouvelles ressources humaines ou financières afin de stimuler la vie associative et l'engagement bénévole (question 22), l'ensemble des autres catégories de répondants disent au contraire (dans une proportion qui varie entre 50 % et 68,8 %) que les nouvelles villes ne bénéficient pas de ce genre d'incitatifs à l'engagement bénévole. Comme quoi les maires sont d'éternels optimistes !

L'effet du regroupement municipal sur l'organisation des groupes communautaires ne semble pas avoir été significatif (questions 23 et 24) ; à l'exception peut-être des villes moyennes où l'on observe un taux de 47,1 % de répondants qui affirment qu'il y aurait eu regroupement d'organismes communautaires. Dans les petites villes, 64,7 % des répondants affirment qu'il n'y a pas eu de véritables changements en ce qui a trait aux organismes communautaires. Les résultats par catégorie de répondants montrent une importante fragmentation dans le choix de réponses, ce qui rend l'analyse à la fois difficile et peu significative.

À propos des relations entre les groupes communautaires et l'administration municipale, 44,2 % des répondants disent ne remarquer aucun changement alors que 32,7 % constatent une amélioration. Les résultats par catégorie de répondants montrent des tendances similaires. En effet, selon 38,9 % des répondants des grandes villes, les relations sont demeurées au beau fixe alors que 33,3 % disent avoir remarqué une amélioration. Seulement 16,7 % d'entre eux évaluent négativement les nouvelles relations. Chez les villes moyennes, 47,1 % des répondants affirment que les relations sont demeurées inchangées alors que 35,3 % concluent à une amélioration. Finalement, 47,1 % des répondants des petites villes estiment que les relations sont demeurées inchangées alors que 29,4 % arrivent à la conclusion que les relations entre les groupes communautaires et l'administration se sont améliorées.

Du côté de l'administration municipale (maires et directeurs généraux), 50 % des répondants estiment que les relations ont été améliorées alors que 45,8 % disent qu'elles sont demeurées inchangées. Du côté des répondants issus du milieu socioéconomique et communautaire, 50 % estiment que les relations sont demeurées inchangées.

CONCLUSION

En règle générale, les intervenants municipaux affichent un optimisme plus grand que les intervenants socioéconomiques et communautaires et, sur la plupart des critères, prêtent des effets positifs à la réforme. Ce constat était bien entendu prévisible dans la mesure où maires et directeurs généraux des nouvelles villes en sont certainement les premiers défenseurs et promoteurs. Il est toutefois utile de relever que ces divergences et ces différences sont plus nettes en ce qui regarde les aspects liés aux finances et à la gestion municipales. Non pas que les répondants issus des milieux socioéconomiques et communautaires soient majoritairement critiques des nouvelles villes, mais parce qu'ils sont beaucoup plus partagés dans leurs opinions. Ces résultats sont convergents avec ceux de sondages menés en septembre 2003 où il ressort une opinion largement majoritaire selon laquelle la situation des services municipaux n'a pas changé à Montréal[8], à Québec ou à Lévis[9].

Par contre, les opinions des uns et des autres se rejoignent quant aux aspects liés à l'environnement politique, soit pour saluer les répercussions de la fusion en matière de solidarité, de développement et de planification, soit pour faire le constat que la vie démocratique et la dynamique sociopolitique n'ont pas été substantiellement modifiées.

Par ailleurs, on aura constaté tout au long de l'analyse que les répondants de la catégorie des villes moyennes manifestent, en règle générale, un jugement sensiblement plus positif sur les conséquences de la fusion que ceux des deux autres catégories de villes. Il semble, en effet, se dégager que le regroupement municipal est à tous points de vue bénéfique aux agglomérations de 40 000 à 100 000 personnes et que la portée de la réforme serait nettement moins significative pour les plus petites et les plus grandes villes.

Bref, si le regroupement municipal n'a pas donné lieu aux économies d'échelle que d'aucuns espéraient, n'a pas transformé radicalement l'offre de service et n'a pas bouleversé l'organisation de la gestion municipale, il aurait été source de revitalisation de la politique municipale et aurait tout de même permis de s'intéresser efficacement aux problèmes des chevauchements et à celui des inégalités fiscales.

---

8.   *Journal de Montréal*, 7 septembre 2003.

9.   *Journal de Québec*, 30 septembre 2003.

ANNEXE 1

Regroupements municipaux dans les agglomérations québécoises, en 2001-2002

	Population de la nouvelle ville	Nombre de municipalités regroupées	Nombre d'élus avant fusion[10]	Nombre d'élus dans la nouvelle ville[11] (élus d'arr.)	Structures d'arrondissements (nombre)	Comité exécutif (nombre de membres, sans le maire)[12]	Superficie km²	Date de constitution de la nouvelle ville	Créé par	Spécificités
Montréal	1 838 474	28	286	74 (31)	27	11	503,760	2002-01-01	Loi 170	Hors-MRC
Québec	513 882	13	124	40	8	8	544,750	2002-01-01	Loi 170	Hors-MRC
Longueuil	386 229	8	85	43	7	7	273,920	2002-01-01	Loi 170	Hors-MRC
Gatineau	229 094	5	48	18	–	4	344,162	2002-01-01	Loi 170	Hors-MRC
Sherbrooke	141 920	8	62	20 (4)	6	4	366,002	2002-01-01	850-2001	Hors-MRC
Trois-Rivières	125 983	6	52	17	–	4	288,500	2002-01-01	851-2001	Hors-MRC
Saguenay	150 854	6 + partie + 2 NO	53	20	3	4	1165,997	2002-02-18	841-2001	Hors-MRC
Lévis	125 241	10	74	16	3	4	443,648	2002-01-01	Loi 170	Hors-MRC
Shawinigan	53 016	7 + 2 NO	51	13	–	2	781,811	2002-01-01	1012-2001	Hors-MRC
Saint-Jérôme	60 735	4	30	15	–	2*	89,368	2002-01-01	1044-2001	
Alma	30 589	2	16	11	–	–	202,100	2001-02-21	85-2001	

Saint-Jean-sur-Richelieu	81 356	5	37	13	–	–	225,610	2001-01-24	17-2001
Îles-de-la-Madeleine	13 295	7	49	9	1 (Grosse-Île)	–	194,803	2002-01-01	1043-2001 Hors-MRC
Terrebonne	83 752	3	25	17	–	4*	155,444	2001-06-27	736-2001
Matane	15 065	4	28	9	–	–	214,630	2001-09-26	1045-2001
Rimouski	42 105	6	30	13	–	–	254,160	2002-01-01	1011-2001
Rouyn-Noranda	41 389	13 + 3 NO	94	15	–	–	6435,643	2002-01-01	1478-2001 Hors-MRC
Saint-Hyacinthe	51 671	6	46	14	–	–	189,108	2001-12-27	1480-2001
Val-d'Or	32 125	5	37	9	–	–	3958,130	2002-01-01	1201-2001
Repentigny	74 153	2	18	13	–	–	68,420	2002-06-01	202-2002
Salaberry-de-Valleyfield	39 975	3	23	9	–	–	100,960	2002-04-24	418-2002
Saint-Georges	28 629	4	26	9	–	–	199,510	2001-09-26	1046-2001
Thetford Mines	26 861	5	39	12	–	–	224,370	2001-10-17	1166-2001
TOTAL			**1333**	**429 (35)**					

Sources : *Répertoire des municipalités du Québec, 2001 et 2002.*

10. Nombre d'élus (maires et conseillers) pour l'ensemble des entités municipales composant la nouvelle ville.
11. Nombre d'élus (maires et conseillers) dans la nouvelle ville.
12. Les chiffres accompagnés d'un astérisque signifient que le décret constitutif de la ville permet cependant au conseil municipal, par un règlement adopté aux deux tiers des voix de ses membres, de constituer un comité exécutif.

PARTIE III

LE TERRITOIRE :
DE L'OBJET
À LA MÉTHODE
DE RECHERCHE

L'ACCUEIL DES CROISIÈRES INTERNATIONALES À QUÉBEC : S'AGIT-IL D'UN PROJET DE DÉVELOPPEMENT TERRITORIAL ?

Paul Villeneuve, Catherine Trudelle
et Mathieu Pelletier

Depuis plusieurs années, de grands navires de croisières internationales font escale à Québec. En 2000, l'Administration portuaire de Québec propose d'implanter un « terminal » de croisières internationales à la pointe à Carcy, au cœur du Vieux-Port, qui permettrait à Québec de devenir un port de destination et un port d'attache pour ce type de croisières, en plus d'être un port d'escale. Ce projet de gare maritime soulève de vives controverses autour d'enjeux économiques, sociaux et patrimoniaux (Villeneuve, 2002). Sur le plan économique, ce type de tourisme est très lucratif et a des retombées locales fortes. Sur le plan social, l'implantation du terminal risque de limiter l'accès au fleuve pour la population régionale. Et cet accès est déjà fort limité. Également sur le plan social, ce nouvel équipement risque de faire augmenter encore les activités dans un secteur déjà fort achalandé de la ville, et menace donc la qualité de vie des résidents du Vieux-Port. Enfin, sur le plan patrimonial, le Vieux-Port est un lieu d'une sensibilité extrême, qui a subi sa part d'agressions dans le passé. La Ville de Québec propose un autre site, à l'anse au Foulon. Devant ces intérêts sectoriels divergents, des questions pressantes se posent. Est-ce un bon projet de développement ? Où faut-il l'aménager ? Comment tenir compte de l'évolution, surtout si l'achalandage augmente ?

Le projet met en présence des acteurs capables d'exercer une influence forte dans la région : l'Administration portuaire de Québec, organisme qui relève du fédéral, la Ville de Québec, le ministère fédéral des Travaux publics, la Communauté urbaine de Québec, le Conseil des monuments et sites du Québec et plusieurs associations de citoyens et citoyennes : la Coalition pour l'aménagement du front fluvial de Québec, les Amis de la vallée du Saint-Laurent ; le Comité des citoyens du Vieux-Port, et plusieurs autres.

Un processus délibératif, visant le consensus, est mis en place. La Ville consent à ce que le Port mette sur pied une commission de consultation publique selon la Loi canadienne sur l'évaluation environnementale, promulguée en 1995. Le projet de la Pointe-à-Carcy fait l'objet d'un examen environnemental préalable. Ce processus doit aider l'Administration portuaire à prendre une décision éclairée. Un volumineux rapport d'examen environnemental préalable est rendu public (Dessau-Soprin, 2000). Quarante-trois mémoires sont déposés et 32 personnes ou groupes sont entendus. Il y a quasi-unanimité quant au bien-fondé du développement de l'industrie des croisières à Québec, mais les avis sont partagés sur le choix de la pointe à Carcy. En fait, 23 des 43 mémoires sont « nettement contre » ou « plutôt contre » ce choix.

La Commission de consultation recommande : (1) que le projet se réalise à la pointe à Carcy dans les meilleurs délais ; (2) que plusieurs correctifs soient apportés au projet ; (3) qu'un comité de suivi s'assure de la bonne évolution du projet ; (4) que la pointe à Carcy soit transférée à la Ville de Québec. Les trois premières recommandations sont suivies, le terminal est inauguré le 9 septembre 2002 et l'achalandage augmente à peu près au rythme prévu selon l'hypothèse moyenne (figure 1) – soit 7,9 %, le taux annuel nord-américain de croissance de l'industrie des croisières depuis 1989 – émise lors d'une étude de faisabilité réalisée en 1999 (Bruno-Elias *et al.*, 1999).

Un tel processus collectif de décision permet d'atteindre certains résultats qu'il faut évaluer. Il permet à chaque acteur de mieux connaître les données factuelles et les points de vue des autres acteurs. Il permet d'arriver à une certaine harmonisation des intérêts sectoriels. Par exemple, le Port, en pouvant être plus actif dans les croisières, a moins besoin de sites industriels. Il est maintenant d'accord pour que la baie de Beauport soit consacrée aux activités récréatives, ce qu'il refusait systématiquement depuis 20 ans (Port de Québec, 2003).

FIGURE 1
Nombre annuel de croisiéristes

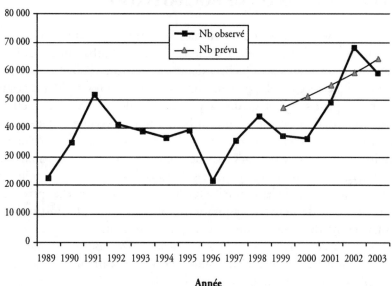

Année

Ce processus de consultation publique s'inscrit-il dans une logique de « projet » et de développement territorial ? Pour répondre à cette question, nous procédons en trois temps. D'abord, nous dégageons de la littérature une question générale sur le rôle joué par la consultation publique dans la gouvernance : s'agit-il de manipulation subtile ou de démocratisation ? Ensuite, nous posons cette question par rapport à un domaine précis, le réaménagement des sites urbains de grande valeur, et nous l'illustrons par une étude de l'activité conflictuelle mettant en cause la zone du Vieux-Port de Québec depuis les années 1960. Enfin, nous proposons une analyse empirique du processus de consultation publique entourant le projet de terminal de croisières. Ces démarches nous poussent à conclure en faveur d'une certaine démocratisation, assortie d'une récupération (plus que d'une manipulation) inhérente au processus. Il est cependant clair que cette démocratisation est due surtout à la formation d'un rapport de force équilibré entre un certain nombre d'acteurs de premier plan et moins à la capacité des acteurs de second plan de se faire entendre.

LA CONSULTATION PUBLIQUE : MANIPULATION OU DÉMOCRATISATION ?

La mise en place de mécanismes de consultation du public dans le domaine de l'aménagement du territoire et de l'urbanisme a pris de l'ampleur, du moins au Québec, depuis les années 1960. Les facteurs qui expliquent ce développement sont nombreux. En simplifiant beaucoup, on peut suggérer qu'une augmentation de la richesse collective, une scolarisation accrue et une urbanisation croissante – tendances interreliées de façon complexe et variable, tout au long de la deuxième moitié du XXe siècle dans les pays occidentaux – ne sont pas étrangères à l'émergence de nouvelles pratiques de consultation. Sur fond collectif de ressources matérielles et intellectuelles accrues, de nouvelles prises de conscience et de nouvelles aspirations voient le jour. Des institutions qui relèvent de l'État et du secteur public sont mises en place pour répondre à ces nouvelles demandes sociales. De nouveaux enjeux se tissent autour de la qualité du milieu de vie, et s'articulent, de façon complexe, aux enjeux plus traditionnels relevant de la sphère du travail (Villeneuve et Séguin, 2000). Les institutions basées sur la démocratie de représentation ont du mal à gérer ces nouveaux enjeux. Les abus du pouvoir étatique suscitent de vives réactions populaires. Des mécanismes de régulation sociale des conflits qui émergent alors dans les milieux de vie deviennent nécessaires. La consultation publique est l'un de ceux-là (Parenteau, 1986, 1990). De nombreux dispositifs institutionnels de participation sont mis en place. Quel est leur effet réel sur le phénomène démocratique ? (Bherer, 2003).

La consultation publique en matière d'aménagement et d'environnement s'appuie sur l'idée de démocratie de participation. Elle s'inscrit dans une constellation de pratiques sociopolitiques qui ont donné naissance à une série de termes qu'on emploie pour décrire ces pratiques :

gouvernance, partenariat, concertation, etc. Les façons d'interpréter ces nouvelles pratiques divergent. On peut appliquer, par exemple, à la consultation publique, deux interprétations souvent avancées au sujet du partenariat (Hamel, 1992 : 121) : pour certains, le partenariat serait un moyen souple de régulation en faveur du « capital », comme on aimait employer ce terme dans un passé pas si lointain ; pour d'autres, le partenariat permettrait, au contraire, d'amorcer une véritable recomposition sociale. Pour les premiers, la consultation publique ferait partie de nouveaux accommodements qui permettent aux appareils d'État de légitimer leur domination. Il s'agirait d'une forme subtile de régulation, d'une façon plus intelligente d'encadrer et de manipuler la société civile, et de renforcer par là l'asymétrie des rapports de pouvoir entre celle-ci et l'État. Pour les deuxièmes, la recomposition sociale appréhendée peut signifier une substitution des intérêts géographiques aux intérêts collectifs fonctionnels (Klein et Laurin, 1999 : 240). D'où la proposition selon laquelle on verrait aujourd'hui prendre forme des « projets territoriaux », souvent portés par de nouvelles coalitions d'intérêt, quelquefois interclassistes (Villeneuve, 1989 : 101), qui ont comme dénominateur commun d'appartenir à un même territoire, ce qui pourrait avoir pour conséquence de favoriser une certaine cohésion sociale aux niveaux local et régional (Villeneuve, 2003).

La première interprétation, celle où prévalent la manipulation et la récupération, est confortée par l'histoire québécoise de la « participation ». Au Québec, la participation prônée à l'époque du Bureau d'aménagement de l'Est du Québec (BAEQ) et de la Révolution tranquille était surtout instrumentale et, d'inspiration technocratique, elle visait à créer les bases minimales pour imposer un consensus (Hamel et Léonard, 1982 : 99). Plus tard, en 1979, même si elle prévoit plusieurs mécanismes d'information et de consultation publique, la loi 125 sur l'aménagement et l'urbanisme reste bien campée dans le registre de la démocratie représentative et du contrôle technocratique (Hamel et Léonard, 1982 : 111). Souvent, les pratiques de décentralisation et de participation des citoyens ont été instituées dans des contextes conflictuels où l'objectif étatique était, avant tout, de contrôler la mobilisation sociale (Parenteau, 1990 : 126). Lorsque la mobilisation sociale dépasse la contestation et met en œuvre des projets alternatifs, cette thèse soutient que ces projets et les acteurs qui les portent sont le plus souvent assimilés et récupérés par l'État (Morin, 1986 : 73).

L'autre interprétation voit le développement des pratiques de consultation publique comme un processus d'élargissement de la vie démocratique qui s'appuie sur une véritable recomposition des rapports entre les réseaux de la société civile et les appareils de l'État. Dans le domaine de l'aménagement urbain, par exemple, certaines agglomérations canadiennes ont réussi à faire fonctionner des mécanismes de consultation populaire, non pas seulement au niveau des quartiers mais aussi au niveau métropolitain (Jamieson *et al.*, 2000). Comment se construit la « capacité de participation » aux débats sur des enjeux à l'échelle de l'ensemble d'une agglomération métropolitaine ? (Lowery *et al.*, 1992). Dans le domaine des transports, l'analyse de la contestation suscitée par un projet d'autoroute en France montre comment le processus permet de développer une contre-expertise du côté des associations locales, surtout si des élus et des acteurs institutionnels, comme les communes, s'associent à la contestation (Lolive et Tricot, 2001).

Manipulation-récupération ou démocratisation : laquelle de ces deux interprétations est la plus juste ? Sans doute est-il possible de citer des cas où l'une des deux interprétations prévaut nettement, et d'autres cas où l'on trouve une combinaison variable des deux interprétations. Sans doute serait-il aussi possible de suggérer que la deuxième interprétation a graduellement gagné du terrain sur la première au cours des vingt dernières années. Derrière chacune des interprétations se profile une conception du pouvoir. Soit les rapports de pouvoir sont à jamais asymétriques et les dominés n'ont qu'une possibilité, celle de renverser les dominants et de prendre leur place. Soit les rapports de pouvoir peuvent eux-mêmes être reconfigurés et devenir un peu moins asymétriques. La première conception du pouvoir serait plutôt structuraliste ; elle était souvent mise de l'avant au cours des années 1960 et 1970. La deuxième conception serait plutôt constructionniste et laisserait une certaine marge de manœuvre aux acteurs dans la construction des structures sociales.

Nous pensons par ailleurs que le départage de ces deux conceptions appelle un paradigme où la recherche empirique et l'analyse minutieuse d'objets concrets sont valorisées et peuvent mener à des conclusions qui ne sont pas incluses dans les prémisses. En d'autres termes, nous suggérons qu'il est possible d'arriver à trancher entre la thèse de la manipulation-récupération et celle de la démocratisation à l'aide d'une démarche analytique où des hypothèses réfutables sont formulées et soumises, le plus rigoureusement possible, à l'épreuve du réel.

Nous appliquons cette démarche analytique au projet d'implantation d'un terminal pour croisiéristes internationaux à la pointe à Carcy, au cœur du Vieux-Port de Québec. Nous voulons confirmer ou infirmer, en tout ou en partie, l'hypothèse générale selon laquelle la consultation publique relativement à ce projet a contribué à l'élargissement de la vie démocratique et à l'amélioration des pratiques d'aménagement.

Auparavant, afin de montrer que ces réalisations s'inscrivent dans un long processus, nous procédons à une brève analyse des conflits ayant pris place dans la zone du Vieux-Port de Québec depuis les années 1970.

L'HISTOIRE TUMULTUEUSE DU RÉAMÉNAGEMENT DU VIEUX-PORT DE QUÉBEC

Depuis 1965, une soixantaine de conflits urbains, assez importants pour être médiatisés, se sont produits dans le quartier Vieux-Québec–Basse-Ville, soit entre la gare du Palais et l'ancienne gare maritime de l'anse au Foulon (voir carte). Une analyse de certaines caractéristiques de ces conflits, selon une méthode proposée par Janelle (1977) et développée par Trudelle (2003), aide à mieux comprendre le contexte dans lequel s'inscrit le projet du terminal de croisière.

Afin de tenter de saisir l'évolution du débat public au sujet de l'aménagement de cette zone, il est utile de recourir à une périodisation basée sur le parti municipal et le maire au pouvoir à Québec. De 1965 à 1977, le Progrès civique, sous le leadership du maire Gilles Lamontagne, occupa l'hôtel de ville de Québec. Ce « régime urbain » incarna les valeurs d'autorité, d'efficacité et de modernisme propres à la période de la Révolution tranquille. Il se préoccupa de l'industrie touristique de Québec, le maire ayant été lui-même propriétaire d'un commerce d'objets pour touristes. La place Royale, reconstruite sous l'égide du gouvernement du Québec, constitua alors le principal sujet de débat dans le Vieux-Québec–Basse-Ville : devait-on la rénover ou la restaurer ? De 1977 à 1989, le Progrès civique reste au pouvoir mais sous la gouverne d'un nouveau maire, Jean Pelletier. Le régime reste autoritaire mais le style urbanistique évolue : moins d'édifices en hauteur sont construits et une plus grande sensibilité patrimoniale émerge avec la reconnaissance du Vieux-Québec par l'Unesco en juillet 1986. En 1989, un changement de régime prend place. Le Rassemblement populaire de Québec s'installe à l'hôtel de ville. Ce parti émane du mouvement associatif qui s'est constitué dans les quartiers de la ville. Il appuie à la mairie Jean-Paul L'Allier, qui a à son actif une longue carrière comme élu et haut fonctionnaire dans le secteur public québécois. Ce parti a l'intention, entre autres, de démocratiser la vie municipale. À cette fin, il organise plusieurs consultations publiques et soutient la formation de conseils de quartier consultatifs (Bherer, 2003).

Nous avons relevé dans un quotidien de Québec, le journal *Le Soleil*, les 61 conflits qui ont eu lieu entre 1965 et 2000 dans le Vieux-Québec–Basse-Ville (tableau 1). Ces conflits sont ventilés selon les trois périodes qui viennent d'être définies et, pour chaque période, certaines caractéristiques moyennes sont établies. Les trois périodes étant à peu près d'égale longueur, il est d'abord intéressant de constater que le nombre de conflits ne varie pas beaucoup de l'une à l'autre. La durée moyenne des conflits, quant à elle, varie cependant beaucoup. Pendant la période L'Allier, les conflits durent beaucoup moins longtemps mais ils sont plus intenses, largement plus que pendant la période Lamontagne et très légèrement plus que pendant la période Pelletier.

TABLEAU 1
Certains traits des conflits médiatisés, Vieux-Québec–Basse-Ville, 1965-2000

Période	Nombre de conflits	Durée moyenne en jours	Nombre moyen d'articles par conflit	Importance (surface journalistique moyenne en cm²)	Intensité moyenne (surface/ nb de jours)
Lamontagne (1965-1977)	21	422,81	3,05	356,00	72,6889
Pelletier (1977-1989)	17	689,24	8,59	1052,94	27,8592
L'Allier (1989-____)	23	93,22	6,09	692,43	80,0290
Total	61	372,79	5,74	677,08	62,9630

Note : En raison du faible nombre de conflits, les différences de moyennes ne sont pas généralement significatives sur le plan statistique.

FIGURE 2

Les conflits urbains entre 1965 et 2000, Vieux-Port de Québec

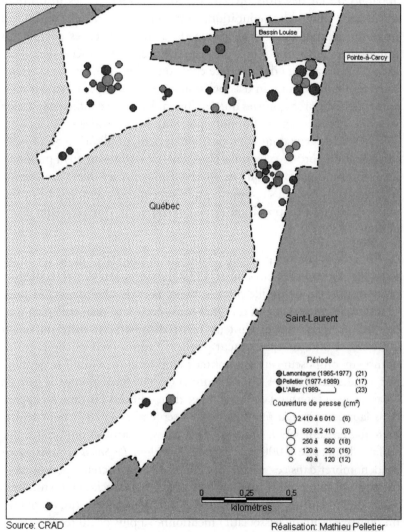

Source: CRAD   Réalisation: Mathieu Pelletier

Ces caractéristiques globales de l'activité conflictuelle sont difficiles à interpréter sans une certaine connaissance des acteurs concernés. Aux fins de cette brève analyse, ces acteurs ont été regroupés en trois catégories : 1) les acteurs du secteur public qui comprennent les divers appareils d'État des trois niveaux de gouvernement et les institutions du secteur parapublic (éducation, santé, etc.) ; les acteurs du secteur privé qui regroupent essentiellement les entreprises et les promoteurs immobiliers ainsi que leur porte-parole (chambres de commerce par exemple) ; les acteurs de la société civile qui comprennent des citoyens, souvent regroupés au sein d'associations. Ces trois larges types d'acteurs constituent les protagonistes qui produisent l'activité conflictuelle. Selon leur rôle au sein d'un conflit, nous pouvons, le plus souvent, les assigner soit du côté de ceux dont la proposition devient, publiquement, objet de litige, soit du côté de ceux qui s'objectent, de façon tout aussi publique, à la proposition. Nous voulons en savoir plus sur les interactions entre les protagonistes : qui s'oppose à qui ? Qui collabore avec qui ? Et comment ces formes d'opposition et de collaboration évoluent-elles d'une période à l'autre ?

Certains conflits peuvent n'avoir qu'un proposeur et qu'un objecteur. Par exemple, en novembre 1979, l'Association des archéologues propose un plan de fouille pour le Vieux-Port de Québec, et, 21 jours plus tard, le gouvernement du Québec s'objecte à ce plan et le plan n'est pas réalisé. Cela aura produit un court affrontement entre un acteur associatif et un acteur du secteur public. D'autres conflits comptent de nombreux proposeurs et de nombreux objecteurs et peuvent se développer sur plusieurs années. Ainsi, le projet de transformation de la gare du Palais en gare intermodale surplombée d'un édifice à bureaux est apparu dans la presse pour la première fois en septembre 1978 et pour la dernière fois en août 1990. Entre ces deux dates, 52 articles ont occupé une surface de plus de 6 000 cm^2 dans le quotidien *Le Soleil* et nous avons pu dénombrer dans ces articles pas moins de cinq « acteurs-proposeurs » (deux du secteur public, un du privé et deux de l'associatif), mentionnés à plus de 35 reprises, ainsi que trois « acteurs-objecteurs » (un du public, un du privé et un de l'associatif) mentionnés à plus de 20 reprises.

TABLEAU 2

**Proposeurs et objecteurs, conflits médiatisés,
Vieux-Québec–Basse-Ville, 1965-2000**

Période	Nombre de conflits	Nombre moyen de proposeurs			Nombre moyen d'objecteurs		
		Public	Privé	Associatif	Public	Privé	Associatif
Lamontagne	21	0,86	0,14	0,29	0,24	0,05	1,00
Pelletier	17	0,76	0,59	0,24	0,12	0,35	1,47
L'Allier	23	0,70	0,48	0,43	0,22	0,48	1,09
Total	61	0,77	0,39	0,33	0,20	0,30	1,16

Note : En raison du faible nombre de conflits, les différences de moyennes ne sont généralement pas significatives sur le plan statistique. Les types sont définis dans le texte.

Il est possible, d'abord, de dégager une vue d'ensemble du degré de participation des trois types d'acteurs à titre de proposeurs et d'objecteurs en calculant, par période, des taux moyens de participation à des conflits, c'est-à-dire des taux de participation d'un type d'acteurs dans un conflit (tableau 2), et non le nombre de fois qu'un acteur particulier est mentionné dans la presse. Nous notons d'abord que les acteurs du secteur public sont beaucoup plus souvent proposeurs qu'objecteurs mais que leur présence comme proposeurs diminue d'une période à l'autre, pendant que la présence des acteurs du secteur privé et du secteur associatif parmi les proposeurs atteint un sommet pendant la période Pelletier pour les premiers, et pendant la période L'Allier pour les seconds. Nous notons ensuite que les taux moyens de participation des trois catégories d'acteurs chez les objecteurs sont inversés par rapport aux taux chez les proposeurs. Les acteurs du secteur associatif ont les taux les plus élevés, le maximum étant atteint pendant la période Pelletier qui, rappelons-le, a vu moins de conflits durer plus longtemps, occuper des surfaces journalistiques plus amples, mais être moins intenses. Dans leur ensemble, ces résultats ne sont pas incompatibles avec l'interprétation générale voulant que les acteurs de la société civile aient graduellement dépassé, pendant ces décennies, l'action contestataire et revendicatrice pour s'engager davantage dans l'élaboration de propositions de rechange. Quant aux acteurs du secteur privé, ils participent de plus en plus à l'activité conflictuelle médiatisée, du côté des proposeurs certes, mais surtout du côté des objecteurs, ce qui est un peu inattendu.

Comment, maintenant, tenter de capter les alliances et les oppositions entre ces catégories d'acteurs ? Cette question est importante pour la raison suivante : nous avons émis plus haut une hypothèse selon laquelle la consultation, la participation et les partenariats mènent à des recompositions sociales « interclas sistes » à base territoriale ; si cette hypothèse est juste, nous devrions voir, d'une période à l'autre, se développer des alliances plus poussées entre les trois catégories d'acteurs. Empiriquement, une façon simple de tester cette hypothèse consiste à calculer, pour chaque période, des coefficients de corrélations entre les six variables qui indiquent la participation de chaque type d'acteurs à chacun des 61 conflits. Si les coefficients augmentent d'une période à l'autre parmi les trois types de proposeurs d'une part, et parmi les trois types d'objecteurs d'autre part, cela voudra dire que les deux types servant à calculer un indice donné collaborent de plus en plus souvent. À l'opposé, si un coefficient positif augmente d'une période à l'autre entre un type de proposeurs et un type d'objecteurs, cela veut dire que ces deux types s'affrontent de plus en plus souvent.

Le tableau 3 présente les coefficients de corrélation pour les trois périodes confondues d'abord, et pour chacune d'elles ensuite. Comme le nombre de conflits est limité, ces calculs ne valent qu'à titre exploratoire. Dans le tableau 3a, qui porte sur l'ensemble, on note que les coefficients « intra-proposeurs » (0,122 ; 0,145 ; 0,086) et « intra-objecteurs » (-0,041 ; 0,349 ; 0,104) sont en général plus faibles que les coefficients entre les catégories de proposeurs et d'objecteurs (0,096 ; 0,298 ; 0,300 ; 0,235 ; 0,338 ; 0,464). Les interactions conflictuelles seraient donc plus systématiques que les interactions collaboratives, sauf en ce qui concerne les objecteurs du secteur public qui collaboreraient assez bien ($r = 0,349$) avec ceux du secteur associatif.

Les tableaux montrant les indices de corrélations pour chaque période n'appuient pas beaucoup l'hypothèse d'une collaboration générale grandissante entre les trois types d'acteurs. Les valeurs des trois indices « intra-proposeurs » ont plutôt tendance à diminuer d'une période à l'autre, certains d'entre eux devenant même négatifs. Quant aux trois indices « intra-objecteurs », ils infirment moins nettement l'hypothèse, surtout l'indice mesurant la collaboration entre les secteurs public et associatif qui devient fort en troisième période ($r = 0,516$). Cette collaboration préfigure d'ailleurs, et prépare sans doute, les alliances d'acteurs qui s'opposeront au projet de terminal de croisières, et qui obtiendront des modifications substantielles à ce projet. Enfin, les six indices qui mesurent le degré d'opposition entre les catégories d'acteurs ont tendance, non pas à diminuer, mais bien à augmenter d'une période à l'autre : aucun n'est significatif à l'époque Lamontagne, un l'est à l'époque Pelletier et trois le sont à l'époque L'Allier, alors que l'opposition entre le secteur privé et le secteur associatif montre le plus fort indice (r = 0,652) de l'ensemble du tableau 3. On notera aussi que la forte collaboration entre le secteur public et le secteur associatif, parmi les objecteurs pendant la troisième période (r = 0,515), n'empêche pas ces deux secteurs de s'opposer souvent (0,549).

TABLEAU 3

**Interactions collaboratives et conflictuelles
entre types de protagonistes, conflits urbains,
Vieux-Québec–Basse-Ville, 1965-2000**

3a		Proposeurs			Objecteurs		
N = 61		Public	Privé	Associatif	Public	Privé	Associatif
Proposeurs	**Public**	1	0,122	0,145	0,096	0,298*	0,300*
	Privé		1	0,086	0,235	0,338**	0,464**
	Associatif			1	-0,122	0,231	-0,091
Objecteurs	**Public**				1	-0,041	0,349**
	Privé					1	0,104
	Associatif						1

Période Lamontagne, 1965-1977

3b		Proposeurs			Objecteurs		
N = 21		Public	Privé	Associatif	Public	Privé	Associatif
Proposeurs	**Public**	1	0,517*	0,458*	0,101	0,400	0,161
	Privé		1	0,464*	-0,185	-0,191	0,000
	Associatif			1	-0,206	0,610**	-0,000
Objecteurs	**Public**				1	-0,101	0,391
	Privé					1	-0,242
	Associatif						1

Période Pelletier, 1977-1989

3c		Proposeurs			Objecteurs		
N = 17		Public	Privé	Associatif	Public	Privé	Associatif
Proposeurs	Public	1	-0,132	0,334	0,071	0,566*	0,105
	Privé		1	0,098	0,233	0,067	0,117
	Associatif			1	-0,147	0,369	0,109
Objecteurs	Public				1	0,125	0,285
	Privé					1	0,057
	Associatif						1

Période L'Allier, 1989-2000

3d		Proposeurs			Objecteurs		
N = 23		Public	Privé	Associatif	Public	Privé	Associatif
Proposeurs	Public	1	0,200	-0,386	0,218	0,218	0,549**
	Privé		1	-0,049	0,473*	0,375	0,652**
	Associatif			1	-0,084	0,000	-0,277
Objecteurs	Public				1	0,000	0,516**
	Privé					1	0,242
	Associatif						1

* Corrélation significative au niveau 0,05 ; ** Corrélation significative au niveau 0,01.

Note : Une corrélation positive entre deux types de protagonistes indique qu'ils ont tendance à être impliqués dans les mêmes conflits. Si la corrélation est entre deux types de proposeurs ou deux types d'objecteurs, elle indique une activité de coopération. Si elle est entre un type de proposeurs et un type d'objecteurs, elle indique une activité conflictuelle.

Cette brève analyse de l'activité conflictuelle dans le Vieux-Québec–Basse-Ville complète, tout en les remettant en question, certaines des interprétations généralement mises de l'avant quant à l'évolution de la participation publique dans l'aménagement du territoire au Québec. En fait, l'histoire tumultueuse du réaménagement du Vieux-Port de Québec, depuis les années 1970, s'apparente à un apprentissage graduel de la prise de décisions collectives en matière d'aménagement urbain. Les effets directs des décisions d'aménagement y ont nourri un souffle contestataire venu des mouvements sociaux urbains et régionaux

(Guay, 1996 : 66). Ceux-ci veulent d'abord transformer radicalement l'ordre établi ; puis, graduellement, ils font l'expérience concrète des limites de la démocratie de représentation et des difficultés d'inventer des mécanismes de participation (Hamel, 1991 : 182). Cependant, au gré de la participation aux conflits se constitue une véritable contre-expertise associative, comme cela a été noté en France dans une étude de la contestation des grands projets en transport (Lolive et Tricot, 2001).

Lorsque le Port de Québec annonce, en 1999, son intention d'implanter une gare maritime pour croisiéristes à la pointe à Carcy, les oppositions ne tardent pas à se manifester. La large coalition de la fin des années 1980 qui avait obtenu la mise sur pied d'un comité consultatif sur l'avenir de la pointe à Carcy menace de reprendre du service. Le rapport de ce comité (Rapport Boulet, 1989) est pris à témoin. Ce rapport énonce des principes qui doivent guider le réaménagement du site : « 1) La Pointe-à-Carcy doit demeurer un espace public ; 2) La Pointe-à-Carcy est un port maritime et cette fonction doit prévaloir ; 3) L'aménagement de la Pointe-à-Carcy doit respecter son caractère historique et mettre en valeur son patrimoine architectural ; 4) On doit sauvegarder, sur la Pointe-à-Carcy, la liberté du champ visuel en direction du fleuve et du Cap Diamant ; 5) On doit intégrer soigneusement tout projet d'aménagement à l'environnement naturel et urbain de la Pointe-à-Carcy ; 6) La rentabilité économique de la Pointe-à-Carcy tient à un ensemble de facteurs qu'on ne peut ramener simplement à la valeur marchande ou au rendement fiscal. »

Ces principes, qui font une place aux intérêts économiques, sociaux et patrimoniaux, seront invoqués par des acteurs dont les positions étaient souvent aux antipodes, ce qui pourrait nous amener à conclure à leur inutilité. Rien ne serait moins vrai car, en faisant une place raisonnable à chacun, ces principes jetèrent les bases de la recherche d'un consensus.

Le ministère canadien des Travaux publics négociait depuis novembre 1997 avec la Ville de Québec la rétrocession de la pointe à Carcy à la Ville, puisque le site devenait plus urbain que portuaire. Ce transfert devait être accompagné d'un montant de 20 millions de dollars qui permettrait à la Ville de rénover et d'entretenir le site. Le Port de Québec obtient plutôt du ministère d'affecter cette somme à l'aménagement du terminal de croisières, ce qui crée un froid considérable entre le Port et la Ville. Comme on l'a vu, celle-ci est alors administrée par le Rassemblement populaire de Québec qui fait une place assez large aux objectifs d'équité sociale et de mise en valeur patrimoniale, et dont la politique valorise la consultation publique (Bherer, 2003). Les divergences entre la Ville et le Port ne les empêchent toutefois pas de s'entendre sur le bien-fondé de procéder à une consultation publique.

LA POINTE À CARCY : ANALYSE EMPIRIQUE DU PROCESSUS DE CONSULTATION

La consultation publique au sujet de l'implantation d'une gare maritime à la pointe à Carcy a-t-elle été surtout une opération de manipulation et de récupération ou, plutôt, peut-elle être vue comme l'application d'une certaine démocratie participative ? Afin d'éclairer cette question, on peut d'abord tenter de cerner les facteurs affectant les choix des acteurs et voir ensuite comment ces choix ont été pris en compte.

Qu'est-ce qui fait qu'un acteur est favorable ou non à cette implantation ? Trois facteurs relativement autonomes les uns par rapport aux autres peuvent être recensés dans la littérature. Premièrement, on peut faire l'hypothèse, à la suite des nombreuses études sur le syndrome « nimby », que plus un acteur est près du site, moins il est favorable au projet. Deuxièmement, le degré d'institutionnalisation des acteurs peut avoir une influence sur leur choix. On peut supposer que, toutes choses égales par ailleurs, les acteurs plus fortement institutionnalisés, un appareil d'État par exemple, ont tendance à adopter des positions qui tiennent plus compte des « nécessités » du développement économique, par rapport aux acteurs moins institutionnalisés comme les associations de la société civile ou les simples citoyens (Filion, 1992 : 258). Par conséquent, on s'attendrait à ce que les acteurs plus institutionnalisés aient une propension plus grande à être en faveur de l'implantation de la gare à la pointe à Carcy. Troisièmement, indépendamment de son emplacement et de son degré d'institutionnalisation, le secteur d'activité où travaille un acteur devrait avoir une influence sur le type d'intérêt qu'il met de l'avant. Ainsi, les acteurs dont les intérêts sont surtout économiques devraient être plus favorables au projet que ceux dont les intérêts sont autres. Parmi ces intérêts autres, nous pouvons retracer *a priori* des intérêts sociaux, soit l'habitabilité du quartier et l'accès général de la population aux quais de la pointe à Carcy. Nous pouvons aussi distinguer des intérêts où la défense et la promotion du patrimoine et de l'environnement vont de pair et tendent à se conforter mutuellement. Le site de la pointe à Carcy est à la fois patrimoine culturel et patrimoine naturel (Villeneuve, 2002). Trois secteurs d'activité, trois types d'intérêts émergent donc assez nettement : l'économique, le social et le patrimonial (qui, dans le cas à l'étude, inclut l'environnemental).

Pour tester l'effet de ces trois facteurs sur le choix de la pointe à Carcy par les acteurs, nous constituons une base de données extraites des 43 mémoires et avis déposés devant la Commission consultative. Notre but est de modéliser le choix de la pointe à Carcy. L'information utilisée pour la modélisation comporte quatre variables dont les codes sont indiqués entre parenthèses : les variables a, b, c et d de l'annexe.

Une variable dépendante catégorielle binaire :

– Favorable à l'implantation de la gare à la pointe à Carcy (1) ; contre (0) ;

Trois variables indépendantes catégorielles :

– Emplacement : l'auteur du mémoire est voisin du site (1), ailleurs dans la ville de Québec (2), ou à l'extérieur de la ville (3) (ordinale) ;

– Degré d'institutionnalisation : l'auteur est citoyen élu ou non (1), une association de la société civile (2), un organisme d'État (3) (ordinale) ;

– Type d'intérêt : l'auteur véhicule des intérêts surtout économiques (1), surtout sociaux (2) ou surtout patrimoniaux (3) (nominale).

Ainsi, la probabilité d'être favorable à l'installation du terminal de croisières internationales à la pointe à Carcy augmenterait, par hypothèse, avec la distance, le degré d'institutionnalisation et la poursuite d'intérêts économiques, plutôt que sociaux ou patrimoniaux.

Voyons les tableaux de contingence qui présentent les relations bivariées entre chacune des trois variables potentiellement explicatrices et la position des acteurs quant au choix de l'emplacement du terminal de croisière à la pointe à Carcy (tableaux 4, 5, 6).

TABLEAU 4
Distance de l'acteur par rapport à la pointe à Carcy

Distance		Pour ou contre la pointe à Carcy		Total
		Contre	Pour	
Courte : voisin	Nb	5	6	11
	%	45,5 %	54,5 %	100 %
Moyenne : Québec	Nb	14	9	23
	%	60,9 %	39,1 %	100 %
Longue : ailleurs	Nb	4	5	9
	%	44,4 %	55,6 %	100 %
Total	Nb	23	20	43
	%	53,5 %	46,5 %	100 %

Chi-deux = 1,085 (non-significatif : prob > 0,10)

Les « pour » et les « contre » se répartissent à peu près de la même façon chez les acteurs situés en bordure du site et chez ceux qui sont ailleurs qu'à Québec, tandis que, chez ceux qui sont situés à Québec (excluant les voisins du site), la proportion de « contre » est nettement supérieure à la proportion de « pour ». La relation se dessinant entre la distance du site (emplacement) et le choix semble non linéaire, mais elle n'est pas significative, la taille de l'échantillon étant restreinte.

TABLEAU 5
Degré d'institutionnalisation de l'acteur

		Pour ou contre la pointe à Carcy		Total
		Contre	Pour	
Citoyen	Nb	6	7	13
	%	46,2 %	53,8 %	100 %
Association	Nb	11	10	21
	%	52,4 %	47,6 %	100 %
État	Nb	6	3	9
	%	66,7 %	33,3 %	100 %
Total	Nb	23	20	43
	%	53,5 %	46,5 %	100 %

Chi-deux = 0,920 (non significatif : prob > 0,10

Bien qu'elle ne soit pas significative, la variable « degré d'institu-tionnalisation » n'a pas du tout l'effet prévu. La catégorie « État », celle donc qui présente le plus fort degré d'institutionnalisation, est aussi celle où l'on retrouve la plus grande proportion de mémoires qui se pronon-cent « contre » le choix de la pointe à Carcy, les deux autres catégories étant à peu près également réparties entre les « pour » et les « contre ».

TABLEAU 6

Champ d'intérêt principal de l'acteur

		Pour ou contre la pointe à Carcy		Total
		Contre	Pour	
Économique	Nb	1	14	15
	%	6,7 %	93,3 %	100 %
Social	Nb	12	5	17
	%	70,6 %	29,4 %	100 %
Patrimonial	Nb	10	1	11
	%	90,9 %	9,1 %	100 %
Total	Nb	23	20	43
	%	53,5 %	46,5 %	100 %

Chi-deux = 21,408 (significatif : prob < 0,001)

Le champ d'intérêt principal de l'acteur exerce une influence déter-minante sur sa propension à être favorable ou non au choix du site de la pointe à Carcy. Les acteurs économiques sont nettement favorables et les acteurs patrimoniaux sont nettement défavorables. Quant aux acteurs sociaux, ils ont tendance, assez fortement, à être défavorables.

En conséquence, dans un modèle multivarié, où le but est de repé-rer l'effet partiel, ou spécifique, de chacune des trois variables potentiel-lement explicatrices du choix, ou non, de la pointe à Carcy, la variable « champ d'intérêt » devrait voler la vedette et éclipser les deux autres.

Le faible, mais suffisant (Green, 1991), nombre d'observations (43 mémoires) oblige à prendre des précautions lors du processus de modélisation. La variable dépendante étant binaire, un modèle de régres-sion logistique binomiale est indiqué. Parmi les variables indépendantes, « emplacement » et « degré d'institutionnalisation » sont mesurés sur échelle ordinale et « champ d'intérêt » est mesuré sur échelle nominale.

Afin de prendre en compte la direction de la relation entre « champ d'intérêt » et « choix de la pointe à Carcy », il est indiqué d'exprimer les trois catégories de « champ d'intérêt » à l'aide de variables binaires. En effet, alors qu'il n'est pas possible, généralement, de calculer un coefficient de corrélation, qui n'indique pas seulement l'existence d'une relation mais qui donne aussi la direction de cette relation (+ ou -), entre deux variables nominales, ceci devient possible lorsque ces variables sont binaires et codées absence-présence (ou 0, 1), le coefficient phi utilisé alors étant la corrélation du moment-produit de Bravais-Pearson appliquée à deux variables dichotomisées. Cette procédure porte cependant le nombre de variables indépendantes à cinq, nombre trop élevé pour seulement 43 observations. En effet, un premier essai de modélisation avec ces variables a produit des coefficients nettement instables. Dans une telle situation, une possibilité consiste à procéder par analyse factorielle pour tenter de réduire le nombre de variables indépendantes et les orthogonaliser les unes par rapport aux autres. Il existe maintenant une procédure d'analyse en composantes principales pour variables catégorielles disponible, par exemple, dans le logiciel SPSS version 11.

L'application de cette procédure aux cinq variables produit trois composantes ayant des valeurs propres supérieures à l'unité, qui expriment ensemble 85,6 % de la variance (tableau 7).

TABLEAU 7

Composantes principales des variables qualifiant les mémoires

Noms donnés aux composantes	Continuum économie-patrimoine	Continuum économie-social	Degré d'institutionnalisation
% de variance	33,529	32,006	20,081
Distance du site	0,691	0,088	0,098
Degré d'institutionnalisation	0,032	-0,021	0,993
Économique	-0,493	-0,834	0,053
Social	-0,337	0,937	0,013
Patrimonial	0,917	-0,139	-0,072

Ces composantes sont interprétables. La première forme un continuum économie (-) ↔ patrimoine (+). En effet, la plus forte saturation négative est celle de la variable « économique » et la plus forte saturation positive appartient à la variable « patrimoine ». On remarque aussi le lien positif de la variable « distance du site » (emplacement) avec cette composante et le lien négatif de la variable « social ». Cela permet de penser que, sur ce continuum, les intérêts sociaux (par la création d'emplois par exemple) se rapprochent quelque peu des intérêts économiques et que les intérêts patrimoniaux rejoignent des segments de la population situés assez loin du site. La deuxième composante oppose nettement les intérêts économiques aux intérêt sociaux (dans le sens d'habitabilité du quartier et d'accès au fleuve), les autres saturations étant trop faibles pour être prises en compte. Rappelons que les composantes issues d'une telle analyse sont indépendantes (non corrélées) les unes des autres. En d'autres termes, les 32 % de variance extraite par la deuxième composante le sont sur la variance résiduelle (100 % - 33,5 %) qui subsiste après l'extraction due à la première composante. La troisième composante, quant à elle, ne fait que reproduire la variable « degré d'institutionnalisation ». Ainsi, trois échelles de mesure se dégagent sur lesquelles chaque auteur de mémoire obtient un score (colonne f, g et h de l'annexe). La signification de ces échelles est suffisamment nette par rapport à nos hypothèses de départ pour que nous les utilisions comme facteurs explicatifs possibles du choix « en faveur de » ou « contre » la pointe à Carcy. La recomposition de la variance due à l'analyse en composantes principales permet en fait une première révision de ces hypothèses. La variable « type d'intérêt », dont on a vu qu'elle avait un effet partiel très fort sur le choix du site, est à la base de la constitution de deux des trois échelles de mesure, alors que les deux variables non significatives au départ jouent ici des rôles très différents, la variable « emplacement » servant à enrichir le sens du continuum économie-patrimoine et la variable « degré d'institutionnalisation » faisant cavalier seul, montrant par là qu'elle n'est pas plus liée aux autres variables explicatrices qu'elle ne l'est à la variable « choix ».

Les trois composantes sont utilisées comme variables explicatrices dans un modèle de régression logistique binomiale. La valeur initiale du coefficient de vraisemblance (-2 Log likelihood) est de 59,401 et sa valeur terminale de 40,848. Dans son ensemble, le modèle se comporte relativement bien. Il montre des pseudo R^2 de Cox & Snell de 0,350 et de Nagelkerke de 0,468. Le test de Hosmer et Lemeshow (Chideux = 9,599 ; prob. = 0,212) montre que le modèle reproduit bien les valeurs observées tout au long de l'étendue. Rappelons qu'ici la variable dépendante observée ne peut prendre que deux valeurs : 0 ou 1. Quant aux valeurs de la variable dépendante prédite par le modèle, la façon la plus intuitive de les représenter est sous forme de probabilité : étant donné les scores d'un auteur de mémoire sur les trois variables indépendantes, quelle est la probabilité que cet auteur soit favorable au choix de la pointe à Carcy pour y implanter le terminal ? (colonne i de l'annexe). Si nous choisissons une probabilité égale à 0,5 comme seuil pour classer les fréquences prédites en fonction des fréquences observées, nous notons (tableau 8) que le modèle classe relativement bien à la fois les fréquences « pour » (70 %) et celles « contre » (87 %).

TABLEAU 8
Fréquences prédites versus fréquences observées

Fréquences observées		Fréquences prédites		% bien classé
		Pour ou contre la pointe à Carcy		
		Contre	**Pour**	
Pour ou contre	**Contre**	20	3	87,0
pointe à Carcy	**Pour**	6	14	70,0
% d'ensemble				79,1

La valeur-seuil est de 0,500.

TABLEAU 9
Capacité explicatrice des variables indépendantes

	B	S.E.	Wald	Sig.	Exp(B)
Continuum économie-patrimoine	-1,053	0,430	6,007	0,014	0,349
Continuum économie-social	-1,259	0,434	8,405	0,004	0,284
Degré d'institutionnalisation	-0,302	0,393	0,591	0,442	0,740
Constante	-0,053	0,402	0,017	0,896	0,949

Le tableau 9 nous renseigne sur la capacité explicative de chacune des trois variables indépendantes. La variable « degré d'institutionnalisation » reste non significative. Le fait pour l'auteur d'un mémoire d'être un appareil d'État, une association de la société civile ou un citoyen (incluant les élus locaux) n'a pas d'effet dans un sens ou dans l'autre sur la probabilité d'être favorable au choix de la pointe à Carcy. Par contre, le score obtenu par l'auteur d'un mémoire sur les deux autres variables a un effet significatif appréciable sur cette probabilité. Ainsi, plus un auteur obtient un score élevé sur le continuum économie-patrimoine, plus les chances sont fortes qu'il soit contre le choix de la pointe à Carcy. La valeur Exp (B), c'est-à-dire l'antilog dans la base népérienne de B, constitue le ratio des cotes (odds ratio) qui se définit comme l'effet de cette variable sur la probabilité d'être « pour » divisée par la probabilité d'être « contre ». Quant à l'autre variable significative, le continuum économie-social, elle exerce aussi un effet négatif sur la propension à être « pour ». La signification statistique de cette variable est un peu plus forte que celle du continuum économie-patrimoine et son ratio des cotes s'éloigne davantage de l'unité.

L'effet des champs d'intérêt des acteurs sur les choix exprimés dans les mémoires était prévisible. L'absence d'effet du degré d'institutionnalisation ainsi que l'association entre le champ d'intérêt patrimonial et l'emplacement l'étaient moins. Un retour aux données de départ montre que plusieurs instances de l'État local ont pris position contre le choix de la pointe à Carcy. Ce fut le cas de la Ville de Québec et des conseils des quartiers Saint-Jean-Baptiste, Saint-Roch et Vieux-Limoilou, étant entendu que le fait d'inclure les conseils de quartier parmi les instances de l'État local peut paraître discutable, même si ces conseils font partie de l'appareil municipal. Tout à fait à l'opposé de la thèse voulant que le degré d'institutionnalisation pousse vers des valeurs plus favorables aux « nécessités » économiques, on pressent ici que de vigoureuses institutions locales ont permis de débattre à fond les dimensions sociales, patrimoniales et économiques du projet.

Ce débat a eu lieu lors des audiences tenues par la Commission de consultation publique (2000). Les trois membres de cette commission ont ensuite produit un rapport basé sur toute l'information à leur disposition, dont celle qui est contenue dans les 43 mémoires. Les positions exprimées dans les mémoires ont-elles été véhiculées par la Commission ? Celle-ci a-t-elle donné plus de poids à certaines positions ou à certains acteurs ? En fonction des réponses à ces questions, on pourra conclure à la plus ou moins grande conformité au principe de la démocratie de participation dans le cas d'aménagement urbain qui nous occupe.

On connaît les quatre recommandations de la Commission : (1) que le projet se réalise à la pointe à Carcy dans les meilleurs délais; (2) que plusieurs correctifs soient apportés au projet; (3) qu'un comité de suivi s'assure de la bonne évolution du projet; (4) que la pointe à Carcy soit transférée à la Ville de Québec. Une façon simple de mesurer la prise en compte des mémoires par la Commission est de relever les mentions de chacune de ces recommandations dans chacun des mémoires (colonnes j, k, l et m de l'annexe). On peut ensuite obtenir une mesure simple de convergence entre un mémoire quelconque et le rapport de la Commission : si aucune des quatre recommandations de la Commission n'apparaît dans un mémoire donné, ce mémoire obtient un score de 0; à l'autre extrême, si les quatre recommandations apparaissent dans un mémoire, celui-ci obtient un score de quatre.

On observe d'abord que le rapport de la Commission converge vers les mémoires plus volumineux et plus détaillés. En effet, si l'on accepte le nombre de pages d'un mémoire comme un indice de son volume et de son degré de détail, on obtient une corrélation positive modérée de 0,284 (sig. au seuil 0,10) entre le nombre de pages d'un mémoire et le nombre de mentions des recommandations reprises par la Commission. On peut ensuite évaluer le biais de la Commission en calculant le nombre moyen de convergences pour chacune des deux catégories de chacune des variables qui caractérisent les auteurs des mémoires (tableau 10). Par exemple, on trouve en moyenne 1,27 mention des recommandations de la Commission dans les mémoires ayant déclaré un intérêt patrimonial et 1,5 mention dans ceux qui n'ont pas déclaré un intérêt patrimonial. Un test de différence de moyenne révèle qu'aucune des différences entre les catégories « oui » et les catégories « non » est significative au niveau 0,05, et que seule la différence entre les oui et les non sur la variable « organisme d'État » est significative au seuil de 0,10. Les scores « oui » sur les variables « économique », « organisme d'État » et « ailleurs » indiquent une certaine convergence de la Commission vers ces catégories, même si les tests statistiques ne sont pas significatifs.

Un facteur décisif a fait pencher la Commission en faveur du site de la pointe à Carcy : très tôt, les commissaires ont été convaincus que l'achalandage de croisiéristes n'augmenterait pas très rapidement car il s'avérerait très difficile de faire du port de Québec autre chose qu'un port d'escale, c'est-à-dire un port de destination et, *a fortiori*, un port d'attache pour un ou des navires de croisières internationales qui présentement ont leur port d'attache à Boston et New York. Et comme la quasi-totalité des mémoires étaient favorables à l'accueil des navires de croisières à Québec, la Commission en est venue à la conclusion qu'il fallait plutôt aider l'industrie des croisières en lui donnant accès au meilleur site, quitte à contrôler cet accès si, vraiment, la croissance du nombre de croisiéristes le rendait nécessaire.

TABLEAU 10

Taux de convergences entre les recommandations de la Commission et celles des mémoires selon les attributs des auteurs de ceux-ci

	Oui	Non
Intérêt :		
Patrimonial	1,27	1,50
Social	1,35	1,50
Économique	1,67	1,32
Degré d'institutionnalisation :		
Citoyen	1,46	1,43
Association	1,19	1,68
Organisme d'État	2,00	1,29
Emplacement :		
Voisin du site	1,09	1,56
Ailleurs dans la ville de Québec	1,48	1,40
Ailleurs	1,78	1,35

Note : Les recommandations d'un mémoire et du rapport de la Commission peuvent correspondre sur quatre éléments : choix du site, mesures correctives, comité de suivi et transfert de la pointe à Carcy à la Ville de Québec. Chacun de ces éléments reçoit un score de 1 (voir annexe) et les scores moyens sont calculés pour les catégories de chacune des variables indépendantes. Par exemple, les auteurs de mémoires ayant manifesté un intérêt patrimonial ont un taux de convergence de 1,27 tandis que ceux n'ayant pas manifesté un intérêt patrimonial ont un taux de 1,50.

Le rapport de la Commission a été généralement bien accueilli, le projet est allé de l'avant et le nombre de navires et de croisiéristes progresse selon le scénario moyen prévu, comme on l'a vu à la figure 1.

CONCLUSION

Le processus d'aménagement d'un terminal de croisières dans le Vieux-Port de Québec nous semble constituer un exemple de projet de développement territorial. L'accueil de croisiéristes internationaux dans un des plus beaux sites de la ville, un site de très grande valeur naturelle et patrimoniale, qui a subi dans le passé plus que sa part d'agressions, ne pouvait aller sans soulever de multiples questions et controverses. Comme plusieurs ports dans le monde, le port de Québec doit composer avec un milieu urbain de moins en moins industriel. Les croisières constituent une activité touristique susceptible de bien s'intégrer à ce milieu, à la condition d'y être insérée correctement, c'est-à-dire selon un processus transparent, où tous les acteurs concernés peuvent faire valoir leur point de vue et contribuer au débat. La consultation publique sur l'aménagement de ce terminal s'est déroulée dans un lieu où l'activité conflictuelle a été grande au cours des dernières décennies. Cette activité aura donné lieu à un apprentissage collectif considérable par lequel même les acteurs les plus tournés vers les valeurs de rentabilité économique, en clair les gestionnaires du port, ont participé au projet territorial visant à articuler convenablement les intérêts patrimoniaux, sociaux et économiques. Certaines idées des opposants ont ainsi été « récupérées » et incorporées au projet. En fait, le processus de consultation publique peut même être vu, non comme une opération de manipulation, mais certes comme une vaste opération de « récupération ». N'est-ce pas d'ailleurs là le sens de l'idéal démocratique : arriver à « sélectionner », à récupérer les meilleures idées ?

RÉFÉRENCES

Bherer, Laurence (2003), *Une lecture institutionnaliste du phénomène participatif. La politique consultative de la Ville de Québec*, Université Montesquieu Bordeaux IV, Institut d'études politiques de Bordeaux, thèse de doctorat non publiée.

Bruno-Elias et Associés, Inc. (juillet 1999), *Port of Québec. Cruise Feasibility Study*, Projet n° 99-0385, Chatterton Consulting.

Commission de consultation publique (2000), *Rapport de la Commission de consultation publique sur le projet de terminal de croisières à la Pointe-à-Carcy*, Québec (le 12 juin).

Dessau-Soprin (juillet 2000), *Projet de terminal de croisières à la Pointe-à-Carcy. Examen environnemental préalable*, présenté à l'Administration portuaire de Québec.

Filion, Pierre (1992), « Conséquences et problèmes de la promotion du développement économique par l'État local », dans Gagnon, C. et J.-L. Klein (dir.), *Les partenaires du développement face au défi du local*, Chicoutimi, Université du Québec à Chicoutimi, Groupe de recherche et d'intervention régionales, collection « Développement régional ».

Green, Samuel B. (1991), « How many subjects does it take to do a regression analysis ? », *Multivariate Behavioural Research*, vol. 26, n° 3.

Guay, Louis (1996), « L'aménagement du territoire : une gestion sociale des problèmes urbains et régionaux », dans Proulx, M.-U. (dir.), *Le phéno-mène régional au Québec*, Sainte-Foy, Presses de l'Université du Québec.

Hamel, Pierre et Jean-François Léonard (1982), « Aménagement du territoire et participation populaire au Québec depuis 1960 », dans Léveillée, J. (dir.), *L'aménagement du territoire au Québec. Du rêve au compromis*, Montréal, Nouvelle Optique.

Hamel, Pierre (1991), *Action collective et démocratie locale. Les mouvements urbains montréalais*, Montréal, Presses de l'Université de Montréal.

Hamel, Pierre (1992), « Politiques urbaines, planification et partenariat à l'ère post-moderne », dans Gagnon, C. et J.-L. Klein (dir.), *Les partenaires du développement face au défi du local*, Chicoutimi, Université du Québec à Chicoutimi, Groupe de recherche et d'intervention régionales, collec-tion « Développement régional ».

Jamieson, Walter, Adela Cosijin et Susan Friesen (2000), « Contemporary Planning : Issues and Innovations », dans Bunting, T. et P. Filion (dir.), *Canadian Cities in Transition*, Toronto, Oxford University Press, 2e édition.

Janelle, D. G. (1977), « Structural dimensions in the geography of locational conflicts », *Le géographe canadien*, vol. 21, n° 4.

Klein, Juan-Luis et Suzanne Laurin (1999), « Citoyenneté active et conscience territoriale : perspectives pour un programme », dans Klein, J.-L. et S. Laurin (dir.), *L'éducation géographique. Formation du citoyen et conscience territoriale*, Sainte-Foy, Presses de l'Université du Québec.

Lolive, Jacques et Anne Tricot (2001), « L'expertise associative issue de la contestation des grandes infrastructures publiques de transport en France », *Cahiers de géographie du Québec*, vol. 45, n° 125.

Lowery, David, Ruth Hoogland De Hoog et William E. Lyons (1992), « Citizenship in the empowered locality : an elaboration, a critique and a partial test », *Urban Affairs Quarterly*, vol. 28, n° 1.

Morin, Richard (1986), « Les projets alternatifs et la question de la récupération », dans Klein, J.-L. *et al.* (dir.), *Aménagement et développement. Vers de nouvelles pratiques ?*, Chicoutimi, Actes du colloque de la section « Aménagement et urbanisme » de l'Acfas.

Parenteau, René (1986), « Les consultations publiques et la participation à l'aménagement », Klein, J.-L. *et al.* (dir.), *Aménagement et développement. Vers de nouvelles pratiques ?*, Chicoutimi, Actes du colloque de la section « Aménagement et urbanisme » de l'Acfas.

Parenteau, René (1990), « Décentralisation, participation et action concertée », dans Andrew, C. et L. Quesnel (dir.), *L'aménagement des centres-villes*, Ottawa, Université d'Ottawa et M Éditeur.

Port de Québec (2003), *Le Port de Québec présente un concept d'aménagement pour le développement de la plage de Beauport*, communiqué de presse, Québec (mardi le 4 février).

Rapport Boulet (1989), *Rapport du Comité consultatif sur l'avenir de la Pointe-à-Carcy*, Ottawa, Ministère des Travaux publics, Gouvernement du Canada.

Trudelle, Catherine (2003), « Au-delà des mouvements sociaux : une typologie relationnelle des conflits urbains », *Cahiers de géographie de Québec*, vol. 47, n° 131.

Villeneuve, Paul (1989), « Les mouvements sociaux dans la ville informationnelle », dans Gagnon, C., J.-L. Klein, M. Tremblay et P.-A. Tremblay (dir.), *Le local en mouvements*, Chicoutimi, Université du Québec à Chicoutimi, Groupe de recherche et d'intervention régionales, collection « Développement régional ».

Villeneuve, Paul (2002), « Cohésion sociale et aménagement du littoral à Québec », dans Péron, F. (dir.), *Le patrimoine maritime. Construire, transmettre, utiliser, symboliser les héritages maritimes européens*, Rennes, Presses universitaires de Rennes.

Villeneuve, Paul (2003), « Effets d'échelle et cohésion sociale », *Cahiers de géographie de Québec*, vol. 47, n° 131.

Villeneuve, Paul et Anne-Marie Séguin (2000), « Power and decision-making in the city : Political perspectives », dans Bunting, T. et P. Filion (dir.), *Canadian Cities in Transition*, Toronto, Oxford University Press, 2ᵉ édition.

ANNEXE

**Données dérivées d'une brève analyse de contenu des mémoires
présentés à la consultation publique sur l'implantation d'un
terminal de croisières à la pointe à Carcy**

Acteurs : Auteurs de mémoires	(a)	(b)	(c)	(d)	(e)	(f)	(g)	(h)	(i)	(j)	(k)	(l)	(m)
Citoyenne Fortier	0	1	1	2	4	-0,9607	1,0712	-1,3270	0,5026	0	0	0	0
Ville de Québec	0	1	3	2	23	-0,9129	1,0940	1,4303	0,2889	0	1	0	1
Comité des usagers du port	1	1	2	1	10	-1,1025	-1,1782	0,0593	0,9292	1	0	0	0
Conseillère municipale Dupont	1	2	1	1	13	-0,5288	-1,1174	-1,1768	0,9060	1	1	1	1
Office du tourisme de la CUQ	1	2	3	1	6	-0,4810	-1,0946	1,5805	0,7950	1	1	0	0
Conseil de quartier St-Baptiste	0	2	3	2	4	-0,3153	1,1662	1,5729	0,1592	0	1	1	0
Amis de la vallée du Saint-Laurent	0	3	2	3	7	1,9277	-0,1871	0,0944	0,1329	0	1	1	0
Comité des citoyens du Vieux-Québec	0	2	2	3	26	1,3300	-0,2593	-0,0482	0,2474	0	1	0	0
Citoyen Caron	0	1	1	2	3	-0,9607	1,0712	-1,3270	0,5026	0	1	0	0
Communauté urbaine de Québec	1	2	3	2	9	-0,3153	1,1662	1,5729	0,1592	1	1	0	0
Conseiller municipal Jobin	1	2	1	2	24	0,2345	1,2156	-1,0418	0,1800	1	1	1	1
Groupe maritime Québec inc.	1	1	2	1	8	-1,1025	-1,1782	0,0593	0,9292	1	0	0	0
Rassemblement pr l'alternative pol au Québec	0	3	2	2	6	0,2584	1,2270	0,3369	0,1222	0	0	0	1
Coalition pr l'aménag. du front fluvial	0	2	2	3	47	1,3300	-0,2593	-0,0482	0,2474	0	1	0	0
Uniropa Cruise Associates inc.	1	1	2	1	4	-1,1025	-1,1782	0,0593	0,9292	1	0	0	0
Progrès civique de Québec	1	2	3	1	22	-0,4810	-1,0946	1,5805	0,7950	1	1	0	1
Assoc. des commerçants de Place-Royale	1	1	2	1	3	-1,1025	-1,1782	0,0593	0,9292	1	1	0	0
Coop artisans&commerçants du Pt Champlain	1	1	2	1	1	-1,1025	-1,1782	0,0593	0,9292	1	1	1	0
Société Saint-Jean-Baptiste de Québec	0	2	2	3	4	1,3300	-0,2593	-0,0482	0,2474	0	0	0	0
Société linéenne de Québec	0	2	2	3	4	1,3300	-0,2593	-0,0482	0,2474	0	1	0	0
Citoyen Tessier	0	3	1	3	8	1,9038	-0,1985	-1,2842	0,1946	0	1	1	0

Conseil des monuments et sites du Québec	0	3	3	3	12	1,9516	-0,1757	1,4730	0,0886	0	0	1	0
Conseil de quartier Saint-Roch	0	2	3	2	2	-0,3153	1,1662	1,5729	0,1592	0	0	1	0
Commerce aux Antiquités de vos rêves	1	1	1	1	1	-1,1264	-1,1895	-1,3194	0,9539	1	0	0	0
North West Cruiseship Assoc.	1	3	2	1	5	0,0927	-1,0338	0,3445	0,7403	1	0	0	0
Comité ZIP de QCA	1	3	2	3	28	1,9277	-0,1871	0,0944	0,1329	1	1	0	0
Assoc. des citoyens de Beauport	0	2	2	2	5	-0,3392	1,1548	0,1943	0,2300	0	0	0	0
Débardeurs de Québec	0	1	2	1	1	-1,1025	-1,1782	0,0593	0,9292	0	0	0	0
Comité des citoyens Notre-Dame-des-Victoires	0	1	2	2	11	-0,9368	1,0826	0,0516	0,3905	0	0	0	0
Cruise Holidays de Québec	1	3	2	1	8	0,0927	-1,0338	0,3445	0,7403	1	0	0	0
Rassemblement populaire de Québec	0	2	3	2	7	-0,3153	1,1662	1,5729	0,1592	0	1	1	1
Société des gens de baignade	0	2	2	3	5	1,3300	-0,2593	-0,0482	0,2474	0	0	1	0
Citoyen Robichaud	1	2	1	2	4	-0,3631	1,1434	-1,1844	0,3202	1	1	1	0
Citoyen Robert	0	2	1	3	2	1,3062	-0,2707	-1,4268	0,3414	0	1	0	0
Chambre de com et d'indus du Québec métro	1	2	2	1	2	-0,5049	-1,1060	0,2019	0,8594	1	1	1	0
Conseil de quartier Vieux-Limoilou	0	2	3	2	3	-0,3153	1,1662	1,5729	0,1592	0	1	1	0
Citoyen Plante	1	2	1	1	1	-0,5288	-1,1174	-1,1768	0,9060	1	0	0	0
Amis de la Terre	0	2	2	2	2	1,3300	-0,2593	-0,0482	0,2474	0	1	0	0
Chambre de com régionale de Sainte-Foy	1	3	2	1	1	0,0927	-1,0338	0,3445	0,7403	1	1	0	0
Citoyen Brochu	0	2	1	2	1	-0,3631	1,1434	-1,1844	0,3202	0	0	0	0
Citoyen Néron	0	2	1	2	4	-0,3631	1,1434	-1,1844	0,3202	0	0	0	0
Citoyen Lacoursière	1	2	1	2	1	-0,3631	1,1434	-1,1844	0,3202	1	0	0	0
Citoyen Gendron	1	2	2	2	3	-0,3631	1,1434	-1,1844	0,3202	1	0	0	0

Définition des variables :

(a) Choix : l'auteur est favorable (1) ou défavorable (0) à l'implantation du terminal à la pointe à Carcy (nominale binaire).

(b) Emplacement : l'auteur est voisin du site (1), ailleurs dans la ville de Québec, ou à l'extérieur de la ville (ordinale).

(c) Degré d'institutionnalisation : l'auteur est citoyen élu ou non (1), une assoc. de la société civile (2), un organisme d'État (3) (ordinale).

(d) Type d'intérêt : l'auteur véhicule des intérêts surtout économiques (1), surtout sociaux (2), ou surtout patrimoniaux (3) (nominale).

(e) Degré d'élaboration du mémoire présenté, mesuré par le nombre de pages (continue).

(f) Première composante : continuum préoccupations économiques (-) ↔ préoccupations patrimoniales (+).

(g) Deuxième composante : continuum préoccupations économiques (-) préoccupations sociales (+).

(h) Troisième composante : degré d'institutionnalisation de l'auteur.

(i) Probabilité de scorer (1) sur la variable (a) telle que prédite par la modélisation.

Recommandations faites dans le mémoire et reprises dans le rapport de la commission de consultation : oui (1) ; non (0)

(j) Implanter le terminal à la pointe à Carcy.

(k) Procéder à des mesures correctives qui diminuent l'impact environnemental.

(l) Mettre sur pied un comité de suivi du projet et de l'exploitation du terminal.

(m) Céder la pointe à Carcy à la Ville de Québec.

TERRITOIRES ET GOUVERNANCE ÉCONOMIQUE

LA VILLE DE LÉVIS ENTRE SUBORDINATION MÉTROPOLITAINE ET LEADERSHIP RÉGIONAL

Jacques Palard

Les périodes de changement ou de conflit s'avèrent le plus souvent propices à l'analyse des structures sous-jacentes à l'organisation des rapports sociaux. Elles contribuent à dévoiler les « boîtes noires » ou les « matrices » qui sont au fondement des attitudes et des comportements et qui rendent ainsi compte des propensions à agir et à réagir de groupes et d'acteurs sociaux en relation de coopération ou en situation d'antagonisme.

En raison des enjeux non seulement matériels mais également symboliques qu'il représente, le champ de l'économie spatiale constitue un domaine privilégié d'observation et d'interprétation. Les théoriciens de la socio-économie nous ont depuis longtemps appris que le développement économique et l'entrepreneuriat sont aussi, sinon surtout, la résultante d'un processus social. Il convient en effet de « penser ensemble la société et l'économie » (Laville et Lévesque, 2000). Ce leitmotiv méthodologique vaut également pour les formes que prennent les mécanismes de coordination économique ainsi que les réseaux interorganisationnels.

À quoi est-on en mesure de s'attendre lorsqu'un territoire se trouve en situation de bi-appartenance et qu'il relève, sur le plan géopolitique, de deux ensembles contigus dont les modalités de constitution, la culture politique, les rapports entre structure économique et organisation sociale se combinent en des configurations non seulement originales mais, le cas échéant, contrastées, voire opposées ? Qu'induit, sur le plan des rapports inter-territoriaux, cette dualité de configurations lorsqu'elle implique les modes d'organisation collective de l'aménagement du territoire et du développement local ?

La ville de Lévis présente l'intérêt de se trouver dans ce cas de figure particulier. Elle est en effet officiellement partie prenante de la Communauté métropolitaine de Québec (CMQ), créée le 1ᵉʳ janvier 2002 comme suite de la mise en œuvre de la politique québécoise de réorganisation municipale par voie de fusion. Mais, située sur la rive sud du Saint-Laurent, elle appartient également à la région administrative de Chaudière-Appalaches, région qui a gagné son autonomie en 1987 par voie de détachement de la « grande » région de Québec.

Les contradictions qui résultent de cette situation de double appartenance ont été à l'origine, depuis 2002, d'un vif conflit. Ce conflit a pris la forme d'une concurrence interterritoriale qui s'est matérialisée par la mise en œuvre de projets concurrents d'organisation du développement économique. Il a pris consistance à la suite de la création par d'importants acteurs institutionnels de la rive nord, situés principalement au sein de la ville de Québec, d'un organisme de prospective, de promotion et de planification ; le territoire d'application délibérément conçu par les initiateurs de ce projet va au-delà des limites de la seule communauté métropolitaine pour couvrir l'ensemble de deux régions administratives, celle de Québec (dite aussi de la Capitale-Nationale) et celle de Chaudière-Appalaches.

On peut poser l'hypothèse selon laquelle ce conflit, bien qu'il se soit focalisé sur des personnalités de la rive sud et de la rive nord, en particulier les maires de Québec et de Lévis, le président de la Chambre de commerce et d'industrie de Québec…, est à interpréter avant tout comme la traduction d'un antagonisme entre deux modes d'organisation des acteurs économiques et politiques, modes d'organisation qui résultent eux-mêmes de deux systèmes de valeurs et de deux cultures régionales. En d'autres termes, nous serions ici en présence de deux « systèmes sociaux de production », concept dont nous empruntons la définition à J. Rogers Hollingsworth et à Robert Boyer (1997, 2) :

> By a social system of production, we mean the way that the following institutions or structures of a country or a region are integrated into a social configuration : the industrial relations system; the system of training of workers and managers; the internal structure of corporate firms; the structured relationships among firms in the same industry on the hand, and on the other firms'relationships with their suppliers and customers; the financial market of a society; the conceptions of fairness and justice held by capital and labor; the structure of the state and its policies; and a society's idiosyncratic customs and traditions as well as norms, moral principles, rules, laws, and recipes for action. All these institutions, organizations, and social values tend to cohere with each other, although they vary in the degree to which they are tightly coupled with each other into a full-fledged system. […] The institutions are embedded in a culture in which their logics are symbolically grounded, organizationally structured, technically and materially constrained, and politically defended.

Les conditions dans lesquelles sont conçus et menés les projets de développement dans l'un et l'autre des ensembles territoriaux paraissent assurément se ressentir des conceptions de l'agir politico-économique qui y prédominent. *La culture de la rive nord* résulte en large part de la présence, sur le territoire de la capitale du Québec, de très larges segments de l'administration d'État et de la longue pratique d'une étroite collaboration entre cette administration, les acteurs politiques territoriaux et les acteurs économiques. L'État s'impose tout « naturellement » comme l'un des acteurs clefs d'un développement local et régional fortement administré. Au contraire, ce qui paraît prédominer dans *la culture de la rive sud*, au moins dans certaines de ses grandes composantes territoriales comme la Beauce, c'est une distance certaine – d'ailleurs parfois revendiquée – vis-à-vis de l'appareil d'État, perçu comme lointain ou peu efficace. Le développement économique, à forte composante manufacturière, y est faiblement administré ; ainsi, l'expression « miracle beauceron » relie cette singularité ressentie à une configuration sociale et culturelle particulière ; l'identité territoriale s'est ainsi construite en situation de relatif enclavement, non pas contre mais sans l'État – ou tout au moins sans beaucoup de présence étatique. La mobilisation et la forte association des divers groupes d'acteurs – principalement municipaux, industriels et éducatifs – ont depuis longtemps tenu lieu de principal soutien à l'économie régionale ; la notion de « confiance » (Harrison, 1999) entre acteurs s'avère ici utile pour appréhender les conditions sociales de l'expansion économique. Au total et en d'autres termes, s'il convient sans doute, sur la rive nord comme sur la rive sud, de parler en termes de « nouvelle gouvernance », il importe dès l'abord de préciser que ce terme recouvre deux systèmes d'acteurs éminemment différents : sans chercher à durcir par trop le clivage, on est toutefois fondé à estimer que l'on se trouve en présence de deux idéal-types : sur la rive nord, une conception du développement économique où l'étroit rapport à l'État fait prévaloir les notions d'*hétéronomie*, de *centralisation* et de *délégation* (en particulier par voie d'agence) ; sur la rive sud, une conception où sont au contraire explicitement revendiquées l'*autonomie*, la *décentralisation* et la *régie directe*, au nom de leur ancrage sur ce que d'aucuns appellent l'« intelligence du territoire ».

La validation de l'hypothèse énoncée ci-dessus signifierait que le conflit qui s'est développé et amplifié entre les deux rives depuis 2002 traduirait ainsi autant des logiques sociales sous-jacentes à caractère inintentionnel, fondées sur des systèmes de représentations et d'actions territoriales particuliers, que des stratégies délibérément élaborées, qu'il ne s'agit cependant pas de dénier. En d'autres termes, les oppositions entre systèmes d'acteurs seraient aussi sinon surtout l'expression d'intérêts socioéconomiques et de rapports au territoire particuliers et antagoniques.

L'élucidation des processus de développement économique qui ont été mis en œuvre au cours des vingt dernières années dans chacune des deux régions permet d'élucider les modes de constitution de deux modèles fondamentalement différents de gouvernance (I). Elle permet de mieux comprendre la nature des projets organisationnels qui ont été élaborés sur l'une et l'autre rive en matière d'intervention et de planification économiques au cours des toutes dernières années, projets dont les dispositifs d'action n'ont pas encore été complètement déployés (II).

RIVE NORD ET RIVE SUD : DUALISME DES DISPOSITIFS INSTITUTIONNELS DANS LE DOMAINE DE LA GESTION DU DÉVELOPPEMENT ÉCONOMIQUE TERRITORIAL

Il ne serait pas sans intérêt de restituer l'ensemble du processus de développement économique qui a été engagé, de part et d'autre du Saint-Laurent, dans la région de Québec et dans celle de Chaudière-Appalaches. Toutefois, il est probablement plus utile de fonder la comparaison de ces deux entités territoriales sur ce qui paraît être la caractéristique centrale de chacune d'elles : d'une part, la politique de diversification et d'innovation économique dans la région de Québec et, d'autre part, la politique de développement de l'industrie manufacturière dans les trois municipalités régionales de comté (MRC) de la Beauce : Nouvelle-Beauce, Robert-Cliche et Beauce-Sartigan ; cette entité territoriale paraît en effet s'imposer comme la traduction la plus significative de l'économie de Chaudière-Appalaches, et, par bien des aspects, l'un de ses principaux moteurs sur le plan de l'activité et de la performance industrielles.

CARTE 1

**Les MRC de la région de Québec et de Chaudière-Appalaches
avant la loi sur les fusions municipales**

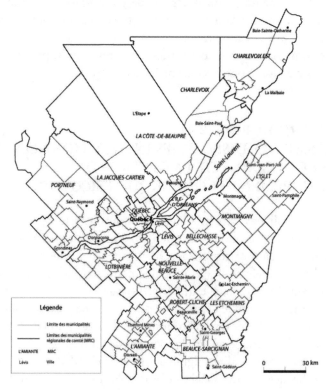

La politique d'innovation et de diversification économiques dans la région de Québec : un pilotage par le « centre »

L'engagement, au début des années 1980, de la politique d'inno-vation et de diversification économiques dans la région de Québec (qui comprend alors l'actuelle région de Chaudière-Appalaches) prend appui sur un facteur clé : la forte réactivité des acteurs politiques et écono-miques de cette région, à commencer par ceux qui se trouvent alors en poste de responsabilité sur le territoire de la capitale de la province[1]. Par voie d'innovation organisationnelle, ces acteurs ont su en effet créer les conditions d'une appropriation rapide et efficiente des orientations qui ont animé la campagne menée en 1983 par le gouvernement provincial en faveur du « virage technologique ». Cette même année, en effet, cinq institutions leaders se concertent pour fonder le Groupe d'action pour l'avancement technologique et industriel de la région de Québec (GATIQ) : l'Université Laval, la Chambre de commerce et d'industrie du Québec métropolitain, la Société Inter-Port[2], le Centre de recherche industrielle du Québec (CRIQ) et l'Institut national de la recherche scientifique (INRS). Le recteur de l'Université Laval va alors jouer un rôle déterminant dans la conduite de ce processus de mobilisation régionale ; il sera en particulier l'un des principaux acteurs du « Sommet économique de la grande région de la capitale » de septembre 1983, à l'occasion duquel il exercera les fonctions de porte-parole de l'axe « recherche et développement ».

Deux projets d'importance viendront concrétiser, dès avant la fin de la décennie, cette volonté d'atténuation des frontières institutionnelles et ce partenariat naissant entre groupes d'acteurs publics et privés : l'Institut national d'optique (INO) et le Parc technologique du Québec métropolitain. L'Université Laval contribuera en outre au développement de la recherche en biotechnologie agricole et forestière et à la création du Centre francophone de recherche en informatisation des organisations (CEFRIO) et du Centre québécois de valorisation de la biomasse. La concentration dans un périmètre restreint à la fois du Parc technologique, de l'INO et du CRIQ a constitué un facteur déterminant de mise en synergie de ces outils, eux-mêmes fruits de nouvelles modalités de la gouvernance économique en contexte métropolitain. Dans un cahier spécial de mars 2003, le quotidien *Le Soleil* souligne le chemin parcouru depuis lors au moyen de quelques données chiffrées :

---

1. Cette analyse de la politique de diversification économique dans la région de Québec s'appuie notamment sur l'étude de Mario Carrier (2002).

2. La Société Inter-Port sera remplacée, en 1988, par la Société de promotion économique du Québec métropolitain (SPEQM), créée par voie législative.

une centaine de centres de recherche, plus de 20 000 emplois reliés à la nouvelle économie, un secteur dynamique de la haute technologie... (Morin, 2003).

Les formes du conflit interrégional actuel trouvent là certains de ses points d'ancrage. On notera en particulier que la priorité est en tout point accordée à la capitale de la province et que ce sont des acteurs dominants de cette même unité spatiale qui mènent, en partenariat, le processus d'innovation. En 1983, on est ainsi passé insensiblement du sommet économique régional à celui de sa seule zone métropolitaine, ce qui n'a pas manqué de provoquer la riposte du président du Conseil régional de développement de la région administrative de Québec. Le géographe François Hulbert (1994) parle à cet égard de « rendez-vous manqué entre Québec et sa région »; il estime que le gouvernement organisateur du Sommet donne lui-même le ton en ignorant complète-ment la région et en concentrant ses analyses et propositions sur la zone métropolitaine (Hulbert, 1994 : 364 et 366).

Le Sommet de 1983 marque le début d'une série d'opérations visant à attirer l'attention sur le développement de la capitale. Le rem-placement, en 1989, de Jean Pelletier par Jean-Paul L'Allier à la mairie ne paraît pas, en ce domaine, avoir fondamentalement changé la donne.

Les projets de division de la « grande » région de Québec commen-cent à prendre corps sur cette toile de fond à caractère plus ou moins conflictuel, dans un contexte où les représentants patentés de la région ne disposent ni de la légitimité démocratique, ni des ressources financiè-res, ni de la capacité d'expertise pour rééquilibrer ou inverser le rapport de forces capitale/région en leur faveur et, par voie de conséquence, pour sauvegarder l'intégrité territoriale de la « grande » région de Québec. En ce qui concerne la place qu'ils réservent à la capitale, ces projets de division sont à double tranchant : d'un côté, ils permettent une certaine autonomisation des acteurs régionaux mais, de l'autre, ils affaiblissent, en les segmentant et en les dispersant, leurs ressources : ils contribuent en effet, indirectement, à renforcer la légitimité de la capitale à se déter-miner sur la base de ses propres intérêts et rendent dès lors encore plus incertaine et plus difficile l'articulation entre la région et sa principale agglomération urbaine. Celle-ci pourra ainsi continuer à contourner la région pour jouer directement sa propre carte, notamment sur la scène internationale.

L'axe de démembrement régional qui finit par s'imposer n'est autre que le fleuve Saint-Laurent. Cela, à l'évidence, ne va pas sans tiraillement : les municipalités des deux MRC urbanisées de la rive sud – les Chutes-de-la-Chaudière avec Saint-Romuald, et Desjardins avec Lévis – se trouvent dissociées de l'agglomération de Québec alors même que leur propre dynamique économique et démographique en dépend fortement. Le repliement de Québec sur ses atouts et sur ses ressources aura induit la division de la région. En toute logique, lorsqu'en 1985 la Communauté urbaine de Québec présente son schéma d'aménagement, elle le fait sans référence à la région, ni même à la partie urbanisée de la rive sud. Deux ans plus tard, en 1987, celle-ci va dès lors se trouver partie prenante d'une nouvelle région – la région 12 –, qui se sera constituée par scissiparité. De façon significative, cette création de la région de Chaudière-Appalaches « remonte à la même époque que le développement de l'intérêt international de la ville de Québec. La nouvelle région [...] faisait face à un défi d'identification » (Racine, 2004 : 33). C'est dans ce contexte de démembrement et de morcellement que les deux régions vont organiser chacune pour son compte, au début des années 1990, un sommet socio-économique.

Les outils d'animation économique de la région de Chaudière-Appalaches : l'exemple de la mobilisation des acteurs de « terrain » en Beauce

La Beauce est ici retenue à titre d'illustration non seulement parce qu'au sein de la région Chaudière-Appalaches[3] elle représente l'exemple le moins contestable d'expansion économique – à substrat manufacturier – et démographique, mais aussi parce que ce processus de développement est en grande partie attribuable à la mise en place de dispositifs d'abord *locaux* puis *régionaux* qui ont étroitement associé les acteurs *de terrain*, qu'ils soient publics ou privés, à la conduite du développement

---

3. La région de Chaudière-Appalaches se caractérise globalement par une forte empreinte industrielle : elle comptait en 1999 près de 700 établissements manufacturiers, qui emploient quelque 35 000 salariés dont 44 % dans les trois MRC de la Beauce.

économique régional sans intervention préalable ou dominante de l'administration d'État.

CARTE 2

**Évolution de la population active résidente employée
dans le secteur manufacturier entre 1971 et 2001,
régions de Québec et de Chaudière-Appalaches**

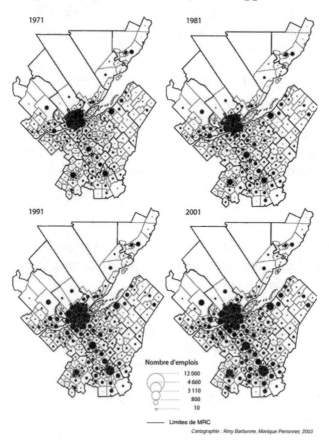

Source : Statistique Canada.

La carte 2 montre en quatre « moments » successifs le caractère
croissant et singulier de l'emploi manufacturier dans la région de
Québec, au nord du Saint-Laurent, et dans la région de Chaudière-
Appalaches, au sud. Outre le renforcement du pôle métropolitain,

on notera le processus d'industrialisation au sein des trois municipalités régionales de comté de la Beauce au cours des trente dernières années : La Nouvelle-Beauce autour de Sainte-Marie, Robert-Cliche autour de Saint-Joseph-de-Beauce et Beauce-Sartigan autour de Saint-Georges. Un véritable corridor manufacturier se dessine, le long de la rivière Chaudière, entre le sud de Québec et l'État du Maine (États-Unis) ; son originalité se mesure à la stagnation économique du secteur, initialement favorisé, de l'extraction de l'amiante autour de Thetford Mines, au sud-ouest de la région. D'une façon qui n'échappe pas à un apparent paradoxe, l'impression qui domine est celle d'un ancrage industriel d'autant plus marqué, en direction de Saint-Georges, que l'on s'éloigne de la région de Québec. Tout se passe comme si le niveau et le rythme du développement s'accentuaient au fur et à mesure que s'accroît la distance à la région urbaine de Québec…

La carte 3, qui représente la situation de l'emploi manufacturier au lieu de travail dans la région Chaudière-Appalaches en 1994 et 2001, permet d'observer que le processus d'industrialisation ne s'est pas estompé ou ralenti, bien au contraire, au cours de la dernière décennie. Au sein de la cette région, la Beauce continue d'affirmer sa « vocation » industrielle, à égalité, pourrait-on dire, avec l'axe qui se dessine au sud du Saint-Laurent et qui inclut le secteur de Lévis. Il convient également de remarquer que les trois centres urbains de la Beauce – Sainte-Marie, Saint-Joseph-de-Beauce et Saint-Georges – ne monopolisent pas, au sein de leur MRC, l'implantation des entreprises : on est véritablement en présence d'une « industrialisation diffuse » qui profite à la grande majorité des municipalités.

CARTE 3

Nombre d'emplois manufacturiers au lieu de travail en 1994 et 2001, région de Chaudière-Appalaches

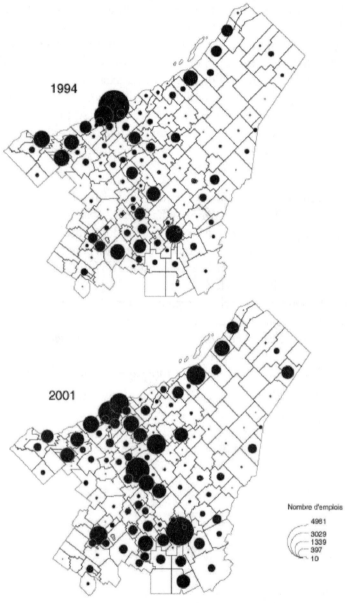

Cartographie : Rémy Barbonne, Monique Perronnet, 2003

Source : Statistique Canada.

Ce que révèle ce « jeu de cartes », c'est le caractère original que l'économie de Chaudière-Appalaches tire, notamment, de la singularité beauceronne. On peut estimer cette singularité largement indépendante de l'influence du pôle urbain de Québec.

Le *dilemme* dans lequel se trouve de la ville de Lévis procède très précisément de cette configuration birégionale et de son double ancrage territorial : la ville peut se définir prioritairement soit comme une composante – importante mais subalterne – de la communauté métropolitaine, soit comme la « tête de pont », mais sans véritable capacité hégémonique, donc à la façon d'une *prima inter pares*, de la région de Chaudière-Appalaches. Ce conflit d'appartenance et de rôle se trouve accentué par la réorganisation des dispositifs d'animation économique au sein de chacune des deux régions, de part et d'autre du Saint-Laurent, depuis 2002.

Une approche en termes de sociologie économique permet de rendre compte de ce développement différentiel. En Beauce, la capacité de mobilisation des acteurs publics et la constitution d'une sorte d'administration de mission, parfois sous la forme initiale d'un simple organisme de développement animé par des bénévoles, ont contribué à lancer le mouvement d'industrialisation, dès la fin des années 1960, grâce à une forte collaboration dans l'implantation d'entreprises et à la création d'externalités spatiales. Deux exemples, le premier à Saint-Joseph-de-Beauce et le second à Saint-Georges, permettent d'illustrer l'investissement des acteurs publics dans le secteur industriel.

La création à Saint-Joseph-de-Beauce, en 1966, de l'Association coopérative industrielle – préfiguration d'un futur commissariat industriel – à un moment où vient de fermer l'un des derniers établissements manufacturiers, va constituer le véritable moteur du redémarrage économique local. Sur un modèle analogue, les quatre municipalités de l'agglomération de Saint-Georges créent en 1974 une commission industrielle. L'organisme se veut un instrument de collecte de ressources extérieures, notamment financières, mais aussi et surtout un centre d'expertise qui permet à ses initiateurs de définir une stratégie économique, en particulier à l'exportation. Devenu instance régionale, sous la forme du Conseil économique de Beauce, il constitue le partenaire privilégié du bureau régional du ministère (provincial) de l'Industrie et du Commerce et du Centre canadien d'innovation industrielle de Beauce, fondé dix ans plus tard. Cette intervention des structures ministérielles apparaît ainsi chronologiquement seconde dans le processus de développement économique.

Deux organismes régionaux sont venus compléter, plus récemment, ce dispositif régional : d'une part, *Action PME*, qui bénéficie du soutien du ministère du Développement économique du Canada et qui remplit une fonction de « coaching technologique »; d'autre part, *Chaudière-Appalaches Export*, qui offre un encadrement aux PME manufacturières lancées sur le marché international et qui, par sa présence à Lévis, Sainte-Marie et Montmagny, occupe une position centrale dans l'ancrage international de la région.

RELANCE DES INNOVATIONS ORGANISATIONNELLES ET EXACERBATION DU CONFLIT INTERTERRITORIAL

Le processus en cours de réorganisation des instruments de gestion économique à l'œuvre dans les régions de Québec et de Chaudière-Appalaches offre un excellent poste d'observation à qui veut comprendre pourquoi et en quoi la différence des systèmes sociaux et territoriaux de production a pu susciter un conflit entre deux modèles organisationnels concurrents et antagoniques. Même stratégie mais base économique contrastée, que l'on peut résumer par des indicateurs simples : c'est dans Chaudière-Appalaches, région de faible chômage[4], que l'on compte, en 2002, la plus forte proportion (26 %) d'emplois manufacturiers au Québec, un taux près de trois fois supérieur à celui de la région de Québec (9 %); à l'inverse, la part de l'emploi dans les administrations publiques, qui atteint 35 % dans la région de Québec, n'est que de 10 % dans Chaudière-Appalaches.

---

4.   En 2001, le taux de chômage s'établissait à 9,2 % dans la région de Québec et à seulement 6,4 % dans la région de Chaudière-Appalaches.

Les nouvelles ambitions territoriales des acteurs politiques et économiques de l'agglomération de Québec

La création, en 1969, de la Communauté urbaine de Québec, limitée à la rive nord, a constitué l'amorce d'un « gouvernement régional » dont la vocation est non seulement de permettre la mise en commun de services, la réalisation d'équipements ou l'aménagement du territoire de la région urbaine, mais également d'assurer le développement économique sur une base territoriale élargie (Godbout, 1971 ; Belley, 1986). La stratégie dont François Hulbert a tracé les contours au début des années 1990 semble recevoir un début de réalisation : « La ville-centre, Québec, a tout intérêt à s'associer à Lévis juste en face sur l'autre rive, tant pour constituer une véritable communauté urbaine [...] que pour travailler au retour de la région Chaudière-Appalaches dans le giron de la capitale et à l'union des deux régions actuelles après un divorce contre nature » (Hulbert, 1994 : 313).

Pour atteindre cet objectif, la création de la Communauté métropolitaine de Québec (CMQ), le 1ᵉʳ janvier 2002, dans la mouvance de la politique de fusion municipale, représente une condition nécessaire mais non suffisante. Afin de transformer l'essai et de donner suite et corps à cette transformation institutionnelle, il est apparu indispensable de repenser le format organisationnel de la politique de diversification, de coordination et de promotion économiques de la région urbaine et, dans la mesure du possible, de son hinterland. En ce qui concerne l'aménagement du territoire, la loi précise que la CMQ devra définir et mettre en œuvre une vision stratégique du développement économique, social et environnemental ; sont ici en jeu la mise en cohérence territoriale des compétences exercées et, partant, la délimitation des pôles d'activité et des composantes territoriales qui présentent un intérêt métropolitain. Un an après l'adoption de l'énoncé de vision stratégique de la CMQ, celle-ci devra adopter un plan des grands enjeux du développement économique de son territoire. Un élément du dispositif est ici essentiel : « La Communauté peut, aux conditions qu'elle détermine, confier à un organisme existant ou qu'elle crée à cette fin l'exercice de tout ou partie de sa compétence en matière de promotion de son territoire sur le plan international. » En outre, l'exercice de cette compétence sera exclusif de tout engagement des municipalités locales sur ce même terrain d'action. La responsabilité des rôles paraît claire : à la Communauté métropolitaine, la responsabilité d'adopter et de mettre en œuvre un plan stratégique sur les grands enjeux *économiques* de son territoire ; à chacune des municipalités, celle d'en élaborer un dans le domaine du développement *communautaire* et *social* de son propre territoire.

Le processus de refonte de l'organisation des fonctions d'animation et de promotion économiques va se dérouler en trois étapes principales : d'abord, la commande d'un rapport à un consortium de bureaux d'étude – Arthur Andersen et Municonsult – par la Chambre de commerce et d'industrie du Québec métropolitain (CCIMQ) ; ensuite, à compter de janvier 2002, l'appropriation par les responsables politiques et administratifs de la Ville de Québec des recommandations du rapport qu'ils entendent valider ; enfin, la création d'un nouvel organisme à visée fédérative.

Le titre du rapport que le consortium Arthur Andersen et Municonsult remet en mai 2001 correspond à la nature de son mandat : *Étude d'un modèle optimum d'organisation régionale dans le contexte de la Stratégie de diversification économique de la région de la Capitale-Nationale et la région métropolitaine de Québec*. Ce document cherche à répondre à deux questions centrales : quel bilan peut-on tirer du dispositif actuel de soutien au développement économique ? Quelle proposition alternative avancer pour une réorganisation efficiente de cette fonction ?

En ce qui concerne le *bilan*, l'évaluation se fait particulièrement sévère : sur la base des informations – non exhaustives – transmises par la CCIMQ et le Bureau de la Capitale-Nationale, les auteurs répertorient 94 organismes censés participer au développement économique de la région de Québec. La moitié de ces organismes exercent des missions ou des activités qui « peuvent être modifiées par une refonte du modèle d'organisation économique dans la région de Québec, tandis que les autres (banques, institutions éducatives, instances gouvernementales, instituts de recherche, chambres de commerce…), tout en structurant également le paysage économique, échappent à l'autorité de la Communauté métropolitaine ». L'étude porte donc, en toute logique, sur la première catégorie, qui comprend 47 organismes. Les consultants stigmatisent tout particulièrement le chevauchement de leurs responsabilités. Cela vaut pour le soutien aux entreprises, la formation, le financement, la concertation et la promotion. Cela signifie que la Société de promotion économique du Québec métropolitain (SPEQM) a vu, au fil des années, d'autres organismes, comme la Cité de l'optique, prendre place dans son créneau d'activité. La critique principale porte ainsi sur la dispersion organisationnelle et l'absence de véritable chef de file :

- ces organismes (qui emploient au total 340 personnes) sont en concurrence entre eux ; les maîtres mots du rapport sont ici ceux de « confusion », de « conflit perpétuel »...

- en outre, « la représentation des élus et des intervenants du domaine public aux conseils d'administration est trop importante » et elle « éloigne les intervenants du secteur privé des conseils d'administration » (Arthur Andersen et Municonsult, 2001 : 35). La constitution, par voie de fusion, des nouvelles villes de Québec et de Lévis peut d'ailleurs constituer un handicap supplémentaire dans la mesure où « la limite territoriale imposée par le fleuve complique la concertation entre les organismes économiques des deux rives et favorise la concurrence et les chevauchements » (Arthur Andersen et Municonsult, 2001 : 36).

Pour pallier la faiblesse des organismes qui ont pour fonction de favoriser l'émergence et le développement des créneaux économiques porteurs, il convient ainsi de susciter la création d'une structure de *mission* chargée de définir une *stratégie d'ensemble*. Cette structure devrait être « centralisée, avec un leadership fort et des secteurs spécialisés » et « *tenir compte des deux nouvelles villes* » (Arthur Andersen et Municonsult, 2001 : 38). Pour définir les contours de cette instance, les rédacteurs du rapport rejettent d'abord l'approche municipale au profit de l'approche métropolitaine, puis ils écartent le modèle métropolitain « étatique » et le modèle métropolitain « intégré » – c'est-à-dire relevant directement de la CMQ – au profit du *modèle métropolitain « autonome »*. Ce modèle « optimal » revêt quatre caractéristiques fondamentales :

- une forte représentation du secteur privé au sein du conseil d'administration ;

- l'organisation du développement économique sur la base d'une dizaine de « filières technologiques » (dont le multimédia, la géomatique, le biomédical, le manufacturier...) ;

- la coordination des services aux entreprises sur l'ensemble du territoire de la CMQ ;

– enfin, une rationalisation organisationnelle par voie, d'une part, d'unification ou de coordination des institutions en charge du tourisme, de la culture et des communications ainsi que des parcs industriels et, d'autre part, d'association étroite avec les institutions de financement, de formation et de recherche.

Les auteurs du rapport estiment que, si un consensus se dégage autour du modèle proposé, les ministres responsables de la région de Québec et de la région de Chaudière-Appalaches devraient en confier la mise en œuvre à un comité restreint.

C'est sur la base de ces préconisations que s'ouvre la deuxième étape : le ministre délégué responsable de la région de la Capitale-Nationale et le maire de Québec constituent, en janvier 2002, le Groupe de travail sur la réorganisation du développement économique. Ce groupe est chargé de proposer un modèle « novateur » d'appui au développement économique qui soit adapté au nouveau contexte tout à la fois municipal, métropolitain et régional, qui tienne compte des problématiques des deux régions administratives, celle de Québec et celle de Chaudière-Appalaches[5], et qui permette d'adopter au plus tard le 1er juillet 2004 un plan des grands enjeux du développement économique du territoire en vue de sa soumission à la consultation publique. Ce groupe est coprésidé par le secrétaire général associé au Bureau de la Capitale-Nationale et le vice-président du comité exécutif de la Ville de Québec ; il compte en outre deux représentants du Bureau de la Capitale-Nationale et trois représentants de la Ville de Québec. Au terme de sa réflexion, il propose d'intégrer l'ensemble des fonctions qui paraissent essentielles au développement économique au sein d'un nouvel organisme métropolitain dirigé par les gens d'affaires représentatifs du secteur de la nouvelle économie et du secteur manufacturier ; à ce titre, l'idée de l'organisation du développement économique sur la base de filières est entérinée. Le modèle qu'il propose se veut applicable au territoire de la CMQ mais il doit également, on l'a vu, élargir ses perspectives aux deux régions administratives de la Capitale-Nationale et de Chaudière-Appalaches. Cette démarche conduit ainsi, fût-ce de façon

---

5. Ces deux régions totalisent, en 2001, une population de 1 022 000 habitants (639 000 pour la région de Québec et 383 000 pour la région de Chaudière-Appalaches).

indirecte, à une forme d'incorporation voire d'« annexion » de la région de Chaudière-Appalaches au territoire d'intervention de l'organisme en gestation.

La réflexion du groupe de travail conduit à la troisième étape : la constitution de la Corporation de développement économique métropolitain (CODEM), qui entre en fonction le 1er janvier 2003. Les compétences et les structures de cette nouvelle instance, qui se voit attribuer, entre autres missions, l'aide à l'exportation, la recherche d'investisseurs et la promotion économique de la région au niveau international, se constituent selon un triple mode opératoire :

– en premier lieu, l'intégration par voie de fusion de quatre grands organismes engagés dans le développement économique régional et dont certains, on l'a vu, ont été les vecteurs du virage technologique effectué au sein de la région de Québec : le GATIQ, la Cité de l'optique, la SPEQM et l'incubateur Émergence Entrepreneur. Ces organismes emploient au total une cinquantaine de personnes et disposent de ressources financières d'environ quatre millions de dollars : un quart de ces ressources provient des gouvernements municipaux, un quart également du gouvernement fédéral et 40 % du gouvernement provincial ; le solde est assuré par des revenus autonomes ;

– en outre, conformément à la proposition du groupe de travail, l'élargissement du territoire juridictionnel, puisque la Corporation de développement économique métropolitain (CODEM) entend offrir ses services aux entreprises de l'ensemble des régions de Québec et de Chaudière-Appalaches ;

– enfin, une large ouverture du conseil d'administration au milieu de l'industrie manufacturière et de la haute technologie, secteurs d'activité qui en assureraient les deux coprésidences et en constitueraient la majorité (9 sièges sur 17, dont 5 représentants d'importantes entreprises manufacturières de Chaudière-Appalaches) ; le quotidien *Le Soleil* peut titrer le 21 décembre 2002 : « La CODEM s'est forgé une équipe d'étoiles » ; depuis lors, le conseil d'administration a été porté à 19 membres, dont 12 sont issus du secteur privé.

Une troisième étape *bis* intervient avec le changement de nom de la Corporation de développement économique métropolitain (CODEM), qui devient le *Pôle Québec-Chaudière-Appalaches*. L'annonce de ce nouveau label, qui entend mettre l'accent, d'une part, sur la fonction de leadership et de chef de file et, d'autre part, sur la vocation interrégionale, est faite le 15 avril 2003 devant les membres de la Chambre de commerce de Québec, dont le président se fait l'avocat d'une unité d'action à l'échelle de la grande région de Québec, sous la houlette des « gens d'affaires ».

On a, avec l'ensemble de ce processus, une bonne illustration de la forte intrication des divers groupes d'acteurs : municipaux, gouvernementaux et socio-économiques. Les nouvelles composantes du paysage institutionnel apparues dans la seconde partie des années 1990 contribuent d'ailleurs à renforcer les mailles de ce réseau d'acteurs, dont le degré d'interconnaissance est très élevé. Ainsi, la Commission de la capitale nationale (CCN), créée en 1995, a le mandat de concentrer ses efforts sur la ville de Québec : son aménagement, la mise en valeur de son statut de capitale, sa promotion en tant que lieu d'exercice du pouvoir politique ; celui qui en est nommé président en 2003 a été à la tête de la SPEQM de 1993 à 2001. Créé en 1999, le Bureau de la Capitale-Nationale (BCN) a reçu pour mission de travailler à la diversification et au développement de l'économie de la région de Québec ; on a vu le rôle crucial qu'il a joué, aux côtés des représentants de la ville de Québec, dans la mise sur pied de la Corporation de développement économique métropolitain (CODEM). Notons également que le responsable du Comité d'implantation de la CODEM, nommé à cette fonction en juin 2002, fut président de la Fédération des caisses Desjardins de Québec et qu'il était premier vice-président de l'exécutif de la Chambre de commerce et d'industrie du Québec métropolitain quand celle-ci a commandé un rapport au consortium Andersen et Municonsult en vue de redessiner le pilotage du développement économique territorial. Enfin, le ministre qui, au sein du gouvernement libéral formé en 2003, est responsable de la région de Québec a récemment présidé la Chambre de commerce de Québec.

Région de Chaudière-Appalaches : la défense de l'autonomie territoriale par l'affirmation de la spécificité économique

Sur la rive sud, le processus de réorganisation des organismes d'animation économique s'engage sur fond de riposte. L'inscription dans la vocation de la CODEM puis, de façon évidemment plus explicite encore, dans le nom même de Pôle, de la *région de Chaudière-Appalaches* a largement contribué à susciter la réaction et à ouvrir les hostilités, en particulier par le jeu des communiqués de presse et des déclarations. Dans la conduite de la contre-attaque, qui va aboutir à la création du Conseil (dénommé initialement « corporation ») économique Lévis–Chaudière-Appalaches (CELCA), quatre éléments clés vont dominer : la capacité d'expertise ainsi que l'engagement ferme de Chaudière-Appalaches Export dans la formalisation du projet, le choix crucial fait par la Ville de Lévis, la coordination des maires des principales villes de Chaudière-Appalaches et, enfin, l'appui des institutions politiques de la région.

Les deux organismes les plus actifs à l'échelle de la région de Chaudière-Appalaches dans le domaine de l'animation économique et de l'ouverture à l'international et dont la fusion va donner naissance au CELCA, vont jouer de façon complémentaire une fonction pivot, d'une part, dans la préparation active de la réponse institutionnelle apportée par les acteurs régionaux à la création de la CODEM et, d'autre part, dans l'arrimage de la ville de Lévis à la stratégie régionale.

Action PME a développé un savoir-faire particulier à la fois dans le domaine de gestion de projets technologiques et de projets d'affaires électroniques, dans celui de l'ingénierie manufacturière (accompagnement de qualité, conception de produits…) et en matière de recherche d'informations industrielles (veille technologique, amélioration de l'efficacité concurrentielle…). Elle s'est révélée particulièrement performante dans l'optimisation des procédés (expérimentation interactive, analyses des données…) et la gestion de projets d'implantation. Ces interventions se situent principalement sur le terrain de l'innovation et de la productivité.

Désireux d'établir un diagnostic sur la place que la région est en mesure d'occuper dans les échanges internationaux, le Conseil régional de concertation et de développement (CRCD) de Chaudière-Appalaches s'est associé en 2002 au ministère des Finances et de l'Économie ainsi qu'au ministère des Régions pour donner au *commissaire à l'exportation* de la région de Chaudière-Appalaches le mandat d'établir, en ce domaine, un plan d'action. Le rapport qui est remis en avril 2003 (Caseault, 2003) insiste sur les handicaps que la région se doit de surmonter pour améliorer son rendement à l'exportation : la région souffre de l'éloignement des marchés ; elle est desservie par quatre institutions d'enseignement collégial, mais par aucune de rang universitaire ; en outre, on n'y délivre aucune formation collégiale en commerce international ; enfin, et plus gravement encore, le niveau de scolarisation est nettement inférieur à celui de la moyenne du Québec. Ces données expliquent en partie la relative faiblesse des résultats obtenus : le taux d'exportation de la région est de moitié inférieur à celui du Québec (environ 20 % contre 40 %) ; seule la Beauce se situe dans la moyenne provinciale. Un effort important devrait être fait pour introduire, dans les procédés, la haute et la moyenne technologie ainsi que les certifications de qualité.

Ce diagnostic comptera pour beaucoup dans la prise de conscience des acteurs régionaux de la nécessité d'améliorer, sur leur propre territoire et à destination de leurs propres ressortissants, les outils d'accompagnement des entreprises et de promotion internationale. Il inspirera les orientations du CELCA, né de la fusion d'Action PME, de Chaudière-Appalaches Export et de la Pépinière d'entreprises innovantes de Beauce, ainsi que la définition de ses missions : « faire de Chaudière-Appalaches une région industrielle innovante au plan technologique, des pratiques d'affaires et de son réseautage sur le monde » (CELCA, 2003 : 10). La constitution du conseil d'administration est elle-même commandée par l'étroitesse des rapports entre le milieu municipal et celui de l'entreprise : on y compte 15 administrateurs avec droit de vote, parmi lesquels six élus (les maires de Lévis, Saint-Georges, Sainte-Marie, Thetford Mines et Montmagny ainsi que le président de la conférence des préfets) et neuf industriels, qui détiennent ainsi la majorité ; y siègent également quatre observateurs sans droit de vote : un représentant du gouvernement du Canada (par l'entremise du ministère du Développement économique du Canada), un représentant du gouvernement du Québec (en l'occurrence, du ministère du Développement économique et régional), un représentant des organismes économiques locaux et le président du CRCD. La décision de l'actuel gouvernement libéral de remplacer le CRCD par une conférence régionale des élus pourrait s'avérer bénéfique au CELCA grâce à un renforcement de son assise politique.

Dans la difficile partie qu'ils engagent avec les décideurs politiques et économiques de la rive nord, les représentants de la ville de Lévis ont une main un atout maître : la décision qu'ils ont à prendre en faveur ou à l'encontre du projet de la CODEM fera d'eux les alliés ou les concurrents objectifs des acteurs politiques et économiques qui se portent à la défense de l'autonomie relative de la région de Chaudière-Appalaches. Cette décision prendra aussi, à l'évidence, la forme à la fois d'une évaluation des relations engagées au cours des années passées avec la rive nord et d'une anticipation des bénéfices attendus. De ce point de vue, François Hulbert estime au début des années 1990 que « c'est […] l'intérêt bien compris de la Rive-sud et des MRC de banlieue de participer à un organisme métropolitain. Ces espaces périphériques actuels pourraient mieux revendiquer un équilibre du développement et une meilleure organisation de l'espace […]. Si la Rive-sud avait participé à la CUQ dès l'origine, elle aurait pu bénéficier d'équipements et d'infrastructures que la Rive-nord s'est accaparée, alors que la voilà aujourd'hui associée à une "Région Québec-Sud" qui la fait se détourner un peu plus encore de la communauté urbaine dont elle fait pourtant partie » (Hulbert, 1994 : 289).

Cette « communauté » s'est consolidée ou, à tout le moins, matérialisée avec le développement des migrations pendulaires qui accompagne l'ouverture du pont Pierre-Laporte en novembre 1970. Toutefois, les répercussions paraissent plus fortes sur la MRC des Chutes-de-la-Chaudière, située à la sortie des ponts, que sur la MRC Desjardins, dont la ville de Lévis représente un centre d'emploi important (Samson, 1996 : 618). Traditionnellement, le voisinage Lévis-Québec « a plus souvent couleur de rivalité que de complicité. Le refus de joindre la Communauté urbaine de Québec en est une manifestation et même le projet de regroupement municipal autour de Lévis est conçu, en 1972, dans une attitude défensive face à la CUQ » (Samson, 1996 : 620).

L'étude que réalise le Centre de recherche en aménagement et développement (CRAD, Université Laval) en 2003, en réponse à une commande de la Communauté métropolitaine de Québec (CMQ), permet de prendre la mesure des échanges entre les deux rives et de la dynamique métropolitaine (Barbonne *et al.*, 2003). Elle est orientée par un questionnement central : en quoi l'évolution et le volume des flux interrives permettent-ils d'instruire le dossier d'intégration territoriale et de cohésion régionale ? Sur le plan de la mobilité et des échanges interrives, au sein de la CMQ, c'est à l'évidence l'asymétrie qui l'emporte : l'influence des pôles d'éducation, de commerces et de loisirs de la rive sud s'étend aujourd'hui encore très peu sur la rive nord et le Saint-Laurent constitue à cette égard une véritable barrière.

L'événement que constitue la présentation de la future CODEM au siège de la Communauté métropolitaine de Québec, le 21 novembre 2002, représente dès lors un moment clé pour l'avenir de la ville et de la communauté métropolitaine. Le maire de Lévis, Jean Garon, qui fut ministre péquiste dès la formation de la première équipe gouvernementale de René Lévesque en 1976[6], joue là une partie de son crédit politique et de l'avenir de sa ville. De façon claire et explicite, il fait part de son refus d'associer sa ville à ce projet d'organisme : « La ville de Lévis a une *double appartenance*, Chaudière-Appalaches, dont elle représente le tiers de la population et des emplois, et la Communauté métropolitaine de Québec, où son poids est de 20 %. Nous n'avons pas le choix d'être avec les deux[7]. »

Ce qui est en fond de cette position, c'est, d'abord et avant tout, la *méfiance* à l'encontre du mode de gouvernement jugé trop centralisateur, voire autoritaire, du maire de Québec ; le bilan qui est tiré de l'activité de la SPEQM est plutôt négatif alors que la Ville de Lévis a contribué à son financement par une dotation annuelle de 200 000 dollars ; il s'agit, d'une certaine façon, d'un jeu coopératif avec répartition inégale des gains, dont témoigne par ailleurs la quasi-absence d'immeubles ministériels sur la rive sud…[8] La position exprimée par le directeur

---

6. Jean Garon est élu député du comté de Lévis en 1976 ; il fut ministre de l'Agriculture de 1976 à 1985, et ministre de l'Éducation de 1994 à 1996. Il est maire de Lévis depuis 1999.

7. Au moment de la création du Conseil économique Lévis–Chaudière-Appalaches (CELCA), Jean Garon insiste sur cette *alliance ville-région* qu'entend délibérément souligner le nom du nouvel organisme (Saint-Pierre et Morin, 2002).

8. Lors des entretiens avec des responsables municipaux de Lévis en novembre 2003, le chiffre de 1,8 % a été constamment avancé… et dénoncé comme très insuffisant.

du Développement économique de la Ville de Lévis souligne à son tour l'inégalité de traitement qu'a subie Lévis du fait de la gestion de la SPEQM : « La SPEQM disait qu'il y avait cent trois centres de recherche sur le territoire, c'était vrai, mais il n'y en avait que cinq à Lévis. On a toujours été pris pour des laissés-pour-compte sur la rive sud... Le maire Garon a choisi de ne compter que sur les propres moyens de la région Chaudière-Appalaches et vend maintenant l'idée d'un corridor technologique, un concept beaucoup plus approprié à notre réalité[9]. » La position du maire de Lévis s'explique aussi par l'avantage démographique dont est assortie la fusion municipale, qui fait passer la ville de Lévis de 40 000 à 125 000 habitants ; l'élargissement de la surface économique et financière qui en découle permet de revendiquer un rôle de véritable capitale régionale. Conforté par cette nouvelle donne, le souhait secret du maire de Lévis est de porter sa ville au rang qu'occupe Laval (où se sont développées des entreprises de biotechnologie et de la nouvelle économie) dans l'agglomération montréalaise, ou Hull dans la région urbaine d'Ottawa. Pour rendre compte de la position du maire de Lévis, on ne saurait exclure une troisième raison, de nature plus idéologique : dans une allocution qu'il prononce en octobre 2002 devant l'Amicale des anciens parlementaires du Québec, Jean Garon se fait violemment critique des formes d'érosion de l'imputabilité qui fait glisser la responsabilité de l'élu vers des personnes ou des institutions sans mandat. À ses yeux, le projet d'organisme de développement économique qui prend forme sur la rive nord témoigne de façon éloquente de cette dérive : « Des élus confieraient des fonds qu'ils ont été collecter, qu'ils ont perçus, à un groupe d'hommes d'affaires qui n'auraient de comptes à rendre à personne. Ça, c'est la quadrature du cercle puis de la folie sur le plan démocratique » (Garon, 2002)[10].

La mobilisation des maires des principales villes a évidemment été déterminante pour assurer à la fois crédibilité et visibilité à un projet

---

9. Cyberjournal d'affaires internationales (printemps 2004), en ligne, http://commercemonde.com.

10. À la suite de cette déclaration, le conseil municipal de Québec a adopté une résolution visant à modifier la composition du conseil d'administration de la CODEM et à y inclure quatre représentants élus des instances municipales, dont deux de la ville de Québec, faisant alors passer le nombre de membres de 13 à 17.

venant contrer celui des responsables économiques et politiques métropolitains. Dès novembre 2002, le maire de Saint-Georges apporte son
appui à une telle initiative, déclarant que « nous devrions avoir un instrument à nous de prospection internationale » et entrevoyant un travail
de concertation des villes constituant le « pentagone » de Chaudière-
Appalaches : Lévis, Sainte-Marie, Montmagny, Thetford Mines et Saint-
Georges. L'ex-maire de Sainte-Marie, devenu président du CRCD, se dit
également favorable à la partition des rôles de part et d'autre du Saint-
Laurent et à la coexistence de « deux organismes qui s'occupent de leurs
affaires et qui mettent leurs billes en commun quand c'est pertinent et
rentable de le faire » (Morin et Saint-Pierre, 2002).

Le démarrage du projet de création du CELCA s'inscrit dans la
foulée du Rendez-vous des régions, en novembre 2002. Les maires
de Saint-Georges, Thetford Mines et Lévis conviennent de créer un
organisme de développement régional qui serait propre à la région de
Chaudière-Appalaches ; ils seront rejoints par ceux de Sainte-Marie et de
Montmagny. La position de leadership reconnue à Lévis dans le nom du
nouvel organisme ne va pas aller sans susciter un conflit de préséance,
alimenté notamment par le maire de Saint-Georges. Mais la reconnaissance de cette position a aussi une double signification stratégique : s'assurer de l'indéfectible loyauté de la Ville de Lévis et opposer à la Ville de
Québec un vis-à-vis – un adversaire ? – clairement identifiable.

Par voie de communiqué, les deux principales instances politiques
de la région de Chaudière-Appalaches, le Conseil régional de concertation et de développement et la Conférence des préfets, accordent en
octobre 2003 leur appui à la création du CELCA. Invités à soutenir cette
initiative, plus de 150 chefs d'entreprises se prononcent également en
faveur de ce regroupement de Chaudière-Appalaches Export et d'Action
PME. À l'occasion du lancement officiel du CELCA à Montmagny,
le 2 décembre 2003, les porteurs du projet font valoir que « la région est
maintenant l'une des rares à pouvoir offrir à la fois des services spécialisés en exportation et en productivité et des services professionnels qui
permettent d'accompagner les entreprises dans leur développement ».

Les membres du conseil d'administration du CELCA publient
un nouveau communiqué, le 3 février 2004, quelques jours après le
lancement de la planification stratégique de Pôle, dont la création a,
selon eux, « provoqué une onde de choc dans la grande région de

Chaudière-Appalaches » ; ils reprochent aux initiateurs du projet conçu au sein de l'agglomération de Québec d'avoir élaboré un nouveau modèle économique hors de toutes relations partenariales avec les intervenants économiques de la région de Chaudière-Appalaches alors même que celle-ci a été « à l'avant-garde et a mis au point des mécanismes d'intervention efficaces qui ont fait école au Québec » : « Il semble évident qu'il n'existe pas chez les responsables économiques de la région de Québec une volonté réelle de reconnaître la spécificité et l'autonomie de Chaudière-Appalaches », qui se dépeint, pourrait-on dire, comme une « société distincte »… Sans doute l'offre de services aux entreprises par deux organismes provoque-t-elle des duplications coûteuses pour les contribuables, mais « la demande de clarification est restée sans réponse » : « Tant et aussi longtemps que la région de la Capitale-Nationale ne sera pas disposée à traiter notre région comme un partenaire à part entière et qu'elle cherchera à imposer ses structures, aucune avenue de collaboration ne sera possible. »

Vers un épilogue ?

Les principaux bailleurs de fonds des deux organismes ne peuvent évidemment rester durablement spectateurs du déroulement de la pièce qui se joue sous leurs yeux. En mars 2004, le directeur régional du ministère du Développement économique du Canada (DEC)[11] tente donc d'imposer une entente qui permette d'éviter le chevauchement des services. La « doctrine » du gouvernement fédéral distingue en effet trois niveaux d'intervention en matière de développement économique régional : les services de « première ligne », qui relèvent, au Québec, des centres locaux de développement (CLD) et des sociétés d'aide au développement des collectivités (SADC, organismes financés par le fédéral) ; les services de « deuxième ligne », délivrés par les organismes régionaux et qui touchent les questions de formation, d'incubation d'entreprises, d'appui à l'exportation… ; enfin les services de « troisième ligne »,

---

11. Le ministère du Développement économique du Canada pèse fortement dans les budgets des deux organismes (ou de ceux qui s'y trouvent fusionnés) : en 2003, il a contribué pour 1,27 million de dollars dans un budget global du Pôle de 4,3 millions, et pour 750 000 $ dans un budget du CELCA de deux millions.

qui portent sur la veille stratégique, les missions à l'étranger, la priorisa-
tion des secteurs d'intervention... Dans le schéma défini par DEC, seul
le Pôle aurait mandat pour assumer à la fois les services de deuxième
et de troisième ligne dans la « grande » région de Québec, le CELCA
devant en principe s'en tenir à ceux de deuxième ligne. Cette ligne de
partage n'empêche apparemment pas le CELCA d'organiser une mission
économique en Italie en mai 2004, en collaboration avec le ministère
québécois du Développement économique et régional, la Chambre de
commerce italienne et... le ministère du Développement économique
du Canada.

Du côté de la Ville de Québec, le discours connaît un certain
infléchissement : le conseiller municipal responsable des dossiers économiques souligne que le processus de rationalisation n'a pas été mené
à son terme et que « trop d'organismes à vocation économique sont
encore à l'œuvre dans la région » ; il insiste également sur la nécessité
de jouer la carte du rapprochement et du partenariat entre le Pôle et
le CELCA en ce qui concerne le pilotage des dossiers internationaux ;
enfin, les ressources technologiques présentes à Québec, notamment
dans le domaine de la foresterie, doivent être accessibles aux entreprises
de Chaudière-Appalaches (Rousseau, 2004).

CONCLUSION

Par-delà les péripéties et les inévitables contingences qui en affectent le cours, le conflit qui oppose les deux projets antagoniques de
réorganisation des services d'animation économique n'est nullement
anecdotique. Il constitue un excellent analyseur institutionnel et s'inscrit
dans au moins quatre registres interprétatifs complémentaires :

– les nouveaux modes de relations entre acteurs économiques et politiques, dans des schémas d'action qui relèvent de la gouvernance,
  au sens que Stoker donne à ce terme (1998 : 20-21) ;

– l'importance de l'ancrage historique des rapports de force politico-
  économiques et des représentations territoriales ;

– le fondement territorial des facteurs culturels qui permettent de
  rendre compte des formes et des modalités des construits institutionnels ;

– l'importance croissante que revêtent, en étroit rapport avec le mouvement actuel d'internationalisation accrue des échanges et de coopération intra-continentale (ALENA…), le format régional et le tandem région-système urbain, en tant que vecteurs de développement économique ; on aura noté l'émergence d'une certaine identité territoriale.

La place qu'occupe la personnalité des acteurs en présence n'est pas pour autant négligeable, mais elle apparaît avant tout comme une variable dépendante : à la façon de la mise en scène d'un texte dont la conception et l'écriture seraient avant tout collectives. Le conflit, en effet, n'est pas d'abord interindividuel : il s'inscrit dans des cultures régionales qui s'avèrent en partie incompatibles. L'une s'est forgée dans un espace urbain qui entend faire valoir son statut de capitale ; il n'est pas faux d'y voir une forte empreinte « administrative », qui porte à concevoir l'intervention de l'État non seulement comme légitime mais aussi et surtout comme naturelle, voire incontournable ; les projets organisationnels ont tendance à naître « d'en haut » avant de chercher un possible ancrage par voie de naturalisation. La seconde culture régionale est marquée surtout par une longue tradition de concertation qui prend place aujourd'hui au sein de la Conférence régionale des élus ou de la Conférence des préfets. Dans la région de Chaudière-Appalaches, et singulièrement en Beauce, le processus de développement économique, où le secteur manufacturier a joué un rôle crucial, ne dépendait pas d'abord d'orientations étatiques : il est au contraire fortement redevable à la capacité qu'ont eue les acteurs économiques, politiques et éducatifs de définir des projets communs adaptés aux savoir-faire de la région, en particulier aux relations complexes qu'entretiennent entre elles les valeurs de concurrence et de coopération, d'individualisme et de solidarité. Dans ces conditions, l'élaboration des projets part du « bas » et procède par agrégation successive jusqu'à atteindre, aujourd'hui pour la première fois et sous l'emprise d'une contrainte externe, le niveau régional.

L'ambivalence de la position de la Ville de Lévis tient avant tout à sa situation de double appartenance, donc à sa possible double allégeance. Le choix que ses représentants devront faire est donc avant tout commandé par la façon dont ceux-ci se reconnaissent dans les systèmes de valeurs en compétition et dont ils estiment que l'un ou l'autre projet est en mesure de mieux servir leurs propres intérêts à la fois politiques et économiques. Le législateur a inscrit la Ville de Lévis dans la

Communauté métropolitaine de Québec, mais la décision que prend celle-ci, à la fin de l'année 2001, de déléguer à un organisme les compétences qui sont les siennes en matière d'organisation économique, de services aux entreprises et de promotion internationale permet à Lévis de se dégager de cette emprise en refusant de se joindre au projet envisagé. La fusion municipale, de part et d'autre du Saint-Laurent, est opportunément venue lui donner un format territorial et une assise socio-économique qui lui permettent désormais de jouer avec de meilleures chances de succès que naguère la carte du leadership régional. Ce processus aura finalement opéré comme un vecteur de dissociation relative de la rive nord et de la rive sud et de rivalité accrue entre les deux nouvelles villes.

Références

Arthur Andersen et Municonsult (2001), *Étude d'un modèle optimum d'organisation régionale dans le contexte de la Stratégie de diversification économique de la région de la Capitale-Nationale et la région métropolitaine de Québec*, Québec, rapport.

Barbonne, Rémy, Céline Bourel, Jeanne Robin et Paul Villeneuve (2003), *Le territoire d'intervention de la CMQ. Ses limites et son intégration*, Université Laval, Centre de recherche en aménagement et développement (CRAD).

Belley, Serge (1986), *La Communauté urbaine de Québec, un bilan et une analyse socio-politique*, Université Laval, Département de science politique.

Carrier, Mario (octobre 2002), « Gouvernance territoriale et diversification économique dans la région de Québec », communication aux *Rencontres Champlain-Montaigne*, Bordeaux.

Caseault, Michel (avril 2003), *La région Chaudière-Appalaches sur la scène internationale*, Chaudière-Appalaches Export.

Conseil économique Lévis–Chaudière-Appalaches (CELCA) (mars 2003), consultations publiques.

Commerce monde (printemps 2004), en ligne, http://commercemonde.com (cyberjournal d'affaires internationales).

Garon, Jean (17 octobre 2002), « Ministres et sénateurs régionaux, représentants d'organismes non élus », *Le Soleil*.

Godbout, Jacques (1971), « La formation de la CUQ et le rôle de l'État dans la restructuration des pouvoirs locaux », *Recherches sociographiques*, vol. XII, n° 2.

Harrison, D. (1999), « Confiance identitaire, confiance cognitive et processus d'innovation », dans Thuderoz, Christian *et al.*, *La confiance. Approches économiques et sociologiques*, Montréal, Gaëtan Morin.

Hollingsworth, J. Rogers et Robert Boyer (1997), « Coordination of Economic Actors and Social Systems of Production », dans Hollingsworth, J. Rogers et Robert Boyer (dir.), *Contemporary Capitalism. The Embeddedness of Institutions*, Cambridge (UK), Cambridge University Press.

Hulbert, François (1994), *Essai de géographie urbaine et régionale. La Comédie urbaine de Québec*, Montréal, Éditions du Méridien.

Laville, Jean-Louis et Benoît Lévesque (2000), « Penser ensemble l'économie et la société : la sociologie économique », *Esprit*, n° 6.

Morin, Annie et Marc Saint-Pierre (20 novembre 2002), « Promotion économique », *Le Soleil*.

Morin, Annie (22 mars 2003), « Québec façonne son avenir », *Le Soleil*.

Racine, Nicolas (2004), *L'internationalisation de la grande région de Québec*, Québec, Université Laval, Faculté d'aménagement, d'architecture et des arts visuels, thèse de doctorat en aménagement du territoire et développement régional.

Rousseau, Damien (4 mars 2004), « Encore trop d'organismes de développement. Claude Larose propose un plan cohérent et rassembleur », *Le Journal économique de Québec*, vol. 13, n° 15.

Saint-Pierre, Marc et Annie Morin (22 novembre 2002), « La CODEM ira de l'avant sans Lévis », *Le Soleil*.

Samson, Roch (1996), « La progression urbaine », dans Samson, Roch (dir.), *Histoire de Lévis-Lotbinière*, Québec, Institut québécois de recherche sur la culture.

Stoker, Gerry (1998), « Cinq propositions pour une théorie de la gouvernance », *Revue internationale des sciences sociales*, n° 155.

LES RÉFÉRENTIELS DU RENOUVELLEMENT URBAIN EN AMÉRIQUE DU NORD : RECOMPOSITIONS DU TERRITOIRE ET DE L'ACTION COLLECTIVE

Florence Paulhiac

Ce chapitre propose une analyse cognitive du phénomène de renouvellement urbain à l'œuvre depuis cinquante ans dans les villes nord-américaines. L'approche privilégiée, tirée de la théorie des référentiels de l'action publique, permet de décrypter les mécanismes les plus en amont de la production d'une politique urbaine, en définissant les valeurs et les normes qui sous-tendent l'action collective. À travers l'exemple de la reconversion du Vieux-Port de Montréal, nous décryptons ainsi l'aspect idéel de cette politique urbaine, tout en interrogeant les processus et les acteurs au cœur de la fabrication de l'action collective. Dans un même regard, nous saisissons donc le processus de recomposition territoriale et celui de recomposition de l'action collective.

PROPOSITION D'UNE LECTURE COGNITIVE DES PHÉNOMÈNES DE RENOUVELLEMENT URBAIN

En France, la question du renouvellement urbain est monopolisée, depuis la promulgation de la loi Solidarité et renouvellement urbain (2000), par la question du logement social. Mais le renouvellement urbain est à l'œuvre depuis environ 20 ans dans les villes européennes et nord-américaines. Ce principe de construction de la ville sur elle-même s'incarne dans des projets précis qui répondent notamment à deux types d'enjeux urbains différents. D'une part, le renouvellement urbain est alimenté par des politiques de reconversion d'équipements lourds (souvent de production) ou de friches (urbaines, industrielles, ferroviaires, portuaires), à l'intérieur des villes et, d'autre part, par des politiques de requalification-réhabilitation de quartiers d'habitats dégradés, notamment d'habitat social, tantôt périphériques, tantôt centraux. En Amérique du Nord, les nombreuses politiques publiques depuis 50 ans traitent des questions de renouvellement de la ville sur elle-même.

Ces politiques sont le reflet de conceptions de la ville et de pratiques de l'aménagement urbain différentes selon les périodes. À ce titre, la deuxième moitié du XXe siècle est une période pertinente pour observer un changement significatif des cadres de l'action publique urbaine. Durant cette période, le passage d'une société moderne à une société post-moderne est marqué par l'émergence de paradigmes et de référentiels nouveaux au sein des politiques publiques. La mutation des notions et des représentations alimentant les cadres de l'action collective consacre notamment la primauté du paradigme du risque, des notions de réversibilité des ressources et d'incertitude et, de fait, de l'obsolescence du modèle progressiste et techniciste ayant eu cours depuis les Lumières. En matière de planification urbaine, le modèle moderniste, fonctionnaliste et techniciste a cédé de la place dans les années 1970-1980 à un modèle d'action susceptible d'appréhender un environnement économique, social et politique désormais incertain et mouvant. On assiste à la remise en cause des techniques de prévision et de modélisation de l'action ayant servi jusqu'à cette période. Plusieurs principes sont alors explicités. Citons entre autres les principes de précaution, de dé-hiéarchisation des compétences et du localisme notamment. Appliqués à la ville et à l'urbanisme, ces principes alimentent progressivement les thèmes de l'authenticité, de la qualité du cadre de vie et de la conservation culturelle et identitaire.

Depuis cinquante ans, le patrimoine est ainsi apparu comme un objet et une référence incontournables des sociétés occidentales. « Inflation », « explosion », « diffusion massive »... Les termes ne manquent pas pour décrire ce phénomène remarquable dans de nombreux secteurs. Dans la ville, monuments historiques, quartiers et ensembles architecturaux notables constituent une première forme classique de patrimoine urbain, reconnu et protégé en grande partie par les pouvoirs publics nationaux et locaux. Mais le patrimoine des villes apparaît aussi sous la forme de mises en scène de portions de territoire (plan Lumière, parcours découverte, Journée du patrimoine, etc.). Le patrimoine est devenu un élément central de certaines politiques publiques mises en œuvre par les collectivités territoriales ou par l'État en matière de développement local, d'aménagement territorial ou d'urbanisme. Désormais perçu comme l'élément dominant du décor urbain et du cadre bâti, il est de plus en plus un vecteur de développement très prisé, considéré comme une plus-value essentielle pour un territoire. Cette diffusion massive des références patrimoniales au cœur des politiques urbaines est cependant rarement remise en question sous l'angle de leur rôle effectif.

L'approche des politiques publiques dite des référentiels est un outil en partie pertinent pour décoder ce rôle. Cette approche considère que l'analyse des dimensions cognitives des politiques est centrale pour la compréhension de l'action collective (Jobert et Muller, 1987). Les référentiels sont un ensemble de cadres d'intelligibilité produit par un nombre restreint d'acteurs, qui permet, d'une part, d'interpréter l'environnement dans lequel s'inscrit une politique publique et, d'autre part, d'élaborer un cadre symbolique, normatif et réglementaire pour orienter l'action, et ce, en fonction de la position relative des acteurs et des enjeux du moment. Cependant, cette approche cognitive est rarement appliquée aux politiques urbaines. De plus, en positionnant le regard en amont du processus de construction de l'action publique, elle traite rarement des incidences ou de l'inscription spatiale des référentiels dans le territoire urbain. En études urbaines en revanche, les approches basées sur les représentations font rarement le lien entre la production des identités locales et les processus de construction de l'action publique.

Nos travaux ont tenté de faire le pont entre ces deux types d'approche et de situer leur objet – les références patrimoniales – à la croisée de la science politique et des sciences de l'espace. Ces choix théorique et épistémologique ont permis d'analyser les références patrimoniales, depuis leur construction jusqu'à leur inscription spatiale. Nous avons démontré que la diffusion des références patrimoniales se traduit par la constitution de référentiels de l'action urbaine, renouvelant en profondeur les cadres de l'action collective urbaine à partir des années 1980 (Paulhiac, 2002). Ces référentiels imprègnent non seulement les dimensions cognitives des politiques urbaines, les processus décisionnels – les modes de faire en quelque sorte –, mais aussi l'aspect physique des sites d'intervention. Notre intention est d'illustrer ces conclusions à partir du cas de la reconversion du Vieux-Port de Montréal.

En nous appuyant sur une approche diachronique des politiques urbaines nord-américaines mises en œuvre depuis 50 ans, nous repérons, dans un premier temps, la succession des projets de renouvellement urbain, en précisant leur contexte urbanistique et leur philosophie générale. Dans un deuxième temps, nous relisons cette histoire en révélant la construction et la diffusion de référentiels patrimoniaux. Ensuite, le cas du Vieux-Port de Montréal est abordé de deux points de vue : premièrement, celui de la construction de la décision publique et du jeu des acteurs ; deuxièmement, celui de la matérialisation et de l'inscription spatiale du référentiel patrimonial sur le territoire en question. Dans ce projet, la construction de la décision s'appuie en grande partie sur la participation des citoyens à la décision publique. La société civile est perçue comme une ressource directe pour les décideurs publics. Cette expérience montre comment des références au patrimoine industriel sont mobilisées progressivement par les citoyens, lors de processus de participation, puis comment, à terme, ces références sont intégrées dans le parti d'aménagement final et se matérialisent, *in situ*, sous la forme d'une trame patrimoniale.

GÉNÉALOGIE DES RÉFÉRENTIELS DU RENOUVELLEMENT URBAIN EN AMÉRIQUE DU NORD

Un rapide tour d'horizon de l'histoire des politiques urbaines nord-américaines fait ressortir une succession de trois types de politiques de renouvellement urbain : durant les années 1950 et 1960, les politiques de renouveau urbain (ou *urban renewal*) ont pour objectif principal de moderniser la ville, généralement au détriment de la ville historique héritée ; en revanche, les années 1970 et 1980 marquent un revirement des stratégies d'aménagement et de développement urbain, avec la promotion de stratégies basées sur des opérations de réhabilitation, de reconversion et de mise en valeur de l'existant ; enfin, depuis les années 1990, les politiques urbaines nord-américaines mettent l'accent plus sur la revitalisation économique et sociale de quartiers dégradés afin de lutter contre l'exclusion et la ségrégation des franges les plus pauvres de la population urbaine.

Le projet urbain moderniste

Des années 1950 aux années 1970, la croissance économique et démographique ainsi que les impératifs de modernisation des territoires encouragent les politiques publiques d'*urban renewal* ou de renouveau urbain. Au Canada et au Québec, les spécialistes traduiront plutôt l'expression anglo-saxonne par les termes « urbanisme de rattrapage » (Marsan, 1994). Les projets urbains de l'époque visent la modernisation des villes. Les stratégies de planification sont alimentées par une vision fonctionnaliste de l'espace urbain, en rupture complète avec la ville traditionnelle (Jacobs, 1961).

À Montréal, le projet urbain moderniste se décline autour de la construction du centre des affaires à la façon des Central Business District (CBD) aux États-Unis. Il fait émerger les gratte-ciel, symboles et lieux d'activités d'un renouveau économique, entre autres la place Ville-Marie (1958-1962), les édifices du Trust Royal (1959-1962), le complexe Desjardins (1961-1971). Le centre-ville se développe aussi sous terre avec la réalisation d'une vaste ville souterraine inaugurée en 1962. Ces réalisations s'accompagnent du percement de nouveaux boulevards ouvrant le centre à la circulation automobile et de la construction du métro. Enfin, de grands événements internationaux propulsent Montréal sur la carte des grandes métropoles internationales (l'Exposition universelle en 1967 ; les Jeux olympiques en 1976).

Le renouvellement urbain s'incarne également dans des opérations de rénovation urbaine dont les principes sont ceux de la *tabula rasa* et de la construction neuve. La réalisation de la tour de Radio-Canada à l'est du centre-ville est un exemple assez éloquent de cette technique d'aménagement. Ce projet représente à lui seul, selon J.-C. Marsan, « ce que les années de rattrapage ont de plus déplorable, à savoir une insensibilité totale à la ville, à sa population et à sa culture, sans même obtenir la compensation d'une architecture de qualité » (Jacobs, 1961). Ces politiques urbaines entraînent un déplacement et une relocalisation des fonctions et des activités urbaines qui affectent de façon négative les quartiers anciens, délaissés par les activités économiques les plus dynamiques au profit des nouveaux édifices du centre des affaires.

Durant cette période, le port de Montréal, qui jouxte le Vieux-Montréal au sud de la ville, connaît également des mutations économiques et structurelles importantes qui obligent les autorités portuaires à délocaliser le port vers l'aval de l'estuaire dans les années 1970. Les transformations de modes de transport et de conteneurisation ainsi que l'ouverture de la voie maritime rendent obsolètes les installations portuaires au centre-ville. La fermeture des industries portuaires et des activités maritimes contribue à faire péricliter le centre ancien et entraîne la formation d'une vaste friche en plein centre de la métropole.

À la fin des années 1970, l'impasse financière dans laquelle se trouve l'État-providence oblige les gouvernements nord-américains à revoir leurs modalités de travail, notamment dans le champ de l'aménagement urbain.

Le projet urbain de réappropriation

La planification technocratique et autoritaire n'est plus apte à contrer les effets pervers du modèle capitaliste et ne répond plus aux besoins des usagers. Certains projets d'aménagement soulèvent des contestations populaires sans précédent et mobilisent des citoyens dans des luttes urbaines pour la préservation de leurs quartiers et de leur qualité de vie. Ces « mouvements urbains sociaux » revendiquent des modalités de décisions publiques plus démocratiques et plus de justice sociale, de solidarité et d'équité dans leurs conditions de vie. Ces mouvements sont à l'origine de mesures de participation et de consultation publiques des citoyens dans les décisions d'aménagement. Simultanément, les conceptions de l'action urbaine changent et une ère nouvelle s'ouvre : celle de la « réappropriation » de la ville (Jacobs, 1961).

Les politiques urbaines de réappropriation mettent l'accent sur des pratiques urbaines radicalement opposées à celles de la période précédente. Désormais, les politiques publiques ont tendance à favoriser les processus de reconversion, de mise en valeur de l'existant et la prise en compte du cadre de vie des usagers. C'est une période durant laquelle les réflexions en aval des décisions d'aménagement tentent de définir la ville « souhaitée » par les usagers. Aussi les pouvoirs publics intègrent-ils, à des degrés variables, les pratiques de consultation et de participation des citoyens aux processus de décision publique, notamment dans le champ de l'aménagement urbain. La « participation » devient alors un thème incontournable de la vie politique locale montréalaise.

À Montréal, une réforme d'ampleur introduit de façon quasiment systématique cette participation des citoyens à l'élaboration des politiques urbaines. En effet, en 1988, une politique-cadre municipale institutionnalise la consultation publique au sein du système décisionnel montréalais (Paulhiac, 1997). Une des expériences les plus significatives de ce réaménagement du pouvoir local est la production du premier plan d'urbanisme de Montréal entre 1987 et 1992, citée à juste titre comme un exemple pertinent de coproduction d'une planification stratégique, associant décideurs locaux et citoyens. Jusqu'alors, les pratiques d'aménagement avaient privilégié une planification à l'échelle de l'espace métropolitain supervisée par le gouvernement provincial (Baudet, 2000). La production du plan d'urbanisme de Montréal rompt avec ces méthodes tutélaires de planification en proposant, pour le territoire municipal, des options stratégiques de développement élaborées localement. En substance, de nombreuses options d'aménagement reposent sur des principes de réhabilitation, d'une part, et d'aménagement d'espaces publics, d'autre part. Un des projets urbains les plus importants en la matière est sans nul doute celui du Vieux-Port de Montréal, comme nous le verrons.

Une nouvelle génération de projet urbain

Depuis dix ans, un troisième type de politiques urbaines se dessine, mettant l'accent sur une nouvelle forme de renouvellement urbain. Ces politiques publiques concernent la revitalisation urbaine des quartiers les plus défavorisés et paupérisés des agglomérations. À l'instar de la politique de la ville en France, cette revitalisation vise un retour à la normalité sociale et urbaine de certains secteurs relégués. Elle est sous-tendue par une action multisectorielle et transversale couvrant simultanément plusieurs domaines : le cadre physique urbain, l'emploi, la santé, la sécurité, etc. Ces politiques urbaines intègrent des problématiques de développement social urbain déjà inscrites à l'agenda des villes quelques décennies plus tôt.

Aux États-Unis, une première stratégie de revitalisation avait été lancée dans les années 1974, après les programmes de rénovation urbaine des années 1950 et 1960, intitulés Community Developement Block Grant (CDBG), mais celle-ci ne visait que l'amélioration du cadre physique et la réhabilitation de l'habitat de ces secteurs pauvres. Puis, d'autres politiques et d'autres stratégies sont venues compléter les moyens utilisés pour traiter simultanément de nombreuses facettes du renouvellement urbain des secteurs urbains relégués. Elles ont démarré à partir de 1994 avec les programmes Empowerment Zones et Enterprise Zone et se sont poursuivies au début des années 2000 avec le Renewal Community. Cependant, certains auteurs dénoncent la faible proportion des territoires effectivement visés par ces programmes : actuellement 154 zones seulement sont concernées, dont 20 zones rurales (Donzelot *et al.*, 2003).

Un double principe anime ces actions publiques. Les moyens mobilisés et les actions intersectorielles envisagées visent des territoires précis, mais sont intégrés à une vision d'ensemble généralement formalisée au sein d'une stratégie globale de type contrat d'agglomération (Consolitated Plan aux États-Unis).

À Montréal, ce type d'actions est également à l'œuvre dans plusieurs secteurs de la ville où semblent se cumuler les handicaps. La Ville a lancé, avec l'aide financière et contractualisée du gouvernement provincial, une série de programmes de revitalisation urbaine et sociale ainsi qu'un contrat de ville. Après la fusion des municipalités de l'île de Montréal pour constituer désormais une seule municipalité, ce contrat quinquennal (2003-2007) engage la Ville de Montréal et le gouvernement du Québec dans une série d'interventions financées conjointement à parité. Le contrat vise à améliorer, d'une part, l'offre d'emplois dans la région métropolitaine et, d'autre part, les infrastructures et les services dans les secteurs de l'habitat, des transports, de l'environnement, de la culture et du développement social. Dans ce cadre précis, un programme de « revitalisation urbaine intégrée » (RUI) permet des interventions ciblées sur les quartiers les plus sensibles en centre de l'agglomération, avec pour objectifs de lutter contre la pauvreté et d'améliorer le cadre de vie. Au Québec, les acteurs relais de ces politiques sont généralement des structures communautaires et les « entreprises communautaires » aux États-Unis (Donzelot *et al.*, 2003).

LE RÉFÉRENTIEL PATRIMONIAL DU RENOUVELLEMENT URBAIN

Cet historique peut être parcouru de nouveau en observant cette fois-ci la place et le rôle du patrimoine urbain dans les politiques successives de renouvellement urbain. Une telle relecture révèle la construction et la diffusion de nouveaux référentiels de l'action collective urbaine autour de références culturelles et identitaires.

Durant les années d'*urban renewal* ou d'urbanisme de rattrapage, le patrimoine est considéré comme « l'avers de l'aménagement » (Baudet, 2000 : 144-153). Soit les politiques publiques visent la modernisation du territoire, soit elles protègent les éléments historiques les plus remarquables du territoire. Elles ne peuvent allier ces deux stratégies présentées comme largement antinomiques. Au contraire, à partir des années 1980, l'urbanisme de réappropriation définit le patrimoine comme « une ressource de l'aménagement » qui alimente le contenu des politiques, voire fonde certaines stratégies de développement urbain (Paulhiac, 2002).

Les paradigmes alimentant les politiques urbaines ont en effet fortement évolué dans l'ensemble des pays développés à cette période. Le passage de la modernité à la post-modernité s'appuie sur des changements idéologiques profonds dans le domaine de l'aménagement (Soja, 1994). Cette évolution se traduit dans le contenu des politiques urbaines par la diffusion de valeurs, de normes et de partis d'aménagement construits autour de valeurs identitaires et culturelles propres au territoire concerné. Les années de réappropriation mettent notamment l'accent sur la reconversion et la mise en valeur des éléments urbains hérités. Le patrimoine est perçu comme une ressource incontournable et une plus-value pour l'aménagement.

Dans ce contexte, le patrimoine devient également une ressource stratégique à l'échelle métropolitaine. Depuis deux décennies, les plus grandes villes sont entrées dans des logiques de concurrence économique dans lesquelles les politiques urbaines ont pour rôle de valoriser les atouts liés au cadre de vie, à la qualité de l'environnement bâti et à l'image des métropoles. Le marketing urbain est alors un élément central des stratégies dites d'internationalisation des métropoles. L'identité locale, le patrimoine et le cadre de vie deviennent des atouts territoriaux à valoriser pour attirer les acteurs économiques (sièges sociaux d'entreprises, d'organismes et d'institutions internationales, etc.). Mais, à Montréal, la stratégie s'étend à d'autres secteurs.

En effet, une partie de son développement économique et urbain repose sur le concept de « ville festive » au sein duquel le patrimoine est un point dominant d'ancrage de l'action publique (Lefebvre, 2003). Il s'agit de promouvoir le développement des activités culturelles et récréotouristiques de qualité sur l'ensemble du territoire et tout au long de l'année, tout en assurant la requalification spatiale du territoire. Cette « carte » culturelle est perçue à la fois comme un axe de développement économique particulier et une voie d'aménagement innovante. La réhabilitation d'espaces centraux, l'implantation de nouveaux équipements culturels suscite de nouvelles appropriations, assurant ainsi la requalification de certains lieux. La diffusion de références plus en plus explicites au patrimoine urbain dans la pensée et les pratiques urbaines nous amène à considérer ces références multiples comme un corpus de valeurs et de normes constituant à terme un référentiel de l'action collective urbaine (Paulhiac, 2002).

Parallèlement à cette évolution, l'introduction de pratiques de participation des citoyens au processus décisionnel local modifie les modalités de production des politiques urbaines, comme nous l'avons souligné précédemment. La reconversion du Vieux-Port de Montréal s'inscrit dans cette double évolution. Le projet de reconversion du Vieux-Port est tout d'abord une occasion de voir la mise en œuvre de ce référentiel patrimonial dans un projet de renouvellement territorial. C'est également une expérience de coproduction de la planification urbaine selon des processus complexes de consultation publique.

LA RECONVERSION DU VIEUX-PORT DE MONTRÉAL : UNE COPRODUCTION DU PROJET URBAIN

L'analyse du jeu des acteurs à l'occasion du projet de reconversion du Vieux-Port met en lumière l'évolution des mécanismes de production du projet urbain au fil des décennies, soulignant le passage d'une planification de type technocratique et centralisée à une planification négociée et coproduite par les acteurs publics et civils. Le site du Vieux-Port appartient au gouvernement fédéral mais concerne indirectement les compétences des autres niveaux gouvernementaux, provinciaux et municipaux, ce qui a entraîné durant plus d'une décennie de vives tensions entre ces trois acteurs publics. Pour sortir de ces tensions, le gouvernement fédéral opte délibérément – et parallèlement aux relations qu'il entretient avec les deux autres niveaux gouvernementaux – pour un processus décisionnel participatif dans lequel les citoyens interviennent pour élaborer le contenu du plan d'aménagement définitif (Paulhiac, 1997). Ainsi, deux groupes d'acteurs concurrents coexistent durant les deux décennies de production du projet, réunis au sein d'arènes où prennent forme tensions et négociations.

Photo aérienne du Vieux-Port de Montréal réhabilité

(Source : Florence Paulhiac)

La première arène d'acteurs est constituée des trois acteurs publics engagés dans ce dossier : le gouvernement fédéral (propriétaire du terrain), le gouvernement provincial (compétent en matière de protection des biens culturels sur le territoire montréalais) et le gouvernement municipal (responsable de la cohérence du développement urbain de son territoire). Cette négociation est un lieu de fortes tensions de 1977 à 1988. Les trois niveaux s'affrontent sur la maîtrise d'ouvrage (qui décide et qui fait ?), les modalités de décisions des options de reconversion (comment décider du contenu ?) et les modalités de financement (qui paie ?) sans trouver de terrain d'entente. L'arène est alors une arène publique « fermée », conflictuelle et concurrentielle. Pour sortir de ces tensions, le gouvernement fédéral met en place une seconde arène qui lui permet de « contourner » les deux autres acteurs publics.

La seconde arène est constituée de trois autres acteurs : le gouvernement fédéral, des experts (architectes et urbanistes) et la société civile montréalaise. Au contraire de la première, cette arène est une arène publique ouverte aux citoyens. C'est également un lieu de négociations et de tensions, mais duquel découle à terme un projet d'aménagement. Le gouvernement fédéral mandate des experts pour produire des scénarios et alimenter des exercices de consultation publique desquels sont tirées, en 1988, les orientations du plan définitif d'aménagement du Vieux-Port. Dans le processus de planification, ces deux consultations publiques agissent comme des révélateurs de la demande sociale, d'une part, et des tribunes d'expression d'options d'aménagement de type culturaliste ou patrimonial, d'autre part. Les souhaits exprimés par la population montréalaise forment un corpus de références relativement cohérent autour des notions d'espaces publics, de parc urbain et de valeurs patrimoniales.

Pour le gouvernement fédéral, cette seconde arène est une échappatoire. La consultation publique n'est pas en soi un processus décisionnel, c'est tout au plus une aide à la décision dans un système politique qui demeure celui d'une démocratie représentative. Le système participatif durant cette période n'est pas un exercice de démocratie directe, un substitut à l'exercice discrétionnaire du pouvoir fédéral. Cependant, la consultation publique permet une définition plus « éclairée » des options préférables d'aménagement. C'est un avantage substantiel au sens propre du terme. En effet, elle donne du sens à un projet. Le gouvernement fédéral y voit également un avantage politique.

En consultant directement la population montréalaise, il « contourne » la Ville de Montréal et le gouvernement provincial. Il légitime directement son intervention sur ce territoire, par l'intermédiaire d'une *vox populi* qu'il devient difficile d'ignorer une fois qu'elle est exprimée. Cette stratégie du contournement est délicate à mener pour le gouvernement fédéral dans la mesure où le contrat implicite de la démarche suppose le respect des choix ou des opinions exprimées lors de la consultation publique. Or Ottawa aura la fâcheuse tendance, après la première consultation publique de 1978, à « oublier » les recommandations exprimées. Dans ce cas-là, les avantages attendus de la consultation publique disparaissent. En revanche, lors de la seconde consultation publique de 1985, la stratégie de contournement est pleinement à l'œuvre.

Le gouvernement fédéral décide en 1977 de tenir une consultation publique sur la vocation et les aménagements à mener sur le Vieux-Port. Cette technique « décisionnelle » est une nouveauté dans les processus de planification des fronts d'eau en Amérique du Nord. Cependant, il n'y aura pas de suite concrète à cette première consultation publique. En revanche, la seconde expérience de consultation publique, en 1985, a eu un effet réel sur les choix faits par le gouvernement fédéral pour réaliser le projet final (Paulhiac, 1997). La consultation a pour but de faire produire par les Montréalais les orientations et les éléments de programmation du site du Vieux-Port. Ce processus de production repose sur une bonne information préalable des citoyens et la mise en place d'outils de communication et de vulgarisation performants, mais également sur une mobilisation constante de l'ensemble des acteurs concernés.

La consultation publique se déroule en trois étapes. Tout d'abord, des audiences publiques permettent d'entendre les personnes et les groupes qui le souhaitaient et de récupérer leur mémoire (rapport présentant leurs souhaits). Ces audiences donnent lieu à un rapport du comité, diffusé aux participants, de nouveau conviés à la deuxième étape de la consultation publique. Une deuxième série d'audiences publiques permet de discuter du rapport et des propositions d'aménagement qui y sont exposées. À la suite de ces deux étapes, une série de recommandations est faite au conseil d'administration de la Société du Vieux-Port par le comité consultatif.

Au cours de la consultation, les stratégies de densification et de développement immobilier sont majoritairement rejetées. Les participants souhaitent que soient privilégiées l'accessibilité et « l'ouverture » du site en direction des Montréalais. Les propositions portent sur l'installation d'équipements culturels et récréatifs sur le site. La vocation publique des lieux est donc réaffirmée. En 1986, le gouvernement fédéral entérine le rapport du comité consultatif. En 1987, un plan budgétaire d'aménagement est déposé et un plan directeur final d'aménagement est proposé. Ce dernier repose sur trois éléments : le site est un lieu d'histoire et d'appartenance ; le Vieux-Port doit conserver des éléments de sa vocation originelle ; enfin, le Vieux-Port devient un espace public.

LA TRAME PATRIMONIALE, VECTEUR DURABLE DU RENOUVELLEMENT URBAIN

En l'espace de 20 ans, pas moins d'une dizaine de projets, d'études et de rapports, émanant de cabinets privés, d'organismes publics ou de consultation publique ont proposé des orientations d'aménagement et des éléments de programme pour opérer la reconversion du Vieux-Port. J.-C. Marsan a souligné les oppositions vives entre le contenu des demandes sociales, les objectifs du gouvernement provincial, de la Ville de Montréal et les propositions d'aménagement du gouvernement, tout au long des 20 années de débats et de négociations. Reprenant la nomenclature de F. Choay, il décrit notamment deux courants de pensées qui s'affrontent à travers la production de ces travaux : les courants culturaliste et progressiste (Marsan, 1991).

L'option progressiste renvoie aux conceptions de l'*urban renewal* en proposant un développement intensif du secteur et une rentabilisation économique des territoires grâce à une occupation du sol de type privé et multifonctionnel. À l'opposé, l'option culturaliste est celle de l'appropriation collective des territoires sous-tendue par une conception publique de l'espace et un urbanisme mettant l'accent sur la mise en valeur de l'environnement bâti. À chacune de ces deux options correspond également une maîtrise d'ouvrage, à dominante privée pour l'option progressiste et publique pour l'option culturaliste.

Au cours des 20 ans de construction du projet de reconversion du port, les options progressistes ont été proposées essentiellement par le gouvernement fédéral au début de la période (trois propositions progressistes entre 1974 et 1977 sur cinq au total). Les deux autres options de ce type sont proposées en 1981 et en 1984, également par des experts privés pour le compte du fédéral et de la Société du Vieux-Port de Montréal. Elles reposent toujours sur le même modèle de développement combinant trois éléments : commerces, logements et bureaux. Elles sont inspirées par les expériences états-uniennes comme Boston ou Baltimore, présentées comme les archétypes des réhabilitations de *waterfront* de type progressiste (Vermeersch, 1998). Le gouvernement cherche des investisseurs et un moyen de rentabiliser les aménagements et les terrains dépourvus désormais d'activités économiques. L'objectif est finalement de substituer une option économique à une autre.

Les options culturalistes sont beaucoup plus rares dans les cas de reconversions de ports urbains en Amérique du Nord. Dans le cas montréalais, elles sont généralement exprimées lors des exercices de consultation publique. Elles sont également appuyées par la Ville et le ministère de la Culture du Québec, en accord avec leurs politiques de protection et de mise en valeur du Vieux-Montréal et de programmation des équipements culturels. Ces options culturalistes proposent l'aménagement d'espaces publics de types promenade et parc, la mise en valeur d'éléments patrimoniaux et le maintien d'activités portuaires sur le site. L'alternance de projets de nature opposée a permis à terme un métissage progressif des deux options avec une dominante culturaliste au final.

Le projet final se forme par un processus d'adjonction. En effet, le parti pris est l'aménagement d'un vaste espace public récréotouristique autour duquel gravitent des activités ludiques et des activités maritimes maintenues sur le site. Il est décliné selon quatre principes.

Premièrement, la composition urbaine est sous-tendue par des principes de conservation et de mise en valeur des ressources présentes sur ce territoire. Deuxièmement, le site est par essence un important site archéologique. Il faut donc préserver les traces archéologiques industrielles et urbaines qui s'y trouvent. Troisièmement, le paysage industriel et maritime en activité est également très présent dans le paysage du Vieux-Port. Des activités sont maintenues sur le site pour prolonger les usages et conserver une fonction concrète au port (amarrage des cargos en hiver ; activités des remorqueurs, gare maritime et transport). La conservation ne doit pas être synonyme de nostalgie. Ces activités portuaires doivent également coexister avec des activités portuaires, des activités maritimes nouvelles liées au tourisme et aux loisirs de plaisance (croisières, excursions, sports nautiques, etc.). Quatrièmement, des anciens bâtiments et des espaces du port en activité ont été également recyclés en équipements et lieux récréotouristiques et culturels : hangars, quais, tour de manutention essentiellement. La vocation publique du site est donc confirmée par l'implantation de nouveaux usages dans différents sites conservés de l'ancien port.

L'ensemble des choix (partis d'aménagement, composition urbaine et réalisation) est sous-tendu par une trame patrimoniale qui se présente comme un récit et comme une véritable ossature physique des lieux. La trame patrimoniale est un récit tout d'abord historique et patrimonial retraçant l'histoire de l'économie d'une époque passée ou révolue (celle du port de Montréal en activité). Mais le récit n'est pas uniquement culturel et narratif. Il est également un récit intégrateur qui donne un sens au projet, celui de la continuité historique, d'une part, et de la cohérence du geste, d'autre part.

La trame patrimoniale est aussi une ossature physique, organisant et sous-tendant les aménagements réalisés sur le site du Vieux Port. Cette ossature permet d'organiser l'espace et de guider l'action. L'ossature est un ensemble de points de repères pour lire le site et s'approprier ces lieux. Le projet final a conservé des éléments, soit partiels soit intacts, des infrastructures de l'ancien port. Des travaux d'excavation ont permis de retrouver nombre de traces du port en activité. Des éléments patrimoniaux sont restaurés (remis à l'état identique du temps du port en activité, par exemple) et conservés, partiellement ou totalement. La plupart des éléments patrimoniaux, restaurés ou conservés, concernent l'époque dite « moderne » du port, c'est-à-dire l'époque de l'apogée du port en activité (Dufresnes, 2002). Ces traces patrimoniales grâce à l'archéologie industrialo-portuaire alimentent l'ensemble du projet de reconversion du Vieux-Port qui est alors fortement contextualisé.

CONCLUSION

La reconversion du port de Montréal propose des modalités innovantes de renouvellement territorial. L'étude du patrimoine à travers la production du projet et des aménagements réalisés a démontré, d'une part, l'existence d'une trame patrimoniale autour de laquelle les acteurs se positionnent et s'expriment. Cette première trame se construit dans une longue durée et au cours de processus d'opposition, voire de conflits et de négociations, auxquels participent des acteurs publics divers (et opposés) et des acteurs privés et civils. Cette étude vise à démontrer, d'autre part, que cette trame patrimoniale, narrative et physique, permet de construire un projet patrimonial qui s'articule au reste de la ville et qui permet un renouvellement des lieux et des usages.

Une première vertu de cette démonstration est de donner de nouvelles clés de lecture pour parcourir de nouveau des expériences achevées de reconversions urbaines. Une telle relecture permet d'examiner sous un angle nouveau les projets de renouvellement urbain, en insistant sur les conditions de production de ces projets et sur le rôle du patrimoine. Cette expérience soulève notamment la question de la nature des territoires et des patrimoines concernés.

La reconversion de sites industriels est, selon nous, l'occasion de créer des projets innovants du point de vue des partis d'aménagement et des modes de faire : le patrimoine industriel est certainement un patrimoine plus « malléable » que d'autres biens culturels présents dans la ville. Moins normé que le patrimoine historique, il est un gisement pour les stratégies urbaines et permet la production de valeurs identitaires tout en offrant un cadre à des aménagements adaptés aux enjeux du moment. Cette démonstration a pour objectif d'alimenter l'aide à la décision sur les questions de reconversion industrielle et plus largement de renouvellement urbain.

RÉFÉRENCES

Baudet, Gérard (2000), *Le pays réel sacrifié. La mise en tutelle de l'urbanisme au Québec*, Québec, Nota Bene.

Dufresnes, F. (2002), « Le Vieux-Port de Montréal », dans Tomas, François (dir.), *Espaces publics, architecture et urbanité de part et d'autre de l'Atlantique*, Saint-Étienne, PUSE.

Donzelot, Jacques, Catherine Mével et Anne Wyvekens (2003), *Faire société, la politique de la ville aux États-Unis et en France*, Paris, Seuil.

Jacobs, Jane (1961), *The Death and Life of Great American Cities*, New York, Vintage Books.

Jobert, Bruno et Pierre Muller (1987), *L'État en action. Politiques publiques et corporatisme*, Paris, Presses universitaires de France.

Lefebvre, Sylvain (dir.) (2003), *Sport et ville, enjeux économiques et socioculturels*, Montréal, Presses de l'Université du Québec.

Marsan, J.-C. (1991), « L'aménagement du Vieux-Port de Montréal. Les avatars de l'urbanisme promoteur, dans Germain, Annick, *L'aménagement urbain, promesses et défis*, Québec, IQRC.

Marsan, J.-C. (1994), *Montréal en évolution*, Montréal, Méridien.

Paulhiac, Florence (1997), *Principes d'une planification négociée et adaptative*, Montréal, INRS-Urbanisation, Culture et Société.

Paulhiac, Florence (2002), *Le rôle des références dans les politiques urbaines à Bordeaux et à Montréal*, Thèse de doctorat, Bordeaux, Université de Bordeaux III.

Soja, Edward W. (1993), *Post Modern Geographies : The Reassertion of Space in Critical Social Theory*, Londres et New York, Verso.

Soja, Edward W. (1994), « Aménager dans/pour la post modernité », *Espace et Société*, n°s 74 et 75.

Soucy, Claude (1996), « Le patrimoine ou l'avers de l'aménagement ? », *Annales de la recherche urbaine*, n° 72.

Vermeersch, Laurent (1998), *La ville américaine et ses paysages portuaires, entre fonction et symbole*, Paris et Montréal, L'Harmattan.

LE DÉVELOPPEMENT COMME RESSOURCE POLITIQUE : CONFLITS AUTOUR DES « PAYS »

SÉBASTIEN SÉGAS

La politique dite de « pays », telle qu'elle se développe en France depuis le milieu des années 1990, traduit la volonté de l'État français, sous l'impulsion de l'expertise publique (en l'occurrence principalement de la DATAR[1]), de repenser et de réorganiser une partie de sa politique d'aménagement. Il s'agit d'inciter les « acteurs locaux » à constituer de nouveaux territoires d'action publique intercommunaux (les « pays ») sans toucher à l'architecture institutionnelle locale[2]. Ces espaces de coopération ouverts à la participation des entrepreneurs économiques et des représentants associatifs débouchent sur des projets locaux d'action publique. Ces projets, définis localement, sont financés au moyen d'une contractualisation avec l'État et les régions.

Cette politique participe d'un mouvement plus vaste de renouvellement du registre de l'action publique autour de principes comme « le développement local », « le territoire », « l'identité » « la logique de

---

1. La DATAR : Délégation à l'aménagement du territoire et à l'action régionale, administration « de mission » créée en 1963 qui regroupe des géographes, des économistes, des « aménageurs », constitue le principal *think tank* des politiques d'aménagement et de développement en France. Sur la notion de *think tank*, voir Fisher et Forester (1993).
2. Rien de comparable ici aux « fusions » que connaît le Québec.

projet », « la participation », « le partenariat », « la contractualisation ». Nous nous proposons d'interroger les répercussions de ce renouvellement des registres d'action légitime, moins sur l'action publique (*policy*) elle-même, que sur la lutte politique locale (*politics*), entendue comme la compétition entre des acteurs, groupes d'intérêts, élus, partis et institutions politiques pour la mobilisation de soutiens sociaux ou politiques. L'usage de ce registre ou de ce cadre est en effet, comme nous aurons l'occasion de le montrer, l'enjeu de conflits localisés[3] : le répertoire de justification et d'action lié à la politique de « pays » constitue ainsi une *ressource* cognitive que des acteurs, des groupes, des institutions activent de manière concurrentielle afin de fabriquer de l'échange politique légitime[4] avec d'autres acteurs, groupes ou institutions dont ils recherchent le soutien (à « l'intérieur » ou « l'extérieur[5] » du « territoire »). Enjeu de ces conflits d'usage, le registre du développement en est aussi le support en ce qu'il fournit des « répertoires argumentatifs » (Gaudin, 1999) qui permettent de *critiquer* les adversaires (par exemple pour leur manque « d'ouverture » à la « participation »).

À travers l'exemple du Médoc et du Pays Basque[6], nous montrerons comment la lutte politique locale se nourrit, en quelque sorte, de la mobilisation concurrentielle des croyances et des savoir-faire liés à la territorialisation de l'action publique, comment, en d'autres termes, ces croyances et ces savoirs sont transformés en ressources politiques par les acteurs, groupes, institutions en compétition (Lagroye, 1997).

---

3. On peut définir un enjeu comme « un moyen dont plusieurs acteurs ont simultanément besoin pour poursuivre chacun sa stratégie particulière et pour la maîtrise duquel il y aura donc compétition » (Crozier et Friedberg, 1977 : 81).

4. On rejoint ici les auteurs qui, s'inscrivant dans la tradition lancée par J. Burns, distinguent le leadership transactionnel « qui se borne à ratifier une structure d'échange politique héritée » du leadership transformationnel « qui a la capacité de porter de nouveaux espaces et de nouveaux domaines de transaction » (Baraize et Négrier, 2001 : 283-284).

5. À l'intérieur : les soutiens de groupes socioéconomiques et d'élus locaux ; à l'extérieur : l'appui financier des départements, des régions, de l'État, de l'Europe.

6. Les enquêtes de terrain sur lesquelles se base cet article se sont déroulées en 2000-2001.

DESCRIPTION DU REGISTRE DU DÉVELOPPEMENT

L'histoire du « pays » en tant que catégorie d'action publique débute dans les années 1970. De fait, la politique de « pays » telle qu'elle se déploie actuellement après les lois de 1995 et 1999[7] constitue moins une nouveauté que la réactivation, par l'État, d'une notion « déjà promue » et de principes « déjà expérimentés » (Douillet, 2003). Ainsi, entre 1975 et 1980, l'État avait déjà proposé à des groupements de commune de signer des « contrats de pays » destinés à financer, avec l'appui des établissements publics régionaux, des projets de développement élaborés localement par des élus et des représentants de la société civile avec l'aide technique des services déconcentrés de l'État[8]. Au cœur de ces procédures, on retrouve déjà les principes qui sont au cœur de la politique actuelle : la *territorialisation*, la *transversalité* (ou la globalité), le *partenariat*, la *participation*, la *contractualisation*. Entre les contrats de pays d'alors et les « pays » d'aujourd'hui, le contexte a bien évidemment changé, du fait notamment de la décentralisation : les collectivité locales « occupent ainsi une place plus importante dans les procédures proposées à l'échelle nationale, dans les textes comme dans les faits. Elles ont, par ailleurs, mis en place leurs propres formules contractuelles pour le développement des territoires » (Douillet, 2003 : 288). Alors que dans les « contrats de pays » l'État, par l'entremise de la DATAR, nationalement, et ses services déconcentrés, localement, apparaissait comme le vecteur de la modernisation de l'action publique, il est désormais concurrencé par les services spécialisés des collectivités locales qui mobilisent à leur profit les thèmes et savoir-faire du développement territorial :

---

7. Loi d'orientation pour le développement et l'aménagement du territoire (LOADT) du 4 février 1995 (dite loi « Pasqua ») et Loi d'orientation pour le développement et l'aménagement durable du territoire (LOADDT) du 25 juin 1999 (dite loi « Voynet »).

8. Si, après 1980, l'État a délaissé ce type de contractualisation, quelques régions ont alors pris le relais : « Peu à peu alors que l'État abandonne la formule, certains établissements publics régionaux – puis les conseils généraux qui leur ont succédé après les lois de décentralisation – mettent en place leur propres formules de contrat de pays. Ces formules régionales ont évolué au fil du temps et la plupart des régions françaises ont ainsi initié, à différentes époques, des procédures qui définissent des "territoires" sur la base de principes proches de ceux qui définissent les *pays* » (Douillet, 2003 : 587).

« Nombre de ces collectivités ont [...] mis en place de services spécialisés dans le développement territorial : mission territoires, direction des politiques territoriales, services du développement local, etc., sont autant de dénominations possibles pour ces services » (Douillet, 2003 : 601). Ce foisonnement de services traduit une lutte pour le monopole de la compétence légitime en « développement » qui oppose l'État aux collectivités territoriales mais aussi les collectivités locales entre elles (les régions contre les départements, par exemple).

Envisagée du point de vue plus général de l'histoire de *l'ensemble* des catégories d'action publique, l'émergence de la notion de « pays » ne peut être isolée de celle du concept englobant de « développement territorial ». À ce titre, le « pays » apparaît comme le pendant rural du « quartier » dans la politique de la ville : « dans l'ensemble des politiques de développement (spatial, économique, social) notamment, les notions émergentes de *quartier* et de *pays* correspondent ainsi à un calibrage nouveau de l'action publique » orienté « dans deux directions : l'ouverture d'arènes de débats élargies et la redéfinition des répertoires d'argumentation du type centre/périphérie » (Gaudin, 1999 : 165-166). La politique de pays participe ainsi d'un mouvement d'ensemble, non limité à la France[9], de montée en puissance des catégories « territoire » et « développement[10] » dans l'action publique.

La conciliation du proche et du lointain : intérêt général et intérêts locaux

La catégorie « territoire » renvoie à une quête de « proximité » et tout d'abord à l'idée que l'action la plus efficace est celle qui est définie « près » du terrain : la politique de pays postule ainsi que « susciter des

---

9.   On peut l'observer dans d'autres pays européens ainsi que dans les programmes communautaires type LEADER (Liaisons entre action de développement rural). Voir Gaudin (1999) et Smith (1995).

10.   On retrouve ces catégories notamment dans les nouveaux dispositifs des politiques de l'emploi et des politiques sociales de l'État français. Sur ce point, voir De Maillard (2000b).

créations d'emploi sur tout le territoire demande de faire émerger des initiatives portées par le terrain[11] ». Les politiques de développement territorial se présentent comme une manière de corriger le caractère « descendant » (*top-down*) et centralisé des politiques d'aménagement par la mise en place de mécanismes « ascendants » (*bottom-up*) qui permettent la remontée de revendications ou d'initiatives localisées sous la forme de *projets* de territoires définis localement. Ceci traduit la volonté de passer d'une logique pure « d'aménagement » qui induit des politiques *redistributives* au profit de « zones » en difficulté ou de « pôles » urbains (les métropoles d'équilibre) définis à partir de normes, de critères, de stratégies établies au niveau central, à une logique hybride (Gaudin, 1999 : 170-171) qui intègre, autour de l'alliance entre les topiques de l'aménagement et du développement, des dispositifs propres aux politiques *constitutives* de type procédural. Par politique « procédurale », il faut entendre des politiques qui opèrent « par la mise en place territoriale d'instruments de connaissance, de délibération et de décision peu finalisés *a priori* » (Lascoumes et Le Bourhis, 1998 : 39). Les politiques procédurales constituent un type particulier de politiques « constitutives », c'est-à-dire des politiques qui n'énoncent pas directement des règles ou des normes à appliquer dans l'action mais des « règles sur les règles » (Lowi, 1964) qui portent sur la manière dont les acteurs peuvent ou doivent s'organiser pour se donner des normes et des objectifs d'action. Ainsi les politiques de développement territorial ne « donn[ent] pas les solutions du problème mais défini[ssent] des cadres d'interprétation et des lieux de concertation » (De Maillard, 2000a), cadres et lieux qui sont mobilisés par les acteurs locaux pour définir à la fois ce qui fait problème et la solution à apporter : les notions de *territoire* et de *développement* qui invitent à une approche *transversale* des problèmes sociaux, la logique de *projet*, le *partenariat*, la *participation* constituent alors autant de ressources cognitives fournies aux acteurs afin de construire l'action publique et ses finalités. La jonction entre les logiques distributives descendantes (la volonté de rééquilibrer *le* territoire national) et les logiques constitutives ascendantes (les projets *des* territoires) prend alors la forme d'une négociation autour d'un contrat (*contractualisation*).

---

11. Source : exposé des motifs de la Loi d'orientation pour l'aménagement et le développement durable du territoire (LOADDT).

La proximité comme lien

La proximité est également valorisée en ce qu'elle permettrait de remédier à un *cloisonnement* de l'action publique qui nuirait à son efficacité. Le « territoire » apparaît alors comme un outil qui permet de remettre en cohérence, par la construction de relations de *proximité*, par l'affirmation d'une *identité* locale commune, ce qui apparaît comme *fragmenté*.

Tout d'abord, et comme nous l'avons déjà fait remarquer, les politiques de développement promeuvent une définition à la fois localisée et transversale des problèmes publics. Les projets de territoire visent non pas tel ou tel domaine d'activité, mais le « développement du territoire », termes suffisamment flous pour regrouper toutes sortes de domaines d'action : « Les politiques de développement territorial n'ont pas vocation à s'intéresser à un domaine particulier mais bien à tout ce qui peut favoriser le territoire promu dans ce cadre » (Douillet, 2003 : 588). Le territoire est censé alors créer un lien « horizontal » entre diverses catégories d'action publique « verticales[12] » tels les secteurs (Muller, 1990) (culture, logement, économie, etc.) ou les « populations cibles » (jeunes, chômeurs, handicapés, etc.). Le territoire, à travers la *participation* et le *partenariat*, vise également à créer des *proximités* nouvelles entre privé et public, élus et « société civile », collectivités locales et administrations, savant et politique (en encourageant le recours à l'expertise[13]). Cette logique de décloisonnement s'étend au champ des institutions politico-administratives : « Les politiques de développement invitent les acteurs eux-mêmes à définir les limites spatiales de leur intervention, sans tenir

---

12. Sur l'opposition « vertical/horizontal » et « territoire/secteur » dans l'action publique, voir Muller (2000 : 16-23).

13. Selon J.-P. Gaudin, la « négociation explicite » centre/périphérie caractéristique de ce nouveau mode d'action publique repose sur « trois registres d'accréditation » : « la négociation doit en effet être à la fois : a) représentative, c'est-à-dire garantie par la présence des élus locaux face à l'État ; b) participative, en incluant dans le cercle des partenaires, même si c'est de manière filtrée, des militants de l'engagement public ou des représentants de ces organisations associatives ou des intérêts ; c) mais aussi cautionnée par le savoir, c'est-à-dire faisant place à des expertises, qui peuvent être plurales et contradictoires tout en participant du même registre de la compétence technique ou scientifique » (Gaudin, 1999 : 176).

compte des territoires pré-existants[14]. » Là encore pourtant, les politiques de développement marquent moins une rupture qu'un processus d'hybridation : l'objectif n'est pas de supprimer l'ordre institutionnel ancien (les communes, les cantons, les départements, les régions), mais d'y introduire de la souplesse et de la coopération par la promotion d'une *logique de mission* impliquant la construction, autour de la notion de développement, d'un « intérêt général local » (Gaudin, 1999) censé dépasser les conflits d'intérêts particuliers, les cloisonnements entre les communes, les secteurs, les partis, les institutions.

La notion de pays nous apparaît donc, en tant que catégorie d'action publique, comme une partie intégrante de ce que nous appellerons le « registre » ou le « cadre » (Goffman, 1991) du développement territorial : ce registre s'organise autour d'un principe idéal ou valeur floue qui justifie ce type d'action publique (le développement local) et d'une série de normes (c'est-à-dire des procédures censées permettre d'atteindre *in concreto* l'idéal) comme la *proximité*, la *transversalité*, le *partenariat*, la *participation*, le *projet*, la *contractualisation*.

REGISTRE DU DÉVELOPPEMENT ET COMPÉTITION POUR LE LEADERSHIP LOCAL

Ce que nous avons décrit comme un registre d'action publique constitue également en Médoc un registre de la « vie politique » (Braud, 1994) locale mobilisé dans les affrontements entre élus et entre partis. Dans ce territoire, le registre du développement a d'abord été mobilisé, en 1996, par le leader de la droite médocaine lorsqu'il a créé le Syndicat mixte pour le développement du Médoc (SMIDEM) afin de constituer un « pays » Médoc. En réponse à cette démarche, le leader de la gauche locale a alors mis en place une association concurrente dénommée l'Association pour le développement économique du Médoc (ASDEM) qui, elle aussi, entendait porter le futur « pays ». Chaque camp politique possédait donc sa propre organisation : leur composition respective reflétait la bipolarisation du champ politique avec, du côté du SMIDEM, l'ensemble des communes contrôlées par la droite, et, du côté de l'ASDEM, les élus de gauche.

---

14. À l'exception des communes.

Chacune de ces organisations revendiquait l'usage du même registre (toutes deux voulant favoriser la « participation » de la société civile à la constitution d'un « projet transversal » en partenariat avec des « partenaires extérieurs » – État, régions, départements – et des experts) sur le même territoire. La mobilisation concurrentielle du cadre du développement s'explique alors par les enjeux politiques que son usage revêt aux yeux des deux leaders : de fait, ces deux élus espèrent, en actualisant le registre, modifier les conditions de l'échange politique afin d'améliorer la lisibilité des attentes sociales (qu'elles soient portées par des représentants de groupes socioéconomiques ou des élus) et de mobiliser des soutiens au-delà des clivages politiques et sociaux traditionnels.

L'amélioration de la lisibilité des attentes

Le registre du développement constitue un enjeu du point de vue des leaders en compétition parce qu'il leur apparaît comme un moyen d'améliorer la lisibilité des attentes sociales. Ce type d'enjeu est en effet au cœur de la négociation qui a débouché sur la fusion des deux organisations, négociation imposée par les partenaires extérieurs (l'État, la Région Aquitaine et le département de la Gironde) qui souhaitaient un pays Médoc unifié. Celle-ci a débouchée sur une répartition des postes entre le député du Médoc (leader de la gauche locale) et son sénateur (leader de la droite), répartition que l'un de ces élus, parlant de lui à la troisième personne, analyse ainsi :

> Si le député, élu au suffrage universel, est président du Conseil du développement, et si le sénateur, élu par les maires, est président du syndicat, c'est parce que ça correspondait à leurs affinités nationales et, disons le franchement, à leur électorat. On accuse facilement les élus d'électoralisme mais s'intéresser à ses mandants, s'intéresser à ce qu'ils veulent, que ce soit classé « électoraliste » alors [même] que l'on pense qu'un élu ne doit pas se couper de ceux qui l'ont fait… Eh bien, il est normal que le sénateur ait une sensibilité qui le porte vers les maires […] et que le député soit plus attiré vers l'ensemble de la population. Pour un élu national, ce qui est important, c'est de tenir le pouls de la population qu'il représente […] sentir ce qu'ils attendent de leurs élus. Tous les

moyens sont bons pour sentir ce pouls et le pays Médoc est un des moyens de garder le contact avec la population que l'on représente[15].

La négociation porte donc sur les possibilités d'échange que le cadre offre. En effet, les deux leaders locaux conçoivent la relation qui les unit à leurs électeurs sur le mode de la transaction, de l'échange politique : de leur point de vue, leur rôle consiste à décrire, à relayer, à satisfaire les attentes de leurs représentés en échange de leur soutien. Le cadre du développement territorial apparaît alors aux yeux des leaders locaux comme un moyen qui leur permet d'approfondir leur connaissance des attentes localisées, de suivre leur évolution.

De fait, le registre du développement, dans la perspective politique des leaders, constitue un outil de « marketing politique » au sens où il est censé leur permettre de mieux cerner la demande qu'il cherche à satisfaire, de mieux s'adapter aux conditions de l'échange politique. Il permet ainsi aux leaders de systématiser, de rationaliser leur recherche perpétuelle d'une transaction politique fructueuse. Tout d'abord, le travail des experts lors de l'étape du « diagnostic territorial » permet aux leaders de mieux définir les intérêts sociaux présents dans l'espace médocain. Surtout en instituant des « lieux de débat » tels que le Conseil de développement ou les commissions d'élus du syndicat, l'actualisation du registre crée des *forums* d'action publique où ces intérêts, constatés par le travail expert, sont amenés à exprimer et à clarifier leurs préférences sur des thèmes d'action publique : le cadre, en offrant des espaces d'expression légitimes à des acteurs qui sont considérés comme les relais des intérêt locaux (les « petits » élus dans les commissions, les « personnes-ressources » du conseil de développement) contribuent à ce que ses intérêts deviennent lisibles sur l'horizon de l'action publique territoriale.

Ainsi, le cadre du développement améliore, du point de vue des leaders, la lisibilité de la demande sociale non seulement parce qu'il permet à ces intérêts de s'exprimer en toute légitimité (la GDT reconnaissant la légitimité des intérêts sociaux) mais également parce qu'il pousse les représentants de ces intérêts (élus ou représentants de la société civile) à formuler des attentes claires en matière d'action publique : le cadre contribue alors à transformer des attentes sociales vagues, générales et confuses en des attentes en matière d'actions publiques précises et détaillées.

---

15. Extrait d'un entretien réalisé le 7 juillet 2000.

L'extension de l'échange et la conciliation des attentes

Avec la proposition de ce cadre partenarial, qui fait de la recherche de rapprochements, de consensus et de la construction de réseaux des normes légitimes, les deux leaders entendaient également mobiliser des soutiens au-delà des clivages partisans et des clivages socioéconomiques qui structurent classiquement l'échange politique local. De par son caractère transversal, intercommunal et intercantonal, le cadre permet aux leaders d'espérer étendre leur zone d'échange politique au-delà de ses frontières spatiales, sociales et politiques traditionnelles en mobilisant des acteurs de secteurs économiques avec lesquels ils n'étaient jamais entrés en contact, en se créant des réseaux parmi des élus du camp politique opposé, en sortant de leur zone d'influence privilégiée (les cantons du Nord Médoc pour l'un, le Médoc urbain du Sud pour l'autre).

En associant la recherche de *partenariat*, de *compromis*, de *consensus*, de *transversalité*, de nouvelles *proximités* à la poursuite du bien commun (le développement local), le registre du pays justifie totalement ces stratégies « attrape-tout ». Ce cadre permet ainsi à ces acteurs politiques de tenter, en toute légitimité, de concilier des intérêts qui autrefois paraissaient inconciliables en invoquant les représentations collectives légitimantes du registre (le développement du territoire, l'identité locale).

Ces considérations nous permettent de comprendre en quoi le cadre constitue un enjeu politique qui dépasse la simple amélioration de la lisibilité des attentes : le cadre apparaît également aux yeux des leaders comme un instrument d'extension de l'échange et de conciliation des attentes dans une stratégie de maximisation des soutiens. Il permet en effet de proposer à des groupes d'intérêts très divers et à des élus de tout bord un cadre cognitif et normatif dans lequel ils sont invités et incités, au nom de valeurs collectives transcendantes qui légitiment la démarche, à construire et à formuler des attentes en matière d'action publique, attentes qui serviront de base à la composition d'un compromis politique spatial (le projet transversal). En effet, le cadre du développement fait apparaître ce compromis comme nécessaire : les intérêts communaux ou sectoriels, afin d'accéder aux ressources offertes par l'action publique, n'ont d'autre choix que de collaborer à la construction d'un projet local, autrement dit de donner une forme recevable à leurs revendications en les intégrant à un processus de production de croyances collectives sur le territoire et son devenir. Le recadrage permet simultanément une différenciation (donc une lisibilité accrue des attentes) et leur conciliation. Comme le note J.-P. Gaudin, les apprentissages liés aux nouvelles formes de transaction politique s'accompagnent d'un double mouvement : « Celui où la reconnaissance d'intérêts sociaux contribue à ce qu'ils se construisent, se différencient et deviennent lisibles, et celui, en retour, où les intérêts ont besoin de se grandir à travers la production et la naturalisation de croyances collectives, au-delà des positions défensives et des utilités immédiates » (Gaudin, 1999).

Le registre du développement constitue donc un enjeu politique en Médoc parce que les deux leaders du territoire y voient la possibilité de créer les conditions d'une *transaction politique fructueuse* à l'échelle du territoire : en identifiant et en reconnaissant, par un travail expert, la présence et la légitimité de groupes d'intérêts représentés par des élus ou des acteurs sociaux « partenaires », chacun de ces deux « grands élus » entend amener ces groupes à définir et à construire des attentes lisibles sur l'horizon d'une politique publique de développement territorial, la satisfaction de ces attentes, par l'inscription d'actions sur l'agenda de la contractualisation, assurant en retour la légitimation du « grand élu ».

REGISTRE DU DÉVELOPPEMENT
ET CONTESTATION DE L'ORDRE POLITIQUE

L'exemple basque nous permet de mettre en avant un autre type de conflit autour de la mobilisation du registre du développement. La démarche « pays » y a été lancée non par un élu mais par le représentant local de l'administration d'État en Pays Basque (le sous-préfet de Bayonne). Elle a débuté en 1992 par une démarche de réflexion prospective intitulée « Pays Basque 2010 », pendant laquelle des élus, des représentants de l'administration publique et du monde socioprofessionnel ont, en s'appuyant sur le travail d'un bureau d'étude, établi des scénarios de développement. Ce « processus de réflexion » a abouti, en juillet 1994, à la création du Conseil de développement du Pays Basque (CD), assemblée dédiée au dialogue avec la société civile et où la mouvance autonomiste est largement représentée, puis en février 1995 à celle du Conseil des élus du Pays Basque (CE). Ces deux structures, qui vont être reconnues comme la base « d'un pays de préfiguration » en vertu de la loi Pasqua de 1995, ont collaboré à l'élaboration d'un schéma d'aménagement du Pays Basque en 1996 et 1997. Le financement de ce schéma est assuré par la signature, en décembre 2000, d'une convention spécifique « Pays Basque » annexée au contrat de plan État-région.

L'ensemble de cette démarche s'inscrit dans une situation particulière où le représentant de l'État doit faire face à des mouvements contestataires qui, s'ils n'ont que très peu d'élus[16], occupent largement, depuis les années 1970, l'espace médiatique, associatif et culturel. Ces mouvements de types nationalistes ou autonomistes réclament une reconnaissance politique de l'identité basque à travers la création d'une institution spécifique (en particulier un département basque[17], qui constituerait une étape vers une autonomie plus grande).

Or, l'État français, notamment sous la pression diplomatique de l'Espagne qui refuse tout ce qui pourrait être interprété comme un signe positif en faveur du nationalisme basque, refuse toute concession sur le plan institutionnel pour le territoire basque. Cependant, cette fin de non-recevoir place le sous-préfet de Bayonne dans une situation problématique : il doit faire face au risque[18] de voir le mouvement autonomiste se radicaliser, c'est-à-dire opter, faute de succès probant par la voie des urnes et faute de perspective d'avancer dans la négociation avec l'État, pour le recours à la force. La perception de ce risque est alimentée par le climat de violence qui règne dans le Pays Basque « espagnol » (qui fait figure ici d'exemple « repoussoir ») et la peur de voir ETA « exporter » ses pratiques violentes de l'autre côté des Pyrénées.

---

16. Limité (bien que représentant désormais, en fonction des élections, entre 10 % et 15 % de l'électorat basque) sur le plan politique sur une terre traditionnellement démocrate-chrétienne, handicapé par les modes de scrutin aux élections locales (le système électoral français privilégiant, dans l'ensemble, le vote majoritaire par rapport au vote proportionnel) et par l'assimilation systématique au terrorisme d'Euskadi Ta Askatasuna ou d'Ipparretarak que beaucoup d'autonomistes pourtant condamnent, l'autonomisme, majoritairement à gauche dans le Pays Basque français a profondément investi, à partir des années 1970 et 1980, la vie associative, l'animation culturelle, le mouvement syndical (en particulier avec le syndicat agricole Euskal herriko Laborarien Batasuna) de sorte que ce mouvement possède une forte capacité à mobiliser des minorités actives (par exemple pour des manifestations) qui lui permet de peser sur la vie politique. La situation est à ce titre radicalement différente du Pays Basque espagnol où la majorité des électeurs votent pour des partis nationalistes.

17. Il n'existe pas de représentation politique du Pays Basque français : ce territoire est noyé dans le département beaucoup plus vaste des Pyrénées-Atlantiques.

18. Du moins, à ce qu'il perçoit comme un risque.

La mobilisation du registre du développement visait alors à assurer au mouvement autonomiste une médiation vers l'action publique afin de prévenir toute évolution favorable à l'instauration d'un climat de violence politique. Comme le reconnaît sans ambages un élu, acteur et partisan de la démarche depuis son origine : « Les arrière-pensées politiques existaient [...] incontestablement : celles et ceux qui ont lancé cette opération cherchaient peut-être, certainement même, à construire un projet au Pays Basque pour éviter les dérives[19]. » De fait, le représentant local de l'État a proposé une réponse en matière d'action publique (*policy*) et de partenariat à des revendications sociales contestataires qui visait une transformation radicale de l'ordre politique (*polity*).

Le sous-préfet de Bayonne cherchait ainsi à transformer le cadre cognitif et normatif dans lequel les autonomistes perçoivent leur relation à l'État et aux autorités politiques locales : l'objectif était alors de passer d'un cadre de type conflictuel (où l'État est désigné comme une force « colonisatrice ») à une concertation où il apparaîtrait comme un partenaire, donc *in fine* de transformer la **contestation** de l'ordre politique en **mobilisation** autour d'une action publique. Il s'agissait de rompre avec une situation où la « parole » autonomiste ne trouvait pas ou peu écho et de relais dans le système politique et vers l'action publique :

> Au début des années 1990, à l'initiative du sous-préfet de l'époque s'est engagée une réflexion qu'on appelait Pays Basque 2010 et puis Schéma de Développement du Pays Basque [...]. Il avait constaté qu'au Pays Basque il y avait une espèce de schizophrénie entre les élus du peuple [...] qui géraient les collectivités locales, participaient aux négociations de dossier avec l'État et puis les autonomistes qui eux, compte tenu du fait qu'ils n'avaient jamais eu un impact électoral considérable, n'étaient pas élus mais occupaient en grande partie le débat public, les médias, les agitations, et les manifestations et lançaient des idées parfois intéressantes et que ces deux mondes-là s'ignoraient. Alors il a proposé de manière tout à fait opportune que tout le monde se mette autour de la table pour essayer de réfléchir ensemble à l'avenir du Pays Basque[20].

---

19. Extrait d'un entretien réalisé avec un élu, membre du Conseil de développement et du Conseil des élus, le 11 décembre 2000.

20. Extrait d'un entretien réalisé avec un élu, membre du Conseil des élus et du Conseil de développement, le 2 février 2001.

La mobilisation du registre du développement s'inscrit donc dans une stratégie dont l'objectif est « d'éviter les dérives » et de pacifier un territoire marqué par une contestation sociale très active. En employant le vocabulaire d'A. Hirschman (1995), nous dirons que le « registre » ou « cadre » du développement permet à l'État de proposer aux autonomistes une solution de rechange à la « défection » (*exit*) vis-à-vis du système politique en ménageant pour ce mouvement la possibilité d'une « prise de parole » (*voice*) légitime à l'intérieur du système en vertu d'un projet d'action publique. L'objectif est alors d'institutionnaliser la contestation, c'est-à-dire de lui donner un cadre légitime, de l'internaliser et de renforcer ainsi la légitimité du système politique dans son ensemble (*loyalty*) sans pour autant le transformer (ce que réclament les autonomistes).

La traduction de la thématique identitaire dans le registre du développement

De fait, la démarche du Pays Basque dote l'expression autonomiste d'un cadre (celui du partenariat pour le développement auquel les autonomistes sont associés) où elle est reconnue. Mais ce cadre, en même temps qu'il habilite une médiation vers l'action publique, contraint la mise en forme de la parole autonomiste en traçant des frontières cognitives et normatives à son expression. La parole autonomiste s'en trouve à la fois banalisée, filtrée et *in fine* traduite[21] dans un langage nouveau.

Le registre du développement induit tout d'abord une *banalisation* du mouvement autonomiste. Ainsi, si des représentants du monde culturel et associatif, autonomistes ou proches de l'autonomisme, se voient reconnus en tant que « partenaires », c'est au même titre et sur le même plan que les représentants du monde économique. De fait, au cours de la procédure consultative, les valeurs identitaires portées par les autonomistes vont devoir composer avec les intérêts défendus par les représentants des « secteurs » et des « filières » locales : la singularité de la revendication identitaire se trouve alors diluée dans un « consensus de

---

21. Par traduction, nous entendons un déplacement de sens d'un répertoire social à un autre, ou d'une grammaire sociale à une autre, afin d'intéresser des acteurs à une action ou de discréditer un adversaire. Voir Callon (1986) et Lascoumes (1994).

composition » (Boudon et Bourricaud, 1982) où l'identité n'est ni plus ni moins légitime que l'économie.

De plus, la dimension politique des revendications autonomistes est évacuée : les promoteurs de la démarche laissent soigneusement les revendications institutionnelles des autonomistes hors cadre (*filtrage* de la parole). Il s'agissait alors de s'engager dans un « débat tout à fait raisonnable autour de la question économique, sociale et même culturelle et de valeurs qui pouvaient être résolues avec tout le monde, qui était un débat où tout le monde pouvait être engagé alors que le département nous aurait engagés dans un autre débat où il y aurait eu des fractures entre les uns et les autres[22] ». Le contournement de la question institutionnelle est donc ici légitimé au nom de la recherche du dialogue, du consensus au sein du partenariat qui fait figure de norme dans le registre du développement local. Dans ce contexte, la question de l'institution s'efface devant celle de l'action publique.

Enfin, si la parole identitaire est prise en compte dans le cadre, c'est au prix d'une *traduction* qui fait de l'identité une thématique consensuelle : l'usage du registre du développement induit un déplacement de la topique de l'identité du registre conflictuel de la lutte pour la reconnaissance politique (*politics*) que mènent les autonomistes à celui, pacifié, de l'action publique concertée (*policy*). Les valeurs identitaires portées par les autonomistes se trouvent ainsi transcodées dans le langage du développement qui permet de les redéfinir, en particulier par le travail des experts qui construisent ces représentations nouvelles et les dotent d'une autorité[23]. L'identité, à travers ce travail, est redéfinie comme une *ressource* mobilisée dans une démarche de développement. Ainsi le sentiment d'appartenance n'est pas interprété, comme dans les idéologies identitaires, comme ce qui fonde la contestation de l'ordre politique, mais comme un élément qui permet de fédérer les énergies derrière le projet, de susciter des rapprochements, comme un « moteur »

---

22. Extrait d'un entretien réalisé avec un élu, membre du Conseil des élus et du Conseil de développement, le 10 décembre 2001.

23. R. Boudon parle d'effet d'autorité quand on accepte le point de vue d'une personne socialement considérée comme compétente dans le domaine considéré (Boudon, 1986).

humain du développement. L'identité devient alors un facteur d'engagement dans la démarche sur lequel celle-ci doit *s'appuyer* :

> Ce que nous avons essayé de faire au niveau du Pays Basque, c'est bien entendu travailler sur une communauté de projet et une communauté de destin à laquelle il fallait superposer un attachement linguistique et culturel encore beaucoup plus évident que dans d'autres régions, ce qui fait que le territoire sur lequel nous avons travaillé présentait des particularités [...] sur lesquelles on doit s'appuyer si on veut faire bouger les choses [...]. La notion de développement n'est pas une notion que l'on peut plaquer, ce n'est pas une notion qui peut se développer à partir de directives, c'est une notion qui ne peut se développer que s'il y a un sentiment d'appartenance à quelque chose, un facteur humain..., la possibilité pour les hommes de mouiller leur maillot [...]. Il faut du sentiment d'appartenance, il faut du volontarisme de la part des élus et des principaux acteurs, de tous les acteurs [...][24].

L'identité ne constitue pas dans ce cadre normatif et cognitif une fin en soi mais un médium dans une stratégie globale d'animation du territoire dont l'objectif est le développement du Pays Basque. De fait, dans cette perspective, l'identité ne doit pas être un prétexte à un « repli sur soi » ou sur la tradition qui irait contre les normes d'ouverture et de changement que porte le cadre du développement :

> C'est un pays [un territoire de projet] qui correspond à la volonté de ses habitants, de ces élus de travailler ensemble, de créer quelque chose ensemble. L'identité pour moi c'est ça, c'est pas brandir un fusil, c'est se reconnaître comme appartenant à une histoire, à un vécu, à une langue, à des coutumes [...]. Il me semble qu'est venu le moment de se ressourcer, pas de se recroqueviller, de se ressourcer sur ses bases, sur ses racines, sur son histoire, sur son identité pour proposer des choses, pour faire des projets ensemble, etc., mais pas encore une fois pour se recroqueviller, non, en même temps être plus fort sur place et dans l'environnement de l'Europe qui est un enjeu considérable aujourd'hui pour l'avenir. Le « pays » n'est pas une fermeture mais une ouverture[25].

---

24. Extrait d'un entretien réalisé le 13 janvier 2001 avec un élu, membre du Conseil des élus et du Conseil de développement.

25. Extrait d'un entretien réalisé avec un élu, membre du Conseil des élus et du Conseil de développement, le 4 janvier 2001.

L'identité est ici lue, non sur le mode contestataire du séparatisme et de l'engagement dans la lutte pour la reconnaissance, mais sur celui du rapprochement (l'identité fédératrice) dans l'action publique et de l'ouverture au monde, à la modernité, aux partenaires extérieurs (dont l'État). Cette nouvelle mise en intrique de l'identité basque dans un récit d'action publique[26] (*policy narrative*) qui mobilise le langage du développement trouve son expression la plus nette dans ce qui constitue le « texte de référence » de la démarche : le projet de territoire Lurraldea. Ce projet se structure autour de quatre enjeux dont « l'alliance de la culture et de la modernité » qui suppose de « prendre appui sur le sentiment d'appartenance à une communauté de destin pour : 1) revaloriser l'identité ; 2) gérer le Pays Basque comme un bien collectif et indivisible ; 3) provoquer l'échange entre culture basque et culture universelle ; 4) s'affirmer comme terre d'ancrage et de modernité ».

Le nouveau cadre d'interaction, qui mobilise le registre du développement, véhicule donc une nouvelle représentation de l'identité et du territoire (non plus le territoire de la communauté mais le soutien d'un dialogue et l'objet d'une action publique) qui se pose en alternative consensuelle aux représentations conflictuelles des idéologies identitaires. La culture et la singularité basques sont à la fois reconnues et profondément requalifiées, ou pour être plus précis retraduites de telle manière qu'elles n'apparaissent plus comme un objet de conflit, mais comme le soutien d'une action publique.

Modalisations du cadre partenarial par les autonomistes

Cependant, les mouvements autonomistes ne sont pas restés passifs devant cette opération de recadrage : ils ont au contraire repris à leur compte l'argumentaire du « développement », fait leurs les pratiques de la « participation » pour les mettre au service de la lutte qu'ils mènent pour une reconnaissance institutionnelle du territoire basque. Ils se sont ainsi livrés à une opération de « contre-cadrage » (Benford et Hunt, 2001) qui leur a permis à la fois de redéfinir leur position de

---

26. Pour un usage du concept de récit d'action publique dans une recherche francophone, voir Poirier (2001).

contestation (c'est-à-dire de trouver de nouveaux arguments, de nouvelles justifications pour leur cause) et de mobiliser de nouveaux soutiens.

Cette opération de contre-cadrage consiste non pas en la mobilisation d'un cadre alternatif mais en une « modalisation » du registre du développement. Chez E. Goffman, un mode désigne « l'ensemble des conventions par lesquelles une activité donnée, déjà porteuse de sens dans un cadre primaire, est transformée en quelque chose qui se modèle sur cette activité mais qui est vu par les participants comme radicalement autre » (Goffman, 1991). R. Benford et S. Hunt proposent d'appliquer ce concept « dans le champ des mouvements sociaux » où « la modalisation advient quand les participants d'un mouvement reformulent les propositions de leurs opposants en en neutralisant, subvertissant ou retournant le sens. La modalisation est un processus dialectique de réattribution, de ré-interprétation et de re-codage du sens – une activité de recadrage » (Benford et Hunt, 2001). Ainsi, les départementalistes proposent une nouvelle lecture de la démarche qui altère profondément le sens que lui donnent ses promoteurs. De fait, les partisans du département reprennent à leur compte le lien identité/développement tissé par le registre du développement : « Un département concrétiserait l'identité Pays Basque. Or il y a une corrélation forte entre sens de l'identité et développement. Le plus souvent, identité égale développement : la création de cette institution serait un choc psychologique qui permettrait un élan collectif de développement. Donc il faut reconnaître l'identité du Pays Basque et il faut la reconnaître par une institution[27]. »

Le département est désormais revendiqué au nom de la topique consensuelle du développement, qui allie intérêt économique et identité. Les résultats de la démarche de réflexion partenariale sont alors validés ; cependant cette démarche est ré-interprétée dans une *modalisation* où elle devient un appui pour la revendication départementale, appui d'autant moins contestable que sa validité et son exemplarité ont été reconnues par l'État, la DATAR, et les élus des partis traditionnels :

> Le projet de département Pays Basque a réapparu en 1996 après 20 ans de sommeil à la suite de l'opération « Pays Basque 2010 » qui a abouti

---

27. Extrait d'un entretien réalisé le 19 décembre 2000 avec un membre du Conseil de développement.

au Schéma de développement. Tous les gens qui avaient participé à cette démarche, c'est-à-dire les forces vives du Pays Basque [...], se sont aperçus que *tout ça n'avait pas de sens*[28] s'il n'y avait pas une institution, une véritable institution avec des moyens humains et des moyens financiers, avec une représentativité, avec une personnalité morale qui concrétise l'identité Pays Basque et soit un vecteur de cet élan de développement[29].

La modalisation jette ainsi un *doute* sur la capacité du territoire de projet à déboucher sur une action publique :

Si le territoire de projet est un outil de réflexion il n'est en aucun cas un moyen d'action. Il n'a pas de personnalité morale. Il n'a aucune représentativité alors qu'un conseil général est élu. Donc il n'a pas de responsabilité vis-à-vis des électeurs. Il n'a aucun moyen financier par conséquent il ne peut pas mettre de l'argent lui-même dans le projet. Et enfin, [il] n'a aucun moyen humain [...]. S'il n'y a pas une institution avec des moyens humains, de services techniques et autres pour piloter, contrôler, impulser, veiller à l'avancement des actions, etc., jamais il n'y aura une réalisation complète ou aussi rapide qu'il serait souhaitable du Schéma de développement ; c'est une constante de la vie, s'il n'y a pas de responsables quelque part, les choses n'avancent pas bien. Seul le département, une institution Pays Basque pourrait être responsable[30].

Le contre-cadrage opéré par les départementalistes fait donc du schéma de développement un élément d'un argumentaire anti-« ordre établi », alors qu'il a été précisément construit pour re-légitimer cet ordre. Cet argumentaire a obtenu un vif succès auprès des élus locaux à tel point qu'une nette majorité des maires se sont prononcés en faveur de la création d'un département « Pays Basque » lors d'une consultation organisée en 1996 par l'Association des élus pour un département basque. Ce succès tient, à notre avis, à la fois au recadrage des motifs de lutte et au cours suivi par la démarche. En effet, la formulation des motifs d'une action doit être analysée comme un acte linguistique dis-

---

28. C'est nous qui soulignons.

29. Extrait d'un entretien réalisé le 19 décembre 2000 avec un membre départementaliste du Conseil de développement.

30. Extrait d'un entretien réalisé le 19 décembre 2000 avec un membre départementaliste du Conseil de développement.

tinct de l'action elle-même et qui produit des effets sur elle : la formulation ou l'imputation d'un motif introduisant une justification[31] (ou
une critique) de l'action, le choix d'un motif approprié (ou inapproprié)
dans le « vocabulaire des motifs » publiquement disponibles peut renforcer (ou affaiblir) une action (dans notre cas une mobilisation) en la légitimant ou encore en lui trouvant de nouveaux soutiens (Mills, 1940).
Dans le cas qui nous occupe, la motivation de la mobilisation pro-dépar-
tementale se trouve profondément reformulée : ce n'est plus la poursuite
d'un idéal autonomiste qui est mise en avant, mais la mise en place d'un
programme d'action consensuel qui vise le développement du territoire.
La mobilisation du motif « développement local » a facilité le ralliement
des milieux économiques et d'une grande partie des élus locaux auparavant effrayés par la dimension « séparatiste » du projet départemental.
Cependant, si ces acteurs se retrouvent dans cette revendication, c'est
non seulement parce qu'elle prend appui sur un projet consensuel, mais
également parce que le cours de l'interaction renforce l'argumentation
des départementalistes : la lenteur et les difficultés dans la mise en œuvre
du projet (il faudra attendre à la fin de 2000 pour qu'une convention de
financement soit signée pour un projet conclu en 1997) ont renforcé la
crédibilité des dénonciations émanant des départementalistes.

La démarche « Pays Basque 2010 » qui visait à institutionnaliser
et à neutraliser la contestation a donc eu précisément l'effet inverse : la
démarche est l'un des principaux vecteurs et soutiens de la relance de la
revendication départementaliste au milieu des années 1990. Le rapprochement espéré par l'État entre élus et société civile s'est bien opéré, mais
dans un sens contraire à celui qui était voulu par les promoteurs de la
démarche : la contestation de l'ordre institutionnel a gagné une grande
partie des élus. Seuls les « grands élus » (députés, sénateurs, maires de
grandes villes, conseillers généraux), qui entretiennent avec ou dans

---

31. Cela ne signifie évidemment pas que les motifs n'ont aucun rapport avec l'action réelle dont ils ne seraient que l'habillage légitimant : de fait les conventions
sociales sur les motifs légitimes contribuent à définir l'éventail des conduites
possibles en contexte. Ainsi, comme le montre bien C. W. Mills, le vocabulaire
des motifs acceptables socialement dans une situation donnée contraint bien
souvent l'action : « to term [motives] justifications is not to deny their efficacy.
Often anticipations of acceptable justifications will control, conduct. ("If I did
this, what could I say ? What would they say ?"). Decision may be, wholly or in
part, delimited bay answers to such queries » (Mills, 1940 : 907).

les institutions en place, hostiles à tout changement (l'État central, la préfecture, le Conseil général), des relations d'échange privilégiées de type notabiliaire (Crozier et Friedberg, 1977), restent dans leur grande majorité favorable au *statu quo*.

L'appropriation du registre du développement a permis aux partisans de la création d'un département basque d'évoluer sur deux tableaux, celui de la participation (ou du dialogue social) et celui de la mobilisation (ou du conflit social). En effet, d'un côté, le mouvement autonomiste a joué la carte du *partenariat* acceptant la négociation autour de la définition d'une action publique de développement. En participant à l'élaboration du Schéma d'aménagement (1992-1997), les autonomistes ont investi la *policy window* (Kingdon, 1984) ouverte par « Pays Basque 2010 », fenêtre qui leur offrait l'occasion d'obtenir à la fois un engagement de l'État et des collectivités sur des actions de défense culturelle et linguistique et une forme de reconnaissance du territoire. Le projet une fois élaboré, ils ont également profité des possibilités de « prise de parole » qu'offre le cadre participatif pour diffuser et exprimer une parole critique. Ainsi, le Conseil de développement, chargé à partir de 1998 de l'évaluation de la mise en œuvre du projet, va devenir un lieu d'expression de la revendication départementaliste (lors d'un vote organisé en 1999, ce conseil va même se prononcer officiellement pour la création d'un département). Les outils de la participation se trouvent alors retournés contre ceux qui pensaient pouvoir les utiliser pour évacuer la question institutionnelle (l'État, les grands élus). De plus, en refusant le débat sur la question institutionnelle à de multiples reprises entre 1996 et 2001, le Conseil des élus, contrôlé par les grands élus opposés au projet départemental, s'est exposé à des critiques qui mobilisent certains des principes qui sont au cœur de la légitimation de la démarche (l'ouverture, la participation, le dialogue).

D'un autre côté, les autonomistes ont pris appui sur le projet pour relancer une *mobilisation sociale*. Ainsi, la démarche de projet est également saisie par les autonomistes comme une base normative et cognitive qui permet de redéfinir la cause départementale et de lui adjoindre de nouveaux soutiens (alliés économiques, « petits » élus). Ces soutiens économiques et politiques, gagnés par le recadrage de la cause, ont été mobilisés non seulement lors du débat public institutionnalisé mais également lors de performances relevant du registre de la mobilisation et du conflit social, et ce, dès le milieu des années 1990 : des manifestations,

des pétitions, des consultations (comme le vote des maires), des sondages sont ainsi organisés. Il s'agit alors, non pas d'invoquer les principes
bafoués de la participation, mais de faire appel à la pression publique,
que l'on atteste à travers des dispositifs empruntés à la « grammaire
civique » (Boltanski et Thévenot, 1991) (manifestation, vote, sondages, etc.), dispositifs qui présentifient le soutien collectif (ici celui des
habitants du Pays Basque au nom de qui la lutte est menée) afin de faire
pression sur l'État et les « grands élus ».

CONCLUSION

L'apparition, autour de la notion transversale de « développement
local global » (Muller, 2000), d'un nouveau mode d'action publique
localisée, identifié à des principes normatifs tels que la *participation*, la
territorialisation, le *partenariat*, la mise en *projet*, la *contractualisation*,
contribue donc à renouveler la forme et les enjeux de la lutte politique
locale. Le registre de justification d'action du « pays » fait ainsi l'objet
de mobilisations concurrentielles de la part d'adversaires (concurrents
politiques en Médoc, État versus autonomistes en Pays Basque) qui
cherchent à s'approprier les ressources en matière de légitimité et de
construction de réseaux qu'il permet de générer. L'effet politique de la
thématique de la « territorialisation » au niveau local s'apparente alors
à celui de la topique de la « modernisation » au niveau central dans la
France des années 1960 :

> Les dirigeants gaullistes au cours des années soixante ont pu mobili-
> ser à leur profit les thèmes et savoir-faire de la « modernisation » qui
> s'étaient imposés comme nécessaires et bénéfiques dans l'industrie,
> l'agriculture, certaines administrations, ou encore dans les propos de
> certains sociologues, économistes et géographes. [...] Face aux partis
> anciens (susceptibles de menacer le nouveau rapport des force politi-
> ques), qu'il délégitime pour leur « archaïsme » et leur « ignorance de
> l'intérêt général », il dresse le portrait d'une famille gaulliste jeune, effi-
> cace... et moderne. Cette stratégie globale contraint progressivement les
> opposants à « entrer dans le jeu » renouvelé, à reprendre à leur compte
> l'argumentaire de la modernité, à faire leurs les nouvelles pratiques, à
> accepter les règles élaborées par les adversaires. Dès 1965, les candidats
> à la présidence de la République [...] font assaut de modernité – d'une

modernité qu'ils ne conçoivent pas d'ailleurs de la même manière[32] – à grand renfort de gestes symboliques (Lagroye, 1997).

RÉFÉRENCES

Baraize, F. et E. Négrier (dir.) (2001), *L'invention politique de l'agglomération*, Paris, L'Harmattan.

Benford, R. et S. Hunt (2001), « Cadrages en conflit, mouvements sociaux et problèmes sociaux », dans Cefaï, D. et D. Trom (dir.), *Les formes de l'action collective : mobilisation dans les arènes publiques*, Paris, École des hautes études en sciences sociales.

Boltanski, L. et L. Thévenot (1991), *De la justification : les économies de la grandeur*, Paris, Gallimard.

Boudon, R. (1986), *L'idéologie ou l'origine des idées reçues*, Paris, Fayard.

Boudon, R. et F. Bourricaud (1982), *Dictionnaire critique de sociologie*, Paris, Presses universitaires de France.

Braud, P. (1994), *Sociologie politique*, Paris, Librairie générale de droit et de la jurisprudence.

Burns, J. (1975), *Leadership*, New York, Harper and Row.

Callon, M. (1986), « Éléments pour une sociologie de la traduction », *L'Année sociologique*, vol. 36.

Crozier, M. et E. Friedberg (1977), *L'acteur et le système*, Paris, Seuil.

De Maillard, J. (2000a), *La politique de la ville : une institutionnalisation inachevée*, Thèse de doctorat, Centre d'études et de recherche sur la vie locale, Bordeaux.

De Maillard, J. (septembre 2000b), « Le partenariat en représentation : contribution à l'analyse des nouvelles politiques sociales territorialisées », *Politiques et management public*, vol. 18, n° 3.

Douillet, A.-C. (août 2003), « Les élus ruraux face à la territorialisation de l'action publique », *Revue française de science politique*, vol. 53, n° 4.

Fisher, F. et J. Forester (1993), *The Argumentative Turn in Policy Analysis and Planning*, U.S.A., Duke University Press.

Gaudin, J.-P. (1999), *Gouverner par contrat : l'action publique en question*, Paris, Presses de sciences po.

---

32. De la même manière, les acteurs locaux en compétition défendent leurs propres *interprétations* de la « territorialisation ».

Goffman, E. (1991), *Les cadres de l'expérience*, Paris, Éditions de Minuit.

Hirschman, A. (1995), *Défection et prise de parole : théorie et applications*, Paris, Fayard.

Kingdon, J. (1984), *Agendas, alternatives and public policies*, Boston, Little Brown.

Lagroye, J. (1997), *Sociologie politique*, Paris, Presses de sciences po et Dalloz.

Lascoumes, P. (1994), *L'Écopouvoir*, Paris, La Découverte.

Lascoumes, P. et P. Le Bourhis (1998), « Le bien commun comme construit territorial. Identités d'action et procédures », *Politix*, n° 42.

Lowi, T. (1964), « American business, public policy, case studies and political theory », *World Politics*, vol. XVI, n° 4.

Mills, C.W. (1940), « Situated actions and vocabularies of motive », *American Sociological Review*, vol. 5.

Muller, P. (2000), *Les politiques publiques*, Paris, Presses universitaires de France.

Muller, P. (1990), « Les politiques publiques entre secteurs et territoires », *Politiques et management public*, vol. 8, n° 3.

Poirier, C. (2001), *Cinéma et politique au Québec : la question identitaire dans l'imaginaire filmique et les politiques publiques*, Thèse de doctorat, Centre d'études et de recherche sur la vie locale, Bordeaux.

Smith, A. (1995), *L'Europe politique au miroir du local : les fonds structurels et les zones rurales en France, en Espagne et au Royaume-Uni*, Paris, L'Harmattan.

DES RACINES ET DES PLUMES EN PÉRIGORD : LA GESTION PUBLIQUE DES CANARDS ENTRE LOGIQUES DE FILIÈRE ET DE TERRITOIRE

Philippe Cuntigh et Andy Smith

Analyser le rôle du politique dans la gestion publique de l'économie nécessite l'adoption d'une démarche de recherche capable de saisir la densité d'acteurs, de relations et de processus au sein de chaque filière. À partir des résultats d'une recherche sur la transformation de celle des produits palmipèdes en Périgord[1], notre propre approche vise à prendre prise sur les répercussions des normes, des politiques et des acteurs publics sur les formes de l'action collective observées, ainsi que sur le rapport qu'elles entretiennent avec le territoire. Le schéma d'analyse

---

1. Cette recherche a été effectuée entre septembre 2003 et mars 2004. Elle s'insère dans une étude plus globale portant sur les effets politico-économiques de l'introduction d'une norme européenne – l'Indication géographique protégée (IGP) – dans le Sud-Ouest de la France (Jullien et Smith, 2004). Elle a bénéficié d'un financement de l'Union européenne (le FEDER) et du Conseil régional de l'Aquitaine. La partie « périgourdine » de cette recherche repose sur l'analyse des documents internes et, surtout, sur une trentaine d'entretiens semi-directifs.

qui résulte de notre propre réflexion sur ce point servira ensuite pour découper l'historique récent des palmipèdes en Périgord de manière à faire apparaître les conflits et les alliances qui ont provoqué l'émergence de deux modèles économiques : une « filière courte » composée de producteurs qui élèvent, gavent et transforment les canards à la ferme, d'une part, et une « filière longue » composée d'acteurs plus spécialisés, d'autre part.

Plus globalement, ce chapitre développe une analyse plus distanciée des causes et des conséquences des changements observés en général, en particulier ceux de l'équilibre des pouvoirs. En effet, plutôt de considérer que les mutations connues par cette filière relèvent simplement de la stratégie d'hégémonie des « plus forts », l'hypothèse générale avancée dans ce texte concerne les effets paradoxaux de l'intervention des pouvoirs publics. Plus précisément, nous cherchons avant tout à mettre en lumière les risques économiques que prennent des représentants de l'intérêt général lorsqu'ils invoquent et défendent une logique « territoriale » sans lui accorder des critères d'appréciation transparents et durables.

LA FILIÈRE, LE TERRITOIRE ET LA POLITIQUE

Du moins jusqu'aux années 1980, il existe un consensus analytique généralisé pour considérer que l'économie et l'espace politique français sont fortement sectorisés à une échelle nationale et autour de l'organisation de l'État (Jobert et Muller, 1987). Au cours des vingt dernières années, ce phénomène de sectorisation n'a pas semblé s'estomper. En revanche, la recherche en sciences sociales montre que dans de nombreux secteurs sa territorialisation se déplace en raison de l'évolution de l'économie mondiale et française, de l'approfondissement de l'intégration européenne (Smith, 2004) et des effets divers de la décentralisation et de la déconcentration. Plutôt que d'aborder l'ensemble de l'influence de ce changement du rapport centre-périphérie sur la gestion publique de l'économie, nous nous intéresserons ici uniquement au rôle des territoires infranationaux. Depuis deux décennies, cette question a animé une multiplicité d'études et de réflexions dont nous ne pouvons pas rendre compte ici. Avant de présenter notre propre approche de la question de la relation entre les filières, les secteurs et les territoires en milieu rural, esquissons plutôt, et d'abord, deux manières répandues de s'y prendre.

L'apport certain mais limité de l'économie de proximité

Au cours des années 1980 et 1990, la première de ces approches a été développée par plusieurs économistes agricoles afin de prolonger deux hypothèses générales générées par une théorisation du « développement local » (Pecqueur, 1989 ; Greffe, 1988). La première concerne l'importance de l'organisation des économies locales et de la nature des indépendances de leurs entreprises et entrepreneurs. L'accent est donc mis dans ces travaux sur les réseaux d'acteurs économiques, ainsi que sur la manière dont les pouvoirs publics cherchent (ou ne cherchent pas) à favoriser de tels échanges et de telles coopérations.

La deuxième hypothèse générale partagée par la recherche sur le développement local consiste à privilégier la sociologie des territoires comme facteur explicatif des réseaux d'acteurs économiques. Nourrie notamment par des travaux faits sur la réussite économique de la troisième Italie des années 1975-85 (Garofoli, 1992), cette hypothèse estime que chaque territoire bénéficie d'un « capital social » plus ou moins en phase avec ses propres exigences économiques. Ce capital social peut à son tour avoir des origines diverses qui vont de la religion catholique dans la Vendée ou dans la Beauce québécoise (Berthet et Palard, 1997) à l'euro-communisme d'Emilie-Romagne (Garofoli, 1992).

Transposées à l'étude de la genèse et de l'évolution des signes de qualité dans l'agriculture, ces hypothèses sont avant tout mises au service de la thèse d'un « retour au local » qui met en cause le modèle productiviste et fordiste de l'agriculture autour d'une mise en avant d'une série « de facteurs qui témoignent d'une prise en compte accrue de la variable spatiale dans les préférences des agents économiques » (Torre, 2000a). Plus précisément, les chercheurs de ce courant considèrent que :

– la spécialisation de l'agriculture et la sectorisation des politiques agricoles sont devenues des tendances néfastes pour l'économie rurale, pour la protection de l'environnement et pour la qualité alimentaire. À la place d'un mode de régulation par filière agricole, on voit apparaître des formes territorialisées et intersectorielles de l'organisation des économies rurales. Plus exactement, il importe d'analyser « la dialectique proximité géographique/proximité organisationnelle » (Torre, 2000b : 409) ;

– une agriculture organisée autour de produits porteurs de l'image et de la réputation de son territoire non seulement offre une solution de rechange à une agriculture productiviste, mais fournit aux territoires ruraux un objet autour duquel il peut prendre en main son propre développement. En se distanciant d'une dépendance excessive aux décisions prises « à Paris » ou « à Bruxelles », les signes de qualité ouvrent la voie vers une gouvernance locale des économies de proximité ;

– les processus d'interaction et de qualification d'un tel produit relèvent des dynamiques de coordination locale (Letablier, 2000). Plus exactement, on considère que les réseaux d'acteurs et de connivences cognitives sont les pré-conditions indispensables à l'émergence d'une « économie de proximité » (Torre, 2000b).

Du point de vue de notre objet, ce courant de recherche contribue à deux séries d'apports généraux. Premièrement, il nous incite à regarder de près les interdépendances tissées entre les acteurs économiques étudiés. Deuxièmement, les travaux sur le développement local nous encouragent à relier nos observations des acteurs économiques à celles des instances politico-administratives du territoire. Nonobstant ces apports importants, nous nous garderons de tomber dans deux pièges analytiques souvent présents dans ce courant de recherche.

Le premier piège concerne la sélection des cas et la dimension temporelle des études de développement local. La littérature existante a une tendance forte à travailler sur les cas exemplaires (*success stories*) et, inversement, à consacrer peu d'attention aux territoires et aux produits où une telle dynamique est moins évidente. Pour cette raison, il importe de choisir les cas à étudier et à comparer en fonction d'un objet de recherche construit. De même, il est trompeur de braquer son projecteur sur une période relativement courte, alors que la durabilité des signes de qualité dans le temps implique logiquement une série d'enjeux qui sont indispensables à analyser.

Le deuxième piège des analyses en matière de développement local concerne leur propension à décrire plus qu'à démontrer les modèles d'action collective observés. La question des dilemmes de l'action collective et des connexions entre logiques d'action institutionnelles et choix des entreprises individuelles mérite d'être davantage explicitée. Plus globalement, comme le souligne E. Ritaine dans son bilan critique des travaux sur « le capital social », afin de résister à la tentation des explications culturalistes qui tendent à séparer traits identitaires et action politico-économique, il convient de « revenir à la théorie de l'action collective pour concevoir la confiance comme produit dans les interactions, d'un ensemble de processus cognitifs facilitant l'équilibre de la coopération[2] » (2001 : 55-56).

Une économie régulationniste du rapport filière-territoire

Un deuxième courant de recherche sur les signes de qualité et d'origine partage l'intérêt des économistes de la proximité pour la dimension réticulaire de l'action collective. En revanche, ce courant « régulationniste » réfute l'idée que ces signes témoignent du remplacement des logiques d'action sectorielles par celles des territoires[3]. Pour Gilles Allaire, par exemple, « secteur et territoire seront envisagés comme des constructions institutionnelles en tension [...]. Mais, ce qui est alors parfois perçu comme un affrontement entre secteurs et territoires remet en jeu les définitions des secteurs comme des territoires locaux » (2002 : 157[4]). Plus exactement, à partir de cette prise de position, ce courant de recherche souligne l'importance des normes et du droit, ainsi que celle des organisations « intermédiaires » dans la régulation de l'activité économique.

Pour Allaire, cette activité a lieu au sein d'« espaces de régulation » qui comportent deux dimensions : une structure productive conceptualisée comme un système d'échanges ou de transactions et un ordre de

---

2. On reconnaîtra ici l'approche d'A. Torre pour qui une coordination qui dépasse le niveau du partage des informations sur les prix « ne peut émerger que s'il existe une ressemblance entre les acteurs, c'est-à-dire une adhésion à un système commun de représentations collectives, auquel les institutions formelles participent souvent de manière active » (2000b : 413).

3. Cette distinction nette entre logique sectorielle et logique territoriale est récurrente dans la littérature sur les signes de qualité dans le développement local (Perrier-Cornet et Sylvander, 2000 : 84-85).

4. Selon Allaire, c'est pour cela qu'un dispositif dit territorial comme les AOC viticoles ont une forte composante sectorielle. « Si les coordinations locales jouent un rôle essentiel dans la définition, le jugement et la représentation de la qualité particulière d'une appellation, les opérateurs locaux ne définissent pas seuls le marché de cette appellation » (2002 : 168-170).

règles et de jeu d'acteurs (2002 : 165). En utilisant ce schéma d'analyse afin de problématiser « l'économie de la qualité », ce chercheur souligne que « ce qui est en cause n'est pas le triomphe de produits ou circuits "alternatifs", ou de tel type de producteurs sur tel autre [...] mais une transformation plus globale des principes d'organisation et des dispositifs régulateurs, qui se développe au cœur même pourrait-on dire du système agroalimentaire productiviste, industriel et urbain » (2002 : 163).

Concernant ces principes d'organisation, Alessandro Stanziani met l'accent sur leur rôle dans la hiérarchisation des acteurs, des produits et des dispositifs régulateurs (2003 : 260). Plus exactement, en critiquant une forme de « l'économie des conventions » qu'il identifie au sein de l'économie de la proximité, Stanziani critique « son accent quasiment exclusif sur la coordination » aux dépens d'un intérêt pour le rôle du pouvoir dans la production et la mise en œuvre du droit des signes de qualité. Or, pour Stanziani, « la production et l'application des normes n'est pas extérieure à l'action économique dont elle constitue un volet essentiel – il faut dépasser l'opposition statique entre la norme et le marché (à la Williamson qui confond le droit avec une contrainte extérieure) afin de faire de l'"histoire de l'économie-droit" » (2003 : 259). Il s'ensuit que les contrats à la base des signes de qualité, qui prennent la forme d'un droit européen ou national mais aussi se trouvent à la base des cahiers de charges qui s'imposent aux producteurs et transformateurs, sont « moins un corps de doctrines qu'un ensemble de pratiques affectant les anticipations et les comportements des acteurs » (2003 : 261).

Outre le fait de braquer les projecteurs sur l'importance des règles et du droit, une approche régulationniste de l'économie comporte également le grand avantage de s'intéresser de près aux organisations qui participent à la construction et à « l'entretien » des marchés. En ce qui concerne celles appartenant aux pouvoirs publics, cette approche souligne que « l'État n'intervient pas pour compléter un marché imparfait, mais il est là dès le début. Les institutions sont dans le marché, le structurent dans son action et dans ses représentations » (Stanziani, 2004 : 11). Même si, en l'occurrence, il convient cependant de faire éclater une vision « trop monolithique » de l'État.

Mais une telle approche de recherche s'intéresse simultanément à une série d'organisations intermédiaires en dehors des pouvoirs publics que, dans le domaine des signes de qualité, Michel Callon qualifie de

« professionnels de la qualification » (2002 : 264). Selon Callon, « l'économie de l'innovation a montré que le scénario de cette rencontre [entre
un consommateur et un bien] est une fiction, en lui substituant la foule
des intermédiaires qui fabriquent de l'attachement et du détachement en
montrant l'importance d'acteurs extérieurs aux marchés pour expliquer
leur condition [...]. Le marché n'est pas un cadre mais un résultat[5] »
(2002 : 264-266).

Vers une approche politique
de l'institutionnalisation des signes d'origine

Si les régulationnistes ont raison de souligner l'importance des
règles et des « professionnels de la qualification », il nous semble essentiel
d'étoffer leur problématisation par un questionnement plus explicite sur
le rapport au politique des signes de qualité, et ceci tout en précisant les
défis méthodologiques qu'une telle interrogation impose au chercheur.

Tout d'abord, en ce qui concerne les dimensions cognitive (dia-
gnostique et antidote : théorie d'action) et normative (règles, normes,
pratiques autorisées) des ordres institutionnels qui gouvernent chaque
signe de qualité, il importe de compléter l'analyse des règles, telles que
celles qui sont inscrites dans les cahiers des charges, par une interrogation sur les valeurs et les symboles qui les sous-tendent (Muller, 1995).
Plus exactement, si le cadre normatif d'un signe de qualité a vocation de
réguler une filière ou un secteur de production, il fait également l'objet
de stratégies de légitimation et de délégitimation. Certes, afin d'atteindre
l'un ou l'autre de ces objectifs, les acteurs insisteront sur les réalisations
(*output*) et l'effet (*outcome*) du signe, ainsi que sur leur efficacité. Mais
ces effets et cette efficacité n'auront de sens qu'une fois interprétés par
d'autres acteurs à travers leur hiérarchie de valeurs respectives (Corten,
2000 : 12) :

---

5. Selon Allaire, c'est pour cela qu'un dispositif dit territorial comme les AOC
   viticoles a une forte composante sectorielle. « Si les coordinations locales jouent
   un rôle essentiel dans la définition, le jugement et la représentation de la qualité
   particulière d'une appellation, les opérateurs locaux ne définissent pas seuls le
   marché de cette appellation. » Par exemple, dans le Midi, la promotion de la
   qualité dans les années 1980 et 1990 est intervenue comme un instrument pour
   une politique sectorielle de limitation de l'offre globale (2002 : 168-170).

Il s'ensuit que le travail politique effectué pour normaliser des valeurs anciennes ou nouvelles mérite une analyse attentionnée. La rhétorique (discours publics, communiqués de presse) utilisée pour défendre un signe de qualité constitue ici un premier objet d'étude tant sous l'angle de son contenu que sous celui des processus menant à sa fabrication. De même, les symboles et les icônes ressuscités ou inventés autour de chaque signe doivent faire l'objet d'un travail de recherche similaire étant donné qu'ils participent à structurer les enjeux, à légitimer les dirigeants des professions et des interprofessions et à mobiliser les ressources (Braud, 1996). En effet, puisque dans chaque signe de qualité la notion de « terroir » est souvent utilisée dans cet objectif, une manière d'objectiver ces référents consiste à effectuer un travail particulier sur le comportement et les stratégies de ces « régulateurs de sens » (Braud, 1996 : 101). Enfin, et plus généralement, tout ce travail d'enquête ne peut s'effectuer qu'en adoptant une posture vis-à-vis des acteurs socioprofessionnels qui visent à recenser autant leurs représentations de leur rôle et de leur action que les « faits » qui sont intervenus au cours de l'histoire d'un signe de qualité (Smith, 2000).

En résumé, cette approche constructiviste de la réalité sociale et cet intérêt pour la légitimation des cadres cognitifs et normatifs renvoient à ce qui distingue l'approche en termes de gouvernement de celle en termes de gouvernance :

> La gouvernance n'a pas remplacé le gouvernement. L'articulation entre les réseaux n'est pas seulement une question de coordination au moindre coût. Cela soulève des questions de choix collectifs, de valeurs, de débat contradictoire, d'affrontement entre des intérêts divers, d'intérêt général (même situé), de légitimité, bref de politique (Le Galès, 2003 : 34).

Partant de là, il en découle une approche plus politique, c'est-à-dire calquée sur la question des hiérarchies[6], de l'étude des réseaux à la base de chaque signe de qualité. Concernant cet aspect réticulaire, deux

---

6. Stanziani précise ailleurs que « les aspects procéduraux du droit affectent la liste des solutions probables, la solution effectivement choisie et les hiérarchies socio-économiques […] nous n'avons pas non plus l'indétermination issue du cercle vicieux règle-convention-règle évoqué plus haut. Nous trouvons plutôt un ensemble de solutions probables à l'intérieur de celles que les règles de droit rendent possibles. La coordination ne sera dès lors séparable de la hiérarchisation, voire de l'exclusion, engendrée par les règles de droit » (2004 : 17).

chantiers de recherche empirique sont abordés dans la deuxième partie de ce texte. Tout d'abord, il s'agit de repérer importance des acteurs qui dirigent les professions et les interprofessions engagées dans le montage et la mise en application d'un signe de qualité. Plus exactement, il importe de cerner la dimension « horizontale » (au sein du territoire de chaque signe) et « multiniveau » (en dehors du territoire du signe) de l'activité réticulaire de ces acteurs.

Ensuite, il s'agit de cerner l'influence, le plus souvent indirecte, des acteurs publics tels que les élus et les fonctionnaires locaux. Cet aspect de la dimension politique du développement des signes de qualité est largement occulté par la littérature existante. Alors que l'influence de ces acteurs est largement connue, on ne peut pas se contenter de simplement constater l'existence de « rapports local-sectoriel » dans l'espoir de pouvoir saisir l'influence sur les scènes d'interaction sectorielles des règles, des pratiques et des symboles mobilisés au nom d'un « intérêt général local » (Faure, 1995).

Au total, et dans la perspective qui vient d'être étayée, la suite de ce texte met en débat les causes et les conséquences de l'intervention ambiguë de logiques territoriales dans la gestion collective et publique de la filière étudiée.

LA PRODUCTION PALMIPÈDE EN PÉRIGORD : QUELLE STRUCTURATION POLITIQUE ?

Dit autrement, notre objet de recherche se résume à la genèse et à la consolidation d'une filière bicéphale (courte et longue) qui repose sur un ordre institutionnel d'acteurs et de règles, mais qui ne génère pas de secteur à proprement parler. Du point de vue de notre recherche, le puzzle est donc double :

— saisir le développement en parallèle de deux formes de production, de transformation et de distribution ;

— comprendre les effets politiques de références fortes faites au territoire sans que l'on voit émerger une structuration institutionnalisée des enjeux à l'échelle du département de la Dordogne.

En retraçant successivement quatre « moments » qui ont fortement marqué notre objet, nous serons amenés à souligner l'importance de deux phénomènes provoqués par des normes et des acteurs extra-départementaux. Tout d'abord, il importe de saisir l'effet politique de l'introduction au cours des années 1990 d'une norme européenne concernant la référence aux origines pour les produits alimentaires : les Indications géographiques protégées (IGP). Ensuite, et en partie à cause du premier point, il est essentiel d'intégrer dans l'analyse le rôle joué par des acteurs économiques puissants situés essentiellement dans les Landes. En effet, en instrumentalisant à leurs fins le cadre juridique offert par le règlement IGP, ainsi qu'en « réinventant » une connexion entre la gastronomie et les territoires du Sud-Ouest, les acteurs de ce département se sont donné des moyens pour emporter une compétition politique implicite mais lourde d'effets.

La genèse d'un système de production

Pour comprendre la genèse de l'IGP canard à foie gras du Sud-Ouest et le développement de la certification d'origine Périgord, il faut revenir sur le contexte général de la dynamique de la production et la façon dont les enjeux se sont construits autour des marchés du gras depuis la deuxième moitié des années 1980. À cette époque, la filière landaise, filière longue, occupe la place de premier producteur français. Les bassins des pays de Loire, vendéen et breton, poursuivent quant à eux la structuration de leur filière avec le développement, en émergence rapide, d'une production de canards gras suivant des procédés d'élevage intensif.

Depuis l'accident de la centrale de Tchernobyl, la suspicion pesant sur les produits en provenance de l'Europe de l'Est jouait concomitamment comme un élément de contexte plaidant pour le développement d'une production française capable d'approvisionner les marchés. Mais la poursuite de la croissance des importations de foies gras crus d'Europe centrale, de Hongrie en particulier, achève, en 1990, d'installer une crise sur un marché qui était en voie d'encombrement durable. La situation provoque la colère des éleveurs landais[7] et cristallise l'inquiétude de l'ensemble des acteurs de la filière du Sud-Ouest.

Comprise depuis une perspective périgourdine, l'analyse stratégique alors opérée par les acteurs landais, suivant leur position dans la filière, peut se résumer ainsi :

- les éleveurs landais craignaient de ne pouvoir soutenir la concurrence de la production des pays de Loire et des importations en provenance d'Europe centrale ;

- les industriels landais envisageaient avec inquiétude la structuration d'une filière vendéenne puissante et intégrée, maîtrisant l'alimentation des animaux et pouvant compter à terme court des unités industrielles de découpe et de transformation concurrentes.

Cette convergence d'interprétations entre les acteurs landais du système de contraintes et d'opportunités qui pesaient sur leur filière a précipité la mobilisation des opérateurs autour d'une démarche de certification de l'origine « Sud-Ouest » des produits. Une telle approche s'apparentait en quelque sorte à une logique de protectionnisme régional plus que de marketing positif : c'était « pour résister à l'invasion des produits des pays de Loire[8] ». Impulsée par les industriels, la réflexion se justifiait également par une demande de qualité et de sécurité sanitaire émergente, potentiellement valorisable sur les marchés, et rencontrait la perspective qui se dessinait du développement de nouveaux signes de qualité européens.

À cette même période, la production annuelle de palmipèdes gras en Dordogne est de l'ordre de 250 000 oies et 600 000 canards[9], volumes sans commune mesure avec ceux des autres départements producteurs du Sud-Ouest. Cette production, s'écoulant pour la majeure partie en suivant une filière courte, est le fait d'exploitations de petites tailles, rarement spécialisées.

---

7. Les éleveurs landais manifestent leur inquiétude en organisant le blocus des conserveries locales.

8. Un acteur de l'amont de la filière périgourdine.

9. Aujourd'hui, la proportion est de l'ordre de 6 % en oie et 94 % en canard.

La filière longue est alors modestement organisée autour de quatre coopératives d'abattage, d'éviscération et de découpe de faible capacité, peu compétitives, et d'un abattoir privé à l'image noircie par des pratiques douteuses. L'essentiel des produits issus des abattoirs trouve sans peine preneurs sur les marchés locaux des artisans-conserveurs, des restaurateurs et de la vente directe, une part marginale de la marchandise servant à fournir les grandes marques locales. Ainsi, il faut constater en Dordogne la quasi-inexistence d'échanges entre les opérateurs de la production et ceux de la transformation[10].

Dans ce contexte d'une filière départementale faiblement structurée, les transformateurs industriels installés en Dordogne, comme leurs homologues du grand Sud-Ouest, s'intéressent à la production d'Europe centrale, tandis que les artisans périgourdins s'approvisionnent eux aussi en partie sur les marchés landais et gersois. Ce passage par les terres périgourdines suffit alors à « dédouaner » les produits pour, sans autre forme de certification, les estampiller de la mention « Périgord », libre de toute protection et au fort capital symbolique. La production locale, dans une filière encore largement traditionnelle, connaît ainsi une concurrence accrue par la présence sur le département de foies d'importation (vendéens, landais, hongrois) valorisés par les industriels tant sur le marché national qu'à l'export ou distribués par les découpeurs du département ou des Landes auprès des artisans, des restaurateurs, voire directement commercialisés sur les marchés locaux. Par conséquent, on peut se représenter le jeu des concurrences Europe centrale/pays de Loire/Sud-Ouest/Périgord au début des années 1990 comme un emboîtement gigogne ou opérant en suivant une succession de cercles concentriques.

En effet, on peut schématiser la situation[11] des flux en Périgord au moment de la crise de 1989-1990 en disant que :

- dans le département, une part non négligeable des produits mis en marché utilisent l'image Périgord sans que les palmipèdes gras aient été produits localement ;

---

10. Un acteur de l'amont de la filière périgourdine.

11. « Vers une production périgourdine identifiée, les signes de qualité », GEM, études et stratégie pour l'agroalimentaire, juin 1992.

– sur le marché national, où la présence de la production périgourdine représente des volumes accessoires, une part des produits commercialisés utilisent une image Périgord « usurpée » ;

– sur les marchés à l'export, la situation est identique mais la production du Périgord y est marginale.

Dans cette situation de double concurrence, externe et interne au département, parfois perçue comme déloyale, l'identification de la production du Périgord est comprise par les acteurs périgourdins comme allant de la valorisation optimale de l'élevage local autant que de sa stricte sauvegarde au sein d'un Sud-Ouest du gras dominé par la filière landaise, et d'un marché qui s'ouvre à de nouveaux opérateurs venus de l'Ouest français comme de l'Est européen. Les opérateurs de Dordogne, cette fois sous l'impulsion des acteurs « amont » de la filière, et avec le soutien logistique et financier de la chambre d'agriculture, projettent ainsi d'organiser l'action collective sous la forme instituée d'un comité de pilotage de la filière, préfigurant ce qui deviendra en 1993 l'Association foie gras du Périgord. La perspective que s'est dessinée cet ordre institutionnel embryonnaire était d'identifier l'origine périgourdine des produits et de s'en servir comme fer de lance pour la défense et le développement de la production locale (éleveurs et transformateurs) au sein de celle du Sud-Ouest dans son ensemble et du reste des marchandises en circulation sur les marchés.

L'institutionnalisation de l'action collective

C'est en septembre 1990 que le Comité de pilotage de la filière foie gras de Dordogne décide de se doter d'un outil d'identification de la production locale. La Chambre d'agriculture de la Dordogne met à la disposition du projet les moyens humains d'animation d'une démarche collective d'identification et de valorisation de la production locale. Le travail associe dans un premier temps un petit groupe de producteurs fermiers et d'artisans.

Très vite, le groupe s'assure des services d'un cabinet-conseil spécialisé en agroalimentaire. Un premier rapport, daté de juin 1992, fait le point sur l'ensemble des signes de qualité existants, rappelant les contraintes, les avantages et les inconvénients attachés à chacune des normes[12], notamment du point de vue de leur incidence sur le position-nement marketing des produits. Après avoir indiqué l'intérêt de l'AOC[13] mais la difficulté de prouver le lien entre la qualité du produit et le ter-roir dans le cas des palmipèdes gras, le rapport conclut, compte tenu des objectifs du collectif, à la parfaite adaptation de la norme IGP, alors encore en attente d'adoption par la Commission des Communautés européennes. Le rapport indique l'intérêt à plus court terme de pro-téger l'appellation Périgord et d'assurer une promotion collective de la production sur la base d'un cahier des charges géré par une marque collective. Il souligne formellement la nécessité d'organiser une large concertation interprofessionnelle.

Le premier chantier ouvert fut donc celui d'une réflexion collective en direction de la création d'une marque commerciale Périgord fondée sur le triptyque « référentiel CCP/contrôle/étiquetage spécifique ». Les ambitions étaient encadrées par le rapport du cabinet-conseil et par la connaissance que l'association avait de la « mauvaise » expérience des porteurs du projet de certification de qualité du « jambon de Bayonne ».

En juillet 1992, quand le règlement IGP est publié au JOC[14], le groupe bénéficie d'une première forme d'acculturation collective aux contraintes liées aux approches qualité et certification[15]. Le Comité de pilotage invite l'ensemble des acteurs de la filière à se réunir sur cette base. Dès janvier 1993, quelques éleveurs joignent le groupe de réflexion qui compte désormais également un industriel du département[16]. Ce dernier accordera attention aux travaux du groupe – la maîtrise de l'ap-pellation Périgord représentant un enjeu d'image à considérer – sans toutefois y trouver le cadre possiblement unique de l'expression de ses intérêts.

---

12. « Vers une production périgourdine identifiée, les signes de qualités », GEM, rapport provisoire, juin 1992.

13. Appellation d'origine contrôlée.

14. Règlement (CEE) n° 2081/92 du Conseil du 14 juillet 1992 relatif à la protec-tion des indications géographiques et des appellations d'origine des produits agricoles et des denrées alimentaires, juin 1992.

15. Appellation d'origine contrôlée.

16. Rougié, dont le siège était à Sarlat.

Dans le même temps, autour des enjeux liés à l'interprétation de la règle IGP, le travail politique et juridico-technique des leaders landais se poursuit. Un dossier préfigurant une candidature à une IGP Sud-Ouest est élaboré par le PALSO[17] et, sans contribution du collectif périgourdin, soumis à l'appréciation informelle des instances professionnelles et administratives françaises concernées. En réaction – « c'était très rassembleur[18] » – et se rendant dès mars 1993 à l'idée de son nécessaire fondement interprofessionnel, le collectif périgourdin s'institutionnalise en association « pour la promotion et la défense des palmipèdes à foie gras du Périgord » afin de donner une représentation légitime aux intérêts propres des acteurs de la filière locale au sein d'une démarche IGP Sud-Ouest qui s'engage et s'annonce dominée par les acteurs de la filière landaise : « L'enjeu était l'identité Périgord, une autonomie d'organisation et de communication[19]. »

Les rapports entretenus entre elles par les deux associations ont toujours été placés sous le régime « réaliste » de l'imminence possible du conflit, même si la confiance des protagonistes principaux s'est nourrie, au fur et à mesure des échanges dont ils assuraient la médiation, de l'élargissement du champ de leur connaissance commune. D'un point de vue institutionnel, une intelligence des interdépendances a permis de rendre irrationnelle toute velléité d'autonomie radicale de l'une ou l'autre des organisations : le PALSO siège au conseil d'administration de l'Association périgourdine (au sein du collège des institutions) qui elle-même siège au bureau du PALSO.

En Dordogne, le compromis au sein de l'Association est toutefois faiblement stabilisé et cache mal les tensions entre les intérêts des acteurs amont et aval de la filière périgourdine. Si les industriels ne veulent pas perdre le bénéfice commercial d'une mention Périgord sur leurs produits, ils considèrent comme irrationnel d'un point de vue tant économique que technique le développement d'une IGP qui, selon eux, ne

---

17. Créé en 1992 à l'initiative de Gérard Capes, le PALSO (Association pour la défense du palmipède à foie gras du Sud-Ouest) est l'association interprofessionnelle du Sud-Ouest qui a porté depuis les Landes le projet de développement de l'IGP Sud-Ouest. Marc Rose en est le directeur depuis sa création.

18. Entretien.

19. Entretien.

présente aucun avantage concurrentiel décisif, voire entre en conflit de lisibilité avec leur marque, prestigieuses pour la plupart d'entre elles.

Les producteurs fermiers n'y étaient dans l'ensemble pas favorables même si quelques-uns d'entre eux, constatant la circulation sur les marchés de foies présentés par les artisans à des prix étrangers à leur propre commerce, joignent toutefois l'Association. La plupart, franchement opposés au développement de l'IGP, envisagent la vente à la ferme avec le développement touristique comme un marché plus prometteur et plus rentable[20].

Alors même que la faible convergence d'analyse entre les acteurs de la filière périgourdine aurait pu affaiblir la position de l'Association dans ses négociations avec le PALSO, l'enjeu de la maîtrise de la mention « Périgord », plus petit commun dénominateur, a paradoxalement renforcé son discours en le clarifiant : la mention Périgord ne pouvait disparaître derrière l'appellation commune « Sud-Ouest » sans que l'ensemble des acteurs de la filière locale n'y voient une perte potentielle si ce n'est substantielle. La vision commune, stratégique, et toujours d'actualité en Dordogne, n'est pas celle d'une IGP utile en tant que signe de qualité, mais celle d'une IGP utile en tant que norme de protection de la mention Périgord. En d'autres termes, si l'IGP pouvait être considérée par certains comme une condition nécessaire à la sauvegarde d'une production locale, la mention Périgord en était reconnue par tous comme la condition indispensable.

C'est dans ce paradoxe d'une cohésion locale stratégique, faite en partie d'un ciment importé, que l'Association est chargée de « créer et mettre en œuvre les moyens d'identifier et de promouvoir les produits de palmipèdes du terroir du Périgord ». Une stratégie confortée par le cabinet GEM qui préconise dans les conclusions d'une deuxième étude

---

20. Créé en 1992 à l'initiative de Gérard Capes, le PALSO (Association pour la défense du palmipède à foie gras du Sud-Ouest) est l'association interprofessionnelle du Sud-Ouest qui a porté depuis les Landes le projet de développement de l'IGP Sud-Ouest. Marc Rose en est le directeur depuis sa création.

la mention de l'origine Périgord sur l'ensemble des produits périgourdins[21].

Au total, pendant cette deuxième phase et pour l'ensemble des acteurs de la filière Périgord, la vision d'un avenir de la production locale passait par une identification de l'origine périgourdine des produits. « L'important, pour nous tous, c'est la maîtrise du mot Périgord[22] » : cette conviction servira de fondement légitime, voire de mandat, à l'Association dans son travail de représentation des intérêts de la filière Périgord au sein de la démarche IGP sud-ouest en négociation entre 1995 et 1997. Bras de fer, guerre des nerfs, une partie serrée se joue entre les tenants d'une stratégie IGP commune à l'ensemble des opérateurs du Sud-Ouest (Landes) et les tenants, depuis la Dordogne, d'une stratégie IGP Périgord.

Il faut toutefois souligner ce qui apparaît comme une asymétrie des ressources à engager dans l'échange par les deux pôles. La stratégie landaise bénéficiait de l'existence d'une filière longue structurée, du soutien de ses industriels et d'une représentation au capital politique certain. L'accès aux cercles de décision nationaux et à l'information européenne, maîtrisé par quelques personnalités ressources landaises, ainsi que leur expérience en matière de certification de conformité produit (CCP) et de label, a permis à la filière landaise d'anticiper sur l'adoption par la Commission des Communautés européennes des textes sur les nouveaux signes de qualité. Préparés, ils ont pu soutenir efficacement la stratégie de développement de l'IGP Sud-Ouest. Il semblerait ainsi que l'essentiel

---

21. « Compte-rendu de la séance de créativité foie gras du Périgord », GEM, 21 juillet 1993. Le cabinet souligne l'intérêt pour la gamme de produits de la filière palmipède de voir aboutir le projet de création d'une marque collective « Périgord » à l'initiative du Conseil général de la Dordogne. La marque « Périgord », propriété de la collectivité territoriale, sera enregistrée par l'INPI le 7 décembre 1993. L'Association s'appuie sur le dépôt de cette marque en développant une démarche collective sous l'appellation « Périgord charte foie gras ». Le projet évolue dès 1994 vers la création d'une IGP Périgord pour l'oie et le canard : « Au début, on a profité de cette marque. Mais, avec l'IGP, nous n'en avions plus besoin. J'ai eu beaucoup de mal à l'expliquer au président du Conseil général. De toute façon, cette marque était du domaine privé et trop vaste de toute façon » (entretien).

22. Entretien.

du travail politique en direction d'une IGP a été réalisé aux différents niveaux par les seuls réseaux landais.

Les intérêts de la filière périgourdine, faiblement institutionna-lisée, ne bénéficiaient pas à l'époque de telles ressources. Alors que la Chambre d'agriculture de la Dordogne et son président observaient une attitude volontaire sur le dossier, la ligne périgourdine, pâtissant d'un déficit de responsables professionnels – « les grosses pointures sont dans les Landes[23] » – et d'une production limitée en volume, souffrait d'un manque de moyens et d'une stratégie en creux, obligée à une posture de défense : « Si on n'a pas de locomotive professionnelle, ça ne marche pas[24]. »

En effet, au-delà de la négociation pour aboutir à un compromis qui ne soit pas défavorable à la filière périgourdine, la question de la capacité à faire vivre le signe en Dordogne était posée dès l'engagement de la réflexion. Si la corrélation entre intégrer une démarche IGP et maîtriser l'appellation Périgord était devenue évidente à tous, certains pressentaient les difficultés à faire vivre le signe alors que la Dordogne ne connaissait pas de filière longue significative.

Deux systèmes de production, un territoire mais quel ordre institutionnel ?

C'est quand la perspective d'une IGP a commencé à se dessiner plus nettement que les contacts pris par l'Association avec certains opérateurs capables de développer ou de joindre une filière longue en Dordogne ont abouti (des industriels bien entendu, mais aussi des arti-sans). En effet, à partir du milieu des années 1990, émergent deux systè-mes de production, l'un organisé en filière, l'autre calqué sur la pratique d'une catégorie hétérogène d'artisans « à la ferme ». Les désaccords entre les représentants de l'un et de l'autre participent fortement à une mise en question, voire une mise en cause généralisée, de l'ordre institutionnel pour les produits palmipèdes en Dordogne.

---

23. Entretien.
24. Entretien.

Le groupe coopératif Terre du Sud (Lot-et-Garonne) avait en 1992 procédé au rachat et à la remise en activité de l'unité d'abattage de Bergerac en créant la société Palmigord, « filiale à 99 %[25] ». À partir du milieu des années 1990, profitant de la promotion auprès des éleveurs de la machine à gaver à la pâtée par le groupe Terres du Sud, Palmigord[26] augmente ses capacités d'abattage, de stockage et de découpe et cherche à s'assurer de la fourniture régulière d'animaux : « On a investi dans l'abattoir et donc on a cherché de nouveaux éleveurs et de nouveaux gaveurs[27]. » L'entreprise trouve en la société Valette un partenaire capable de mettre en marché l'essentiel de sa production. La société La Truffe du Périgord, filiale du groupe Valette, et locataire de Palmigord, achète environ 90 % des produits de découpe de l'abattoir.

L'intérêt de Palmigord à la structuration dans le département d'une filière longue a sans doute marqué un tournant décisif en direction de la cristallisation des volontés pour voir aboutir en Dordogne une IGP : l'Association voyait en ce groupe le moyen de faire vivre la certification Périgord par l'établissement d'un réseau de producteurs capable de s'inscrire dans le cahier des charges et de participer à la structuration locale d'une filière longue[28]. L'augmentation des volumes permettait d'envisager la croissance des cotisations associatives indispensables à la promotion du signe et des produits certifiés.

On comprendra la forte intégration de la filière longue aujourd'hui en Dordogne et sa maîtrise quasi totale par un partenariat « industriel » que d'aucuns appellent « le groupe Palmigord/La Truffe/Valette ». Aujourd'hui, Palmigord maîtrise en effet environ 90 % de la production IGP Périgord et réalise 80 % de son chiffre d'affaires sous cette mention, le reste étant commercialisé en IGP Sud-Ouest. La production de la filière longue IGP représente en Dordogne 1,5 million de canards gras dont 1,4 million passent par l'unité d'abattage Palmigord[29]. En d'autres termes, la mention IGP Périgord vit par Palmigord autant que

---

25. Entretien.

26. Palmigord emploie aujourd'hui près de 70 salariés.

27. Entretien.

28. Entretien.

29. Le groupe RBI, pour comparaison, valorise 9 millions de canards par an.

Palmigord a su valoriser la norme et trouver en elle, jusqu'à aujourd'hui, l'argument et le ressort de sa croissance.

S'il n'est pas envisageable pour autant de parler de signe de qualité captif, on doit se rendre à l'évidence d'une IGP dominée par l'efficacité d'une logique organisationnelle et commerciale quasi unique : c'est ici la question de l'évolution de la norme et des inflexions possibles de son cahier des charges qui est posée, tout autant que celle des moyens de sa promotion. L'essentiel de ses ressources provenant aujourd'hui d'un seul de ses membres, l'Association présente une forme de fragilité financière et pourrait souffrir d'un manque d'autonomie au regard de son opérateur principal[30].

Par conséquent, il ne faut pas voir dans la structuration d'une filière longue en Dordogne une conversion spontanée des acteurs historiques de la production locale à l'idée d'une IGP, mais bien l'émergence de nouveaux acteurs à la faveur de la convergence des volontés de quelques entrepreneurs et d'une offre de certification en phase de formalisation qui ouvrait de nouvelles voies économiques à de nouveaux acteurs.

En quelque sorte, la perspective d'une IGP a pu servir de catalyseur qui a précipité, au sens chimique, la structuration quasi *ex nihilo* d'une filière longue en Périgord. Il faut en effet pointer ici la coïncidence, favorable au développement d'un réseau d'éleveurs et de gaveurs prêts à intégrer un cahier des charges IGP, d'une conjoncture difficile des marchés de la fraise. Le redoublement de la concurrence espagnole, l'augmentation tendancielle du coût de la main-d'œuvre sur un marché du travail en tension[31] et l'attrait pour un revenu perçu comme plus sûr et plus régulier[32] par les agriculteurs du Périgord blanc ont créé les conditions d'une adhésion à la démarche IGP d'un premier cercle d'exploitations à l'activité reconvertie ou diversifiée à l'élevage ou au gavage. Il faut également souligner, au chapitre des hypothèses explicatives, que

---

30. Entretien.

31. La main-d'œuvre agricole dans le secteur de la fraise en Dordogne est essentiellement fournie par le Portugal.

32. La saisonnalité des revenus de campagnes fraisicoles incertaines ayant compromis l'économie de certaines exploitations du Périgord blanc, une diversification, voire une reconversion de leur activité de production avait été rendue indispensable.

le Périgord blanc connaît une récente histoire agricole qui a privilégié une mono-activité autorisant son inscription dans une logique de spécialisation de sa production au sein d'une filière longue naissante sur le gras : « On disait que l'IGP ne prendrait pas en Dordogne car les modes de production sont différents. Mais la reconversion des fraisiculteurs a permis d'imposer l'IGP. On a sauvé les fraisiculteurs en même temps que l'IGP[33]. » Enfin, il faut constater que les exploitations concernées sont dirigées pour la plupart par de jeunes agriculteurs porteurs d'une culture plus managériale, privilégiant une gestion maîtrisée de la production et prompts à suivre une logique fondée sur la rationalité économique des activités.

Toutefois, soulignons que l'introduction de cette gestion rationnelle de la production des palmipèdes suit des temporalités qui n'échappent pas aux usages d'une activité encore traditionnelle en Dordogne. Ce hiatus marque le décalage entre des pratiques traditionnelles, renvoyant à l'économie de la filière courte en Dordogne, et le développement de rationalités concurrentes, attachées au développement de l'IGP et de la filière longue, et participant d'une nouvelle économie du gras en Périgord. Précisons que cette « innovation » ne participe pas exactement d'un processus schumpeterien de destruction créatrice : cette économie nouvelle se sédimente à l'ancienne plus qu'elle ne vient s'y substituer. Si le Périgord se situe généralement au septième rang des départements producteurs[34], il reste au premier pour le nombre d'opérateurs de vente directe à la ferme.

Au centre de la difficile construction du compromis local pour l'engagement dans une démarche IGP Sud-Ouest mention Périgord se trouve le cahier des charges de l'IGP (voir l'encadré ci-dessous). Cela entraîne immédiatement une contestation des producteurs fermiers soucieux de se différencier par un cahier des charges plus exigeants. La première réflexion engagée en direction d'un référentiel de certification s'était en effet construite en référence aux normes connues, et en particulier à l'AOC, Zeus de l'olympe des appellations dans l'imaginaire symbolique des acteurs de la filière courte. Diffusée, la norme européenne

---

33. Entretien.
34. Le premier étant les Landes, suivies des Pyrénées-Atlantiques et du Gers, puis viennent les départements des pays de Loire.

accessible à la filière palmipède, l'IGP, semblait toutefois satisfaire encore les producteurs fermiers. En revanche, la traduction de cette norme en règle du jeu local semble ne pas pouvoir contenter les producteurs fermiers, « trahis » par un cahier des charges dans lequel ils ne se reconnaissent pas. Une interprétation partagée en partie par les promoteurs de l'IGP quand ils déclarent : « La production fermière est une photo d'une manière de produire d'une région. L'IGP a été élaborée non pas sur ce qui se faisait mais sur ce qu'on voulait faire. » Ainsi, les fermiers n'ont pas reconnu l'esprit de la règle dans le référentiel adopté.

De plus, les producteurs fermiers ont semble-t-il été quelque peu surpris de l'effectivité de la logique landaise – « le cahier des charges est landais. C'est celui de Maïsadour, de la coop de Pau, de Terre du Sud »[35] –, logique dont ils se croyaient à l'abri, comme protégés par la « barrière naturelle des espèces » de production : « On croyait que c'était tellement loin de ce qu'on faisait ici que ça n'arriverait pas chez nous [...]. En fait, c'est celui qui arrive à produire au meilleur marché qui arrive à imposer son mode de production comme devant être celui de l'IGP[36] » : aveu d'une incapacité à négocier la règle, il faut voir dans cette expression très critique l'amère déception des producteurs fermiers au regard de la mise en œuvre pratique d'une norme théorique dont ils espéraient si ce n'est une protection, du moins une reconnaissance. C'est en effet l'annonce de l'impossibilité pour les producteurs non soumis au référentiel IGP d'utiliser la mention « Périgord » qui précipite le départ des fermiers de l'Association et alimente alors en Dordogne un discours « anti-IGP ».

Au total, en tant que règle contraignante, l'IGP a ainsi opéré une sélection en creux des acteurs autorisés à jouer : dépossédés par la seule existence d'une règle définie par d'autres de ce qui semblait être pour eux de l'ordre de la propriété ontologique, les producteurs fermiers se sont sentis orphelins de tout attribut symbolique. S'ils n'ont jamais hésité à faire valoir la plainte sur le registre identitaire, c'est toujours en soulignant simultanément l'intérêt économique de l'emblème.

En contrepoint, il est intéressant de souligner que, si l'IGP a pu conduire au développement de pratiques de type industriel jusqu'alors

---

35. Entretien.
36. Entretien.

inconnues en Périgord, l'activation du cahier des charges a probablement contenu un développement de la filière qui aurait pu s'avérer anarchique compte tenu de la très forte croissance de la demande intervenue à l'approche des fêtes du millénaire. Ainsi, si les fermiers ont été tenus aux marges d'une logique qui leur échappait, doit-il être envisagé que d'autres acteurs, à la logique opposée, l'aient été également…

En effet, c'est au cours de cette troisième phase de l'expansion de la production palmipède en Dordogne qu'émerge en plein jour des effets politiques du silence des pouvoirs publics. Certes, pour reprendre nos définitions présentées en première partie, un début de sectorisation a lieu parce que le « problème » de l'action collective passe des enjeux particuliers liés directement à un produit à ceux, plus transversaux, de la gestion d'une « industrie ». En outre, des règles contraignantes sont formulées et appliquées. En revanche, en continuant à suivre les priorités de la Chambre de l'agriculture, les pouvoirs publics locaux cèdent tout pouvoir de décision aux acteurs économiques les plus importants. Comme nous le verrons dans le dernier paragraphe de cette partie, les retombées politiques de cette « délégation » implicite de l'autorité sont toujours en train de se décanter.

Cahier des charges : quels arguments pour quelle logique ?

Au chapitre des répertoires argumentaires, il faut tout d'abord rendre compte des oppositions d'ordre technique et faire en premier lieu état des pratiques de gavage, de sa durée et de la nature de l'aliment, maïs en grain entier ou en pâtée. Si le gavage au grain entier semble recueillir l'assentiment préférentiel de la plupart de ceux qui se revendiquent de la tradition fermière, il n'empêche que le gavage à la pâtée, autorisant l'emploi de la machine à gaver pneumatique, semble faire de plus en plus d'émules chez les plus pragmatiques d'entre eux. Il est vraisemblable que cette pratique, encore peu répandue en Dordogne, trouve demain quelques extensions significatives à la faveur d'un cahier des charges fermier (en vertu de l'IGP), actuellement en phase de négociation au sein de l'Association.

La commercialisation de la machine à gaver pneumatique est intervenue à partir du milieu des années 1990. L'hypothèse de répercussions de la diffusion de cette technologie sur la révision des méthodes traditionnelles de gavage, sur l'augmentation de la productivité et, ce faisant, sur le développement des volumes indispensables à l'animation de la mention Périgord de l'IGP doit être faite. En effet, cette semi-automatisation raccourcit le temps passé au gavage de chaque animal et facilite la tâche de l'opérateur. Ses détracteurs prétendent que cette procédure accélère la digestion de l'aliment par la bête et conduit à la production d'un foie de qualité gustative inférieure[37].

Bien entendu, l'un des éléments centraux de la négociation concerne les délais de mise en gavage : alors que le cahier des charges autorise le gavage à partir de 12 semaines, les défenseurs de la tradition recommandent un gavage à 14, voire 15 semaines pour les fermiers les plus orthodoxes. Ces derniers se voyant reprocher de ne pas respecter le vide sanitaire de 12 semaines tel qu'il est porté au référentiel IGP. La dimension culturelle est ainsi inscrite en filigrane dans le discours des opposants au cahier des charges existant, même si la réflexion sur le cahier des charges « fermier » en cours d'élaboration oblige à constater des divergences de doctrine en fonction des pratiques et des intérêts des « théoriciens » en contradiction. L'hétérogénéité des hypothèses de travail pourrait bien conduire finalement à un cahier des charges en demi-teinte[38], permettant d'élargir la voie d'accès au référentiel au plus grand nombre et, pour les opposants historiques les plus virulents de l'IGP, de retrouver le chemin d'une adhésion à l'Association sous l'argument d'un « devoir de synthèse ».

Dans la même veine, les tenants d'un cahier des charges traditionnel soulignent que le développement de l'IGP a fait jaillir en Dordogne de nouvelles souches de canards à plumes blanches, alors même que la préexistence des méthodes, attribut et argument qualitatif selon la norme IGP, aurait voulu que soient conservées les souches utilisées jusqu'alors. Derrière la traçabilité imposée par la norme IGP, c'est en quelque sorte l'antériorité qui perd en lisibilité, principe qui est pourtant au fondement discursif de la norme et de son objectif de protection des productions locales.

---

37. Le gavage à la pâtée a pu entraîner des désordres digestifs chez l'animal. Le problème a depuis connu une résolution technique appropriée.

38. Sur le mode des rapports douloureux entre choix collectifs et préférences individuelles.

Il faut éclairer le lecteur sur les motifs de ce changement, en rappelant toutefois qu'il n'a jamais existé de souche périgourdine particulière et que l'on ne peut donc parler ici d'une typicité qui aurait subi les assauts d'une étrangeté. Cela dit, la mise en gavage précoce et la réduction de sa durée au regard des pratiques traditionnelles en Dordogne[39] conduisent à la découpe d'un animal encore jeune. Or, cela entraîne une plus grande difficulté à déplumer le canard, notamment au niveau des pattes. Ces « plumes sous le manteau » rendent particulièrement peu ragoûtantes les pièces de découpe, notamment les magrets et les cuisses, dès lors que la racine de la plume n'est pas d'une discrète blancheur. Ce problème a été résolu par l'exploitation systématique d'une souche à plumes blanches banalisée dans les Landes, mais non traditionnelle en Dordogne : « C'est vrai que tous ces canards blancs, c'est bizarre[40]. » Cette systématisation, qui n'est pas une contrainte inscrite dans le référentiel, a pu être soutenue par l'intérêt croissant d'une valorisation de la viande alors que le marché du gras connaît une tension depuis le pic des ventes de l'an 2000 et de l'année 2001.

La dimension strictement économique est également au centre des controverses qui ont animé la rédaction du référentiel : les uns défendant une hypothèse basse (variable) quant aux durées d'élevage et de gavage à des fins de réactivité au marché et de compétitivité, les autres plaidant au contraire pour une exigence plus grande du cahier des charges, soutien d'un positionnement marketing capable de différencier le produit et de justifier un prix supérieur.

De plus, le cahier des charges doit pour certains – les fermiers – garantir un niveau de qualité, notamment gustative, là où l'IGP n'est pour d'autres qu'une certification d'origine et une garantie de sécurité sanitaire. Au demeurant, les adhérents à la démarche IGP peuvent reconnaître à certaines marques industrielles une qualité difficilement égalable.

---

39. La saisonnalité des revenus de campagnes fraisicoles incertaines ayant compromis l'économie de certaines exploitations du Périgord blanc, une diversification, voire une reconversion de leur activité de production avait été rendue indispensable.

40. Entretien.

Il semblerait que la contradiction entre les sceptiques de l'IGP, ses opportunistes et ses opposants trouve à s'exprimer dans l'assertion suivante : « L'IGP, c'est vouloir faire de la qualité en quantité. » Il semblerait en effet que ce soit dans ce paradoxe que le signe soit appelé à vivre.

Signe d'origine et signe politique : la politisation de l'IGP

Si les arguments avancés par les acteurs pour infléchir la teneur du cahier des charges ressortissent jusqu'alors des registres culturel, technique et économique, le discours des fermiers se radicalise à partir de 2000 et participe d'une politisation de la lutte. Pour les tenants de l'IGP, il faut se rendre au constat d'un échec : « En septembre 2000, trois producteurs fermiers seulement adhèrent à l'IGP. C'est une situation d'échec. » C'est ainsi que l'on peut interpréter l'un des arguments au principe de la volonté de la filière – de l'Association et de la Chambre – de voir les fermiers réintégrer l'association, au besoin en créant un référentiel particulier sous couvert de l'IGP existante : « Les fermiers alimentent l'imaginaire nécessaire à la vie de la filière[41]. » Cinq réunions sont organisées à l'initiative de la Chambre dans le département : la tentative de conviction des producteurs est un nouvel échec. Mais l'agitation provoque la mobilisation de l'union départementale des producteurs fermiers, rapidement assimilée à la Confédération paysanne. Le conflit opère en suivant une ligne de partage traditionnelle du secteur agricole et met en tension les adhérents membres de la FDSEA et la présidence de la Chambre d'un côté et les adhérents de la confédération paysanne et du Modef de l'autre. Cette contestation s'est en effet articulée à la progression sensible de la représentation de la confédération paysanne au sein de la Chambre à la faveur des dernières élections consulaires. Il semblerait que le débat autour du cahier des charges IGP et des modes de production qu'il sous-tend ait fourni le moyen de proposer aux tribuns un cadre d'expression et de lutte politique, un forum tout autant qu'une arène.

Mais si la contestation a pu être instrumentalisée à des fins conjoncturelles et partisanes, elle s'est abreuvée à des sources plus profondes.

---

41. Entretien.

Elle est le reflet de logiques en tension structurelle qui se matérialisent dans le miroir des modes de production des exploitants : sans être en capacité d'objectiver quantitativement notre assertion, il nous semble pouvoir dire que ces rivalités syndicales ont souvent opposé opérateurs de la filière courte (très peu nombreux en IGP) et opérateurs de la filière longue (la plupart en IGP).

De plus, la filière longue et la démarche IGP ont toujours bénéficié de l'appui des collectivités territoriales et du Conseil général de la Dordogne en particulier. Assidu dans sa politique de réassurance de filières agricoles souvent fragiles en Dordogne[42], le Conseil général, « en pleine convergence de vue avec le Comité départemental du tourisme et les chambres consulaires[43] », a toujours soutenu la démarche de l'Association foie gras du Périgord.

Aujourd'hui, pour accompagner la démarche d'élaboration d'un cahier des charges Périgord fermier au sein de l'IGP, le Conseil général a mis au point un programme d'aide propre à la filière courte palmipède au titre de ses « plans départementaux » de soutien à l'agriculture : ce dispositif conforte les actions projetées par l'Association et la Chambre en matière technique et promotionnelle, en accord avec l'union des producteurs fermiers du Périgord. Il est envisagé qu'il puisse contribuer au financement des coûts de certification IGP lors de la première année d'exploitation de la mention fermière.

Si le Conseil général se positionne aujourd'hui comme un médiateur des intérêts des producteurs fermiers, c'est sans doute aussi parce que le contexte des rapports de force au sein de la dynamique locale est en cours de transformation : le référentiel global est favorable davantage aux tenants de la logique fermière et celui de la filière palmipède en IGP souffre d'une légitimité mise en crise par l'économie fragile des marchés du gras. Soulignons que les producteurs fermiers se sont régulièrement mobilisés pour dénoncer le fait qu'ils ne bénéficiaient pas des aides accordées par le Conseil général à la filière en IGP.

---

42. « En IGP, on parle en mètres carrés de bâtiment occupés. Traditionnellement, en Dordogne, on parle en termes de revenu à la tête, et on a du mal, dans le réseau des fermes de référence, à parler de rentabilité des bandes à l'année. » Entretien.

43. Entretien au Conseil général de la Dordogne.

La présidence de l'Association est revenue cette année à un producteur fermier, membre fondateur de l'Association[44]. Cette investiture correspond naturellement au projet de développement de la mention fermière, mais résonne aussi comme l'aveu d'un échec de la logique retenue jusqu'alors qui n'avait pas su convaincre les producteurs fermiers, pourtant indispensables à la « crédibilité » du signe lui-même.

Sur un plan plus général, la logique juridique exclusive du cahier des charges existant ne pouvait en fait être tenue plus longtemps sans risque considérable de conflit au sein même de la filière périgourdine. Si le référentiel d'homologation CC0495, qui interdit aux fermiers l'utilisation de la mention Périgord, est opérationnel depuis 1997[45], il n'est opposable que depuis sa parution au JOC du 26 juin 2000. Face au risque de l'engagement des contrôles et de la répression systématique des fraudes constatées, les producteurs fermiers ont menacé d'ester en justice en plaidant leur droit d'utilisation de la mention Périgord eu égard à l'antériorité de leur pratique[46]. Ainsi, la DCCRF[47] est elle restée impuissante jusqu'à la publication officielle du référentiel. Depuis, elle a toléré ce qui au terme de la loi reste une fraude qui, en certains cas, provoque une distorsion probable de la concurrence.

Évitant la voie juridique pour résoudre le conflit, les acteurs de la filière s'accordent sur un compromis politique : il sera introduit un cahier des charges propre à la production fermière du Périgord au sein de l'IGP Sud-Ouest sous la mention « canard gras fermier du Périgord ». L'adoption prochaine d'un référentiel fermier au sein de l'IGP se présente ainsi comme l'issue d'un conflit que la Chambre d'agriculture aurait sans doute souhaité désamorcer plus tôt. Toutefois, puisque ce conflit repose au fond sur une contradiction au cœur même de l'ordre institutionnel concernant la production des produits palmipèdes dans ce territoire,

---

44. Pierre Le Chevalier.

45. Date des premières habilitations, avec contrôle interne mais aussi externe par l'organisme de contrôle Qualisud. L'organisation pratique de la démarche qualité chez les opérateurs a été mise en place par l'Association à partir de 1996.

46. Les producteurs fermiers étaient intervenus, sans succès, auprès du ministère de l'Agriculture, pour faire échec à l'adoption du référentiel CC0495 dès 1997, c'est-à-dire avant qu'il soit définitivement adopté par sa publication au JOC.

47. Direction de la consommation, de la concurrence et de la répression des fraudes.

on peut difficilement s'étonner de la position adoptée par les dirigeants de cette Chambre. En revanche, la non-intervention des pouvoirs publics locaux suscite davantage d'interrogations, voire d'étonnements.

CONCLUSION

Dans ce texte nous avons cherché à montrer les effets politiques d'un signe de qualité qui joue sur le registre « territoire ». Ces effets sont politiques parce qu'ils concernent les hiérarchies des systèmes de production, d'une part, et le rapport entre ceux-ci et la collectivité, d'autre part.

Sur le premier point, nous avons pu confirmer l'importance des interprofessions comme « acteurs intermédiaires » (Callon, 2002), mais également la possibilité d'un glissement vers le captage d'une interprofession à travers sa transformation en une entreprise de marketing. Comme le révèle l'enjeu de la promotion des produits du Périgord guère traité dans ce texte, la question commerciale centrale – faut-il tirer le marché (*market pull*) ou pousser le produit (*market push*) ? – a toujours opposé filière longue et filière courte.

Mais, du moins en Dordogne, on ne peut pas réellement comprendre les controverses séparant les représentants des deux filières sans prendre en compte l'importance des acteurs étrangers à ce territoire qui ont cherché, avec succès, à rendre peu contraignantes les règles liées à cette référence au territoire. En effet, nous trouvons ici le paradoxe d'une norme en apparence « territoriale » qui, lorsqu'elle ne correspond pas à un système de production qui traverse les frontières de ce dit territoire, produit des effets que beaucoup interprètent comme surprenants.

Concernant la question du rapport entre les systèmes de production et de transformation palmipèdes et « l'intérêt général » départemental, il faut d'abord souligner que, s'il a toujours existé en Dordogne une géographie diffuse des implantations de la production traditionnelle fermière, la cartographie de l'IGP dessine *a contrario* un nuage de points groupés au « centre sud » du Périgord. Comme on l'a vu, la structuration de la filière longue, indispensable à la vie d'une mention Périgord au sein de l'IGP Sud-Ouest, a bénéficié de la coïncidence d'une demande de diversification ou de reconversion d'un certain nombre d'agriculteurs du Périgord blanc. Cette situation ne va pas sans provoquer aujourd'hui quelques inquiétudes chez les responsables professionnels de la filière longue, sensibilisés à la prévention des effets sociaux d'une production qui se densifie en s'intensifiant.

Plus précisément, soucieux d'anticiper sur toute tension contraire à leurs intérêts, les professionnels de la filière incitent les exploitants à redoubler de vigilance en matière d'intégration environnementale et de prévention des risques écologiques[48] : plantation de haies, couverture des fosses, recouvrement du lisier après épandage, sensibilisation des opérateurs au respect des normes, etc. L'Association foie gras du Périgord, par l'activation d'une commission environnement présidée par Palmigord, engage une réflexion sur les conditions de soutenabilité sociale du développement de la filière. Pourtant, les conflits de voisinage relatifs à la gêne que peut occasionner la proximité des habitations aux bâtiments d'élevage ou gavage, mais aussi aux lieux d'épandage du lisier, se multiplient[49] : odeurs nauséabondes, pollution visuelle, pollution des sources. Les professionnels de la filière[50] redoutent la multiplication de ces points chauds qui risquent de décupler les relais de certains lobbies écologistes européens déjà actifs en Dordogne, en particulier ceux qui s'opposent au gavage au nom du bien-être de l'animal. Ces organisations[51] comptent en effet dans le département d'efficaces soutiens, notamment parmi une population néo-rurale en augmentation et porteuse de représentations en tension avec celles qui sont abondamment décrites par la sociologie rurale.

Alors que les professionnels de la filière entrevoient les limites d'un développement mal maîtrisé, cherchent à contenir la grogne naissante et redoutent de voir les luttes individuelles se métamorphoser en conflit collectif organisé sur un mode politique, certains groupes sociaux s'étonnent de l'absence de prise de position publique de la part des

---

48. Palmigord s'est engagé dans un « plan annuel de progrès » auprès des éleveurs.

49. Sur le mode des rapports douloureux entre choix collectifs et préférences individuelles.

50. Palmigord en particulier.

51. Parmi les plus actives d'entre elles, citons l'association Talis, représentant français de la Fédération européenne des associations pour les droits des animaux (EAR, Europe for animal rights), qui a organisé une large diffusion de tracts dans les boîtes aux lettres du canton du Vergt et de Villamblard.

responsables politiques sur ce thème, et d'une presse locale qui reste elle-même muette sur le sujet. L'extension rapide d'une filière longue dans le département semble devoir s'envisager sans que soit interrogée sa portée dans le temps, notamment au regard de sa compatibilité avec un tourisme rural haut de gamme, pourtant au cœur de la stratégie périgourdine de développement animée par le Conseil général de la Dordogne et ses agences.

C'est au fond à un conflit d'usages du territoire (le Périgord blanc est devenu une zone de résidence pour une partie des travailleurs des zones d'emploi de Bergerac et Périgueux), c'est-à-dire à un conflit d'intérêts[52] tout autant qu'à un conflit de valeurs, que l'on a affaire. Au-delà de la question de la rationalité, en finalité ou en valeur, au principe de ces concurrences, c'est la question du rôle des collectivités territoriales dans l'animation des spéculations au fondement de l'émergence de l'intérêt général local qui est posée.

Si les collectivités territoriales, et le Conseil général de Dordogne en particulier, ont largement collaboré, notamment en accompagnant financièrement la politique de la filière, il faut souligner que cet engagement s'est fait sur le mode de la délégation et suivant une logique technique, échappant à toute politisation des enjeux liés au développement de la filière. En d'autres termes, l'engagement subsidiaire de l'autorité publique n'a pas permis la constitution d'un secteur, cette insuffisance parasitant finalement la légitimité de la collectivité territoriale à participer à la définition des intérêts de la filière ainsi que des conditions de leur expression. En l'absence de secteur, c'est plus largement la formation du compromis politique que l'on nomme intérêt général qui est ainsi rendu le plus incertaine.

---

52. Possible dépréciation de la valeur d'échange de certains patrimoines immobiliers par exemple.

RÉFÉRENCES

Allaire, G. (2002), « L'économie de la qualité, en ses secteurs, ses territoires et ses mythes », *Géographie, économie, société*, n° 4.

Berthet, T. et J. Palard (1997), « Culture politique refractaire et décollage économique : le Nord-Est vendéen », *Revue française de science politique*, vol. 47, n° 1.

Boisseux, S. et J.-Ph. Leresche (2002), « Les terroirs européens face à la globalisation : entre corporatismes et néo-régionalismes », *La Revue suisse de science politique*, n°ˢ 3-4.

Braud, Ph. (1996), *L'émotion en politique*, Paris, Presses de sciences po.

Callon, M. (2002), « Pour en finir avec les incertitudes ? », *Sociologie du travail*, n° 44.

Chia, E. et A. Torre (octobre 1999), « Règles et confiance dans un système localisé. Le cas de la production de Comté AOC », *Sciences de la société*, n° 48.

Corten, O. (2000), « Réflexions épistemplogiques et méthodologiques sur les spécificités d'une étude politique de la légitimité », Working Paper de l'Université libre de Bruxelles.

Faure, A. (1995), « Les politiques locales, entre référentiels et rhétorique », dans Faure, A., G. Pollet et Ph. Warin (dir.), *La construction du sens dans les politiques publiques*, Paris, L'Harmattan.

Garofoli, G. (dir.) (1992), *Endogenous Development and Southern Europe*, Aldershort, Avebury.

Greffe, X. (1988), *Territoires en France : les enjeux économiques de la décentralisation*, Paris, Economica.

Jobert, B. et P. Muller (1987), *L'État en action. Politiques publiques et corporatismes*, Paris, Presses universitaires de France.

Jullien, B. (2004), *Pour une recherche méso-économique institutionnaliste : principes et pratiques*, HDR, Université de Bordeaux IV, Dactylo.

Jullien, B. et A. Smith (2004), « Organisation industrielle et politique des IGP », *Rapport de recherche*, Université Bordeaux IV, Dactylo.

Lagroye, J. (1997), *La sociologie politique*, Paris, Presses universitaires de France.

Le Galès, P. (2003), *Le retour des villes européennes. Sociétés urbaines, mondialisation, gouvernement et gouvernance*, Paris, Presses de science po.

Letablier, M.-T. (2000), « La logique du lieu dans la spécification des produits référés à l'origine », *Revue d'économie régionale et urbaine*, n° 3.

March, J. et J. Olsen (1989), *Rediscovering Institutions*, Oxford, Oxford University Press.

Muller, P. (1995), « Les politiques publiques comme construction d'un rapport au monde », dans Faure, A., G. Pollet et Ph. Warin (dir.), *La construction du sens dans les politiques publiques*, Paris, L'Harmattan.

Pecqueur, B. (1989), *Le développement local*, Paris, Syros.

Perrier-Cornet, Ph. et B. Sylvander (2000), « Firmes, coordinations et territorialité. Une lecture économique de la diversité des filières d'appellation d'origine », *Économie rurale*, n° 258.

Ritaine, E. (juillet 2001), « Cherche capital social, désespérément », *Critique internationale*, n° 12.

Smith, A. (2000), « Institutions et intégration européenne. Une méthode de recherche pour un objet problématisé », dans CURAPP (dir.), *Les Méthodes au concret*, Paris, Presses universitaires de France.

Smith, A. (2004), *Le gouvernement de l'Union européenne. Une sociologie politique*, Paris, Librairie générale de droit et de la jurisprudence.

Stanziani, A. (2003), « Produits, normes et dynamiques historiques », *Sociologie du travail*, vol. 45, n°s 259-266.

Stanziani, A. (2004), « Qualité des produits et règles de droit dans une perspective historique », *Sociologie du travail*, vol. 45, n°s 259-266.

Tallard, M., B. Théret et D. Uri (dir.) (2000), « Présentation générale », dans *Innovations institutionnelles et territoires*, Paris, L'Harmattan.

Tallard, M., B. Théret et D. Uri (dir.) (2000), *Innovations institutionnelles et territoires*, Paris, L'Harmattan.

Terré, D. (1999), « Droit et marché », *L'Année sociologique*, vol. 49, n° 2.

Torre, A. (2000a), « Introduction. Activités agricoles et agro-alimentaires et processus de développement local », *Revue d'économie régionale et urbaine*, n° 3.

Torre, A. (2000b), « Économie de proximité et activités agricoles et agro-alimentaires. Éléments d'un programme de recherche », *Revue d'économie régionale et urbaine*, n° 3.

PARTIE IV

RETROUVER
LES CITOYENS

L'IMPASSE DÉMOCRATIQUE DES INTERCOMMUNALITÉS FRANÇAISES OU LE LIEN MANQUANT

Eric Kerrouche

Toute mise en perspective du système local français ne peut plus faire l'économie d'une réflexion sur l'intercommunalité tant la réussite quantitative de la réforme débutée en 1992 et accentuée en 1999 est impressionnante. La simple litanie des chiffres communiqués chaque début d'année par la direction générale des collectivités locales du ministère de l'Intérieur ainsi que les commentaires qui les accompagnent semblent parler d'eux-mêmes, comme le démontre la lecture du tableau suivant :

TABLEAU 1

La diffusion de l'intercommunalité en France

Type de communautés	1999	2000	2001	2002	2003	2004	Population concernée
Urbaines	12	12	14	14	14	14	6 209 160
D'agglomération	n.d.	50	90	120	143	155	19 712 134
De communes	1349	1532	1717	2032	2195	2286	24 479 442
Dont TPU	93	232	402	607	763	856	11 824 215
Total	1454	1594	1821	2166	2352	2455	50 400 736

Source : DGCL, ministère de l'Intérieur.

Comme on peut le constater, entre 2003 et 2004 le développement de l'intercommunalité n'a pas ralenti, avec une progression toujours importante du nombre de groupements (+6 %), à rapporter aux +8,6 % de l'année précédente. Cent une nouvelles communautés ont été créées, portant leur total à 2 455. Cela signifie que 82 % de la population française vit désormais sur le territoire d'une communauté, contre 75 % deux ans plus tôt. Certes, le rythme de croissance a ralenti, mais ce fait s'explique à la fois par le niveau élevé de couverture du territoire comme par les spécificités des régions restant à couvrir. Il faut toutefois retenir que plusieurs régions sont désormais proches d'une couverture totale : Nord-Pas-de-Calais (99 %), Pays de la Loire (98,2 %), Haute-Normandie (98,2 %). Le tableau montre également la nette progression de l'intercommunalité urbaine avec 12 nouvelles communautés d'agglomération. Elles rassemblent désormais près de 20 millions d'habitants – soit 39 % de la population – contre 16 millions au 1er janvier 2002. Enfin les 2 286 communautés de commune – qui regroupent désormais 28 403 municipalités – rassemblent 24,5 millions d'habitants.

L'importance de la « révolution intercommunale » est soulignée par la plupart des observateurs et intégrée aux réflexions dans le débat public français. Il est révélateur à cet égard que les sept premières propositions du rapport Mauroy aient concerné cet échelon territorial (Commission Mauroy, 2000). Dans son développement, ce texte, en prenant acte de la diffusion rapide des établissements publics de coopération intercommunale (EPCI), mettait l'accent sur les atouts de ces entités qui représentent souvent « le seul moyen pour des communes dont la population et les moyens sont restreints d'assumer l'intégralité de leurs compétences et [qui est] la seule réponse aux exigences de plus en plus fortes de nos concitoyens, ainsi que le seul moyen de respecter des normes de sécurité en évolution constante (en matière d'environnement notamment). Elle donne également la possibilité de garantir un dynamisme sans lequel la survie des communes ne serait plus assurée en leur permettant de dégager des marges d'investissement ». Cette motivation explique que le rapport érigeait en objectif prioritaire une généralisation de l'intercommunalité à fiscalité propre d'ici 2007, ce que le déploiement des structures intercommunales intervenu depuis rend concevable.

Ainsi les nouvelles formules de coopération, dopées par les incitations étatiques, transforment en profondeur une carte communale à peine égratignée depuis deux siècles. Un nouveau mouvement territorial se dessine au profit d'espaces relativement proches des citoyens et aptes, financièrement, à mettre en place des structures et des services impensables dans un cadre communal trop étriqué. Toutefois, derrière le discours optimiste d'une révolution silencieuse et irréversible du système local français (Mauroy, 2000), on a souvent l'impression qu'il y a confusion entre une technique de gouvernement tendant à renforcer le pouvoir et l'autonomie décisionnelle des représentants des collectivités locales – la décentralisation (par ailleurs très appréciée des citoyens pour la forme comme pour le fond[1]) – et véritable mouvement de démocratisation local. Or, comme cela a déjà été rappelé (Demaye, 1999), la décentralisation n'a pas pour effet immédiat, loin s'en faut, un approfondissement de la démocratie locale : elle contribue même à renforcer la professionnalisation politique et le présidentialisme municipal[2]. Toutefois, si la démocratie locale est d'essence représentative, la « démocratie intercommunale » est médiatisée. En effet, il est très net que les différents textes régissant l'intercommunalité à la française concernent avant tout les acteurs politiques et administratifs locaux et négligent – presque – totalement les citoyens de ces espaces au point de les considérer surtout comme des administrés.

---

1. Le rapport Mauroy reprend un sondage effectué par la SOFRES en juillet 2000. Dans celui-ci, 24 % des personnes interrogées pensent qu'en matière de décentralisation il faut en rester à l'état actuel ; 39 % qu'il faut aller un peu plus loin ; 18 % qu'il faut l'amplifier largement et seulement 3 % qu'il faut revenir en arrière (16 % de sans opinion). Quant à la superposition des trois échelons de collectivité, 67 % des sondés pensent qu'il s'agit d'une bonne chose, car cela permet de gérer les dossiers au plus près de manière satisfaisante.

2. L'expression est de Claude Sorbets. Jean-Claude Thoenig (1996) a bien résumé cette spécificité hexagonale : « Le maire est désigné par le Conseil municipal et parmi ses membres, alors que le Président de la République est élu de façon directe, au suffrage universel. Le maire dirige le Conseil municipal en même temps qu'il assure l'exécution des décisions que ce conseil légitime, alors que le Président de la République nomme le gouvernement, mais ne siège pas au Parlement. La séparation des pouvoirs, en particulier entre le législatif et l'exécutif, est beaucoup plus marquée à l'échelon national qu'à l'échelon local. Le Parlement est composé de deux chambres, la municipalité ne comporte qu'un conseil. S'il est possible que le même parti, par moments, dispose de la majorité dans les deux chambres et voit le Président de la République issu de ses rangs, la même majorité qui est celle à laquelle appartient le maire, gouverne le Conseil pendant six années consécutives. »

Cette tendance n'est pas nouvelle : il existe une réelle faiblesse de la démocratie locale à la française, accentuée par la capacité des élus locaux à instrumentaliser celle-ci au profit de la défense de leurs prérogatives. On ne retiendra ici qu'un seul exemple : celui de la loi du 16 juillet 1971 (loi Marcellin) sur les fusions de communes. Une disposition du texte avait introduit une procédure de référendum dont l'objectif était de mobiliser la population pour faciliter la réforme des territoires communaux[3]. L'objet était de permettre des fusions ou des regroupements de communes auxquels s'étaient opposés les élus (Blatrix, 1997). On sait ce qu'il advint : le référendum, perçu comme une caution de la volonté du représentant de l'État de modifier la carte communale, tomba vite en désuétude. Les dispositions de la loi furent neutralisées par les élus locaux, démontrant leur capacité à contrôler et à s'accaparer les politiques territoriales étatiques (Grémion, 1976 ; Kervasdoué et al., 1983). La ligne de défense était d'ailleurs toute trouvée : les élus, au nom de la légitimité qu'ils détiennent, s'opposaient aux prétentions bureaucratiques du centre. La démocratie locale s'inscrivait tout entière dans la lutte pour le respect des communes contre la redéfinition de la carte communale imposée depuis Paris. Cette conception restrictive de la démocratie locale est toujours une constante du gouvernement local français, encore accentuée dans le cas des EPCI.

Il ne s'agit pas cependant de croire que le déficit démocratique des institutions intercommunales est issu uniquement des derniers textes en date : ce serait faire une lecture angélique de l'organisation préexistante. Il faut se souvenir qu'à côté de la myriade de communes françaises existe également tout un monde parallèle de coopérations dites « classiques » (il y a en France près de 19 000 SIVOM et SIVU pour quelque 36 600 communes). Ces structures, animées par des élus désignés par

---

3. La consultation, qui pouvait également être décidée par le représentant de l'État, prévoyait un vote des électeurs sur l'opportunité d'une fusion lorsque la demande en était faite par la moitié des conseils municipaux des communes comptant les deux tiers de la population totale (ou les deux tiers des conseils des communes comptant la moitié de la population totale). La fusion était prononcée si se dégageait en faveur de la proposition une majorité absolue des suffrages exprimés correspondant à un nombre de voix égal au moins au quart des électeurs inscrits dans l'ensemble des communes consultées. Toutefois une commune dans laquelle les deux tiers des suffrages exprimés représentant au moins la moitié des électeurs inscrits avaient manifesté leur opposition ne pouvait être contrainte à fusionner.

les communes membres, sont peu connues – et encore moins contrôlées – par les citoyens alors même qu'elles disposent souvent de compétences stratégiques (comme la gestion des déchets ou l'assainissement) et gèrent des budgets considérables. Ainsi, une fois l'élection communale intervenue, les citoyens sont exclus des modes de représentation au second degré, favorisant une médiatisation et une prise de contrôle complète par les élus. Ce faisant, les structures intercommunales facilitent la régulation du jeu politique local et se présentent avant tout comme des arènes électives, éloignées du contrôle citoyen ou, plus précisément, ne donnant à celui-ci que des moyens limités. Or il est évident que le mode de fonctionnement des EPCI et la sanction de leur gestion pourraient être fortement améliorés.

Cela serait d'autant plus justifié qu'entre les établissements publics de coopération intercommunale et ce qu'il est convenu d'appeler les formes de collaboration traditionnelles, il y a plus qu'une différence de degré. Si, pour les secondes, on peut prétendre qu'il s'agit avant tout d'outils de gestion des services publics locaux et non de l'affirmation de nouveaux lieux de pouvoir, ce raisonnement – déjà assez peu convaincant – n'est plus envisageable en raison des compétences attribuées aux EPCI dans leurs versions 1992 et 1999. Cette situation est explicitement soulignée dans le rapport Mauroy qui précise que les EPCI issus de la loi du 12 juillet 1999 « ont des compétences étendues qui touchent très directement à la vie quotidienne des habitants […]. En outre, ces intercommunalités perçoivent une ressource fiscale importante : la taxe professionnelle, et peuvent décider de la compléter par une fiscalité additionnelle sur les ménages. Dès lors, il est légitime que ces échelons décisionnels, dont la place dans le paysage institutionnel sera croissante, soient élus au suffrage universel direct. La commission s'est largement prononcée en faveur de cette élection au suffrage universel direct des *conseillers communautaires* […] dès les élections municipales de 2007 ». Cette déclaration d'intention est toutefois restée lettre morte pour l'instant, la possibilité d'une élection directe des conseillers communautaires a même été repoussée lors des débats législatifs à l'Assemblée nationale comme au Sénat. Par ailleurs, la réforme constitutionnelle de 2003, déjà marquée par une faiblesse des mesures de renforcement de la démocratie locale, n'a que peu concerné les structures intercommunales.

Si l'on s'intéresse, comme c'est le cas dans cet article, à l'ensemble des possibilités légales ouvertes au citoyen d'un EPCI, on résumera en

disant que la « démocratie intercommunale » – syntagme problématique en soi – en est encore à un stade embryonnaire. On ne peut guère
dès lors s'étonner du déficit de légitimité des représentants des EPCI et
de l'absence d'identification de ces instances, ces deux éléments ayant
d'ailleurs un aspect fonctionnel. Afin de cerner les problèmes de la
démocratie intercommunale, il convient d'abord de montrer que ces
« quasi-collectivités » sont contrôlées par le personnel électif local (1),
ce qui contribue à hypothéquer la place du citoyen intercommunal (2)
et à rendre difficile l'émergence d'une éventuelle démocratisation de ces
institutions (3).

LE CONTRÔLE INTÉGRAL DES STRUCTURES
INTERCOMMUNALES PAR LES ÉLUS

Comme on l'a vu, les effets quantitatifs de la loi du 12 juillet 1999
ont dépassé toutes les espérances du législateur. Et ce qui était l'exception
– une coopération intercommunale intégrée – est en train de devenir la
règle. On peut sans doute se féliciter d'un mouvement qui ne laisse pas
d'étonner les observateurs étrangers en bouleversant l'image d'Épinal du
pays aux 36 000 communes[4]. « L'effet intercommunalité » est une réalité même s'il faut souligner que l'ampleur de la coopération réelle varie
grandement d'un EPCI à l'autre. Il n'en reste pas moins que la mise en
œuvre de la loi est restée la chose des élites, empêchant souvent que ne
se crée un réel espace de débat public à l'échelle des structures de coopération. En fait, initiative et contrôle citoyen sont ignorés par le droit
de l'intercommunalité et la pratique d'élus locaux qui maîtrisent les
espaces intercommunaux (A). Par ailleurs, les problèmes qui pèsent sur
l'établissement d'un éventuel mode de scrutin intercommunal illustre la
situation particulière des EPCI (B).

---

4.   « La méthode française suscite aujourd'hui l'admiration en Europe. Surtout
      qu'elle laisse les municipalités choisir le niveau de centralisation qu'elles veulent
      bien se donner. De nombreux élus grecs regrettent d'avoir adopté une loi con-
      traignante il y a quelques années. La République tchèque […] étudie elle aussi
      de près l'exemple français. » Le Devoir, 6 octobre 2000.

Des entités sous influence

Les espaces intercommunaux créés par les lois de 1992 et de 1999 se ressemblent sur un point : dans les deux cas, il n'est pas prévu de place pour l'avis des citoyens. En effet, si l'on se penche sur les deux textes, on constate que la coopération entre communes fait l'objet d'un processus de négociation entre les élus municipaux concernés, d'une part, et, d'autre part, entre élus et préfet. Exprimé autrement, cela signifie que le pouvoir central, par l'intermédiaire de son représentant, contrôle partiellement la redéfinition de la carte communale (et a même la possibilité de l'infléchir dans la version 1999 à la fois par sa capacité d'initiative et par la définition du périmètre[5]) alors que les élus maîtrisent pratiquement l'ensemble du processus de décision. Dans cette relation se pérennise une lecture classique – et sans doute un peu désuète – des rapports entre préfet et notables dans laquelle le citoyen ne peut tenir aucune place. En fait, le développement de l'intercommunalité passe avant tout par un contrôle des communes de leur devenir. Ce principe, reconnu depuis des années, est exprimé par l'article 5210-1 du Code général des collectivités locales : « Le progrès de la coopération intercommunale se fonde sur la libre volonté des communes d'élaborer des projets communs de développement au sein de périmètres de solidarité. » La loi a érigé en norme une situation de fait : l'évolution de l'intercommunalité est contrôlée par les élus (Gaxie, 1997). Car, il ne faut pas se tromper, ce sont essentiellement les élus qui maîtrisent les cartes – au double sens du terme – de l'intercommunalité. Cette affirmation se démontre même *a contrario* : c'est justement parce que la création de l'entité supracommunale repose sur la liberté des communes – et de leurs édiles – que l'absence de leadership et les divisions partisanes constituent les plus sûrs blocages de l'intercommunalité (Marcou, 2000), comme a pu par exemple en témoigner, parmi d'autres, le cas de l'agglomération de Béziers (Escaffit, 2000). En revanche, l'existence d'un leadership dans la ou les villes-centres, ou un équilibre stable des rapports politiques est la condition pour le passage

---

5. Si l'on sait que l'action du préfet ou du sous-préfet est limitée par le contexte local et qu'elle est plus facile dans les endroits ou le leadership politique est faible (Kerrouche, 2003), il n'en demeure pas moins que le rythme soutenu du maillage du territoire donne aux représentants de l'État une latitude plus grande pour déterminer les périmètres et intégrer les éventuels récalcitrants.

à une forme plus intégrée de coopération. L'intercommunalité devient une modalité alternative de concurrence entre les élus qui tentent de s'approprier de nouveaux espaces susceptibles de se transformer en autant de « fiefs intermédiaires ». En effet, les EPCI, en raison de leurs compétences transversales et de leur situation territoriale « médiane » permettent aux responsables intercommunaux d'être des interlocuteurs incontournables des autres niveaux de gouvernement, ce qui en retour affirme leur prééminence dans la structure de coopération (Faure, 1999). En outre, stratégiquement, l'utilisation des EPCI s'impose d'autant plus pour les leaders locaux qu'elle permet de combiner à la fois la possibilité de nouveaux chantiers d'intervention publique sans remise en cause des équilibres de pouvoir et des prés carrés électoraux. Les EPCI peuvent ainsi être lus comme une matérialisation des périmètres d'influence des élus locaux dominants qui s'isolent les uns des autres (Masardier, 1997) ou marquent les limites territoriales de leurs dominations réciproques.

La plupart des études (Marcou, 2000 ; Barraize et Négrier, 2001) montrent que les périmètres choisis pour créer les EPCI reprennent et pérennisent certains découpages institutionnels. Ces cadres établis – canton, zone de coopération classique… – sont fortement marqués par des pratiques politiques ancrées. À l'occasion, ils peuvent servir à mettre en œuvre des stratégies défensives tendant à éviter l'intégration dans une communauté d'agglomération ou urbaine (Guérin, 2000). En fait, dans la construction du périmètre – et au regard de la latitude laissée aux élus –, ce sont avant tout les calculs politiques qui priment. Il faut ainsi tenter de construire une entité au sein de laquelle peut se dégager une majorité stable et durable, donc éviter l'émergence d'une minorité de blocage. On comprend que le découpage cantonal se soit souvent imposé : outre l'espace des pratiques politiques institutionnalisées qu'il dessine, il permet à la fois de consolider la cohérence de la circonscription cantonale pour assurer la continuité du conseiller général – ou combattre celui-ci au sein de son fief – et de renforcer la représentation du nouvel espace dans l'assemblée départementale. En d'autres termes, l'intercommunalité n'est réalisable – et pensable – que parce qu'elle est partiellement « préformatée » par la matrice des conditions historico-politiques dans lesquelles elle s'inscrit, un peu – pour reprendre une image célèbre –, comme le trajet du voyageur de métro est conditionnée par la structure du réseau existant.

Si l'on dépasse maintenant la phase de création pour se pencher sur le fonctionnement des EPCI, il convient de s'attarder sur l'une des conséquences de la non-désignation au suffrage universel des délégués communautaires : le risque de la municipalisation des enjeux inter-communaux. En effet, les membres du conseil communautaire, choisis dans le cadre communal, peuvent être tentés de privilégier une action en faveur de leur commune d'origine au détriment de l'apparition de réels enjeux intercommunaux. Bien qu'il ne faille pas écarter l'idée d'une progression institutionnelle dans la coopération communale, il n'en demeure pas moins que les logiques de municipalisation de l'intercom-munalité continuent à exister, notamment dans des formes « anciennes » de coopération que sont les communautés urbaines. Ainsi, si l'on prend le cas bordelais, même le passage à la taxe professionnelle unique – qui semble pourtant aller dans les sens d'une meilleure intégration – cache des logiques redistributives entre communes de la principale agglomé-ration girondine : le principe du « juste retour » municipal est toujours omniprésent. La CUB continue d'évoquer davantage une confédération de communes que la préfiguration d'une collectivité territoriale inté-grée (Arpaillange, de Maillard, Guérin, Kerrouche et Montané, 2001). La façon dont s'est amorcée la création de la communauté urbaine de Marseille augure des mêmes types de fonctionnement, bannissant l'apparition d'une éventuelle « conscience communautaire » (Olive et Oppenheim, 2001).

Le verrouillage politique semblera encore plus important si l'on ajoute un dernier facteur. Le fonctionnement intercommunal témoigne non seulement d'une mise à l'écart de la population, mais également de certains de ses représentants. En effet, ni la loi de 1992 ni celle de 1999 ne prévoient de représentation systématique des oppositions munici-pales[6]. En fait, seules les communautés urbaines appliquent de droit

---

6.   Le Code général des collectivités territoriales stipulait, dans sa forme de 1992, que « les délégués de chaque commune sont élus au sein du conseil municipal ou parmi les citoyens éligibles au sein du conseil des communes de la commu-nauté […]. L'élection a lieu au scrutin secret à la majorité absolue ». La loi de 1999 a modifié ce texte et le nouvel article stipule que « […] les délégués sont élus par les conseils municipaux des communes intéressées parmi leurs mem-bres, au scrutin secret à la majorité absolue », écartant la possibilité retenue par la loi de 1992 de déléguer un citoyen.

la représentation proportionnelle pour la désignation des conseillers intercommunaux. Par ailleurs, le principe de parité ne concerne pas des EPCI (ce qui explique l'absence relative des femmes dans les assemblées communautaires, particulièrement aux postes de responsabilité). La loi sur la démocratie de proximité n'a pas modifié ces dispositions. Cela signifie concrètement deux choses : d'une part, dans des communautés de communes et d'agglomération, seule une fraction de la population de chaque municipalité de plus de 3 500 habitants est représentée. D'autre part, le sort de l'opposition est laissé au bon vouloir du maire et de la liste majoritaire. Enfin, même dans l'hypothèse où les membres de l'opposition sont représentés, il s'agit rarement d'une représentation proportionnelle. On assiste donc à une « double réduction » démocratique. Il va sans dire que cette situation, déjà gênante en soi, peut devenir tout à fait problématique dans des espaces contrôlés majoritairement par tel ou tel parti politique. Par ailleurs, même quand cela n'est pas le cas, on peut tout à parfaitement imaginer une représentation « à la carte » de l'opposition en fonction des rapports de force politiques de la communauté, un maire choisissant de représenter ou non l'opposition municipale afin d'avantager sa tendance politique au sein du conseil communautaire[7].

Au final, les EPCI renforcent le jeu politique traditionnel tout en l'élargissant. Le débat sur l'enjeu intercommunal aux dernières élections locales montre nettement que celui-ci est instrumentalisé (Bachelet, 2001) ou dissimulé parce qu'il est inaccessible (Bué, Desage et Matejko, 2004). Il s'agit avant tout de la mise en présence d'ambitions rivales entre coalitions partisanes. L'EPCI devient alors beaucoup plus un élément intégré dans le jeu des acteurs sans que soit affectée la réalité politique (programmes ou propositions soumises aux électeurs). Le débat – comme ses enjeux – reste confisqué par les professionnels.

Cette médiatisation de la scène intercommunale par les élus permet de mieux comprendre les débats qui pèsent sur la désignation des délégués communautaires.

---

7.   Une telle tentative a ainsi été menée, sans succès, par la ville de Dax après les élections de 2001.

Le marteau sans maître :
le problème du scrutin intercommunal

Parmi toutes les questions posées par la diffusion des EPCI sur le territoire hexagonal, il en est une qui tend à devenir une véritable Arlésienne, celle de la possibilité d'une désignation au suffrage universel des délégués communautaires. De fait, la question de l'élection directe des élus intercommunaux a été écartée à plusieurs reprises alors que des amendements avaient prévu de l'introduire en 1992 comme en 1999 ; elle a ensuite été mise au ban du texte de loi sur la démocratie de proximité par le Sénat. Pourtant, aussi bien les discours des principaux responsables politiques que la majorité des Français sondés sur le sujet montrent qu'un relatif consensus existe sur le principe de l'élection au suffrage universel des délégués communautaires[8]. Une telle réflexion semble d'autant plus justifiée que le mode de désignation actuel, outre les aspects antidémocratiques déjà mentionnés, peut également avoir pour effet l'apparition de phénomènes de majorités inversées (c'est-à-dire que l'existence d'une majorité politique en nombre de voix sur l'ensemble des communes ne se traduit pas forcément en nombre de sièges (Merlin et Bisson, 2003).

Toutefois la forme juridique choisie pour qualifier les entités inter-communales – celle de l'établissement public – confirme la médiatisation de la démocratie intercommunale par les élus et son éloignement des citoyens. En droit administratif, un établissement public est « un mode de gestion des services publics caractérisé par le fait que le service, tout en étant confié à un organisme public, reçoit une certaine autonomie sous la forme de la personnalité morale » (De Laubadère et Venezia, 1999). Cette formule comporte un avantage indéniable : les organes dirigeants des établissements publics sont désignés et non pas élus. On peut se demander dans quelles mesures on ne s'approche pas ici de la fiction juridique, tant la lecture des compétences des EPCI trahit de façon claire que ceux-ci font plus que disposer d'une « certaine autonomie » tant les prérogatives qu'ils détiennent sont stratégiques et fondamentales. La situation est d'autant plus exceptionnelle que les EPCI peuvent lever

---

8.   Selon un sondage IPSOS-AMF de novembre 2000, 73 % des Français seraient favorables à une élection au suffrage universel du personnel politique des EPCI.

l'impôt, contrevenant au principe bien connu du *no taxation without votation*[9]. Les EPCI sont donc dotés de représentants au second degré, élus de leurs communes certes, mais seulement choisis – depuis 1999 – au sein des conseils municipaux. L'éloignement démocratique vis-à-vis du citoyen est certain et le mode de désignation accroît encore un peu plus l'opacité institutionnelle locale.

Pour autant, la question d'un choix de scrutin pour les communautés demeure un problème de taille : même si l'organisation actuelle se présente comme un pis-aller (certes instrumentalisé par les élus), le choix d'une solution définitive, quelle qu'elle soit, relève de la gageure. Les dispositions législatives qui prévalent permettent de concilier les critères démographique et géographique, par exemple en stipulant qu'il est nécessaire d'obtenir la majorité « des deux tiers des communes représentant au moins la moitié des habitants, ou deux tiers des habitants représentant au moins la moitié des communes ». Si une telle règle est applicable pour la création des EPCI et pour certaines décisions importantes, elle ne peut concerner le choix des élus de la structure intercommunale. La question est loin d'être théorique dans la mesure où le choix d'un mode de scrutin non seulement implique de trancher pour une représentation égalitaire des habitants ou des territoires, mais promet également de bouleverser les habitudes et les prérogatives des élus. Les modes de désignation actuels privilégient les petites communes qui reçoivent au moins un représentant. Cette situation a d'ailleurs contribué à réduire la méfiance des plus petites entités vis-à-vis des EPCI à fiscalité propre[10]. Des cas comme ceux de la communauté urbaine de Lille sont révélateurs : les quatre villes les plus importantes (qui représentent 40 % de la population) disposaient de moins du tiers des suffrages avant qu'un amendement au texte initial de 1999 ne corrige la répartition des sièges. De fait, accepter le principe d'un homme une voix dans les EPCI

---

9. Il faut se souvenir que le prélèvement fiscal des EPCI à fiscalité propre était déjà équivalent en 2002 à celui des régions et qu'il enregistre une croissance de l'ordre de 10 % par an.

10. Rappelons que la loi de 1999 prévoit que la répartition des sièges au sein du conseil communautaire se fait soit par un accord amiable, soit en fonction de la population. Néanmoins chaque commune quelle que soit sa taille, doit avoir un représentant et aucune commune ne peut avoir plus de la moitié des délégués communautaires.

impliquerait que les plus petites communes ne soient plus directement représentées au sein des conseils communautaires, ce qui revient non seulement à accepter une « supracommunalité » jusqu'ici toujours refusée par les élus locaux, mais aussi à bouleverser de façon fondamentale l'économie politique des systèmes territoriaux.

L'ensemble de ces éléments permet de comprendre que l'effet d'une transformation des règles d'élection des délégués communautaires serait considérable et troublerait pendant un certain temps la distribution des cartes du pouvoir local, même s'il est difficile de mesurer *ex ante* l'ampleur des changements induits. Encore peut-on lire le recours à l'élection des délégués communautaires d'une tout autre façon et s'accorder sur le fait qu'il s'agit plus d'un instrument de légitimation des élites locales que d'un outil de participation des citoyens à la gestion d'affaires intercommunales somme toute assez complexes, donc essentiellement accessibles aux élus familiers de ces questions (Michel, 1999). Ces difficultés ne font que souligner les nombreuses limites de la « citoyenneté intercommunale ».

Y A-T-IL UN CITOYEN INTERCOMMUNAL ?

À bien des égards, les solutions de participation qui sont proposées au niveau intercommunal restent supplétives. La position française est relativement timorée en la matière et se démarque nettement de la tendance européenne à encourager des pratiques de démocratie directes. La récente transformation de l'article 72 de la constitution (voir *infra*) reste en retrait des développements expérimentés en Grande-Bretagne, en Allemagne et dans de nombreux États américains (Bucek et Smith, 2000). Cette situation est particulièrement flagrante s'agissant des EPCI : les procédures de démocratie intercommunale font de celle-ci une démocratie « de seconde zone » d'où sont pratiquement exclus les citoyens. Un simple examen des textes confirme l'idée que ceux-ci sont traités avant tout comme des administrés (A) et que les procédures de consultations prévues restent étroitement circonscrites (B).

Un administré plus qu'un citoyen

Si les références au citoyen sont faibles dans les textes de décentralisation, celui-ci a disparu dans les lois qui régissent l'intercommunalité. En fait, les expériences passées ont amené à ce que le respect de l'entité communale soit un préalable du droit de l'intercommunalité. Ce principe permet de dénier toute existence à un citoyen intercommunal, la démocratie ne s'exprimant que dans le cadre « naturel » de la commune. De fait, la loi ATR de 1992 et la loi Chevènement de 1999 ne s'attachent que très peu à la problématique démocratique : les deux textes participent avant tout d'une volonté de réforme de la carte communale. Les chiffres disponibles permettent d'ailleurs de considérer que ce résultat est presque acquis (notamment parce que la réussite du texte de 1999 a pallié les faiblesses de la loi de 1992 en matière d'intercommunalité urbaine ; cf. supra).

Il est vrai que le texte de 1992 trahissait la volonté de la majorité des élus de conserver leurs prérogatives : cette attitude ne s'était pas transformée en profondeur sept ans plus tard et elle explique la frilosité des dispositions relatives à la démocratie. En l'espèce, il s'agissait avant tout d'octroyer un droit d'information à des citoyens perçus avant tout comme des administrés. De fait, en la matière, la loi Chevènement aligne le régime des EPCI sur celui des communes, confirmant les options prises en 1992. Ainsi les intercommunalités à fiscalité propre sont soumises aux règles de publicité de droit commun (par exemple, l'assujettissement à l'obligation d'affichage, dans la huitaine, du compte rendu de la séance du conseil par extraits au siège de l'EPCI). La loi a prévu une mesure supplémentaire pour les structures de coopération comportant au moins une commune de plus de 3500 habitants. Dans celles-ci, les actes réglementaires adoptés doivent faire l'objet d'une publication au recueil des actes administratifs (ou d'une transmission dans le mois, pour affichage, aux communes membres). Enfin la loi a également prévu des règles de publicité particulières (en raison de la nature de l'acte ou du domaine concerné par celui-ci[11]). Ces dispositions donnent donc

---

11. Les plus importantes sont les règles de publicité particulières relatives aux actes de nature budgétaire (mise à disposition du budget au public, documents budgétaires assortis d'annexes spécifiques…), celles concernant les délibérations intervenant dans le domaine économique, et enfin celles qui sont relatives aux délégations de service public.

avant tout au citoyen un droit de regard, non un droit d'intervention. Par ailleurs, il va sans dire que l'accessibilité effective de tels documents – notamment en matière budgétaire – demeure problématique.

La loi du 12 juillet 1999 a également accru les mesures relatives à la transparence. Les principales dispositions en la matière sont les suivantes : obligation de transmission d'un rapport annuel aux maires devant être soumis aux conseils municipaux (qui peuvent entendre le président de l'EPCI), consultation par le président de tous les maires (à la demande du tiers d'entre eux ou de l'organe délibérant). Mais la plupart des mesures témoignent de la gêne à envisager les rapports entre EPCI et citoyens et démontrent la difficulté d'accès à l'arène intercommunale. Deux dispositions tirées l'une de la loi de 1999, l'autre de la loi sur la démocratie de proximité l'illustrent tout particulièrement.

Le texte de 1999 laisse à l'organe délibérant d'un EPCI la possibilité de créer des comités consultatifs sur toute affaire d'intérêt intercommunal relevant de sa compétence sur tout le territoire communautaire ou sur une partie de celui-ci. Dans cette logique, ces comités peuvent être consultés par le président « sur toute question ou projet intéressant les services publics et équipements de proximité en rapport avec l'objet pour lequel ils ont été institués et ils peuvent transmettre au président toute proposition concernant tout problème d'intérêt intercommunal en rapport avec le même objet[12] ». Mais, outre que ces dispositions semblent pour l'instant peu utilisées, la composition comme la durée de ces comités montrent encore la volonté de contrôle qui contraste, par exemple, avec l'ouverture des conseils de développement des pays[13].

Signalons enfin que la loi relative à la démocratie de proximité précise en la reprenant une disposition qui existait déjà dans le texte de 1999 : « […] les établissements publics de coopération intercommunale de plus de 50 000 habitants […] créent une commission consultative des services publics locaux pour l'ensemble des services publics qu'ils con-

---

12. Art. L. 5211-49-1 du CGCT.

13. Le texte indique que ces comités « comprennent toutes personnes désignées pour une année en raison de leur représentativité ou de leur compétence, par l'organe délibérant, sur proposition du président, et notamment des représentants des associations locales. Ils sont présidés par un membre de l'organe délibérant désigné par le président ».

fient à un tiers par convention de délégation de service public ou qu'ils exploitent en régie dotée de l'autonomie financière. » Si l'on excepte le problème de leur composition, la difficulté posée par ces commissions est que les domaines concernés, même s'ils sont importants, demeurent techniques et circonscrits : il est uniquement question d'un contrôle des secteurs énumérés par la loi. On peut dès lors se demander si la gestion de ces commissions – à qui la loi fait traiter des documents techniques et, par ailleurs, publics – n'est pas trop lourde en comparaison des bénéfices démocratiques que l'on peut en attendre (Heumel, 2003).

Au final, les textes donnent surtout un droit de regard à un citoyen-administré dont les possibilités d'action sont étroitement délimitées comme en témoignent les dispositions relatives au « référendum » intercommunal.

Le « référendum » intercommunal

La date de la création d'un référendum local en France est révélatrice. Ce n'est en effet qu'en 1992 – soit dix ans après les premières lois de décentralisation – que la loi sur ATR vient codifier une pratique que certains élus avaient déjà utilisée sans qu'un cadre légal eût été fixé. Encore faut-il bien comprendre les limites de cette nouveauté en indiquant que le référendum n'est en aucune façon décisionnel, mais uniquement consultatif. Autre fait symptomatique, à l'époque la loi ne prévoyait une utilisation de ce dispositif que pour les seules communes. Surtout, le référendum est nettement marqué par une logique représentative plus que participative : les élus imposent l'interprétation et l'utilisation légitime de résultats purement consultatifs (Blatrix, 1997).

Il faut attendre 1995 pour que la loi d'orientation pour l'aménagement et de développement du territoire du 4 février 1995 enrichisse les dispositions de la loi ATR sur le référendum communal. Les deux mesures phares du texte sont un droit d'initiative populaire, d'une part, et l'élargissement de la possibilité de consultation aux EPCI, d'autre part.

S'agissant du droit d'initiative, on ne peut que constater son caractère restrictif : le seuil d'électeur susceptible de demander un référendum est passé de 10 % des inscrits dans le projet de loi à 20 % dans le texte final. Ensuite, cette procédure n'est réellement utilisable que deux années sur les six que dure le mandat municipal. Enfin, un électeur ne peut signer qu'une seule saisine par année, ce qui en fait un dispositif exceptionnel.

Quant à l'extension du droit de consultation aux structures inter-communales – trois ans après les communes –, elle est d'autant plus réalisable que les procédures de contrôle pesant sur l'organisation des consultations communales ont fait leur preuve (Demaye, 1999). La codification des consultations intercommunales et leur mise en œuvre juridique minutieuse – aussi bien par la loi que par le juge administra-tif – constituent plus des moyens de contrôle de l'initiative des citoyens-administrés qu'une incitation réelle à la participation (Paoletti, 1997).

Finalement, la codification législative de la consultation des citoyens des intercommunalités témoigne de cette volonté d'en-cadrement du dispositif, tout en exprimant son caractère limitatif et exceptionnel.

Limitatif d'abord, puisque l'article L. 5211-49 du CGCT dispose que « les électeurs des communes [d'un EPCI] peuvent être consultés sur les décisions que l'organe délibérant ou le président de cet établissement sont appelés à prendre pour régler les affaires de la compétence de l'éta-blissement en matière d'aménagement ». Le champ de la consultation est donc fortement circonscrit par le texte et met à l'écart les nombreux autres domaines de compétence des EPCI.

Exceptionnel ensuite : le même article stipule que c'est sur la proposition de l'ensemble des maires des communes membres, ou sur demande écrite de la moitié des membres de l'organe délibérant que l'as-semblée de l'établissement se détermine sur le principe et les modalités d'organisation de la consultation.

On notera enfin que, toutes choses étant égales par ailleurs, le fait d'avoir conservé le seuil d'un cinquième des électeurs inscrits sur les listes électorales des communes membres de l'EPCI pour demander l'organisation d'une consultation élève encore un peu plus le niveau de restriction, sachant que, là encore, la consultation ne peut porter que sur une opération d'aménagement, à l'exclusion de tout autre motif.

Dans les faits, le recours à la consultation des citoyens sur les questions d'intercommunalité montre que la technique référendaire a souvent été instrumentalisée pour défendre le cadre communal contre l'intégration dans un EPCI qui risquait de faire s'évanouir l'identité locale et d'éloigner les citoyens des décisions. De tels arguments dissimulaient mal les calculs politiques qui présidaient à ces consultations.

L'ensemble de ces éléments incite à s'interroger plus avant sur le problème de la « démocratie intercommunale » à la française.

QUEL ÉQUILIBRE POUR « LA DÉMOCRATIE INTERCOMMUNALE » ?

À la lecture de ce qui précède, l'expression même de « démocratie intercommunale » semble usurpée. Il faut bien comprendre que celle-ci n'existe qu'en référence à une démocratie communale fortement marquée par une réticence vis-à-vis des citoyens (A). En outre, les modalités mêmes de création et de fonctionnement des entités intercommunales tendent à précipiter la tendance à l'éloignement vis-à-vis des citoyens (B).

L'allergie française à la participation locale

La démocratie est d'essence représentative et le niveau local ne fait pas exception à cette considération (Aubelle, 1999). La différence est que la proximité permet une assimilation entre commune et démocratie (Paoletti, 1999). Si l'on se place dans cette perspective, le seul vrai moment de souveraineté est celui de l'élection : tout se passe comme si le scrutin devait contenir et épuiser toutes les vertus démocratiques, l'espace public ne pouvant se construire et se renouveler légitimement qu'au travers du processus électif (Caillosse, 1999). Cette vision est toujours le modèle dominant : 70 % des maires des communes de plus de 3 500 habitants estiment que « le résultat des élections locales doit être l'élément décisif dans la détermination des politiques municipales »... même si, dans le même temps, ils sont 45,3 % à estimer que « les citoyens devraient pouvoir faire connaître leurs vues avant que les décisions importantes soient prises par les élus[14] ». Cette attitude explique la disqualification systématique des autres modalités de la démocratie : elles sont considérées comme attentatoires au modèle représentatif. Les représentants ne peuvent transférer les pouvoirs qui leur incombent. Cette conception, qui semble être une constante, est conforme au principe des luttes menées par les élus contre la loi de 1971 sur les fusions de communes en particulier, et contre le référendum local en général. Les mécanismes de consultation directe, parce qu'ils autorisent un avis des citoyens sur une question, sont considérés incompatibles avec le système représentatif. Déjà le rapport de la commission Guichard de 1976, tout en reconnaissant au maire la capacité d'organiser une consultation dans sa commune, réfutait l'institutionnalisation du référendum au niveau communal. Cette position sera d'ailleurs encore fortement soutenue pendant la discussion de la loi de 1992 qui légalisera cette démarche.

Il est vrai qu'une telle situation n'a pas que des désavantages s'agissant des EPCI. On peut même concevoir que le fait de ne pas avoir fait appel aux citoyens au moment de la création des EPCI a certainement permis qu'un grand nombre d'entre eux se réalisent en faisant l'économie de multiples guerres de clochers et l'instrumentalisation de nombreux recours. Qui plus est, les intercommunalités doivent faire face à des problèmes dont le traitement comporte des risques et induit des coûts politiques importants comme le développement économique, l'habitat social… La situation actuelle permet aux élus de conserver et d'utiliser leur monopole de la légitimité politique directe pour ne pas se voir imputer des décisions parfois peu populaires (Baraize, 2001). De nombreux exemples (comme Bordeaux : Savary, 1998 ; ou Lille : Bué, Desage et Matejko, 2004) montrent que les structures intercommunales fonctionnent sur un mode corporatiste au profit des élus en tentant le plus possible de tenir les citoyens à l'écart. Ensuite les EPCI semblent fonctionner selon des logiques plutôt consensuelles[15], ce qui permet aux

---

14. Le questionnaire, réalisé pour une étude internationale, a été envoyé à tous les maires français des communes de plus de 3 500 habitants. Il a obtenu un taux de réponse de 21,2 %.

15. Quand bien même il ne s'agit que d'un consensus de façade qui procède du mode de fonctionnement de l'institution.

élus de faire l'économie de positions partisanes. Dans leurs principes, la démocratie locale et, *a fortiori*, la démocratie intercommunale présentent un aspect d'incomplétude qui bénéficie aux élus locaux tout en éloignant ces derniers des citoyens.

L'EPCI comme facteur d'accroissement de la « distance démocratique »

Si, comme on l'a vu, l'appellation d'EPCI permet de « contourner » le suffrage universel, ces structures se rapprochent considérablement des autres collectivités locales. Or l'intégration dans un EPCI entraîne, assez logiquement, un mouvement de concentration au profit de la structure intercommunale. Cette tendance renforce la « démocratie de délégation » (Michel, 1999) qui, tout en gagnant en efficacité, perd en représentativité sociale. Outre les problèmes liés au suffrage, la dénomination d'établissement pose d'autres difficultés pour l'exercice de la démocratie au sein des EPCI. D'abord, comme les autres établissements publics, les intercommunalités sont soumises au principe de spécialité, difficilement compatible avec les exigences de démocratie. Cette idée dérive d'un précepte plus fondamental selon lequel les compétences d'un établissement public sont octroyées de manière unilatérale par une instance extérieure et supérieure au moment de sa création. En outre, et il faut le répéter, la qualification d'établissement public met à l'écart les trois types de communautés des garanties fondamentales de la démocratie instituées par l'article 72 de la constitution (et qui concernent le caractère électif des conseils des collectivités locales). La difficulté réside dans le fait que les EPCI interviennent dans des domaines essentiels et se substituent aux communes membres pour les compétences qui leur sont déléguées : le danger est réel que la démocratie locale ne se vide de sa substance. En effet, dans cet agencement, l'idée d'imputation des actes locaux perd de sa force puisque les délégués communautaires ne sont pas jugés dans l'arène intercommunale, mais dans le cadre communal (où ils ne sont pas forcément par ailleurs pour les actes en question). Cet éloignement démocratique est d'autant plus important que les EPCI sont, bien plus encore que les communes, le lieu privilégié de l'évolution vers les modes de gestion qui reproduisent ceux de l'entreprise et se situent toujours davantage dans la logique de marché (Mazères et Ortiz, 1995)[16]. Les intercommunalités participent de la multiplication d'institutions fonctionnelles et s'inscrivent dans un mouvement général de « déterritorialisation » lié au déploiement du système capitaliste (Mazères et Regourd, 1990). Ces remarques sont d'autant plus vérifiées que les textes de 1992 et de 1999 s'inscrivent dans une veine managériale. Au niveau local, on peut considérer que les EPCI participent à la diffusion d'une nouvelle gestion publique caractéristique de la transformation des modes de gestion des États occidentaux (Rouban, 1998). La plupart de ces réformes mettent en cause les modes d'interaction entre public et privé et contribuent à brouiller la relation entre gouvernants et gouvernés.

En privilégiant les capacités fonctionnelles au détriment de logiques démocratiques de proximité, on se dirige vers un divorce entre « politique des problèmes » et « politique de l'opinion », et ce, peut-être au détriment des élus eux-mêmes. On assiste à une transformation de l'économie générale du système politique local (Bachelet, 2001) : les lieux de représentation démocratique que sont les communes tendent à se dissocier des gouvernements locaux producteurs de politiques publiques structurantes que sont les EPCI. Entreprise – ou tentative – de rationalisation dans un espace plus vaste, l'intercommunalité met à mal les relations de proximité traditionnelle entre les maires et leurs populations. Le mode actuel de désignation des délégués communautaires affaiblit la capacité des habitants à peser sur les décisions et les empêche d'intervenir dans l'arène pertinente. Il ne faut pas oublier par ailleurs que l'intégration dans un EPCI peut en venir à limiter la marge de manœuvre des élus eux-mêmes (aussi bien en raison des rapports de force politique ou démographique au sein de la structure que de la mise en place de procédures de gestion plus « rationnelles », mais plus impersonnelles). Un tel mouvement peut contribuer à favoriser, sans que cela ne soit systématique, une dilution des responsabilités et un effacement – stratégique ou réel – des élus derrière les capacités d'expertise dont sont

---

16. Il est vrai qu'en régulant les logiques de substitution entre coopérations classiques (SIVOM, SIVU) et les trois types de communautés, la loi de 1999 tente de mettre de l'ordre dans les superpositions de différents organes sur un même territoire, mais la concentration des pouvoirs qui peut en résulter au profit des EPCI rend encore plus intenable l'opacité de la gestion de ce niveau de décision.

susceptibles de disposer les EPCI. Il apparaît ainsi de plus en plus ardu de concilier légitimité et efficacité de l'action publique (Duran, 1998 ; Duran et Thoenig, 1996). Ces évolutions, inhérentes au développement de l'intercommunalité, expriment la fragmentation et la technicisation de la gestion locale. Si cela est avant tout perceptible s'agissant des zones urbaines, la tendance tend à devenir générale. L'intercommunalité – comme la multiplication des agences dans les domaines des réseaux urbains, du logement ou des équipements socioculturels – traduit la fragmentation-réorganisation des pouvoirs locaux (Lorrain, 1989) et, concomitamment, l'accroissement de la distance population et élus.

En France, les élus locaux – et particulièrement le maire – sont les politiques les plus populaires. Les élections municipales sont, avec les présidentielles, celles qui connaissent encore la participation la plus importante. L'intercommunalité risque d'éloigner les élus de leur « base » à un moment ou la demande de proximité n'a jamais été aussi forte (*cf.* les élections municipales de mars 2001). Cet éloignement, doublé de la difficulté d'accès aux EPCI, peut se traduire par une prise de parole conflictuelle avec le recours au contentieux de certaines associations locales de citoyens qui manifestent ainsi leur opposition aux décisions intercommunales (l'exercice de la compétence déchet a été une bonne illustration de l'affirmation de ce type de conflits). Dans le même temps, le risque de flouer les électeurs est bien réel puisqu'ils sont uniquement juge dans une circonscription communale devenue obsolète. Il est vrai que la méconnaissance forte de la plupart des EPCI par le public permet aux représentants des communes de s'auto-imputer telle ou telle réalisation intercommunale réalisée sur son territoire…

Les EPCI amplifient un effet pervers de la démocratie représentative : de plus en plus les règles de fonctionnement locales ne sont comprises que par des individus initiés aux affaires de la collectivité, ce qui conduit à écarter *de facto* du pouvoir une frange de la population (Roustang, 2002). Ce risque est d'autant plus important que droit et pratique de l'intercommunalité sont d'une complexité certaine, ce qui peut justifier l'accaparement de ce niveau par des élus dont la professionnalisation est toujours plus importante (Kerrouche et Guérin, 2000). La « technicisation » d'une grande partie du personnel électif est de plus en plus incompatible avec les logiques d'amateurisme qui dominaient jusqu'à présent. Cette professionnalisation ne peut que s'accroître dans des organismes complexes comme peuvent l'être les EPCI. D'après les données – qu'il conviendrait d'actualiser – de Rémy Le Saout (2000), la représentation intercommunale fournit une image inversée du niveau de formation des Français. Alors qu'en 1997 en France 73,7 % des habitants avaient fait des études inférieures ou égales au baccalauréat, 79,6 % des présidents des structures intercommunales avaient fait des études supérieures au bac[17]. En outre, on retrouve une très grande surreprésentation de retraité, ce que l'on peut lire comme un indicateur de la forte disponibilité qu'impose la fonction.

Pour conclure en quelques mots, il convient de rappeler que la toute dernière réforme constitutionnelle française confirme à la fois la tentation des élus de contrôler les mécanismes de démocratie directe et le caractère partiel de la démocratie intercommunale. Le nouvel article 72-1 permet en effet aux collectivités d'organiser des référendums locaux décisionnels alors que, comme on l'a déjà indiqué, ces opérations n'avaient jusqu'à présent qu'une valeur consultative. Le référendum décisionnel est encadré d'un luxe de précautions à la définition desquelles ont activement collaboré la majorité transpartisane des parlementaires (Sadran, 2004). Outre le contrôle de légalité accru du représentant de l'État, on notera que le recours au référendum sera interdit dans les six mois précédant le renouvellement de l'assemblée locale, pendant *toutes* les campagnes électorales, et qu'une collectivité ne peut organiser un nouveau référendum portant sur le même objet dans le délai d'un an. Mais ces conditions sont assorties d'autres limites qui témoignent toujours de la réticence des élus aux procédures de démocratie directe. Ainsi la proposition de référendum revient uniquement aux élus, écartant de ce fait toute forme d'initiative populaire[18]. La deuxième considération tient à l'exigence d'un seuil de participation élevé (et dissuasif) – 50 % des inscrits – pour que le référendum aboutisse à une décision exécutoire. Enfin, dernière condition de taille en ce qui concerne la démocratie intercommunale, le référendum est réservé aux collectivités *stricto*

---

17. Cette différence est d'ailleurs encore plus marquée si l'on tient compte des effets de génération : la surqualification est encore plus visible si l'on compare le niveau de diplôme des présidents d'EPCI avec les individus de leur génération.

18. Comme le note Pierre Sadran (2004), le souci de préserver les équilibres va jusqu'à prévoir que, si l'assemblée délibérante a l'initiative du référendum, seul l'exécutif d'une collectivité territoriale peut lui proposer d'organiser un référendum sur un acte relevant des attributions qui lui sont réservées.

sensu, et ne peut donc s'organiser au niveau des EPCI, éliminant de fait toutes les questions relatives aux compétences souvent déterminantes exercées par ces entités.

Par ailleurs la seconde disposition constitutionnelle concernant la démocratie dispose que les électeurs pourront désormais mettre en œuvre un droit de pétition leur permettant de demander l'inscription à l'ordre du jour du conseil délibérant d'une collectivité d'une question relevant de sa compétence[19]. Outre le fait que le champ de cette disposition a été réduit par le Sénat[20], on notera surtout qu'en raison de leur qualification juridique ces mesures ne visent donc pas les entités intercommunales, alors même que le poids de celles-ci s'accroît d'année en année.

Plus fondamentalement, les problèmes démocratiques des inter-communalités ne sont qu'une modalité et une traduction des difficultés d'un système représentatif victime de la fragmentation des espaces de gouvernement et de décision, même si l'acuité et la spécificité de cette crise au sein des EPCI sont notables. Ce qui est certain, c'est que l'affirmation des processus de gouvernance a pour effet de transformer le rôle des gouvernements et des institutions représentatives qui devient de plus en plus une variable, et non plus une donnée (Jon, 1997).

---

19. La rédaction exacte des deux premiers alinéas de cet article est la suivante : « La loi fixe les conditions dans lesquelles les électeurs de chaque collectivité territoriale peuvent, par l'exercice du droit de pétition, demander l'inscription à l'ordre du jour de l'assemblée délibérante de cette collectivité d'une question relevant de sa compétence. Dans les conditions prévues par la loi organique, les projets de délibération ou d'acte relevant de la compétence d'une collectivité territoriale peuvent, à son initiative, être soumis, par la voie du référendum, à la décision des électeurs de cette collectivité. »

20. Le gouvernement a repris à son compte la rédaction de la commission sénatoriale des lois. Les citoyens peuvent donc demander et non plus obtenir (comme le prévoyait le projet) l'inscription d'une question à l'ordre du jour (Sadran, 2004).

RÉFÉRENCES

Arpaillange C., J. de Maillard, E. Guérin, E. Kerrouche et M.-A. Montané (2001), « La communauté urbaine de Bordeaux à l'heure de la loi Chevènement : négociations contraintes dans une confédération de communes », dans Baraize, François et Emmanuel Négrier (dir.), *L'invention politique de l'agglomération*, Paris, L'Harmattan.

Aubelle, Vincent (1999), « Le sens de la démocratie locale », dans CURAPP, *La démocratie locale, représentation, participation et espace public*, Paris, Presses universitaires de France.

Bachelet, Frank (2001), « Démocratie locale et coopération intercommunale (l'intercommunalité saisie par la compétition électorale », *Annuaire 2001 des collectivités locales*, Paris, CNRS éditions.

Baraize, François (2001), « Quel leadership pour les agglomérations françaises », *Sciences de la société*, vol. 53.

Baraize, François et Emmanuel Négrier (dir.) (2001), *L'invention politique de l'agglomération*, Paris, L'Harmattan.

Blatrix, Cécile (1997), « Le référendum local, une procédure de démocratie participative ? Bilan et perspectives », dans Gaxie, Daniel (dir.), *Luttes d'institutions*, Paris, L'Harmattan.

Bucek, Jan et Brian Smith (2000), « New Approaches to Local Democracy : Direct Democracy, Participation and the "Third Sector" », *Government and Policy*, vol. 18, n° 1.

Bué, Nicolas, Fabien Desage et Laurent Matejko (2004), « L'intercommunalité *sans* le citoyen. Les dimensions structurelles d'une moins-value démocratique », dans Le Saout, Rémy et François Madoré (dir.), *Les effets de l'intercommunalité*, Rennes, Presses universitaires.

Caillosse, Jacques (dir.) (1994), *Intercommunalités. Invariance et mutation du système communal français*, Rennes, Presses universitaires.

Caillosse, Jacques (2000), « Quelle(s) participation(s) aux affaires communales ? », *Pouvoirs*, n° 95.

Caillosse, Jacques (1999), « Éléments pour un bilan juridique de la démocratie locale en France », dans CURAPP, *La démocratie locale, représentation, participation et espace public*, Paris, Presses universitaires de France.

Commission Mauroy (2000), *Refonder l'action publique locale*, Paris, La Documentation française.

De Kersvadoué, Jean *et al.* (1976), « La loi et le changement social : un diagnostic – la loi du 16 juillet 1971 sur les fusions et regroupements de communes », *Revue française de sociologie*, n° 3.

De Laubadère, André et Jean-Claude Venezia (1999), *Traité de droit administratif*, Paris, LGDJ.

Demaye, Patricia (1999), « La recherche de la démocratie intercommunale », dans CURAPP, *La démocratie locale, représentation, participation et espace public*, Paris, Presses universitaires de France.

Domenach, Jacqueline (1994), « L'intercommunalité : nouvelle chance pour la citoyenneté locale ou relance notabiliaire ? », dans Caillosse, Jacques (dir.), *Intercommunalités. Invariance et mutation du système communal français*, Rennes, Presses universitaires.

Duran, Patrice (1998), *Penser l'action publique*, Paris, Librairie générale de droit et de jurisprudence.

Duran, Patrice et Jean-Claude Thoenig (1996), « L'État et la gestion publique territoriale », *Revue française de science politique*, vol. 46, n° 4.

Escaffit, Corinne (octobre 2000), « Un territoire incertain, un leadership politique insaisissable : Béziers et le biterrois », *Communication au colloque « leadership et pouvoir territorialisé »*, Bordeaux, CERVL.

Faure, Alain (1999), « Autonomie et espaces périurbains : l'intercommunalité pour résoudre des équations territoriales inédites ? », dans *Quel avenir pour l'autonomie des collectivités locales ?*, Paris, Éditions de L'Aube/SECPB.

Gaxie, Daniel (1997), « Stratégies et institutions de l'intercommunalité », dans CURAPP, *L'intercommunalité, bilan et perspectives*, Paris, Presses universitaires de France.

Grémion, Pierre (1976), *Le pouvoir périphérique*, Paris, Le Seuil.

Guérin, Elodie (2000), « Le projet de création d'une communauté de communes à Canéjan/Cestas en Gironde », dans Marcou, Gérard (dir.), *Les premiers mois d'application de la loi du 12 juillet 1999*, Paris, GRALE/CEP (ministère de l'Intérieur).

Hervé, Michel (1999), *Intercommunalités et gouvernements locaux. L'exemple des départements de l'ouest de la France*, Paris, L'Harmattan.

Heumel, Pierre (janvier 2003), « Commission consultative pour les services publics locaux : une nébuleuse dans le ciel communautaire », *Intercommunalités*.

Jon, Pierre (1997), « Public-Private Partnerships and Urban Governance : Introduction », dans *Partnerships in Urban Governance. European and American Experience*, Macmillan, Basingstoke.

Kerrouche, Éric (2005), *L'intercommunalité en France*, Paris, Montchrestien.

Kerrouche, Éric (2003), « De la nécessité d'être un généraliste : le cas des sous-préfets d'arrondissement », Paris, *Pôle Sud*.

Kerrouche, Éric et Elodie Guérin (2000), « Vers un statut professionnel des élus municipaux en Europe ? », *Pouvoirs*, n° 95.

Le Saout, Rémy (2000), « L'intercommunalité, un pouvoir inachevé ? », *Revue française de science politique*, vol. 50, n° 3.

Le Saout, Rémy (2001), « De l'autonomie fonctionnelle à l'autonomie politique. La question de l'élection des délégués des établissements intercommunaux », *ARSS*, n° 140.

Le Saout, Rémy et François Madoré (dir.) (2004), *Les effets de l'intercommunalité*, Rennes, Presses universitaires.

Leresche, Jean-Philippe (dir.) (2001), *Gouvernance locale, coopération et légitimité*, Paris, Pedone.

Lorrain, Dominique (1989), « La montée en puissance des villes », *Économie et Humanisme*, n° 305.

Marcou, Gérard (dir.) (2000), *Les premiers mois d'application de la loi du 12 juillet 1999*, Paris, GRALE/CEP (ministère de l'Intérieur).

Masardier, Gilles (1997), « L'intercommunalité pour s'isoler. Quelques réflexions sur la construction concurentielle des territoires politiques locaux », dans Gaxie, Daniel (dir.), *Luttes d'institutions*, Paris, L'Harmattan.

Mauroy, Pierre (2000), « La coopération intercommunale », *Pouvoirs*, n° 95.

Mazères, Jean-Arnaud et Laure Ortiz (1995), « Intercommunalité et démocratie », dans Bourjol, Maurice (dir.) (1995), *Intercommunalité et développement du territoire*, Paris, Librairie générale de droit et de jurisprudence.

Mazères, Jean-Arnaud et Sylvie Regourd (1990), « Du modèle communautaire et territorial au modèle de l'entreprise », dans Bourjol, Maurice (dir.), *La commune, l'État et le droit*, Paris, LGDJ.

Merlin, Vincent et Franck Bisson (2003), « Paradoxes de vote et structure intercommunale : analyses de quelques cas à partir des élections de mars 2001 », Colloque « Démocratie et management local », Québec (20-23 mai).

Michel, Hervé (1999), *Intercommunalité et gouvernements locaux. L'exemple des départements de l'ouest de la France*, Paris, L'Harmattan.

Olive, Maurice et Jean-Pierre Oppenheim (2001), « La communauté urbaine de Marseille : un fragment métropolitain », dans Baraize, François et Emmanuel Négrier (dir.), *L'invention politique de l'agglomération*, Paris, L'Harmattan.

Paoletti, Marion (1999), « La démocratie locale française. Spécificité et alignement », dans CURAPP, *La démocratie locale, représentation, participation et espace public*, Paris, Presses universitaires de France.

Paoletti, Marion (1997), *La démocratie locale et le référendum*, Paris, L'Harmattan.

Peutaux, Jean (dir.) (2002), *Aquitaine, les maîtres du Sud-Ouest*, Paris, Éditions Golias.

Rouban, Luc (1998), « Les États occidentaux d'une gouvernementalité à l'autre », *Critique internationale*, vol. 1.

Roustang, Guy (2002), *Démocratie : le risque du marché*, Paris, Desclée de Brouwer.

Sadran, Pierre (2004), « Démocratie locale, les carences de l'acte II », *Cahiers français*, n° 318.

Savary, Gilles (1998), « La régulation consensuelle communautaire : facteur d'intégration-désintégration politique. L'exemple de la Communauté urbaine de Bordeaux », *Politiques et management public*, vol. 16, n° 1.

Thoenig, Jean-Claude (1996), « Pouvoirs et contrepouvoirs locaux : rendre la démocratie aux citoyens », dans Institut de la décentralisation (dir.), *La décentralisation en France*, Paris, La Découverte.

Vincent, Aubelle (1999), « Le sens de la démocratie locale », dans CURAPP, *La démocratie locale, représentation, participation et espace public*, Paris, Presses universitaires de France.

FUSION MUNICIPALE ET TERRITOIRES DE PROXIMITÉ[1]

Louise Quesnel, Laurence Bherer
et Marie-Rose Sénéchal

Si l'action publique contemporaine se caractérise par un rééche-lonnement des territoires entre les niveaux local, national et mondial (Brenner, 1998), la recherche d'une nouvelle répartition de l'action publique se fait également sentir au sein même du niveau local. Avec la réforme territoriale municipale de 2000 au Québec, un nouveau modèle organisationnel et démocratique est institutionnalisé avec la mise en place d'arrondissements. Explorer l'enchevêtrement des territoires de proximité, qui se présente comme le résultat de la réforme institution-nelle actuelle, constitue ainsi une avenue intéressante pour analyser les conséquences de la redéfinition des frontières et des mandats des territoi-res de proximité, et plus particulièrement des arrondissements.

Avec l'examen de la place réservée aux arrondissements dans le rééchelonnement institutionnel local, nous constatons que les arron-dissements se situent au carrefour de la recomposition du champ municipal. Une certaine confusion entoure, toutefois, la place de l'ar-rondissement comme niveau de proximité (Lefebvre, 2001) dans la réor-ganisation territoriale. L'arrondissement est mis à contribution dans les objectifs d'ordre symbolique faisant office de pôles de référence dans le

---

1.   Nous tenons à remercier J.-P. Collin pour ses précieux commentaires sur une première version de ce texte.

processus d'élaboration et de mise en œuvre des nouvelles villes. L'efficacité administrative visée par la gestion de proximité et la démocratie institutionnalisée à l'échelle locale forment en effet un duo paradoxal sur lequel s'appuie l'argumentaire réformiste. Notre objectif est de cerner la mission de l'arrondissement dans les villes issues de la fusion territoriale. S'agit-il d'un passage obligé, garant d'une recherche de légitimité politique caractéristique de la phase de mise en place de la nouvelle ville et qui pourrait s'estomper à la longue ? Quelles valeurs sont portées par l'implantation de cette structure inframunicipale ?

Pour élucider ces questions sur l'origine et l'avenir des arrondissements, nous abordons le travail par une réflexion sur les expériences canadiennes similaires, antérieures à la réforme québécoise. Dans un premier temps, nous nous arrêterons sur deux expériences canadiennes, celle de Winnipeg, qui a fait figure de modèle innovateur en 1971, et celle plus récente de Toronto[2]. Deuxièmement, nous présenterons les origines de l'arrondissement québécois et plus particulièrement les réflexions entourant la décentralisation et la participation institutionnalisée. L'émergence des arrondissements au sein des nouvelles villes sera ensuite étudiée, pour conduire à l'examen de la situation créée par les démembrements en 2004. Nous conclurons en constatant la forte dose d'incertitude qui entoure encore la réforme municipale québécoise dans la région de Montréal.

WINNIPEG : UN MODÈLE INNOVATEUR

La formation de l'*Unicity* de Winnipeg en 1971 a marqué une étape dans l'évolution des institutions municipales. En examinant le modèle initial et les modifications qui lui ont été apportées au cours des années, nous tentons de voir comment les micro-territoires, à diverses échelles, ont été au centre de la réorganisation municipale dans la région de la capitale manitobaine. Cette expérience démontre combien la

---

2.   Plusieurs autres regroupements territoriaux ont été réalisés au cours des dix dernières années au Canada. Parmi eux, celui de la municipalité régionale d'Halifax, en Nouvelle-Écosse, présente des points communs avec les deux cas retenus. Créée en 1995, la nouvelle ville a été dotée de cinq arrondissements. Un sixième a été mis en place en 2001 (Vojnovic, 2000 : 67 ; Quesnel, 2002).

redéfinition de l'échelle inframunicipale demeure un exercice continuel de réajustements dans un contexte de réorganisation municipale.

En 1971, le Nouveau Parti démocratique (NPD) du Manitoba décide de regrouper les territoires des treize municipalités de l'agglomération de la capitale provinciale pour former une ville de 500 000 habitants. La logique de cette réforme est alors considérée comme très innovatrice car le modèle urbain proposé est construit selon deux pôles, le premier étant administratif et le second étant politique. Sur le plan administratif, le regroupement des douze municipalités pour former l'*unicity* est vu comme un moyen d'assurer une plus grande concertation et une meilleure efficacité administrative. Sur le plan politique, la réforme valorise une articulation forte entre la représentation et la participation. Ainsi, la nouvelle ville comprendra des instances inframunicipales[3] – les *community committees* – chargées de la gestion des services sociaux, des loisirs et des travaux publics de proximité sur le territoire de l'arrondissement. Formés des conseillers municipaux élus dans les districts qui sont situés dans l'arrondissement, les *community committees* sont aussi chargés de la communication ascendante entre les résidants et la ville, de façon à ce que les points de vue des résidants parviennent au conseil municipal et à ses comités permanents. De plus, les *community committees* reçoivent le mandat de concevoir et de mettre en place des moyens d'information descendante permettant aux citoyens informés d'être à même de débattre des projets et des budgets municipaux.

Mais là ne s'arrête pas l'originalité du modèle puisque les auteurs y ajoutent une instance chargée de favoriser l'engagement des citoyens et de faciliter l'expression des points de vue citoyens. Ce sont les *residents' advisory groups* (RAG) dont la formation sera obligatoire sur le territoire de chacun des *community committees* et dont les membres seront élus lors de l'assemblée générale des résidants du territoire. Chaque RAG est doté par la loi d'un rôle de conseiller et d'aide auprès des élus formant

---

3. À la même époque, les instances inframunicipales de la ville de New York sont mises en place. En effet, les *community boards* ont été créées en 1963, leur existence a été confirmée lors de la révision de la charte de la ville en 1975 et en 1989. Ces *little city halls*, au rôle essentiellement consultatif, n'ont cependant pas encore d'équivalents dans les villes canadiennes. Le modèle de Winnipeg ouvre la voie à de premières formes d'institutionnalisation du micro-territoire.

le *community committee* de son territoire (Bureau of Municipal Research, 1975 : 38-40). Pour la première fois au Canada, la démocratie participative est formellement reconnue au même titre que la démocratie représentative et une ville se voit dotée de deux objectifs placés sur un pied d'égalité par les concepteurs du modèle de Winnipeg, celui de l'efficacité des services publics et celui de la participation des résidants (Tindal et Tindal, 2000 : 153-160).

Le modèle de l'*unicity* a rapidement été mis à rude épreuve lorsqu'il a été aux prises avec des difficultés de mise en œuvre provenant de plusieurs sources. D'abord il y eut la résistance des élus locaux soucieux de conserver leur initiative et leur quasi monopole de la consultation spontanée et informelle des résidants. Ensuite, les services centraux de la ville firent preuve de très peu d'ouverture à l'égard de la mise en place des instances décentralisées. Enfin, la mobilisation des citoyens pour investir les RAGs s'est avérée difficile dans plusieurs secteurs de la ville. Des modifications au modèle, particulièrement aux échelles micro-territoriales, n'ont donc pas tardé à venir.

À l'origine, le territoire de l'ensemble de la ville unifiée est divisé en 13 arrondissements marquant les frontières de treize *community committees*, chacun étant accompagné d'un groupe de résidants (le *residents' advisory group*) chargé de le conseiller. Cinquante districts électoraux forment les territoires où sont élus les cinquante membres du conseil municipal, le maire, quant à lui, étant élu au suffrage universel. En 1977, le nombre de *community committees* est réduit à six et leurs responsabilités sont revues à la baisse puisque la gestion des services de proximité leur est retirée. Les districts électoraux et, par conséquent, le nombre de conseillers municipaux sont aussi limités, passant de cinquante à vingt-neuf. En 1992, il n'y a plus que cinq *community committees*, 29 districts électoraux et trois *residents' advisory groups*. Devenus responsables de la formation des RAGs, deux community committees sur cinq n'ont pas cru bon de maintenir leur RAG.

Lors de la révision la plus récente de la loi provinciale s'appliquant à la ville de Winnipeg, en 2003, la City of Winnipeg Charter a remplacé le City of Winnipeg Act et la ville s'est vue octroyer des pouvoirs d'auto-détermination, s'inscrivant ainsi dans un mouvement qui anime les milieux municipaux des provinces de l'Ouest canadien depuis plusieurs années. En partie « libérée » de l'emprise gouvernementale[4], la ville a toutefois maintenu – tout au moins jusqu'à présent – les cinq conseils d'arrondissement qui quadrillent l'ensemble de son territoire et dont les pouvoirs se limitent désormais à un rôle consultatif en matière d'activités récréatives et d'urbanisme.

Ce qu'il est désormais convenu de désigner comme le modèle de Winnipeg comporte donc plusieurs volets qui tirent leur cohérence d'une volonté d'allier l'efficacité et la démocratie. La fonction tradition-nelle de représentation assumée par les élus au sein du conseil municipal est élargie et étendue aux *community committees*, et la fonction de par-ticipation des résidants est institutionnalisée par l'entremise des RAG. Soulignons ici que la décentralisation des services et la participation citoyenne s'exercent sur une échelle commune, celle de l'arrondissement. Comme le nombre d'instances décentralisées sera considérablement réduit entre 1971 et 2004, les territoires administratifs inframunicipaux seront élargis. En corollaire, cela entraînera aussi l'élargissement du ter-ritoire de la participation. Cette situation pose un dilemme structurel qui pourrait être résolu de l'une ou l'autre des façons suivantes. Soit en décrétant que les échelles de la participation et de la décentralisation seront différentes, la première se logeant, selon les enjeux, à l'échelle de l'ensemble de la ville ou à l'échelle plus restreinte du quartier, alors que la décentralisation prendrait forme à l'échelle de l'arrondissement. Soit que la participation à l'échelle inframunicipale serait abandonnée. Cette dernière possibilité remettrait en cause la cohérence que les concepteurs avaient voulu placer au centre du modèle de Winnipeg.

Le modèle de Winnipeg est, en effet, porté par une vision consi-dérée comme très innovatrice en 1971. Le projet de mise en place de *community committees* et d'instances consultatives s'inscrit alors dans la foulée des réflexions sur le *neighborhood government* qui ont marqué cette époque[5]. Ce mouvement, qui visait à donner une voix aux résidants et

---

4. La firme de consultants responsable de la révision par les autorités provinciales en 1997 a qualifié de « paternalisme provincial » la responsabilité gouverne-mentale de statuer sur le partage des fonctions à l'échelle inframunicipale et sur les processus propres à la prise de décision, incluant la démocratie locale, à l'échelle locale.

5. Notamment avec l'ouvrage de M. Kotler qui paraît en 1969.

à réduire l'importance jugée indue de la voix des développeurs et des promoteurs fonciers, a conduit au retrait du référendum comme outil de consultation et à son remplacement par une instance consultative moins contraignante pour les élus locaux. Si le modèle de Winnipeg a suscité de l'espoir dans la formation de la démocratie participative municipale, la réalité politique et les réformes successives sont venues considérablement édulcorer les prémisses de départ. À la suite d'un ensemble de décisions de la part du gouvernement de la province et de la part des élus municipaux, le modèle innovateur de Winnipeg s'est érodé. Les enjeux qui ont marqué les débats sur la structure de la ville, et qui ont entraîné des modifications importantes, concernaient : 1) la place du maire ; 2) le partage des ressources entre les services centraux de la ville et les services de proximité ; 3) le découpage des territoires électoraux des conseillers municipaux ; 4) le contrôle que ces derniers souhaitaient exercer sur la communication entre la ville et les résidants ; 5) et la place du noyau urbain dans l'ensemble des politiques d'une ville où les tensions entourant l'appropriation de l'espace sont intenses.

L'évolution du modèle de Winnipeg a été marquée par des débats essentiellement placés sous le contrôle de la classe politique locale et provinciale et portés au gré des ambitions et des visées de chacune. Ces débats ont conduit à des modifications au modèle initial de 1971. Leurs conséquences ont affecté de façon significative les espaces de participation accessibles aux populations locales, avec la réduction draconienne du nombre d'arrondissements et l'augmentation considérable de l'étendue de leur territoire, la réduction du nombre de districts électoraux et conséquemment un élargissement des territoires politiques de base et l'augmentation du ratio élu/électeurs, et, enfin, la réduction des groupes consultatifs de résidants. Au total, si l'approche à Winnipeg reposait sur une valorisation des territoires de proximité, la logique centralisatrice, tout comme celle de l'efficacité, l'a emporté. La solution rassembleuse du départ s'est avérée une étape transitoire dans la consolidation de la ville élargie et la dévalorisation de l'échelle inframunicipale.

LA MÉGACITÉ DE TORONTO, 1998-2004

Plus récente que celle de Winnipeg, l'expérience de réorganisation territoriale à Toronto est pertinente parce qu'elle s'insère dans un contexte sociopolitique qui partage plusieurs points avec le cas québécois :

1) les deux expériences font partie d'une réforme plus vaste à l'échelle provinciale; 2) dans les deux cas, un mouvement d'opposition fort accompagne la réorganisation; 3) à Toronto, comme dans plusieurs villes québécoises, des structures inframunicipales sont adoptées; et 4) l'approche participative fait partie de la problématique de la réorganisation autant à Toronto qu'au Québec. Ces deux derniers points retiendront notre attention afin de présenter le cadre initial qui leur a été attribué lors de la création de la ville et l'évolution qui a suivi au cours des six premières années d'existence de la mégacité.

Le Parti conservateur, porté au pouvoir en Ontario en 1995, décide d'intervenir par fusion de territoires à l'échelle de la Communauté urbaine de Toronto et des six villes qui la composent[6]. La loi créant la nouvelle ville de Toronto est adoptée en 1997 et la *mégacité* de Toronto, avec ses 2,3 millions d'habitants, voit le jour en 1998. La structure administrative de la ville est centralisée, mais la structure politique se déploie sur deux niveaux : celui du conseil municipal dont les membres (incluant le maire et 56 conseillers municipaux) représentent l'ensemble des électeurs de la ville, et celui des six *community councils* dont les territoires coïncident avec ceux des six municipalités fusionnées.

Dès la mise en place de cette nouvelle structure, les services centraux se dotent de territoires fonctionnels (nommés *districts*) à vocation administrative seulement, dont les frontières ne coïncident ni avec celles des *community councils* ni avec celles des districts électoraux. De plus, le conseil municipal se dote de comités permanents fonctionnels chargés de débattre des questions reliées aux services et à leur gestion par district.

Dans l'organigramme de la nouvelle ville, les *community councils* sont reconnus comme des comités du conseil municipal dont les responsabilités s'exercent territorialement. Quel mandat est confié aux arrondissements torontois ? Il s'agit d'un mandat consultatif auprès du conseil municipal en matière de zonage et de développement et à propos de toute question d'intérêt local. En plus de devoir présenter des avis et des recommandations au conseil municipal, les *community councils* sont chargés de faire les consultations publiques requises en matière d'urba-

---

6. Pour une réflexion sur les objectifs poursuivis par le gouvernement dans la réorganisation torontoise, voir Sancton (2000 : 142-154).

nisme et d'entendre les personnes et les groupes désireux de faire connaître leurs points de vue, afin de rendre compte régulièrement, au conseil
municipal, de ces volets de leur mandat. Il s'agit ainsi d'un rôle d'agents
de consultation et de relais de l'information, et non d'un mandat de
gestion de services décentralisés.

Comme les *community councils* ont le statut de comités du conseil municipal, ce dernier doit donc tenter de gérer le grand nombre de
rapports et recommandations émanant de ces instances. Il adopte une
approche pragmatique en se donnant comme règle de suivre intégra-
lement la majorité des recommandations des *community councils*. En
pratique, le rôle des *community councils* a donc dépassé les termes de leur
mandat officiel. Si leur influence est conditionnelle à la bonne volonté
des membres du conseil municipal, le pouvoir des *community councils* est
quasi décisionnel en pratique puisque leurs recommandations sont souvent adoptées sans discussion. La charge de travail du conseil municipal
empêche en effet les élus de s'arrêter sur chacune des questions qui leur
sont soumises. On perçoit alors la pertinence de ceux qui, à l'instar de
Kjellberg (1976 : 21), considèrent que l'argument du *case overload* justifie la décentralisation dans une grande ville au nom de l'efficacité. Ce
constat confirme aussi la position de l'équipe de transition de Toronto
qui avait insisté sur l'importance des *community councils* dans la structure de la ville (Toronto Transition Team, 1997 : 64).

À Toronto comme à Winnipeg, l'efficacité semble plus déterminante que la valorisation de la participation des citoyens dans un cadre
de proximité. Les objectifs de départ des *community councils* ont en effet
été inversés. La loi créant la nouvelle ville de Toronto prévoyait la possibilité de former des *community committees* comme comités de citoyens
à l'échelle des arrondissements. Mais les élus de la nouvelle ville ont
décidé de ne pas suivre cette piste[7].

La mise en place des *community councils* relevait d'une préoccupation d'ordre électoral plutôt qu'administratif, puisque ces instances étaient présentées comme un espace de la représentation de
proximité d'abord. En effet, l'information et l'imputabilité de même que

---

7.   L'équipe de transition avait d'ailleurs émis des réserves concernant la mise en
     place des *community committees*. Son influence a été déterminante à cet égard.

l'accessibilité des élus sont citées pour souligner l'importance des *community councils*.

> Stewardship of the community implies more than making decisions on local planning matters. It means keeping in touch with citizens and their concerns. The community councils should be a focal point for involving people in community affairs. It also means understanding how the community is doing. If people are worried about safety on their streets, the community council can discuss what should be done and who can be brought to the table to discuss an action plan (Toronto Transition Team 1997 : 65).

Les territoires des arrondissements, où agissent les *community concils*, ont été modifiés à plusieurs reprises depuis 1998. La première transformation a fait suite à la révision de la carte électorale en vue du scrutin de 2000 puisque la situation créée par la nouvelle carte contrevenait au principe de l'inclusion intégrale des territoires des districts électoraux compris dans chacun des arrondissements. Les modifications aux territoires électoraux ont ainsi imposé une révision des frontières des arrondissements.

La seconde transformation a été enclenchée par un événement d'ordre administratif. En effet, la décision de réduire à quatre le nombre d'arrondissements a fait suite à l'adoption par la ville d'un modèle organisationnel divisant le territoire municipal en quatre grands districts administratifs[8]. Les élus ont ainsi pu atteindre plusieurs objectifs : 1) homogénéiser la carte des districts et celle des arrondissements ; 2) égaliser la taille des arrondissements et, espérait-on aussi, la répartition des tâches ; 3) inclure entre 10 et 12 districts électoraux par arrondissement ; 4) et, finalement, égaliser le nombre de membres des *community councils*.

L'expérience de Toronto montre comment les territoires institutionnalisés font l'objet de modifications notoires sur une courte période, comme ce fut le cas à Winnipeg. Cet examen toutefois fait ressortir trois différences importantes entre le modèle de Winnipeg et celui de

---

8. L'argument utilisé pour justifier cette réforme s'appuyait sur l'inadéquation des frontières des arrondissements, ces derniers étant trop nombreux et trop exigeants pour le personnel des services techniques.

Toronto : 1) les *community councils* torontois n'ont pas reçu de mandat visant une gestion décentralisée, les services de proximité étant en effet offerts par les districts administratifs ; 2) deux facteurs ont prévalu à Toronto dans le découpage des territoires des arrondissements : la logique électorale (avec les districts électoraux) et la logique administrative (avec les districts administratifs[9]) ; et 3) les *community councils* ont cependant reçu un mandat explicite d'agir comme relais des points de vue des résidants. Ces derniers n'ont pas eu l'occasion de profiter de la formation des *community committees* puisque ces instances participatives n'ont pas été créées.

Ce constat nous incite à conclure que la raison d'être des *community councils* à Toronto se trouve du côté de l'efficacité de la communication entre les élus et leurs commettants, dans la perspective d'une démocratie représentative bonifiée en vue d'améliorer le travail politique et administratif des élus. Les *community councils* n'ont pas été conçus comme instruments visant à favoriser la mise en place d'une démocratie de participation. Il est possible que d'autres voies, moins institutionnalisées et plus éloignées de notre propos, caractérisent l'interface entre la ville et la société civile torontoise.

En effet, les mobilisations anti-fusionnistes de 1997 ont vite laissé la place à un nouveau champ de mobilisation axé sur l'avenir de la ville plutôt que sur son passé. Le Citizens for local democracy a ouvert la voie à la formation d'une coalition progressiste élargie appelée Toronto City Summit Alliance, qui perpétue une participation citoyenne peu institutionnalisée qui s'est somme toute accommodée de la réorganisation de 1997 (Boudreau, 2004).

Ce cas suggère que la construction institutionnelle de nouveaux territoires de proximité répond à des logiques traditionnelles de type administratif et électoral. Si la première mouture des arrondissements torontois visait à faciliter la communication entre le niveau local et celui de la grande ville, ce sont aujourd'hui des objectifs d'efficacité et d'accommodation de la fonction représentative qui prévalent dans le remodelage des territoires. La pratique de la participation, quant à elle,

---

9. La terminologie anglaise est plus claire puisque les territoires électoraux se nomment *wards* et que le terme de district est réservé au découpage administratif.

demeure bien ancrée dans la société civile et échappe, ce faisant, aux logiques institutionnelles.

LA DÉCENTRALISATION ET LA PARTICIPATION INSTITUTIONNALISÉE AU QUÉBEC

Ce détour par des expériences canadiennes de construction institutionnelle des territoires de proximité nous permet de singulariser l'expérience québécoise en matière d'arrondissement. La comparaison permet en effet d'isoler les traits distinctifs de légitimation des territoires inframunicipaux. Pour la première fois au Québec, la loi 2000 chapitre 56 introduit une structure inframunicipale nommée arrondissement de même que des instances de consultation telles que les conseils de quartier à Québec et l'Office de consultation publique à Montréal. L'idée n'est cependant pas nouvelle puisque, presque dix ans auparavant, des politiques de consultation et des projets de décentralisation avaient été adoptés par ces deux villes, sous l'impulsion des deux partis politiques municipaux de gauche, le Rassemblement des citoyens et citoyennes de Montréal (RCM)[10] et le Rassemblement populaire à Québec[11]. Ces expériences ont en quelque sorte ouvert la voie à la décentralisation et à l'institutionnalisation de la participation citoyenne. Cette entrée en matière nous permettra de retracer la genèse du projet de réorganisation territoriale municipale, à partir d'une lecture centrée sur la construction des territoires de proximité.

Les premiers projets à Montréal et à Québec

Formant l'opposition au conseil municipal de Montréal entre 1974 et 1986, le Rassemblement des citoyens et citoyennes de Montréal (RCM) s'est fait le défenseur de la démocratie locale et de la décentralisation. Le parti, porté au pouvoir en 1986, accorda la priorité à la mise en place des « bureaux d'accès Montréal ». L'objectif est de rendre disponible l'information au plus près des citoyens : douze bureaux sont répartis

---

10. Au pouvoir à Montréal de 1986 à 1994.
11. Au pouvoir à Québec de 1989 à 2001.

sur l'ensemble du territoire de la ville de Montréal. Des personnes-ressources ont été déplacées du centre de l'administration municipale vers ces bureaux déconcentrés.

Mais, au-delà de ces bureaux d'information, le Rassemblement des citoyens et citoyennes de Montréal (RCM) s'est engagé à créer des conseils de quartier décisionnels dont les responsabilités auraient été matérialisées par l'ouverture de maisons de quartier. En créant des comités-conseils d'arrondissement (CCA), en 1989, c'est un modèle bien différent qui est retenu. En effet, en divisant le territoire de la ville en neuf arrondissements, les responsables municipaux ont opté pour des territoires très vastes plutôt que pour des territoires à l'échelle de la proximité. De plus, en retenant un modèle où le comité-conseil d'arrondissement (CCA) est composé des conseillers élus dans les districts situés sur le territoire de chaque arrondissement et non formé de représentants élus en assemblée générale de résidants, l'équipe du Rassemblement des citoyens et citoyennes de Montréal (RCM) s'est éloignée du projet initial du parti. Il a retenu le modèle de Winnipeg pour constituer un espace de communication pour les élus et non pour les citoyens et les citoyennes.

Dans un premier temps, les comités-conseils d'arrondissement (CCA) sont dotés d'un mandat consultatif auprès du comité exécutif de la ville dans les domaines de l'urbanisme et de l'aménagement. Leurs responsabilités sont légèrement élargies en 1994 pour leur permettre de prendre certaines décisions (Hamel, 1999b : 121 ; Quesnel et Léveillée, 1994). Quelques temps avant le scrutin de novembre 1994, les comités-conseils d'arrondissement (CCA) sont reconnus dans la charte de la ville de Montréal, mais leur existence est remise en cause par la nouvelle équipe politique de Pierre Bourque quelques mois plus tard. En effet, les comités-conseils d'arrondissement (CCA) sont l'objet de nombreuses critiques de toutes parts. À titre d'exemple, dans son analyse de la mise en place de la politique-cadre de consultation publique à Montréal, Pierre Hamel constate que cette dernière a fait face à des résistances de la part de l'administration municipale et des milieux d'affaires (Hamel, 1999b : 135). Dans un tel contexte, leur abolition par l'équipe politique élue en 1994 ne prend personne par surprise. Ils sont remplacés par des « conseils de quartier » formés d'élus municipaux, qui deviennent rapidement caducs. Les territoires des neuf arrondissements ont cependant persisté en tant que divisions administratives de la ville. Entre 1986 et 1994, une réorganisation administrative des services municipaux s'était faite sur la base des arrondissements, laissant ainsi des traces sur lesquelles il a été possible de s'appuyer lorsque le temps est venu d'implanter les bureaux d'arrondissement de la nouvelle ville en 2001.

À Québec, la volonté de démocratisation du système municipal s'est davantage concrétisée. Si, à l'instar du Rassemblement des citoyens et citoyennes de Montréal (RCM), le Rassemblement populaire de Québec (RPQ) propose dès sa création en 1977 une décentralisation du système municipal, la conviction des militants et la longévité politique du RPQ ont permis de pousser l'expérience plus loin (Bherer, 2003). Le principal instrument de cette approche est le conseil de quartier. Le programme du RPQ présente au départ les conseils de quartier comme une instance décisionnelle chargée de la dispensation de services de proximité, fonctionnant selon l'autogestion citoyenne. Si ce projet démocratique a été moins galvaudé qu'à Montréal, la prise du pouvoir en 1989 amène également un repositionnement des objectifs de départ. Les conseils de quartier passent du statut d'instance autogérée au statut de dispositif consultatif indépendant. Le caractère décisionnel du processus de décision publique de la Ville est ainsi laissé tombé au profit d'une autonomie juridique complète. Les conseils de quartier sont en fait des associations formées de citoyens élus lors d'une assemblée générale annuelle. Les élus des quartiers participent aux travaux de l'instance, sans toutefois disposer d'un droit de vote. Ces instances de proximité ont pour mandat de répondre aux demandes d'avis de la Ville et de lancer leurs propres projets, avec ou sans la collaboration des autorités municipales. Établis à une échelle beaucoup plus petite que les comités-conseils d'arrondissement (CCA) de Montréal, les RAG de Winnipeg ou les *community councils* de Toronto, les conseils de quartier québécois agissent sur des territoires comprenant entre 6 000 et 23 000 résidants.

Le modèle de la ville de Québec, avec ses conseils de quartier, se démarque par rapport aux autres expériences canadiennes de constitution de l'échelle inframunicipale (et non seulement de celles qui sont analysées ici) en raison de la logique strictement participative qui l'anime. En outre, la primauté de la participation influence la logique administrative et non l'inverse. En effet, la limitation des quartiers favorise le développement d'une action publique municipale de proximité. Finalement, l'approche des conseils de quartier se caractérise par une remarquable stabilité en termes de fonctionnement, de territoire et de représentation citoyenne et politique.

Ces premiers projets, à Montréal et à Québec, permettent de relativiser l'innovation qui pourrait apparaître à première vue dans la réorganisation de 2000. La mise en place de conseils d'arrondissement à Montréal, à Québec et dans plusieurs autres villes, et la création de conseils de quartier à Québec sont l'aboutissement d'une démarche qui trouve son origine dans les années 1970, avec la création des partis politiques municipaux de gauche qui ont été construits par des militants issus des groupes populaires et des intellectuels (Quesnel, 1999 : 335), eux-mêmes fortement inspirés par les expériences grenobloises et bolognaises de l'époque, et de façon plus immédiate par les expériences de Winnipeg et, plus récemment, de Toronto.

Les prémices de la réorganisation de 2000 et l'émergence des arrondissements

La mise en place des nouvelles villes en 2002 fait suite à une démarche qui s'amorce en 1999 avec la parution du rapport de la Commission nationale sur les finances et la fiscalité locales (CNFFL). Nous allons repasser les événements qui ont marqué cette période en insistant sur les informations pertinentes pour notre problématique sur la constitution des territoires de proximité. D'abord, nous ferons la synthèse des propositions et verrons en quoi elles ont été prises en compte dans la rédaction de la loi. Nous terminerons cette section avec une présentation des principaux traits des instances inframunicipales au Québec, en insistant sur leur contribution à l'émergence d'une démocratie participative.

À la fin de son mandat, en avril 1999, la Commission nationale sur les finances et la fiscalité locales (CNFFL) arrive à la conclusion que les structures locales québécoises sont inadéquates pour faire face à la « dynamique locale contemporaine du Québec ». Les constats sont sévères : trop grande multiplicité des unités locales, chevauchement des services, absence de vision régionale, inéquité fiscale, déficience de la démocratie locale, compétition intermunicipale stérile. Pour corriger cette situation, la Commission nationale sur les finances et la fiscalité locales (CNFFL) propose une série de mesures concernant les municipalités régionales de comté, la fiscalité municipale, les régions administratives, les agglomérations métropolitaines et la décentralisation. Parmi les recommandations de la Commission, les regroupements obligatoires par fusions de territoires dans les agglomérations métropolitaines occupent une place très importante. Mais, alors que le rapport s'attarde longuement sur « la refonte globale du secteur public local », il n'aborde pas du tout la possibilité de constituer des instances inframunicipales sur le territoire des futures villes. S'il convient de voir dans le rapport de la Commission nationale sur les finances et la fiscalité locales (CNFFL) l'élément déclencheur de la période intensive d'élaboration de la politique de réorganisation territoriale municipale, il faudra donc regarder ailleurs pour trouver l'amorce d'une réflexion gouvernementale sur le sujet des arrondissements, notamment du côté de l'expérience montréalaise que nous avons vue précédemment.

Un an plus tard, le gouvernement du Québec rend public son plan[12] de réorganisation municipale axé sur trois objectifs : une vision commune du devenir des collectivités, une prise en considération des objectifs gouvernementaux en matière de développement durable et d'aménagement, un secteur municipal plus efficace permettant un allègement et une meilleure répartition du fardeau fiscal (Gouvernement du Québec, 2000c : 55-57).

Le gouvernement propose de créer une communauté métropolitaine dans chacune des trois principales agglomérations du Québec, de constituer des comités aviseurs formés d'élus municipaux chargés de soumettre des propositions de regroupements territoriaux dans chaque agglomération et de modifier le programme de péréquation de façon à pénaliser les municipalités qui refuseraient le regroupement. Le plan gouvernemental est complètement muet sur la pertinence de doter les nouvelles villes d'instances inframunicipales.

Dans la suite du Livre blanc sur la réorganisation, le gouvernement nomme un mandataire gouvernemental dans chacune des trois agglomérations métropolitaines. Ces personnes rendront compte des travaux des comités aviseurs et soumettront leurs propres rapports au cours des mois qui suivront. L'examen de chacun de ces rapports[13] révèle des logiques

---

12. Identifié comme le « Livre blanc ».

13. Le rapport du mandataire de la région de Montréal est remis le 11 octobre 2000. Celui du mandataire de la région de Québec est remis le 2 octobre 2000. Celui du mandataire de l'Outaouais est remis le 12 octobre 2000.

légèrement différentes qui conduisent à justifier ou non des territoires inframunicipaux. Chaque mandataire prend bien le temps de décrire la situation particulière des territoires concernés pour étayer son argumentaire sur la nécessité de la proximité.

Pour ce qui est du mandataire attaché à la **région de Montréal**, son rapport, plus détaillé que ceux de ses collègues mandataires de Québec ou de l'Outaouais, est délibérément stratégique[14]. Le rapport comprend deux sections, la première portant sur la rive nord, et la seconde portant sur la rive sud. Pour le territoire de la communauté urbaine de Montréal, Louis Bernard propose de regrouper les 27 municipalités de l'île de Montréal en une seule, qui serait dotée d'un conseil municipal formé du maire et de 64 conseillers élus majoritairement à l'intérieur des frontières de l'ancienne ville-centre. Il appuie la formation de 27 arrondissements, neuf d'entre eux correspondant aux neuf divisions administratives de l'ancienne ville-centre, pendant que les territoires des banlieues seraient regroupés au sein des 18 autres arrondissements.

Les arrondissements, selon la proposition du mandataire, auraient un statut de municipalité autonome, avec un « maire d'arrondissement » à la tête du conseil d'arrondissement doté d'un pouvoir de taxation et d'un pouvoir d'emprunt. Les conseils d'arrondissement seraient responsables d'une série assez considérable de « services de proximité ».

Le mandataire s'arrête sur la question de la vie démocratique, qu'il aborde surtout avec le rôle des partis politiques municipaux. Il passe très rapidement sur la question de la participation directe des citoyens dans la prise de décision, qui prendrait forme dans les arrondissements, selon lui, avec l'instauration du référendum dans l'ensemble des arrondissements. Pour ce qui est de la participation à l'échelle de l'ensemble

---

14. Le mandataire fait entre autres remarquer que certaines de ses recommandations s'imposent parce qu'elles « rendent possible le ralliement de toutes les parties » (p. 7). Il aborde l'importante question des villes à statut bilingue.

de la nouvelle ville, le mandataire s'en remet au travail de la commission Tremblay[15].

Pour la **rive sud**, le mandataire de la région de Montréal propose la création d'une seule ville, sans arrondissement. Mais la curiosité du lecteur est suscitée par la proposition voulant que la nouvelle ville soit autorisée à « créer des conseils de quartier (sic) auxquels elle pourra déléguer, si elle le désire, certains de ses pouvoirs ».

Le mandataire de la **région de Québec**, Jean-Louis Lapointe, retient les objectifs suivants pour la rive nord :

> L'émergence d'une vision cohérente du développement de l'agglomération de Québec, d'une plus grande équité entre les contribuables, tout en gardant les services publics près de la population par la mise en place de conseils d'arrondissement. Elle permettra aussi de mieux distinguer les enjeux locaux des enjeux régionaux (Gouvernement du Québec, 2000a : 23).

Le mandataire propose donc une intervention à trois niveaux. D'abord, les territoires de l'agglomération (rive nord et rive sud) seraient regroupés au sein de la Communauté métropolitaine de Québec. Deuxièmement, les municipalités formant la Communauté urbaine de Québec depuis 1970 seraient fusionnées en une seule nouvelle ville. Troisièmement, cette nouvelle ville serait dotée de territoires d'arrondissement ainsi que de conseils d'arrondissement.

La formation d'arrondissements n'apparaît pas comme accessoire pour le mandataire de Québec qui affirme que « l'option de la ville unique pour le territoire de la CUQ ne devrait être retenue qu'à

---

15. La commission Tremblay (du nom de l'actuel maire de Montréal), tenue en 1999, avait pour objectif de mener des audiences publiques sur la consultation publique à Montréal. Ce processus fait suite à la pression de groupes de citoyens qui se plaignent auprès de la ministre des Affaires municipales de la gestion sans transparence du maire Pierre Bourque. Une des principales recommandations de la commission est la constitution d'un office de la consultation publique qui sera effectivement enchâssée dans la loi régissant la nouvelle ville de Montréal. La présidence de cette commission a permis au maire Gérald Tremblay de se présenter comme un grand démocrate et, implicitement, un rassembleur, lors des élections municipales de 2001.

condition expresse que soit mis en place un système d'arrondissement qui permette non seulement aux communautés locales de s'exprimer, mais aussi une emprise réelle sur la détermination et la dispensation des services de proximité sur leur territoire » (Gouvernement du Québec, 2000a : 10). S'il touche par ces mots la question de la démocratie locale, le mandataire n'explicite pas sa pensée en proposant des moyens de parvenir à ces fins. Un certain éclairage supplémentaire est toutefois apporté en annexe lorsque l'auteur présente les critères utilisés pour analyser différents scénarios de réorganisation : 1) efficacité ; 2) efficience ; 3) équité ; 4) démocratie et imputabilité ; 5) cohérence avec l'environnement sociopolitique ; et 6) difficulté de mise en œuvre.

Pour la **rive sud** de Québec, le mandataire propose la formation d'une ville unique dotée de trois arrondissements. Mais il ne s'attarde pas sur les responsabilités de ces instances inframunicipales et sur leur rôle dans la ville unifiée.

Le mandataire pour **l'agglomération de l'Outaouais**, Antoine Grégoire, propose, quant à lui, de regrouper en une seule ville les cinq villes formant la Communauté urbaine de l'Outaouais depuis 1990. En s'appuyant sur la taille de la nouvelle ville, le mandataire est d'avis qu'il n'y aurait pas lieu d'y constituer des arrondissements. Une telle taille (218 000 habitants) ne justifierait pas la décentralisation en termes de responsabilités et de prérogative de taxation. Par ailleurs, souligne-t-il, il y aurait lieu de mettre en place des « points de services » pour faciliter l'accès et la proximité des services (Gouvernement du Québec, 2000b : 13). Enfin, soulignons que le mandataire n'aborde pas la question de la vie démocratique et de la participation des citoyens.

L'analyse de ces trois rapports, centrée sur la construction des territoires inframunicipaux des principales villes issues de la réorganisation territoriale[16], mène à quatre constats. **D'abord**, la problématique de la formation d'arrondissement, présente partout, est toujours abordée en terme de proximité compte tenue de la taille de la ville unifiée. La

---

16. D'autres villes ont aussi été créées dans la foulée de la réorganisation territoriale de 2000 : Gatineau, Lévis, Trois-Rivières, Sherbrooke, Saguenay, Saint-Jérome (Collin et Léveillée, 2002 : 65). En plus des villes de Montréal, Québec et Longueuil, Lévis, Sherbrooke et Saguenay ont été dotées de structures d'arrondissement.

proximité désigne un rapport des citoyens à l'administration, l'objectif étant de garder les services publics près de la population. **En deuxième lieu**, la question de la vie démocratique retient l'attention du seul mandataire chargé de faire rapport sur l'agglomération de Montréal. Ce dernier adopte un point de vue centré sur la démocratie représentative et s'en tient au référendum en ce qui concerne la participation des citoyens. Il s'attarde sur des mesures portant sur la composition du conseil municipal et le statut et les responsabilités des arrondissements, montrant en cela sa sensibilité aux débats locaux que suscite à l'époque le projet de réorganisation. **Troisièmement**, les mandataires n'abordent pas du tout la question du découpage de la carte électorale des nouvelles villes. Est-ce pour souligner une démarcation entre les affaires municipales et les affaires électorales ? Ou pour éviter de s'immiscer dans une question concernant au premier chef les élus ? Ou pour suggérer que les territoires politiques de la représentation et ceux de la participation des citoyens ne devraient pas être confondus ? **Quatrièmement**, au-delà des spécificités montrant à quel point le travail des mandataires est marqué par le contexte propre à chaque agglomération, il est clair que ces travaux sont orientés par le Livre blanc. Ils ont pour objectif de préciser les formes que prendra la réorganisation dans chaque territoire d'agglomération, en tenant compte des réformes institutionnelles récentes de chaque agglomération et des débats qui animent la classe politique locale.

Très rapidement après la tombée de ces rapports, en octobre 2000, le projet de loi portant réforme de l'organisation territoriale municipale des régions métropolitaines de Montréal, de Québec et de l'Outaouais est adopté par l'Assemblée nationale[17]. Dans une très large mesure, les recommandations des mandataires et des comités de transition se sont matérialisées dans les structures des nouvelles villes[18]. Tout en soulignant que chacune d'entre elles a été imprégnée des résultats du travail particulier de son comité de transition, la plupart des villes partagent certaines caractéristiques déterminantes. Parmi celles-ci, mentionnons l'élection du maire au suffrage universel, l'élection des conseillers municipaux

---

17. La loi, adoptée en décembre 2000, est désignée comme *loi 2000*, chapitre 56. Ce cadre juridique a été complété par l'adoption de décrets faisant suite aux recommandations des comtés de transition.

18. Sur le travail des comités de transition, voir Collin et Léveillée (2002 : 59-70).

dans des districts[19] et l'institutionnalisation d'une forme de décentralisation inframunicipale[20].

À ces compétences administratives s'ajoutent des responsabilités relatives à la démocratie locale. Au chapitre de la représentation, les membres des conseils d'arrondissement sont en effet tenus de se faire le porte-parole de leur arrondissement au conseil municipal, sous forme d'avis et de recommandations, notamment sur le budget municipal. Les responsabilités des conseils d'arrondissement comprennent aussi la participation citoyenne, puisque les conseils sont, entre autres, chargés de tenir les consultations publiques requises par la Loi sur l'aménagement et l'urbanisme[21].

Nous constatons donc que les nouvelles villes québécoises ne sont pas tissées du même fil que les deux villes canadiennes précédemment décrites. En effet, l'arrondissement y est d'emblée reconnu comme un territoire administratif, plus proche de la décentralisation que ne le sont les *community committees* de Winnipeg et les *community councils* torontois. Toutefois, les conseils d'arrondissement québécois, au moment de leur création, à l'instar des instances inframunicipales de Winnipeg et de Toronto, ne possèdent pas de statut juridique autonome et n'ont pas de pouvoirs d'emprunt et de taxation.

La menace bien réelle du démembrement

Le statut des conseils d'arrondissement a été au centre des débats qui n'ont pas manqué de resurgir après le scrutin de 2003. Lors des débats sur les fusions « forcées », l'évidence de la nécessité de tenir des

---

19. Les conseillers d'arrondissement s'ajoutent aux conseillers de ville à Montréal.

20. En l'absence de conseils d'arrondissement, des bureaux ou des points de services sont instaurés. Dans tous ces cas d'espèce, les responsabilités – variables en qualité et en quantité – touchent les champs de l'urbanisme, des matières résiduelles, de la voirie locale et de loisirs culturels et sportifs (Quesnel, 2002).

21. La consultation publique dont il est question ici porte sur les modifications aux règlements d'urbanisme. Les dispositifs de consultation incluent la pétition et le référendum décisionnel (Quesnel, 2000).

référendums sur les « défusions[22] » s'était imposée au chef du Parti libéral en cours de campagne électorale. Ainsi, le nouveau gouvernement libéral provincial établit-il les règles de cette consultation dès le lendemain de son arrivée au pouvoir[23] et fixe la date de la tenue des scrutins référendaires au 20 juin 2004. Deux cent douze municipalités regroupées en 42 nouvelles villes sont visées par cette procédure qui amorce ce qui donnera lieu à un « choc post-opératoire » (Rivard, Tomàs-Fornés et Collin, 2004) pour plusieurs d'entre elles. Onze des 42 nouvelles villes, parmi lesquelles on trouve Montréal, Longueuil et Québec, seront partiellement amputées de parties de territoires à la suite de ces référendums.

Les conséquences structurelles et politiques de ces démembrements sont considérables. Certaines d'entre elles sont déjà connues, d'autres surviendront avec le temps. Les municipalités « reconstituées » retrouveront un statut de municipalité autonome, avec le pouvoir de taxation et de décision caractéristique de ce statut. Cependant, elles ne disposeront que de compétences de proximité, fort semblables à celles des arrondissements des nouvelles villes, les compétences plus générales devant relever d'un conseil d'agglomération. Ce conseil, regroupant les municipalités reconstituées et la ville-centre[24], gérera jusqu'à 60 % des ressources des municipalités membres.

L'évolution de la situation des villes nouvelles au Québec depuis 2003 a suivi un cours tout à fait différent de celui des deux villes canadiennes. Malgré une opposition unanime des six municipalités de l'agglomération torontoise en 1997, le regroupement territorial a suivi son cours et un modèle centralisé a été institué. La situation de Montréal est paradoxale à cet égard puisque le modèle organisationnel de la ville a été revu en 2003 pour accentuer la décentralisation et tenter de rallier les défusionnistes. Cette tentative s'est cependant avérée vaine puisque le mouvement de défusion a été propulsé par l'initiative du nouveau

---

22. L'expression chère aux opposants à la réorganisation territoriale municipale désigne un retour aux municipalités antérieures à la fusion et le démembrement partiel des nouvelles villes.

23. La Loi concernant la consultation des citoyens sur la réorganisation territoriale de certaines municipalités (projet de loi nº 9) est adoptée le 17 juin 2003.

24. La municipalité dite « de centralité », par exemple Montréal, Québec, Longueuil.

gouvernement provincial. Ce qui a pour conséquence que le territoire regroupé par la loi de 2000 sera démentelé et qu'un modèle hybride à quatre composantes institutionnelles sera mis en place en 2006[25].

Au-delà des changements structurels provoqués par l'après-fusion, des modifications dans le rééchelonnement de l'action publique sont anticipées. En ce qui concerne la démocratie, des questions concernant la représentation politique au sein de ce méandre de centres de décision est problématique, puisque le rôle des conseillers municipaux exclus du conseil d'agglomération reste à définir. Les arrangements relatifs à la démocratie de participation dans les villes-centres pourraient aussi être affectés puisque les membres des conseils d'arrondissement, responsables, comme nous l'avons vu précédemment, d'acheminer les points de vue des populations de leur territoire aux centres de décision, n'auront pas accès au conseil d'agglomération. Se posera également la question de l'accès des groupes et de la société civile aux lieux de pouvoirs pertinents, dans ce qui risque de devenir un méandre complexe où la transparence et l'imputabilité pourraient avoir de la difficulté à se trouver une niche.

CONCLUSION : LES ENJEUX ENTOURANT LA FORMATION DES ARRONDISSEMENTS

Les deux expériences canadiennes ont montré combien la construction de territoires de proximité est soumise aux aléas politiques, particulièrement dans un contexte marqué par une reconfiguration étatique et un fort mouvement d'autonomisation des villes. De plus, à Winnipeg et à Toronto, l'impulsion des dynamiques politiques et bureaucratiques a entraîné des modifications substantielles aux frontières et aux fonctions des arrondissements. Au point de faire croire que ces structures sont soumises à un rééchelonnement cyclique tributaire des calendriers politiques et des tendances socio-économiques.

---

25. Les quatre composantes étant : 1) au niveau local, le conseil d'arrondissement dans la ville-centre ou le conseil municipal dans les municipalités reconstituées ; 2) le conseil municipal de la ville-centre ; 3) le conseil d'agglomération ; et 4) la communauté métropolitaine.

Dans ces processus de réorganisation, les experts de même que les élus municipaux et leurs bureaucraties jouent un rôle déterminant tantôt pour assurer la pérennité des cultures locales, tantôt pour implanter des orientations progressistes plus ouvertes sur l'échelle de l'agglomération. Nous avons aussi constaté à quel point les réformes structurelles municipales interpellent les élites locales et les groupes communautaires, qui savent, comme ce fut le cas à Toronto, tirer avantage d'une situation imposée de collaboration pour se donner de nouveaux projets de mobilisation. Enfin, nous avons constaté à quel point, dans les deux villes canadiennes examinées, les pouvoirs des arrondissements et leurs territoires politiques ont été considérablement érodés.

Ces expériences montrent comment le modelage des territoires témoigne de la nature des enjeux urbains et des valeurs auxquelles les acteurs adhèrent. À travers le découpage des frontières et les décisions quant au nombre d'arrondissements et de districts électoraux, ce sont les pratiques politiques et sociales qui sont touchées puisque ces pratiques prennent forme sur ces territoires. À long terme, les expériences de Winnipeg et de Toronto montrent que, des deux valeurs sous-jacentes au modèle de réorganisation municipale, celle de l'efficacité a pris le pas sur celle de la démocratie.

Les situations des nouvelles villes québécoises semblent différentes à plusieurs égards. Loin de s'affaiblir, les arrondissements ont tendance à affirmer leurs pouvoirs, particulièrement à Montréal, en s'investissant à fond dans les services de proximité. Ces révisions récentes et encore en cours des structures des nouvelles villes ont eu lieu en réponse à une très forte mobilisation contre les « fusions forcées », puis en faveur des « défusions » qui a mené, surtout à Montréal, à un rééchelonnement des pouvoirs à l'intérieur de la ville. S'agit-il d'une situation transitoire, susceptible de céder sa place à un modèle centralisé et à une érosion des territoires de proximité ?

La question initiale prend alors tout son sens. Vers quel devenir les conseils d'arrondissement s'orientent-ils ? La mise en place des nouvelles villes a montré que les arrondissements se positionnent avant tout comme territoires de gestion des services et comme espace de la représentation politique. Mais elle a aussi permis de voir toute l'ambiguïté entretenue à propos de la démocratie, comme cadre de la représentation d'abord, et comme lieu de la mobilisation citoyenne subsidiairement.

Le constat de démocratie est en fait nuancé par la mise en place d'une représentation indirecte aux niveaux très structurants que sont les communautés métropolitaines et – éventuellement – les conseils d'agglomération. Le contrôle démocratique des décisions, les débats indispensables à la transparence et à l'imputabilité auront-ils une place dans ces nouveaux dispositifs ? Autant dans les institutions que dans les pratiques, y a-t-il lieu de se montrer sceptiques et de poursuivre la réflexion sur cette question de la démocratie. Autant est-il nécessaire d'observer les conséquences de la réorganisation sur le niveau de la proximité, comme nous l'avons fait dans ce texte, autant il serait incomplet de ne pas tenir compte de la nouvelle donne métropolitaine en réduisant la problématique à l'échelle de l'arrondissement. Ce dernier prendra son sens et précisera sa mission comme l'échelon de la proximité dans l'ensemble des structures de la ville, tout en imposant par ailleurs son insertion efficace et démocratique dans l'ensemble de la ville et de la métropole.

RÉFÉRENCES

Belley, Serge (2003), « L'élection municipale de 2001 à Québec : l'"interventionnisme municipal" de la ville-centre contre le "populisme fiscal" des banlieues », *Recherches sociographiques*, vol. XLIV, n° 2.

Bherer, Laurence (2003), *La politique consultative de la Ville de Québec : une lecture institutionnaliste du phénomène participatif*, Thèse de doctorat, CERVL-Pouvoir, Action publique et territoire, Institut d'études politiques de Bordeaux, en ligne (http://www.vrm.ca/travaux_vrm.asp).

Bherer, L. et S. Breux (23 mai 2003), « Les conseils d'arrondissement et les conseils de quartier de la Ville de Québec : similitude, opposition ou complémentarité ? », Communication au séminaire *Gestion locale et démocratie participative. Les arrondissements dans les grandes villes du Québec*, INRS-Urbanisation, Culture et Société, Montréal.

Bherer, Laurence et Vincent Lemieux (2002), « La référence aux valeurs dans le débat sur la réorganisation municipale au Québec », *Canadian Journal of Regional Science/Revue canadienne des sciences régionales*, vol. XXV, n° 3.

Blondiaux, Loïc et Sandrine Levêque (1999), « La politique locale à l'épreuve de la démocratie participative dans le XXe arrondissement de Paris », dans Neveu, Catherine (dir.), *Espace public et engagement politique. Enjeux et logiques de la citoyenneté locale*, Paris, L'Harmattan.

Boudreau, Julie-Anne et Roger Keil (2001), « Seceding from responsibility ? Secession movements in Los Angeles », *Urban studies*, vol. 38, n° 10.

Boudreau, Julie-Anne (2004), « La coalition urbaine réformiste de Toronto et la fusion municipale », dans Jouve, B. et P. Booth (dir.), *Démocraties métropolitaines*, Montréal, Presses de l'Université du Québec.

Brenner, Neil (1998), « Global cities, glocal states : global city formation and state territorial restructuring in contemporary Europe », *Review of International Political Economy*, vol. 5, n° 1.

Bureau of Municipal Research (janvier 1975), « Citizen Participation in Metro Toronto : Climate for cooperation ? », *Civic Affairs*.

Collin, Jean-Pierre et Jacques Léveillée (2002), « Les comités de transition vers les nouvelles villes d'agglomération : résultats d'une enquête », *Organisations et territoires*, vol. 11, n° 3.

Commission nationale sur les finances et la fiscalité locales (1999), *Pacte 2000. Rapport de la commission nationale sur les finances et la fiscalité locales*, Québec, Les Publications du Québec.

Faure, Alain (2003), « Montréal l'île laboratoire. Les politiques publiques à l'épreuve du bien commun urbain », *Canadian Journal of Urban Research*, vol. 12, n° 1.

Frisken, Frances (2001), « The Toronto Story : Sober Reflections on Fifty Years of Experiments with Regional governance », *Journal of Urban Affairs*, vol. 23, n° 5.

Gainsborough, Juliet F. (2001), *Fenced off. The suburbanization of American politics*, Washington D.C., Georgetown University Press.

Gerecke, Kent et Barton Reid (1986), « The Failure of Urban Government : The Case of Winnipeg », dans Lustiger-Thaler, Henri (dir.), *Political Arrangements*, Montréal, Black Rose Books.

Gouvernement du Québec (2000a), *Rapport du mandataire du gouvernement sur la réorganisation municipale dans l'agglomération de Québec*, Québec.

Gouvernement du Québec (2000b), *Rapport du mandataire du gouvernement sur la réorganisation municipale dans l'agglomération de l'Outaouais*, Québec.

Gouvernement du Québec (2000c), *La réorganisation municipale*, Québec, ministère des Affaires municipales et de la Métropole.

Hamel, Pierre (1999a), « La consultation publique et les limites de la participation des citoyens aux affaires urbaines », *Recherches sociographiques*, vol. XL, n° 3.

Hamel, Pierre (1999b), « Le tournant communicationnel dans la gestion publique à la lumière des enjeux démocratiques », *Espaces et sociétés*, n° 97-98.

Keil, Roger (2000), « Governance restructuring in Los Angeles and Toronto : malgamation or Secession », *International Journal of Urban and Regional Research*, vol. 24, n° 4.

Kjellberg, Francesco (1976), *Municipal Decentralization. A Framework for the Study of Neighborhood Government*, Institute of Political Science, University of Oslo.

Kotler, Milton (1969), *Neighborhood Government. The Local Foundations of Political Life*, Indianapolis, Bobbs-Merrill Co.

Lefebvre, Rémi (février 2001), « Rhétorique de la proximité et "crise de la représentation" : note de recherche », *Cahiers lillois d'économie et de sociologie*, Paris, L'Harmattan.

Quesnel, Louise (2002), « Large Cities : an Opportunity for Innovation in Sublocal Decentralisation ? », *Urban Affairs Association Annual Meeting*, Boston, en ligne (http://www.vrm.qc.ca).

Quesnel, Louise (2000), *La consultation publique comme outil de la démocratie locale*, Toronto, Comité intergouvernemental de recherches urbaines et régionales.

Quesnel, Louise (1999), « La démocratie urbaine dans les métropoles canadiennes », dans Gabriel, Oscar W. et Vincent Hoffmann-Martinot (dir.), *Démocraties urbaines*, Paris et Montréal, L'Harmattan.

Quesnel, Louise et Jacques Léveillée (juin 1994), *Le rassemblement des citoyens et citoyennes de Montréal (RCM) au pouvoir : fidélité au programme et aptitude à gouverner*, communication présentée devant l'Association canadienne de science politique, lors du Congrès annuel des sociétés savantes, Calgary.

Rivard, Mathieu, Mariona Tomàs-Fornés et Jean-Pierre Collin (septembre 2004), *La gouvernance métropolitaine à Montréal : le temps des réformes*, Montréal, Groupe de recherche sur l'innovation municipale, INRS-Urbanisation, Culture et Société.

Sancton, Andrew (2000), « Amalgamations, Services Realignement and Property Taxes : Did the Harris Government Have a Plan for Ontario's Municipalities ? », *Canadian Journal of Regional Science/Revue canadienne des sciences régionales*, vol. XXIII, n° 1.

Tindal, C. Richard et Susan Nobes Tindal (2000), *Local Government in Canada*, 5ᵉ édition, Scarborough, Nelson Thomson Learning.

Toronto Transition Team (1997), *New City New Opportunities*, Toronto, City of Toronto.

Vojnovic, I. (2000), « Municipal Consolidation, Regional Planning and Fiscal Accountability : the Recent Experience in Two Maritime Provinces », *Canadian Journal of Regional Science/Revue canadienne des sciences régionales*, vol. XXIII, n° 1.

LA MÉTROPOLISATION SAPE-T-ELLE LA DÉMOCRATIE LOCALE ?

Vincent Hoffmann-Martinot

Le mouvement d'hétérogénéisation sociale urbaine résulte d'un processus de différenciation des rôles et des statuts des populations de la ville, qui s'est manifesté en France, comme dans la plupart des pays européens, à partir de la fin de la Seconde Guerre mondiale, soit vingt à vingt-cinq ans plus tard qu'en Amérique du Nord.

Martinotti (1994) a retracé les étapes de ce mouvement de différenciation en quatre cercles successifs de populations : les résidents, les actifs pratiquant quotidiennement des navettes entre leur domicile et leur lieu de travail (les navetteurs), les usagers des services et des espaces de la grande ville, et enfin le groupe des cadres et hommes d'affaires itinérants qui ne vivent plus dans une ville déterminée, mais dans des villes, ou plutôt qui passent leur temps à voyager d'une métropole à l'autre. À cette tendance lourde de passage de la ville traditionnelle à l'aire métropolitaine, puis à la « ville globale », viennent s'ajouter les effets sur la structure sociale des villes des profondes transformations économiques contemporaines provoquées en particulier par l'extension du secteur tertiaire, l'usage des nouvelles technologies et l'automatisation du travail.

Même si elles restent très éloignées dans leur physionomie sociale de la réalité urbaine américaine, les grandes villes françaises se sont néanmoins rapprochées au cours des dernières années des cités nord-américaines, au moins à travers une caractéristique cruciale : l'accentuation des disparités sociales intramétropolitaines.

En recourant notamment aux données récoltées par l'Observatoire international des métropoles (OIM), en particulier pour l'ensemble des 42 aires urbaines françaises de plus de 200 000 habitants, cette étude s'attache à montrer comment et dans quelle mesure métropolisation et suburbanisation induisent une profonde transformation des comportements politiques et des pratiques de la démocratie locale.

La métropolisation fait progressivement émerger de nouveaux enjeux sociopolitiques (I) d'autant plus complexes à réguler dans un pays comme la France caractérisé par un niveau particulièrement élevé de fragmentation de ses aires urbaines (II) au sein desquelles la polarisation sociopolitique croissante tend à fragiliser le jeu démocratique (III).

LA MONTÉE DES ENJEUX SOCIOPOLITIQUES LIÉS À LA MÉTROPOLISATION

Depuis une vingtaine d'années, on assiste dans les régions urbaines européennes à une intensification des conflits socio-économiques et politiques que les acteurs publics existants paraissent de moins en moins en mesure de réguler. Quelle que soit la profondeur des transformations de leur environnement, l'immobilisme et le misonéisme représenteraient-ils les règles fondamentales et quasiment intouchables du fonctionnement des institutions ? Représentatif de bien d'autres systèmes politiques d'agglomération, celui de Bordeaux, symbolisé au début des années 1990 par les méandres d'un projet de « Grand Bordeaux » torpillé de tous côtés, prouve que le constat quelque peu désabusé formulé par Wirth (1942 : 141-151) voici plus d'un demi-siècle conserve toute son actualité : « Nous vivons une époque caractérisée par la dissolution des frontières. Mais l'inertie de législateurs archaïques, les intérêts de prédateurs des élus locaux, des investisseurs et des industriels, le parochialisme des habitants des banlieues et le myopisme des planificateurs nous ont empêché de reconnaître pleinement la nécessité de créer une nouvelle unité de planification à l'échelle de la région métropolitaine. » Quant au prototype de Stuttgart traçant la voie d'une possible renaissance du gouvernement métropolitain en Europe, notre analyse approfondie de son processus de gestation a révélé la prudence de ses concepteurs qui s'est manifestée d'abord tout au long du processus de confection de la loi l'instituant, et ultérieurement dans le peu d'empressement avec lequel les principaux leaders politiques étatiques et régionaux consentirent à s'investir dans la consolidation de cette maquette, dont témoigne en particulier la vitesse de rotation de ses présidents successifs (Hoffmann-Martinot, 1994).

Face à de nouveaux enjeux – comme l'importance accrue des externalités, de la ségrégation sociospatiale, du développement économique et de la protection de l'environnement – qui justifient encore plus qu'auparavant des comportements et des pratiques de coopération, le gouvernement urbain se trouve au contraire soumis à un processus global de fragmentation contribuant à fragiliser substantiellement la légitimité de son action. Le constat dressé par Ostrom *et al.* (Ostrom, Bish et Ostrom, 1988 : 63) au sujet des États-Unis pourrait être étendu à d'autres nations : « Aujourd'hui, les questions les plus sérieuses que connaissent les gouvernements locaux concernent le gouvernement des aires métropolitaines. » Et pourtant la consolidation n'est toujours pas réellement inscrite à l'agenda politique et demeure un « non-enjeu », à l'exception notable de très rares pays comme le Canada (Collin, Léveillée et Poitras, 2002) et, dans une moindre mesure, la Suisse (Ladner, 2001).

La fragmentation territoriale ou géographique reflète le morcellement d'un territoire en un certain nombre d'unités de gouvernement. C'est un enjeu classique et récurrent des politiques territoriales – et de la science politique, au sein de laquelle s'est constituée une véritable « métropologie », notamment dans les années 1960, avec les travaux devenus classiques d'Adrian (1961) ou de Wood (1964) – dont la visibilité varie en fonction du rythme de son inscription à l'agenda des réformes institutionnelles. La balkanisation territoriale est supposée encourager les phénomènes dysfonctionnels suivants :

– l'absence de contrôle ou de guidance du développement territorial : l'étalement urbain ne peut être limité et encadré que par l'action coopérative des collectivités territoriales concernées, acceptant de surmonter leurs visions et stratégies étroitement particularistes, et de penser leurs politiques en intégrant la dimension cruciale des *problem spillovers* ;

– l'insuffisance de ressources : un trop grand nombre d'unités territoriales aboutit à une réduction correspondante de la richesse démographique, économique et fiscale ;

–   la faiblesse des capacités de gestion et d'expertise : les petites unités
    de gouvernement ne peuvent pas attirer ni développer un potentiel
    administratif et technique de management territorial. Regrouper
    leurs moyens d'action doit permettre de gagner en efficience et de
    réaliser des économies d'échelle ;

–   une non-concertation structurelle dans les tentatives de solution
    de problèmes communs : l'isolationnisme local est la règle, l'action
    collective, l'exception. Or, les décisions et les actions prises par une
    collectivité modifient souvent les contraintes pesant sur les politi-
    ques d'autres gouvernements. L'émergence de ces *policy spillovers*
    est sans doute la plus caractéristique du « problème métropolitain »
    qui l'apparente à la problématique de la gouvernance dans les rela-
    tions internationales ;

–   la ségrégation sociale et ethnique : de plus en plus de recherches
    menées au cours des dernières années ont considérablement relati-
    visé l'opposition classique et largement partagée entre les pratiques
    américaines de ghettoïsation et les divers mécanismes d'homogé-
    néisation à l'œuvre en Europe ;

–   la tendance à l'accroissement des disparités fiscales : elle résulte-
    rait d'un processus d'enrichissement des territoires les plus aisés
    parallèlement à une paupérisation de leurs voisins, en l'absence de
    procédures d'équilibrage et de péréquation des ressources.

La particularité de ce complexe d'enjeux est qu'il semble ne jamais
recevoir de solutions institutionnelles aptes à le désamorcer définitivement. Aussi parfaite et adaptée qu'elle puisse paraître à un instant *t*, une
réforme de réorganisation territoriale devient presque immanquablement
obsolète à l'instant t+1 car l'espace de localisations et de flux auquel elle
s'appliquait se trouve déjà plus ou moins radicalement transformé.
L'autre raison qui peut être avancée pour expliquer l'imperfection ou
l'incomplétude inhérentes à toute forme de solution globale et synop-
tique de consolidation territoriale tient à l'extrême hétérogénéité des
territoires dits fonctionnels qui, par nature, ne peuvent qu'exceptionnel-
lement correspondre précisément à des découpages politico-administratifs. Pour Banfield et Grodzins (1958) ou Ostrom (2000), la soi-disant
meilleure « adéquation » de l'échelon métropolitain aux enjeux urbains
ne serait en fait ni plus ni moins qu'une pétition de principe justifiant sa
généralisation indifférenciée à l'ensemble des services collectifs.

Malgré les limites inhérentes à tout exercice de ce type, les réformes en profondeur du système public territorial occidental mises en œuvre dans les années 1960 et 1970 poursuivaient l'objectif de réduire la fragmentation territoriale. À la différence de la France, les résultats obtenus dans les pays d'Europe septentrionale et en RFA furent substantiels puisque la grande majorité des plus petites collectivités territoriales furent regroupées. Mais cette vague rationalisatrice n'est que l'un des épisodes d'une longue série de tentatives plus ou moins abouties de remembrements territoriaux. Ainsi en Allemagne, de la fin du XIXᵉ siècle à l'effondrement du nazisme, les agglomérations urbaines n'ont cessé d'être soumises à des mouvements de modification des tracés de leurs frontières et de leurs délimitations internes, pilotés par des services spécifiquement chargés de leur élaboration et de leur exécution, les directions de l'extension urbaine (*Stadterweiterungsämter*). Entre 1889 et 1942, Stuttgart s'agrandit ainsi régulièrement en intégrant – pas nécessairement par la voie de l'annexion privilégiée par les responsables nazis – plus de trente communes environnantes.

À nouveau, la question de l'éclatement des forces territoriales a resurgi dans les années 1990. En premier lieu, plusieurs pays occidentaux étaient restés à l'écart du mouvement réformateur qui s'était concrétisé vingt ans auparavant. On pense bien sûr à la France, où de nombreuses voix émanant tant du monde politique que du secteur économique ou associatif plaident en faveur de regroupements supposés faciliter la réactivation de milliers de communes rurales moribondes et assurer une réduction de l'incohérence des politiques des régions urbaines (Palard, 1992). C'est également un enjeu central de la reconstruction des institutions démocratiques dans les pays d'Europe centrale et orientale qui ont initialement choisi la voie du *statu quo* afin de restaurer la substance des identités locales, passablement malmenée pendant des décennies par les régimes communistes. Mais ce réapprentissage du fonctionnement des unités de base de la démocratie suscite en même temps la prise de conscience d'enjeux dont les répercussions sur le territoire débordent largement les frontières léguées par l'histoire. Le contexte est sensiblement similaire dans les Länder de l'Allemagne orientale qui formaient l'ex-RDA. Ils comptent presque autant de communes que la partie occidentale alors que leur population est pratiquement quatre fois moindre. Mais ils bénéficient d'un apport substantiel en expériences et en évaluations comparatives fourni par les praticiens et les experts des Länder occidentaux dont l'assistance concrète et massive lors de parrainages et de jumelages conclus dès les premiers mois de l'unification s'avère déterminante.

D'autre part, les enjeux associés à la fragmentation territoriale ont eu tendance à s'exacerber dans les dernières années dans la majorité des régions urbaines occidentales, entraînant la métropolisation d'un grand nombre de problèmes municipaux et la réactualisation des perspectives de réforme institutionnelle quasiment abandonnées depuis la fin des années 1970. La nature des enjeux a cependant sensiblement évolué. La recherche de l'optimum dimensionnel pour la gestion des services publics locaux dans le contexte d'une modernisation intégratrice des actions de l'État et des collectivités territoriales n'est généralement plus la préoccupation centrale. Par contre, les formules de coopération plus ou moins intégrées établies dans les années 1960-1970 révèlent manifestement leurs insuffisances dans la régulation d'enjeux devenus de plus en plus conflictuels tels que la planification urbaine, le développement économique, l'accentuation des disparités socio-économiques, la gestion des grands équipements collectifs ou la protection de l'environnement. Les communautés urbaines françaises comme les *Regionalverbände* allemands pâtissent d'exercer des compétences sur des territoires aujourd'hui dépassés par l'extension des régions urbaines, et peut-être surtout de ne pas être dotés d'une légitimité supracommunale permettant de surmonter les conflits et les blocages provoqués par l'affirmation des intérêts communaux représentés (Hoffmann-Martinot, 2004).

Les approches et les conceptions proposées ont également évolué, notamment en Europe. La « guerre de tranchées » entre réformateurs radicaux et partisans du morcellement a progressivement fait place à des argumentations plus pragmatiques, reposant sur l'accumulation des expériences de faisabilité politique ainsi que sur les acquis récents des recherches en sciences sociales. On ne prendra désormais plus guère le risque d'imposer autoritairement une réforme territoriale, tout en sachant que, si la consolidation favorise les économies d'échelle pour les services locaux de production à fort contenu technologique (production et distribution d'électricité et de gaz, collecte et traitement des ordures ménagères, traitement des eaux usées), elle n'a pas d'effet particulièrement net sur les services de consommation (police ou enseignement) (Blankart et Pommerehne, 1979 ; Ostrom, 2000), et peut même engendrer des déséconomies d'échelle au-delà d'une certaine dimension démographique de l'agglomération (Zimmerman, 1983).

Mais l'argument qui pèse sans doute le plus en faveur de l'attitude aujourd'hui fort prudente des responsables politiques locaux et étatiques est l'hostilité générale de la majorité des citoyens concernés par un regroupement territorial et consultés soit par référendum soit par sondage d'opinion. Greer (1962) avait déjà montré qu'appelée à se prononcer sur un projet de consolidation la population d'une commune ne se déclarait favorable que dans un seul cas de figure, celui du rituel de purification consistant à se débarrasser complètement du personnel, des pratiques et du style du gouvernement local en place. La défiance des citoyens à l'égard de l'augmentation de la taille de leur collectivité tient, en particulier en période d'austérité économique, à leur anticipation d'une hausse correspondante des dépenses publiques locales, ainsi que le révèlent de nombreuses études américaines et les sondages qui ont accompagné la campagne du référendum de 1996 sur le projet de fusion de Berlin et du Brandebourg.

MÉTROPOLISATION ET FRAGMENTATION DES AIRES URBAINES FRANÇAISES

Le territoire français est particulièrement fragmenté : le nombre de communes est de loin le plus élevé du continent européen puisqu'il atteint selon le dernier recensement 36 565 pour la France métropolitaine. Il correspond donc approximativement au nombre de municipalités (19 429) et de *townships* (16 504) des États-Unis (U.S. Census Bureau, 2002). La plupart des communes françaises sont peu peuplées : 76 % des communes ont moins de 1 000 habitants regroupant seulement un Français sur six. Dans 3 011 communes, la population est inférieure à 500 habitants, et on compte même des communes sans population, en particulier dans le département de la Meuse, les six communes-martyres « mortes pour la France » à la suite des terribles combats de la région de Verdun au cours de la Première Guerre mondiale.

La grande majorité des Français vivent aujourd'hui dans des aires urbaines, la moitié d'entre eux dans celles de plus de 200 000 habitants et plus d'un sixième (11 173 886) dans la seule aire urbaine de Paris. La fragmentation générale du territoire se reflète également à leur échelle (tableau 1).

TABLEAU 1

La fragmentation géopolitique des 42 aires métropolitaines françaises de plus de 200 000 habitants (1999)

Aire urbaine 1999	Pop. totale	Nb de communes	Nb de communes par 100 000 hab.	Pop. ville-centre	Pop. ville-centre/ aire urbaine (en %)	Indice de fragmentation géopolitique*
Amiens	270 809	210	78	135 449	50	16
Angers	332 737	89	27	151 322	45	6
Avignon	290 524	44	15	85 937	30	5
Bayonne	214 039	40	19	40 113	19	10
Besancon	222 388	234	**105**	117 691	53	20
Béthune	268 435	73	27	27 781	10	26
Bordeaux	925 429	191	21	215 374	23	9
Brest	303 528	51	17	149 649	49	3
Caen	370 752	240	65	114 007	31	21
Clermont-Ferrand	409 533	147	36	137 154	33	11
Dijon	326 886	214	65	150 138	46	14
Douai-Lens	552 635	105	19	42 812	*8*	25
Dunkerque	265 906	56	21	70 834	27	8
Genève (CH)-Annemasse	212 451	111	52	*27 238*	13	**41**
Grenoble	514 586	119	23	153 426	30	8
Le Havre	296 795	72	24	190 924	**64**	4
Le Mans	293 094	90	31	146 064	50	6
Lille	1 142 887	131	11	184 647	16	7
Limoges	247 881	78	31	133 924	54	6
Lyon	1 647 722	296	18	445 274	27	7
Marseille Aix-en-Prov.	1 516 086	82	5	797 491	53	*1*
Metz	429 544	237	55	123 704	29	19
Montpellier	459 946	93	20	225 511	49	4
Mulhouse	270 752	62	23	110 141	41	6
Nancy	410 405	225	55	103 552	25	22

Nantes	711 241	82	12	270 343	38	3
Nice	933 551	117	13	343 123	37	3
Nîmes	221 380	46	21	133 406	60	3
Orléans	355 770	90	25	113 089	32	8
Paris	**11 173 886**	**1 584**	14	**2 125 851**	19	7
Pau	216 868	142	65	78 800	36	18
Perpignan	249 041	61	24	105 096	42	6
Poitiers	*209 250*	83	40	83 507	40	10
Reims	291 701	175	60	187 181	64	9
Rennes	521 183	140	27	206 194	40	7
Rouen	518 340	189	36	106 560	21	18
Saint-Étienne	321 953	41	13	180 438	56	2
Strasbourg	611 971	182	30	263 941	43	7
Toulon	564 740	39	7	160 712	28	2
Toulouse	964 914	342	35	390 301	40	9
Tours	376 131	80	21	132 677	35	6
Valenciennes	399 581	102	26	41 251	10	25
Mediane	*363 261*	*104*	*25*	*136 302*	*37*	*8*
N = 6 785						

Source : INSEE.
* Indice de Zeigler et Brunn (1980).
En gras : valeur la plus élevée ; ***en italiques gras*** : valeur la plus basse.

Comme l'indique clairement le tableau 1, le nombre de communes n'est pas proportionnel à la population. Certes, l'aire urbaine de Paris domine largement les autres non seulement par son poids démographique mais aussi par le nombre d'unités communales qui la composent : 1 584. Mais deux aires urbaines de taille démographique équivalente peuvent avoir des niveaux de fragmentation territoriale fort variables : avec plus de 900 000 habitants chacune, Toulouse (342 communes) apparaît de ce point de vue trois fois plus fragmentée que Nice (117). De même, avec une population plus réduite de 220 000 habitants, l'aire urbaine de Besançon (234 communes) compte cinq fois plus d'unités que celle de Nîmes (46).

Afin de contrôler la taille démographique, nous avons standardisé cette mesure en calculant pour chaque aire urbaine le nombre de communes pour 100 000 habitants. Si l'on compare les valeurs obtenues avec celles des grandes aires métropolitaines américaines, il apparaît que la fragmentation est plus sensible dans les métropoles françaises dont la valeur médiane est de 25, soit bien au-dessus des valeurs américaines les plus élevées comme celle de Pittsburgh (17,7 en incluant les municipalités, les *townships* et les comtés) (Altshuler *et al.*, 1999 ; Orfield, 2002). L'usage de cet indicateur nous permet de relativiser le cas de l'aire urbaine de Paris – avec un taux de 14, elle se situe dans la catégorie des aires somme toute moins fragmentées, de même que les deux plus grandes aires qui la suivent, Lyon (18) et Marseille–Aix-en-Provence (5). Besançon atteint à l'autre extrémité un score impressionnant de 105. Souvent, des communes ont une population minuscule, à l'image de Lemenil-Mitry, la plus petite composante de l'aire urbaine de Nancy avec ses deux habitants, le maire élu depuis 1977, Henri de Mitry, noble descendant de chevaliers du Moyen Âge et propriétaire de deux domaines, Le Ménil et Le Mitry, et son épouse… Mais 30 autres communes de cette aire urbaine qui en compte 225 n'ont pas plus de 100 habitants, soit 13 % du total. Cette proportion de très petites unités atteint 18 % dans l'aire urbaine de Besançon. La moitié des 6 785 communes composant nos 42 aires urbaines ont moins de 826 habitants et les trois quarts moins de 2 499 habitants.

Afin de tenir également compte du degré de concentration ou de dispersion de la population à l'intérieur de chaque aire urbaine, donc de la fragmentation non plus seulement territoriale mais également démographique, nous avons complété ce premier indicateur par un second mesurant la proportion de la population de la ville-centre par rapport à celle de sa banlieue (voir le tableau 1).

Dans 34 des 42 aires urbaines, la banlieue regroupe aujourd'hui une population supérieure à celle des villes-centres. Le poids démographique de la ville-centre est d'autant plus faible que celle-ci coexiste avec d'autres villes de taille comparable ou substantielle. Il en est ainsi de l'aire de Douai-Lens dont la population de la ville-centre (42 812 habitants) ne concentre que 8 % de la population en raison de la taille concurrente d'un réseau de villes voisines constitué par Lens (36 192 habitants), Liévin (33 463 habitants), Hénin-Beaumont (25 204 habitants) et dix autres municipalités de plus de 10 000 habitants. Une même configuration caractérise les aires urbaines de Béthune (10 % de la population totale), de Valenciennes (10 %), d'Annemasse

(13 %), de Lille (16 %), ou de Paris (19 %). Par contre, la ville du Havre (190 924 habitants) attire les deux tiers de la population de son aire urbaine, dont les communes les plus importantes après elle sont, par ordre décroissant, Montivilliers (16 553 habitants) puis Gonfreville-L'Orcher (9 939 habitants). Une macrocéphalie du même ordre se retrouve à Reims, ville de 187 181 habitants, soit 64 % de la population de son aire urbaine, précédant de loin la deuxième ville de cette aire, Tinqueux, qui ne compte que 10 079 habitants.

À partir des deux indicateurs précédents – le nombre de communes / 100 000 habitants et le pourcentage de la population de la ville-centre par rapport à celle de l'aire urbaine –, nous avons mesuré la fragmentation géopolitique de chaque aire urbaine en recourant à l'indice de Zeigler et Brunn (1980). Cet indice est calculé en divisant le nombre de communes pour 10 000 habitants par le pourcentage de la population de la ville-centre par rapport à celle de l'aire urbaine. Il se confirme que les valeurs obtenues – qui s'échelonnent de 1 à Marseille–Aix-en-Provence à 41 à Annemasse – sont nettement plus élevées et dispersées que pour les 25 plus grandes aires métropolitaines américaines. Pas moins de 12 aires françaises ont un indice supérieur à l'indice maximal de 12 enregistré aux États-Unis pour Pittsburgh (Orfield, 2002 : 134). L'utilisation de cet indice conduit à réordonner les aires urbaines classées en fonction du critère du nombre de communes : ainsi Besançon qui apparaissait comme l'aire la plus fragmentée territorialement l'est bien moins démographiquement puisque plus de la moitié de sa population (53 %) demeure concentrée dans la ville-centre. Aussi apparaît-elle à travers sa valeur d'indice (20) certes plus fragmentée globalement que la moyenne des aires urbaines, mais tout de même moins que celles d'Annemasse (indice de 41), de Béthune (26), de Douai-Lens et Valenciennes (25) ou de Nancy (22). Deuxième constat : les plus grandes aires urbaines ne sont pas les plus fragmentées. Parmi celles de plus de 900 000 habitants, seules celles de Bordeaux et de Toulouse affichent un score de 9, légèrement plus élevé que la valeur médiane de 8. De manière significative, la valeur la plus basse de l'ensemble des aires est atteinte par Marseille–Aix-en-Provence avec 1 – on n'y compte que cinq communes pour 100 000 habitants, et 53 % vivent à Marseille et 9 % supplémentaires à Aix-en-Provence, tandis que les valeurs de Paris, Lyon, Lille, et Nice sont respectivement de 8, 7, 7 et 3.

LA SUBURBANISATION CONTRE LA DÉMOCRATIE ?

Notre hypothèse centrale est que le mouvement de suburbanisation qui s'est développé en France en gros depuis les années 1970 s'apparente dans sa structure et dans ses conséquences sur les attitudes politiques des citoyens à la tendance générale observée aux États-Unis. Pour reprendre les termes de Putnam (2000 : 209) :

> As suburbanization continued, however, the suburbs themselves fragmented into a sociological mosaic – collectively heterogeneous but individually homogeneous, as people fleeing the city sorted themselves into more and more finely distinguished « lifestyle enclaves », segregated by race, class, education, life stage, and so on.

Cette tendance à la ségrégation résidentielle a été observée et étudiée davantage à l'échelle des quartiers d'une grande ville qu'entre les communes et notamment entre celles qui ont connu la croissance démographique la plus importante au cours de ces dernières années, les communes périurbaines. Mais plusieurs études récentes confirment que la polarisation économique et sociale de l'espace urbain français ne cesse de s'accroître depuis les années 1980.

De nombreuses récentes communes suburbaines attirent en majorité des membres des nouvelles classes moyennes, les « néo-périurbains », souvent de jeunes parents avec des enfants en bas âge, en quête d'espace et de ruralité, de confort de logement, de sécurité (l'enquête permanente Conditions de vie – Vie de quartier réalisée par l'INSEE révèle que le sentiment d'insécurité est beaucoup moins élevé dans ce type de communes que dans les communes anciennes à forte concentration d'habitat collectif : Le Toqueux, 2003), de distance suffisante par rapport à la grande ville bruyante, compacte et stressante. Bref, échapper à tout prix à l'engrenage « métro, boulot, dodo ». La qualité de vie, un certain retour à une campagne idéalisée mais pas trop éloignée de la ville et de ses possibilités d'emploi grâce à la proximité de réseaux de transports routiers, autoroutiers et ferroviaires, le coût du logement et notamment l'accès plus facile à la propriété, le niveau plus avantageux de pression fiscale locale constituent autant de facteurs qui expliquent la périurbanisation contemporaine. Plusieurs études récentes documentent ces stratégies d'emplacement résidentiel dans les communes périurbaines et de dissociation croissante entre lieux d'habitat et d'emploi. Exploitant les enquêtes Logement de l'INSEE, Cavailhès et Goffette-Nagot (2003) ont vérifié la loi de l'économie urbaine selon laquelle les ménages font un arbitrage entre le coût des déplacements domicile-travail et le coût du logement. Pour qu'ils soient indifférents à habiter un peu plus près ou un peu plus loin du centre, il faut que si le coût du déplacement s'accroît, c'est-à-dire si la distance augmente, la rente foncière baisse. Ils montrent clairement, en étudiant l'ensemble des aires urbaines françaises, que plus la distance au centre augmente, plus la part des maisons individuelles et de la surface habitable tend à croître en raison de la diminution de la rente foncière. En distinguant quatre catégories de communes – communes-centres, communes de banlieue, périurbain en deçà de 20 km, et périurbain au-delà de 20 km –, leur étude montre enfin qu'en 1996 le revenu moyen des ménages pour l'ensemble des aires urbaines françaises était le plus élevé dans les communes périurbaines et que la progression la plus forte depuis 1984 était obtenue dans le périurbain au-delà de 20 km (+85 %).

La baisse du coût des migrations alternantes, jointe à la hausse des revenus des ménages, constitue la principale raison de l'étalement caractéristique des villes modernes, y compris en France, beaucoup moins compactes que les villes anciennes.

Les choix d'installation des jeunes ménages – qui tendent à se sédentariser après l'âge approximatif de 45 ans – résultent donc d'un arbitrage entre leurs revenus disponibles et la recherche d'un niveau optimal d'aménités locales. Dans de nombreuses aires métropolitaines des États-Unis, le niveau général des aménités disponibles s'est considérablement détérioré dans les villes-centres, contribuant à l'exode massif des catégories supérieures. En revanche, en France, une bonne partie des villes-centres ont longtemps maintenu un niveau élevé d'aménités (patrimoine historique, écoles, institutions culturelles, restaurants, spectacles...) leur permettant de maintenir ou d'attirer sur leur territoire une proportion nettement plus élevée de cadres moyens et supérieurs (voir la comparaison éclairante États-Unis–Allemagne :France de Sellers, 1999). Mais la croissance au cours des dernières années d'une série de désaménités dans les villes-centres françaises – parc immobilier insuffisant et devenu de plus en plus coûteux, problèmes de circulation et de stationnement automobile devenus aigus, pollution croissante dont les effets dangereux sur la santé sont de plus en plus connus et vulgarisés, insécurité perçue comme en augmentation sensible... – a incité une proportion croissante de jeunes ménages à s'installer à une distance suffisante du centre pour acquérir une maison dans une commune périurbaine. Plus le différentiel d'aménités naturelles (topographie), historiques (patrimoine architectural et culturel), économiques et socioculturelles (commerces, écoles, institutions culturelles) tend à être déséquilibré au détriment de la ville-centre, plus les ménages à statut économique et culturel élevé auront tendance à quitter la ville-centre.

Cette périurbanisation semble suivre le « modèle US » dans la mesure où elle semble accentuer la ségrégation socio-économique des populations municipales. On peut l'observer à travers les exemples du Haillan et de Martignas, deux banlieues parmi les plus récentes et les plus aisées de l'aire urbaine de Bordeaux. Les motifs d'installation et les caractéristiques de leurs habitants illustrent cette tendance à la constitution d'enclaves favorisées. Ces ménages ont les moyens d'acquérir des terrains et des maisons spacieuses bien reliées au centre d'emploi principal de Bordeaux, et de payer un ticket d'entrée qui exclut *de facto* les groupes sociaux moins favorisés. Il n'est donc pas surprenant que la variation des revenus soit moins importante dans les communes périurbaines que dans les autres communes des aires urbaines.

FIGURE 1

**Typologie de communes d'aires urbaines en fonction
de leur statut socio-économique et de leur homogénéité sociale**

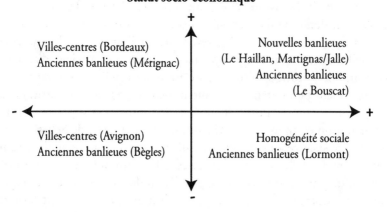

La figure 1 représente une typologie des communes des aires urbaines françaises en quatre catégories dressée selon leur niveau d'homogénéité sociale et de statut socio-économique. Ces deux dimensions paraissent en effet fondamentales pour comprendre les logiques de ségrégation croissante à l'œuvre conditionnant les variations des comportements politiques en fonction des lieux de résidence. Les villes-centres demeurent dans l'ensemble caractérisées en France par un niveau relativement élevé d'hétérogénéité sociale : richesse et pauvreté coexistent sur leur territoire comme en témoignent, sur le territoire d'une même ville, la diversité des profils de leurs quartiers : il suffit de comparer le très prospère 7ᵉ arrondissement de Paris (revenu médian de 21 246 € par personne en 2000) au 19ᵉ (8 728 €) ou, à Marseille, le 8ᵉ (12 424 €) au 3ᵉ arrondissement (4 028 €). Les « banlieues anciennes » regroupent les banlieues dont le développement s'est effectué pour l'essentiel avant les années 1980. On ne peut pas les réduire à un modèle unique tant elles sont socio-économiquement différenciées. Elles se répartissent par conséquent dans les quatre catégories de communes : elles peuvent en effet être socialement hétérogènes et riches comme Mérignac dans l'aire urbaine de Bordeaux, ou relativement pauvres mais en voie de gentrification comme Bègles ; on trouve également des banlieues anciennes socialement homogènes, composées essentiellement d'ouvriers et d'employés comme Lormont, ou à dominante de population aisée comme Le Bouscat. Par contre, les banlieues nouvelles présentent un profil beaucoup plus particulier puisque, à l'image du Haillan et encore plus de Martignas-sur-Jalle, elles sont socialement homogènes et fortement ségrégées en faveur des couches les plus qualifiées et aisées de la population.

La ségrégation socio-économique entre communes n'est donc pas un phénomène nouveau : il y a trente ans déjà, on savait très bien, dans l'aire urbaine de Bordeaux, que, selon que vous habitiez Le Bouscat ou Lormont, vous tendiez à être classé comme plutôt riche ou plutôt pauvre. Mais, depuis, les dynamiques de ségrégation résidentielle se sont à la fois diversifiées, affinées et accentuées. Les banlieues nouvelles sont la plus claire manifestation de cette évolution. Deux conséquences marquées sont à attendre de cette suburbanisation ségrégative sur les comportements politiques : le déclin de la participation politique, d'une part, le développement du conservatisme fiscal, d'autre part.

Plus les communes sont ségrégées les unes par rapport aux autres et par conséquent socialement homogènes, moins les enjeux politiques municipaux feront l'objet de débats et de conflits faute de dissensus, conduisant à une faible mobilisation politique des citoyens. L'atténuation des clivages sociaux et de la conflictualité politique favorise nettement l'abstention aux élections locales (comme le montre l'analyse anglo-française multivariée de Hoffmann-Martinot, Rallings et Thrasher 1996). On peut donc supposer que, toutes choses égales par ailleurs – c'est-à-dire à mobilité géographique et structure de la compétition politique équivalentes –, la participation électorale devrait être supérieure dans les villes-centres et les banlieues socialement hétérogènes que dans les banlieues socialement homogènes. Parmi ces dernières, on peut également formuler l'hypothèse que la surreprésentation des propriétaires dans les banlieues nouvelles – une catégorie de citoyens plus intéressée par les enjeux politiques locaux pour des raisons liées aux effets directs des politiques municipales (fiscales, urbanistiques, d'infrastructures…) sur leur patrimoine immobilier – devrait favoriser un niveau relativement plus élevé de participation électorale.

Jusque dans les années 1980 et à la mise en œuvre progressive de la réforme de décentralisation, la fiscalité locale était étroitement contrôlée par l'État, notamment au moyen de la fixation des taux. Depuis cette époque, elle a sensiblement augmenté et constitue un élément désormais déterminant dans les choix d'emplacement des entreprises et des ménages, ce qui singularise sans doute la France par rapport aux autres pays européens. Comme le rappelle Gilbert (1999), d'une part, l'autonomie fiscale locale est particulièrement élevée en France à travers la marge de manœuvre dont disposent les collectivités locales pour fixer les quatre impôts directs (taxe professionnelle, taxe d'habitation, taxe foncière sur les propriétés bâties et taxe foncière sur les propriétés non bâties) et, d'autre part, cette autonomie varie considérablement d'un territoire à l'autre en raison du degré très élevé de fragmentation géopolitique. En d'autres termes, la théorie du vote avec les pieds de Charles Tiebout, dont on connaît certes les limites d'application, trouve en France un terrain d'illustration et de manifestation certainement plus pertinent que dans des pays européens territorialement plus consolidés où l'autonomie fiscale municipale est plus limitée, comme l'Allemagne ou les Pays-Bas. Le citoyen français peut espérer trouver sur « le marché de la localisation » un large éventail de rapports qualité/prix lui permettant d'arbitrer en fonction de ses préférences entre un nombre élevé de combinaisons de coûts, d'avantages et d'aménités. Au sein d'une même région urbaine, cette offre tendra à être d'autant plus diversifiée que le territoire global sera fragmenté. À niveau équivalent de coûts (foncier et de transports) et d'aménités, les ménages relativement aisés souhaitant s'installer en banlieue privilégieront les communes à faible pression fiscale, souvent situées à l'extérieur des agglomérations et de leurs structures intercommunales telles que les communautés urbaines ou les districts. L'attractivité dans l'aire urbaine de Bordeaux d'une banlieue comme Cestas, qui borde le territoire de la lourde et chère Communauté urbaine de Bordeaux (CUB) sans lui appartenir (par conséquent à la fois proche géographiquement et distante fiscalement), tient en grande partie précisément à la charge fiscale locale sensiblement moins lourde qu'elle impose à ses habitants en comparaison des 27 communes de la CUB.

CONCLUSION

Les stratégies fiscales individuelles de ce type tendent à se développer en particulier dans les aires urbaines dont la situation socio-économique de la ville-centre est défavorable ou en détérioration et la contraint à augmenter sa pression fiscale. La poursuite de la décentralisation, qui se traduit par un progressif désengagement financier de l'État notamment pour le financement d'équipements lourds de centralité (opéras, musées, bibliothèques…), ainsi que la concentration croissante de populations dépendantes dans les villes-centres (personnes âgées, pauvres notamment) ont sensiblement accru la tension financière pesant sur les villes-centres. En comparaison, la charge fiscale locale par habitant paraît généralement bien moindre dans des banlieues à population réduite, aisée et homogène, bénéficiant en outre de la présence de quelques entreprises dynamiques contribuant substantiellement au budget municipal par la taxe professionnelle. L'objectif de payer moins d'impôts dans une commune menant une politique modérée de dépenses détermine par conséquent le comportement des ménages qui s'installent dans les banlieues nouvelles plutôt que dans les autres communes urbaines. Même si l'on doit examiner avec une grande prudence la relation entre composition sociale et couleur politique d'une municipalité, remarquons cependant que la migration de classes moyennes et supérieures à la périphérie tend objectivement à réduire l'assise électorale de la droite. Il y a encore vingt ans, la structure plus bourgeoise des villes-centres facilitait leur contrôle par des majorités de droite : c'était le cas en 1983 des deux tiers environ (27) des centres de nos 42 aires urbaines. Vingt ans plus tard, la droite n'en dirige plus que la moitié (21).

Ce conservatisme fiscal atteint des degrés variables et s'exprime politiquement selon des formes différentes selon le type de banlieues. Rejoignant l'argument de Gainsborough (2001) appliqué aux États-Unis, notre hypothèse est que les nouveaux suburbains, étant donné leur choix de résidence et d'existence, sont porteurs de préférences économiques et fiscales conservatrices influençant directement le choix de leurs leaders locaux et les *policy outputs* de leurs municipalités. Ce conservatisme fiscal plus ou moins explicite et accentué peut certes se combiner avec un libéralisme socioculturel en recomposant une nouvelle culture politique (Clark et Hoffmann-Martinot, 2003) susceptible d'être incarnée par des élus indépendants et de droite, mais aussi par des leaders de gauche modérés tels que des socialistes pragmatiques. Aussi générale soit-elle, une telle évolution ne peut être ramenée ou réduite à un modèle unique et uniforme de conservatisme. Pour ces nouveaux suburbains, qui ne sont pas mus uniquement par leurs propres intérêts, il ne s'agit pas de bannir ou de limiter systématiquement tout interventionnisme public municipal : ils pourront au contraire souhaiter le développement d'équipements scolaires et socioculturels. Si leur sociotropisme leur permet de rechercher non pas la simple conservation mais aussi l'amélioration de leur localité, la structure sociale homogène et les valeurs dominantes de celle-ci ne doivent cependant pas être fondamentalement modifiées.

RÉFÉRENCES

Adrian, Charles (été, 1961), « Metropology : Folklore and Field Research », *Public Administration Review*, vol. 21, n° 3.

Altshuler, Alan, William Morrill, Harold Wolman et Faith Mitchell (dir.) (1999), *Governance and Opportunity in Metropolitan America*, Washington, D.C., National Academy Press.

Banfield, Edward C. et Morton Grodzins (1958), *Government and Housing in Metropolitan Areas*, New York, McGraw-Hill.

Blankart, Charles B. et Werner W. Pommerehne (1979), « Les économies d'échelle dans les services urbains », *Revue économique*, vol. 30, n° 2.

Cavailhès, Jean et Florence Goffette-Nagot (2003), « Parc de logements et revenus dans les aires urbaines », dans Pumain, Denise et Marie-Flore Mattei (coordonné par), *Données urbaines 4*, Paris, Anthropos.

Clark Terry, Nichols et Vincent Hoffmann-Martinot (dir.) (2003), *La Nouvelle Culture politique*, Paris, L'Harmattan, collection « Logiques politiques ».

Collin, Jean-Pierre, Jacques Léveillée et Claire Poitras (automne 2002), « New Challenges and Old Solutions : Metropolitan Reorganization in Canadian and U.S. City-Regions », *Journal of Urban Affairs*, vol. 24, n° 3.

Gainsborough, Juliet F. (2001), *Fenced Off : The Suburbanization of American Politics*, Washington, D.C., Georgetown University Press.

Gilbert, Guy (1999), « L'autonomie financière des collectivités locales est-elle en question ? », dans *Caisse des dépôts et consignations. Quel avenir pour l'autonomie des collectivités locales ?*, La Tour d'Aigues, Éditions de L'Aube.

Greer, Scott (1962), *The Emerging City*, New York, The Free Press.

Hoffmann-Martinot, Vincent (2004), « Le processus d'institutionnalisation de la démocratie représentative dans les villes allemandes : l'exemple de Stuttgart », dans Hoffmann-Martinot, Vincent et Claude Sorbets (dir.), *Démocraties locales en changement*, Paris, Pédone, collection « Pouvoir local ».

Hoffmann-Martinot, Vincent (juillet-septembre 1994), « La relance du gouvernement métropolitain en Europe : le prototype de Stuttgart », *Revue française d'administration publique*, n° 71.

Hoffmann-Martinot, Vincent, Colin Rallings et Michael Thrasher (septembre 1996), « Comparing local electoral turnout in Great Britain and France : More similarities than differences ? », *European Journal of Political Research*, n° 30.

Ladner, Andreas (2001), « Les communes suisses en mutation. Causes, facteurs de déclenchement et stratégies des projets de réforme actuels », dans Leresche, Jean-Philippe (dir.), *Gouvernance locale, coopération et légitimité. Le cas suisse dans une perspective comparée*, Paris, Pedone, collection « Pouvoir local ».

Le Toqueux, Jean-Luc (2003), « Lieux de résidence et sentiment d'insécurité », dans Pumain, Denise et Marie-Flore Mattei (coordonné par), *Données urbaines 4*, Paris, Anthropos.

Martinotti, Guido (1994), *The New Social Morphology of Cities*, Paris, UNESCO / Management of Social Transformations, Management of Social Transformations (MOST), Discussion Paper Series, n° 16.

Orfield, Myron (2002), *American Metropolitics : the New Suburban Reality*, Washington, D.C., Brookings Institution Press.

Ostrom, Elinor (mars 2000), « The Danger of Self-Evident Truths », *PS : Political Science & Politics*, vol. 33, n° 1, mars.

Ostrom, Vincent, Robert Bish et Elinor Ostrom (1988), *Local Government in the United States*, San Francisco, Institute for Contemporary Studies (ICS) Press.

Palard, Jacques (1992), « Communes rurales, décentralisation et coopération. Gestion territoriale ou développement local », dans Gilbert, Guy et Alain Delcamp (dir.), *La décentralisation dix ans après*, Paris, Librairie générale de droit et de la jurisprudence.

Putnam, Robert D. (2000), *Bowling Alone. The Collapse and Revival of American Community*, New York, Simon et Schuster.

Sellers, Jefferey (1999), « Public Goods and the Politics of Segregation : an Analysis and Cross-National Comparison », *Journal of Urban Affairs*, vol. 21, n° 2.

U.S. Census Bureau (décembre 2002), *2002 Census of Governments. vol. 1, no 1, Government Organization*, GC02-1(1), Washington, D.C., U.S. Census Bureau, en ligne (*http://www.census.gov/prod/2003pubs/gc021x1.pdf*).

Wirth, Louis (1942), *Proceedings, National Conference on Planning*, Chicago, American Society of Planning Officials.

Wood, Robert C. (1964), *1400 Governments : the Political Economy of the New York Region*, Garden City, Doubleday Anchor.

Zeigler, Don J. et Stanley D. Brunn (1980), « Geopolitical Fragmentation and the Pattern of Growth and Need », dans Brunn, S.D. et J.O. Wheeler (dir.), *The American Metropolitan System : Present and Future*, New York, John Wiley, Scripta Series in Geography (avec Don J. Zeigler).

Zimmerman, Joseph F. (mars 1983), « Can Government Functions Be Rationally Assigned ? », *National Civic Review*, n° 3.

LES DILEMMES DE LA DÉMOCRATIE LOCALE : QUAND LE LOCAL INTERROGE LE GLOBAL

Caroline Patsias

Les recompositions territoriales locales entreprises en France et au Québec ne sont pas sans incidences sur les pratiques de la démocratie. Notre propos entend juger des recompositions territoriales actuelles à travers une réflexion sur « la démocratie locale ».

La notion de territoire comporte une triple dimension, à la fois géographique, administrative et politique. Notre analyse souligne particulièrement cette dernière dimension en s'attardant sur l'aspect politique des micro-territoires que contribuent à redessiner les récentes recompositions territoriales locales. Ces micro-territoires définissent un espace à la fois de vie en commun, d'appartenance, de prise de décision (parfois) et de participation pour les citoyens. Ils suscitent une interrogation sur la citoyenneté et introduisent une réflexion plus générale sur la notion de « démocratie locale » puisqu'ils sont – et l'expression relève d'ailleurs du pléonasme – les lieux du local.

Dans cette perspective, notre analyse s'est appuyée sur l'étude des comités de citoyens[1]. Ces derniers ne sont pas des institutions nouvelles. Cette relative ancienneté des comités ne doit pas reléguer ces groupes au second plan dans une analyse sur les mutations du local. En effet, les comités de citoyens s'avèrent un objet d'étude très pertinent pour quiconque s'intéresse à la place des citoyens dans la « démocratie locale ». La dénomination même de ces lieux fait d'ailleurs souvent référence à l'exercice d'une citoyenneté. Très attachés à un territoire, ces groupes sont en outre révélateurs des dynamiques communautaires et identitaires à l'œuvre au sein d'un espace géographique et politique particulier : les quartiers. Cependant la citoyenneté mise en avant par ces groupes n'est pas exempte d'ambiguïté : comment à travers une appartenance locale atteindre la généralité d'un discours citoyen, comment représenter l'ensemble de la population du quartier alors que le recrutement favorise les liens de fraternité et un fonctionnement reposant sur la *friendship* ? En d'autres termes, comment conjuguer le local et une montée en généralité, fondement du discours politique et de la citoyenneté ? Relever les ambivalences des groupes de citoyens conduit à interroger les notions de local et de proximité. Ainsi, les dilemmes qui taraudent les comités étudiés s'insèrent pleinement au sein d'une discussion plus générale sur l'idée même de « démocratie locale », entre appartenance particulière et vocation universelle.

---

1.   Cette réflexion repose en grande partie sur une recherche doctorale menée à l'Institut d'études politiques d'Aix-en-Provence et à l'Université Laval. Les résultats de cette recherche sont le fruit d'une enquête et d'une observation participante réalisées dans deux comités de citoyens, français et québécois, respectivement entre les années 1996 et 1999, et 2000-2001. Ces résultats sont également présentés dans deux articles à paraître :

  –   C. Patsias, 2005, « Débat public et normes participatives. Quelle influence sur les processus du pluralisme ? », *Espaces et sociétés*. Proposition d'article acceptée. À venir.

  –   C. Patsias et S. Patsias, 2004, « Les comités de citoyens et les transformations de la démocratie : comment faire du neuf avec de l'ancien. L'exemple des comités marseillais et québécois », *Politique et sociétés*. Numéro spécial : article en évaluation.

PRÉSENTATION ET HISTORIQUE DES GROUPES

Mon propos s'appuie sur l'observation participante de deux groupes de citoyens : le comité d'intérêt de quartier (CIQ) Saint-André à Marseille et le comité de citoyens du quartier Saint-Sauveur à Québec (CCQSS). Ces quartiers comme les groupes étudiés sont marqués par une riche histoire.

Le quartier Saint-Sauveur fait partie de la basse-ville de Québec. Historiquement, celle-ci est perçue comme le quartier des ouvriers et des classes populaires de la capitale. Le déclin des industries navales et portuaires a transformé ces quartiers qui abritent aujourd'hui plus de population à faibles revenus ou en voie de paupérisation. Les familles ouvrières ont désormais cédé la place aux « chambreurs[2] ». À cette population de souche s'ajoutent des Québécois d'origine vietnamienne qui tiennent surtout des restaurants et autres commerces asiatiques. Le quartier est fortement associé aux luttes urbaines des années 1970 dont le souvenir a profondément imprégné le comité de citoyens local. Ce dernier est né à l'orée des années 1970 pour lutter contre les politiques de rénovation urbaine du maire Gilles Lamontagne qui prévoyaient la destruction d'une partie du quartier de la basse-ville et l'expulsion de certains résidents. Cette lutte forme le ciment historique du groupe qui depuis s'est ouvert à d'autres préoccupations que les enjeux urbains, même si ces derniers occupent encore un rôle prépondérant. Le comité québécois s'inscrit au sein des groupes communautaires de la capitale. Ces groupes sont animés par une idéologie sociale et d'entraide qui insiste sur le développement de la personne à travers l'action collective.

Le quartier Saint-André est lui aussi caractérisé par une identité forte et occupe une place à part dans la cité phocéenne. Appartenant aux quartiers nord de la ville, il fut jadis le siège des industries portuaires, des tuileries et des savonneries, souvenirs du Marseille industrieux du siècle dernier. Aujourd'hui la population de ces quartiers est plus composite et les anciens ouvriers, retraités des usines, y côtoient des nouvelles

---

2. Le terme désigne des hommes seuls, dans des situations familiales et économiques précaires, qui, faute de moyens, ne peuvent se louer qu'une chambre.

populations souvent plus jeunes et issues de la dernière vague d'immigration originaire d'Afrique du Nord. L'habitat est à l'image de l'hétérogénéité de la population, les anciens noyaux villageois bordent les grands ensembles et les cités. Comme les autres quartiers nord de la ville, Saint-André est stigmatisé sur le thème de l'insécurité et de la présence d'immigrés. La naissance des comités d'intérêt de quartier (CIQ) marseillais remonte aux années 1920. Interrompus pendant la guerre, les comités reprirent une nouvelle impulsion au début des années 1950 et profitèrent de l'influence du defferrisme. Du nom de l'ancien maire marseillais qui régna 40 ans sur la ville, le defferisme désigne une politique fondée sur le clientélisme et dont les comités ont constitué un relais. L'existence même des comités est le fruit à la fois de cette politique et du développement de la ville. L'extension de la ville au début du siècle, par la construction de maisons individuelles dans les zones périphériques, fit naître de nouveaux quartiers qui souvent ne disposaient pas des infrastructures élémentaires. L'organisation spontanée des habitants donna lieu à la création d'associations de citoyens, les comités d'intérêt de quartier (CIQ), dont le but principal était de constituer des groupes de pression auprès de la municipalité pour l'installation de services et d'équipements fondamentaux. Mais cette position de relais entre habitants et politiques contribua à faire de ces groupes les rouages d'un système clientélaire au service du maire de la ville surtout durant les années 1960 et 1970 (Donzel, 1998). Si la dimension de clientèle subsiste, elle est aujourd'hui plus diffuse, l'allégeance des présidents variant selon les groupes. En outre, les comités revendiquent aujourd'hui une indépendance plus affirmée. Les deux quartiers et les deux comités qui constituent le lieu de notre enquête sont donc imprégnés d'une histoire forte qui a favorisé une identité commune et localisée.

QUE SONT ET QUE FONT LES COMITÉS ÉTUDIÉS ?

Les comités regroupent des résidents agissant bénévolement pour améliorer la vie au sein du quartier. Ils sont des lieux où les gens se réunissent pour parler de leurs préoccupations quotidiennes mais, à travers ces dernières, se dessinent des projets plus vastes. Les membres des comités souhaitent influencer les décisions des élus et interviennent par leurs actions sur la scène politique. La dimension citoyenne des groupes repose donc sur une participation à la vie politique mais engage également un projet civique.

Les actions des groupes : agir ensemble ou le passage de l'individuel au collectif, du particulier au général

Les actions des comités peuvent être ordonnées selon trois catégories. D'abord, les actions menées par les groupes peuvent relever du « registre de doléances ». Il s'agit d'actions locales et ponctuelles au service d'un habitant du quartier. Au comité d'intérêt de quartier (CIQ) Saint-André, ce type d'action concerne surtout les réfections du tout-à-l'égout ou des problèmes de voisinage, de stationnement ou de circulation. Au comité de citoyens du quartier Saint-Sauveur (CCQSS), ces actions sont plus restreintes, néanmoins le groupe peut intervenir pour résoudre des problèmes de voisinage ou de déneigement. Les groupes agissent alors comme intercesseur entre différentes instances (politiques, publiques et privés) et les habitants afin d'améliorer la réception et le traitement des demandes.

Ensuite, des actions dont le thème reste encore l'amélioration du quartier, mais qui s'adressent à l'ensemble de la collectivité. Il s'agit par exemple de demandes à propos de réfection d'une partie du quartier, de changement de voies de circulation, ou bien encore de négociation avec les entreprises publiques de transports afin de prendre en compte les situations et les besoins des habitants du quartier. Cette liste n'est bien sûr pas exhaustive, mais elle montre que les groupes peuvent se faire les porte-parole des habitants du quartier dans leur ensemble.

Enfin, un troisième type d'action a trait à des enjeux plus vastes qui dépassent les limites du quartier, ou engage une vision du vivre-ensemble. Ainsi, le comité Saint-André s'est prononcé sur le développement économique du quartier en prenant partie en 1996 pour la Zone d'action concertée (ZAC) et en encourageant l'emploi des jeunes du quartier. Le comité a aussi défendu une idée du développement urbain en préférant un logement social diffus et inséré à l'habitat d'origine. Les problèmes internationaux sont évoqués mais ne donnent lieu qu'à peu d'action. Les membres peuvent certes discuter des enjeux de la guerre en Irak, de l'exclusion et des problèmes de pauvreté, mais aucune mobilisation collective n'est organisée à la suite de ces discussions. Une articulation peut cependant être faite entre préoccupation générale et intervention au sein du quartier. Par exemple, le souci écologique très présent parmi les membres du comité a conduit celui-ci à promouvoir le tri des ordures et à s'opposer au projet municipal d'une déchetterie. La différence est ici sensible avec le comité québécois, plus habitué que son cousin français aux actions de portée plus générale. Legs des luttes urbaines du passé, les préoccupations du comité Saint-Sauveur concernent l'aménagement urbain et le développement du logement communautaire. Mais elles renvoient également au processus de mondialisation et à ses consé-quences sur la vie des habitants. Le groupe participe aussi à des marches tiers-mondistes. La lutte contre la pauvreté aussi bien dans le quartier qu'au-delà demeure un souci premier et a été à l'origine de nombreu-ses manifestations. Enfin, une grande partie des activités du comité de citoyens du quartier Saint-Sauveur relèvent de la volonté de former et de mobiliser les habitants sur différents enjeux de société. La diversité des actions menées par le comité de citoyens bénéficie de l'insertion de ce dernier dans le réseau des groupes communautaires québécois ; elle pro-fite aussi de subventions du gouvernement ou d'organismes gouverne-mentaux. Le comité québécois dispose donc de permanents c'est-à-dire de professionnels rémunérés par le groupe pour gérer ses activités, à côté des membres du conseil d'administration, qui sont des habitants et des citoyens du quartier. De plus, la participation au réseau communautaire autorise des ressources et des stratégies de mobilisation plus importantes. Le comité marseillais dont les seuls revenus résultent des cotisations des membres n'a pas les moyens d'organiser des mobilisations et des actions de l'envergure de celles du comité québécois.

À quels niveaux sont menées les actions et quels types de mobilisation recouvrent ces actions

Confirmant les propos de Piven et Cloward (1977), les actions des groupes sont orientées en priorité aux niveaux politiques auxquels les comités ont accès, à savoir, dans le cas marseillais, à la municipalité et, dans le cas québécois, aux instances municipales et provinciales. Cependant, lorsque le comité de citoyens du quartier Saint-Sauveur agit de concert avec un autre groupe communautaire, il peut entreprendre une action dirigée vers le niveau fédéral, comme l'illustre la pétition réclamant de nouveaux fonds alloués au logement social.

Les actions des groupes montrent un éventail complet des types de mobilisations collectives. Elles vont de la rencontre et de la négociation avec les élus, aux pétitions et aux mobilisations plus contestataires, comme les manifestations. Ces dernières sont cependant plus rares. Au comité Saint-André, elles relèvent quasiment de l'exception et tiennent davantage de la marche que de la manifestation violente. Au comité de citoyens Saint-Sauveur, les manifestations sont relativement plus fréquentes tout en restant pour le groupe un moyen d'action peu utilisé. Elles sont reliées à la défense de causes dépassant le cadre du quartier (par exemple le refus de la guerre en Irak) ou ayant des conséquences très importantes pour le quartier (la rénovation urbaine). Comme le comité marseillais, le groupe québécois est partisan de la non-violence.

Les fondements axiologiques des groupes

L'amélioration de la vie quotidienne revendiquée par les groupes repose sur un certain nombre de valeurs. Les groupes aussi bien québécois que marseillais défendent le respect de la civilité et des rapports sociaux pacifiés entre les habitants. Cette dimension est centrale pour les groupes, elle correspond à l'idée de respect de l'individu qui teinte les discours des comités. Ce respect de l'individu a un équivalent politique : le respect du citoyen et la défense de ses droits, quels que soient le niveau et le statut social de celui-ci. Cette revendication s'explique par la précarité des habitants des quartiers étudiés qui disposent de moins de ressources que d'autres pour se faire entendre sur la scène politique. Les comités luttent ainsi pour une égalité de traitement entre les citoyens – « Nous ne sommes pas des citoyens de seconde zone » – mais aussi pour une égalité politique. Ils souhaitent mobiliser et faire participer les habitants de ces quartiers qui peuvent avoir tendance à peu s'engager dans la vie politique. Les slogans des groupes sont ici révélateurs : « Participez : Votez » pour le comité d'intérêt de quartier, ou, pour le comité de citoyens, « Trente ans de citoyenneté en action ».

LES LOGIQUES DE L'APPARTENANCE
ENTRE OUVERTURE ET CLÔTURE SOCIALE

A priori donc, les groupes témoignent d'une dimension citoyenne : ils sont exogamiques et guidés par une montée en généralité des discours et des enjeux. La réalité des groupes, notamment sociologique, rend plus aléatoire un tel constat et introduit à une réflexion sur les logiques de l'appartenance.

Au-delà de leur discours rassembleur, les groupes étudiés ne réunissent en effet qu'un faible taux de la population totale de leurs quartiers. Les chiffres de participation aux assemblées générales annuelles ou des adhésions aux comités français indiquent qu'ils ne rejoignent rarement plus d'un à deux pour cent de la population du quartier (Gontcharroff, 1999 : 339). Le contexte québécois est susceptible du même constat. De tels résultats significatifs de la capacité de représentation des groupes doivent cependant être minorés par des considérations classiques sur l'engagement. Les groupes associatifs ne peuvent souvent compter que sur un nombre restreint de membres assidus participant à l'ensemble des activités. Cette remarque vaut particulièrement pour les comités dont le nombre de participants s'élèverait notoirement si on dénombrait les *free riders*, c'est-à-dire les habitants recourant aux groupes ponctuellement pour obtenir un service ou adhérer à une cause précise.

Plus grave est cependant le manque de représentativité au sein de ces groupes. Comme le constate Neveu (1999), l'habitant ne serait pas cet homme sans qualité autre que sa résidence que laisse sous-entendre l'ouverture des procédures d'adhésion aux groupes. À Marseille comme à Québec, les deux comités étudiés n'abritent ni jeunes ni immigrés, à quelques exceptions près. Le comité de quartier Saint-André compte un membre français d'origine maghrébine, le comité de citoyens Saint-Sauveur réunit lui deux personnes québécoises originaires l'une de Pologne et l'autre d'Amérique du Sud – encore que ce dernier cas est sujet à caution puisqu'il s'agit du président d'un autre groupe communautaire « Atout-lire ». La composition du groupe révèle donc l'exclusion de certaines des populations du quartier.

En France, la lecture classique des comités souvent reliée d'ailleurs à une analyse en matière de clientélisme fait le lien entre cette exclusion et un conservatisme des groupes, voire une hostilité envers les nouveaux habitants du quartier. Si cette analyse peut s'avérer exacte, elle demeure caricaturale et oublie que les socialités s'insèrent dans des processus complexes de l'ordre de l'identité, des significations communes et des parcours de vie. L'expérience des comités marseillais et québécois souligne les difficultés auxquelles se heurte concrètement la théorie de la citoyenneté en attirant l'attention sur les dynamiques communautaires et identitaires au sein des quartiers. Ces dynamiques s'expriment à la fois dans la codification de l'espace et dans le partage d'une histoire commune.

Civilités et espace : de l'usage du droit comme définition d'un périmètre moral

La citoyenneté comporte à la fois une prétention à l'universalité et une forte dimension locale et territoriale, significatives de la nécessaire articulation entre citoyenneté et territoire (Poche, 1992 : 19 ; Neveu, 1997 : 105-106). Cette articulation implique cependant une définition du territoire qui va au-delà de l'espace géographique. La citoyenneté s'enracine dans un marquage de l'espace qui relève de la façon dont la société se représente elle-même. Le territoire dans son acception large implique à la fois un espace et les significations, les codes en vigueur dans cette espace. Ces derniers ne sont d'ailleurs pas restreints au domaine juridique. Les civilités participent de ces codes sociaux et autres réglementations de la vie courante. Si l'exigence de civilités portée par les comités a bien une dimension d'universalité (elle a pour but de permettre à l'ensemble des habitants de vivre en paix et selon la concorde), elle contient aussi un idéal prescriptif de comportement et une norme sociale (Putnam, 1996 ; Goffmann, 1973). En effet, l'idéal de civilité des comités repose sur un respect envers autrui et envers la loi, mais cette loi n'est pas uniquement celle de la cité ; elle est liée à des considérations sur ce que doivent être les rapports humains. Les civilités fixent les limites du permis et surtout du tolérable au quotidien. Elles sont (au même titre que toute autre loi) porteuses de valeurs et correspondent à une représentation de la vie en commun des acteurs (Douglas, 2000). Les civilités dessinent ainsi un « périmètre moral ». À travers elles, se joue l'adhésion à un ensemble axiologique et finalement à un ordre social. En respectant les codes sociaux en vigueur dans un espace, les acteurs marquent leur appartenance à cet espace et défendent concrètement l'image qu'ils se font de leur communauté. Implicitement donc, la formulation des règles de civilités et leur respect posent la question de la définition d'une communauté et de ses conditions d'appartenance. Les civilités comme l'ensemble des codes sociaux et des usages du droit sont autant de stratégies de distinction et renferment le risque d'exclusion[3]. Comme le rappelle Walzer (1997), l'appartenance est un des premiers biens que les acteurs sociaux partagent. La défense des civilités par les groupes de quartiers montre que ces derniers participent de ce partage et entendent se prononcer sur une vision du quartier et les modalités du vivre-ensemble qui doivent y présider.

L'histoire entre émancipation et cristallisation du passé

La vision du quartier des comités ne se cantonne pas aux civilités. Celles-ci ne constituent que la partie la moins explicite et la plus intériorisée de cette vision. Cependant, les groupes défendent aussi une idée plus générale de ce que doit être la cité. Pour le dire autrement, ils sont porteurs d'une idéologie et ne se limitent pas à une conception libérale du bien. La dimension axiologique des groupes s'inscrit dans l'histoire du quartier et de leur ville respective.

Au comité d'intérêt de quartier Saint-André, la majorité des anciens du comité sont des ouvriers retraités des usines. De leurs années d'activité, souvent synonymes de dur labeur, ils ont gardé les valeurs du travail, de la solidarité et de l'entraide. Issus pour la plupart de familles d'immigrants italiens ou espagnols, ils n'ont souvent pas poursuivi leur scolarité au-delà du certificat d'études, et leurs camarades des bancs

---

3. Cette dernière dimension des civilités est rappelée théoriquement par Leca (1991 : 487) qui souligne le lien entre altérité et civilité. Dans les systèmes politiques modernes, l'altérité renvoie notamment à une opposition entre les manières d'être et de vivre, de voir et de juger (les vues du monde et les systèmes de valeurs). La civilité est une reconnaissance tolérante et généreuse d'un attachement commun à l'ordre social au-delà de ses diversités. Mais elle est aussi le produit de stratégies de distinction dans une situation d'interdépendance contrainte pour reprendre les termes d'Elias (1975 : 292-293). Aussi n'est-ce pas seulement la nécessité de la coopération de chaque individu avec ses semblables qui produit les formes de civilités, la retenue et le contrôle de soi, mais aussi les tensions continuelles qui agitent les sociétés, les luttes éliminatoires au sein de la couche dominante, la montée ininterrompue des couches inférieures que la division des fonctions ne cesse de produire.

d'école sont devenus leurs compagnons de travail dans les tuileries ou les savonneries. Le parcours de vie des membres est très significatif du travail d'intégration de la République. Ils sont bien les enfants de la « Communale » comme en attestent les propos de M. Andréani[4] dans « le journal des CIQ du bassin de Séon » qui résument parfaitement les valeurs des groupes.

L'attachement à la République et à ses fondements, fruits d'une histoire, à la fois personnelle et collective, peut expliquer les inquiétudes de certains des membres devant les transformations de la société française et les mutations du modèle républicain. Les adhérents des comités étudiés examinent particulièrement le passage à une société plus multiculturelle et finalement les modalités de l'intégration à la française. Les propos de certains membres relèvent donc davantage des appréhensions envers les changements d'une société qui devient moins prévisible que d'une hostilité ou d'une fermeture à l'autre. Cette perspective permet de relativiser certaines des critiques[5] à l'encontre des comités marseillais ou, du moins, de souligner que le comité Saint-André y échappe, d'autant que la plupart de ses membres ont aussi un fort engagement à gauche.

Les propos d'Andréani sont empreints de nostalgie. Le groupe hésite en effet entre une nostalgie du passé et la volonté de trouver de nouvelles bases pour l'avenir. Il faut donc se garder de toute vision

---

4.   Voir l'extrait de l'article en annexe.

5.   Les comités des quartiers nord sont souvent vus comme les représentants de la population de souche, relativement plus aisés que les autres habitants et véhiculant des idées plus conservatrices. L'accent est alors mis sur le discours sécuritaire des groupes et leur position quant à l'immigration. Si certains propos évoquent l'existence de cultures et d'habitudes différentes, ces évocations ne comportent pas une pléthore de descriptions de mœurs jugées choquantes, elles dénotent une incompréhension et parfois la difficulté de cohabiter dans de petits espaces. De plus, elles ne sont pas dénuées d'humour et montrent que le dialogue entre populations n'est pas interrompu. Certaines plaintes avaient notamment trait à la présence de Comoriens dans la rue de Mme Belli : « Je n'ai rien contre les Comoriens mais ils ne dorment jamais, disons pas quand moi je dors. Je suis âgée je me couche tôt et je me réveille très tôt, eux c'est tout l'inverse, c'est le tintamarre toute la nuit. » Mme Belli n'ose pas aller parler à ses voisins, elle charge Mme Pelligrino de le faire. Les critiques relèvent souvent du problème de voisinage courant et la référence culturelle n'est souvent pas l'argument premier, le manque de civisme est relié davantage à une opposition entre générations. Pour d'autres précisions sur les comités et l'immigration voir Patsias (2003 : 330-336).

hypostasiée des groupes. L'histoire est un objet de lutte et est sujette à de constantes réinterprétations qui servent de caution aux actions à mener. Ainsi, on compte au minimum deux générations au comité Saint-André, la présidente, la secrétaire et le vice-président incarnent une nouvelle cohorte de membres laquelle a pris la direction du groupe après le décès de son ancien président. Moins tournés vers le passé que les anciens, ils s'attellent au contraire à construire un nouveau quartier et à changer son image. Plus généralement, le débat oscille entre conserver l'image d'un quartier ouvrier, douloureusement vécue par les habitants car elle est synonyme de chômage et de déclin, ou mettre de l'avant la dimension touristique et culturelle de l'Estaque toute proche.

La volonté de transmettre une histoire et de partager, à travers celle-ci, des valeurs est également visible au comité de citoyens québécois. Certes, cette histoire est particulière, mais elle présente cependant des points communs avec le passé du comité marseillais. Surtout, elle participe de la même fonction : à travers l'interprétation du passé, c'est bien une action dans le présent qu'on vise. Au comité de citoyens Saint-Sauveur, la remémoration du passé inscrit les membres dans une lignée de luttes et de mobilisations, de douleurs et de stigmates supportés ensemble. Agir aujourd'hui, c'est reprendre l'héritage des fondateurs, poursuivre leur œuvre. Les fondements axiologiques du comité s'appuient sur deux axes. D'abord une culture ouvrière. Les anciens membres relatent un passé de luttes urbaines contre la municipalité de l'époque, de mobilisations contre la pauvreté, de solidarité entre les ouvriers des usines. Cet idéal de lutte et de solidarité nourrit les mobilisations contemporaines. Ensuite, une culture d'aide en grande partie issue de la formation en travail social des permanents. À travers une mobilisation et un engagement collectif, il s'agit aussi de permettre une prise en main personnelle et un développement de l'individu. Ces deux héritages historiques entrent parfois en contradiction, ils peuvent opposer les permanents entre eux ou certains membres aux permanents. Néanmoins, ils constituent le soubassement idéologique du groupe et influencent la vision du développement du quartier. Comme à Marseille, ils participent d'une identité territoriale, et tissent les liens entre une communauté et un territoire.

À Québec et à Marseille, l'intégration d'une histoire autorise la transmission de valeurs et la constitution d'une identité collective, d'un « nous ». Cette histoire partagée donne aussi une légitimité qui transcende l'argument numérique pour parler au nom du quartier et mettre en avant une vision de celui-ci. Les usages du droit et la défense des civilités sont l'expression, à certains égards de cette vision, de ce « nous » comme entité collective. Cependant ni l'histoire ni ses usages ne sont univoques. S'ils peuvent susciter la constitution d'une identité collective et le passage à l'action, ils comportent le danger d'une dérive que résume le passage d'un « nous » à un « entre nous ». Définir une communauté autour d'une histoire – ou plutôt de la lecture d'une his-toire –, c'est potentiellement exclure tous ceux qui ne partagent pas la même lecture ou la même histoire. Cette exclusion peut ne pas être un rejet explicite, certains habitants ne se reconnaissant pas dans les valeurs et les interprétations de l'histoire racontée. Les tensions autour de l'his-toire sont significatives de deux tendances, le repli sur le passé qui corres-pond à une cristallisation des valeurs et de l'identité du groupe, ou bien l'adaptation de cet héritage historique aux mutations contemporaines. Mais une telle adaptation peut être problématique, voire douloureuse. Elle est un enjeu entre les composantes de la communauté locale. Cette tension n'est donc pas propre aux comités de citoyens, mais ces der-niers sont à cet égard particulièrement significatifs. Abritant plusieurs générations d'habitants, avec tout de même un nombre élevé d'anciens, imprégnés de l'histoire du quartier, ils sont des lieux où les transitions entre deux types de société sont plus vivement ressenties. De plus, la pérennité même des groupes de citoyens exige un renouvellement des membres. Les périls de « l'entre nous » sont donc des enjeux de taille pour les groupes.

Néanmoins ils ne sont pas les seuls. Le repli sur « l'entre nous » a une autre dimension : l'idiosyncrasie, c'est-à-dire un cantonnement au particulier ou au local, signe d'une incapacité des groupes à échapper à la particularité de l'appartenance.

Le danger de l'idiosyncrasie ou les dilemmes de la proximité

Les comités de citoyens sont souvent associés, non sans raison, à une politique de la proximité. D'abord, comme le souligne Lefebvre (2002 : 17), « l'imaginaire survalorisé du local [...] s'appuie sur les représentations dont est porteuse la proximité ». Le local semble pouvoir compenser la distance qu'instaure le lien représentatif (Manin, 1995).

Il favorise une sociabilité entre les habitants et ouvre la voie à des interactions entre les habitants qui peuvent contribuer au lien social. La proximité concourait au minimum à une concitoyenneté. Pour les tenants de l'École participationniste et autres théoriciens, dont le plus célèbre est sans doute Tocqueville, la proximité est une promesse d'engagement au sein de la cité, à travers notamment les associations. Pour d'autres au contraire (Barthélemy, 2000 ; Eliasoph, 1998), la proximité et l'engagement associatif qu'elle augure sont loin d'être des garanties à l'émergence d'une sphère publique.

Au sein des comités étudiés, la proximité autorise bien la formulation d'un intérêt commun. Les habitants vivent les mêmes situations, ils constituent des groupes homogènes et ils partagent une sociabilité qui est propice au dialogue et aux échanges. Enfin, ils sont mus par le désir de parvenir à un accord et à une communauté d'intérêts. Cette relative évidence de l'intérêt commun aux membres des groupes peut cependant ne pas être un avantage. Elle présente le risque d'enfermer définitivement ces derniers dans la particularité d'un quartier ou d'un petit groupe d'habitants. La question réside dans la façon dont les citoyens des comités concilient le souci de la proximité et de leurs intérêts avec d'autres grands principes et préoccupations. Déterminer lorsque la proximité menace le politique conduit donc à interroger les conceptions de la proximité des acteurs eux-mêmes. Ces conceptions sont relatives, c'est-à-dire liées aux perceptions des acteurs. La perception de la proximité repose sur un sentiment qui peut faire référence à un espace géographique comme à des affinités de penser et de vivre. Une telle perception est d'autant plus importante qu'elle influence l'intérêt et l'engagement politique. Les acteurs se sentent d'autant plus concernés par un problème qu'ils le jugent « proche ». La notion de proximité est rattachée à l'accessibilité et à la faisabilité (Lefebvre, 2002 : 2 Eliasoph, 1998 : 1-3). Ces caractéristiques du « proche » peuvent ainsi restreindre l'intérêt des citoyens des comités à des problèmes sur lesquels ils pensent pouvoir agir, à leur portée, souvent ceux de leur « arrière-cour[6] ». La proximité tendrait donc

---

6. Cette notion est loin d'être dénuée d'ambiguïtés et n'est pas forcément synonyme d'espace géographique. Comme le décrit Eliasoph (1998), la présence d'une centrale nucléaire locale, à quelques encablures seulement de leurs résidences, ne constitue nullement un problème « proche » pour les habitants d'une ville américaine, à l'inverse des ravages de la drogue auprès de la jeunesse du quartier.

à une privatisation des points de vue. Les réunions entre semblables (les membres des comités) conforteraient les groupes dans leurs positions et ne contribueraient pas à une évolution des perceptions du proche. Tel est le constat dressé par Eliasoph (1998) sur les associations américaines qui, loin de susciter un véritable débat public, entretiendraient plutôt l'esprit de clocher.

COMMENT SORTIR DE SON QUARTIER OU LA DIFFICILE ARTICULATION DU PARTICULIER AU GÉNÉRAL

Ce verdict pour le moins sévère s'applique-t-il aux comités ? Pour le dire autrement, ces derniers peuvent-ils échapper au cercle restreint de la proximité et à l'étroitesse de l'appartenance ?

Les perceptions du proche ou les degrés de l'intérêt envers le politique ne sont pas figés. Ils varient au cours des rencontres, des discussions et des interactions sociales. Évoquer un problème, en expliquer les incidences et les causes probables rend ce dernier plus « proche », et peut susciter l'attention des citoyens. L'évolution des intérêts des citoyens suppose donc des lieux où les gens puissent se parler librement, et dans un sens politique, de certains aspects de la vie sociale. Deux critères sont annonciateurs du politique et caractéristiques d'une sphère publique : un « souci de justice » (Pitkin, 1981) et une certaine « imagination sociologique » (Mills, 1959) propre à l'esprit public. À quelles conditions les groupes étudiés répondent-ils à ces deux critères ? Et participent-ils de l'existence d'une sphère publique ?

Si la montée en généralité est menacée au sein de ces groupes par l'identité et la proximité – le risque étant alors de se convaincre de ce que l'on veut bien croire, des positions qui corroborent l'engagement –, elle est aussi encouragée par une ouverture des groupes au monde extérieur. Aussi les comités organisent-ils des rencontres en dehors de leurs réunions hebdomadaires, avec des élus, des experts et des professionnels de la chose publique. Ces rencontres mettent les membres face à d'autres opinions et d'autres visions du monde ; rien n'oblige que ces derniers évoluent dans leurs opinions, mais cette évolution est rendue possible. Les travaux de Sustein, repris par Manin (2002), montrent que l'hétérogénéité, la diversité des opinions et l'exposition à des opinions que les individus n'attendaient pas sont des éléments qui ne se produisent pas spontanément. Les comités peuvent donc constituer une occasion en ce sens. Certes, leur contribution à cet égard n'est pas systématique, elle varie selon la composition des comités, les enjeux et le contexte politique. Bien qu'elle ne soit pas certaine, elle demeure cependant potentielle.

De plus, les groupes tentent d'articuler problème particulier et souvent quotidien du quartier et situation plus générale relevant explicitement du politique. Ainsi, le « Grand Rendez-vous », activité organisée par le comité de citoyens Saint-Sauveur, montrait au travers de sketchs l'importance de la politique dans la vie quotidienne des membres. Les auteurs québécois insistaient sur une gestion du monde et ses conséquences sur la vie des citoyens.

> Où est notre place dans ce *charabia* mené par quelques centaines de financiers ? Comme nous pouvons le voir, nous nous retrouvons encore une fois dans le bas de la pyramide, ceux qui se trouvent en haut de celle-ci prennent des décisions qui auront des répercussions sur toutes les personnes se trouvant plus bas qu'eux. Déjà que nous avons de la difficulté à nous faire entendre par le gouvernement provincial, on peut s'imaginer que nous sommes seulement du capital pour eux. Ils veulent notre bien pis y vont l'avoir.

> – Quand y a pas de travail pour tout le monde, il faut reconnaître d'autres formes d'activités !

> – Je me demande bien si j'ai des chances pour cet emploi-là. Partout où j'applique, ils s'arrangent pour savoir mon âge de manière détournée. Ils me demandent en quelle année j'ai terminé mes études, si j'ai des enfants à charge, s'ils sont encore à la maison. Ça me fait peur ! À un moment donné, ça fait tellement longtemps que tu es sans emploi que ton tour est passé. Ils ne veulent plus de toi nulle part. Pourtant je fais du bénévolat pour rester active mais j'ai l'impression qu'ils n'en tiennent pas compte.

Au comité québécois, cette articulation entre particulier et général correspond à la philosophie de l'engagement communautaire et à une des missions dévolues aux permanents sous le nom de « conscientisation ».

La revendication de justice consubstantielle au politique semble également être présente au sein des comités étudiés. Elle se retrouve notamment dans la revendication de justice sociale du comité de citoyens Saint-Sauveur, et dans l'ensemble d'ailleurs de son discours mobilisateur. Les membres souhaitent défendre « une justice pour tous », la justice envers les habitants du quartier afin que ceux-ci ne soient plus l'objet de discrimination, la justice envers les femmes québécoises mais aussi envers celles qui sont originaires du tiers-monde. Cette demande de justice concerne à la fois les actes les plus quotidiens des membres et des projets entrepris à une échelle plus large. Les dirigeants des comités insistent sur la complémentarité de ces revendications et s'attachent à expliquer aux membres les liens entre leurs engagements pour améliorer leur vie quotidienne et les luttes plus ambitieuses.

De ce point de vue, l'action du comité rejoint les propos de Pitkin (1981), des conversations animées par l'esprit public ont plus de chance d'être établies lorsque des citoyens s'expriment en termes de justice, et que le « je veux » est remplacé par le « je suis en droit d'exiger de ». Cette dernière formulation devient négociable selon les normes publiques et autorise un débat sur celles-ci. Elle remet en question implicitement les standards de justice de la communauté et leurs critères. Elle suscite une discussion sur les préoccupations des habitants, leurs idéaux, pour reprendre les termes du permanent du groupe, « nos orientations nous questionnent sur qui nous sommes, pourquoi nous agissons et pourquoi nous y allons ». L'exemple québécois est révélateur à cet égard. Les membres du comité de citoyens réfléchissent sur les actions qu'ils doivent intenter pour améliorer leur quartier, mais resituent celles-ci dans un ensemble plus vaste et une solidarité internationale. Le « je suis en droit de réclamer telle chose en tant que citoyen québécois » s'articule à une réflexion plus générale sur le droit des autres citoyens.

Ici intervient « l'imagination sociologique » mentionnée plus haut, c'est-à-dire cette qualité d'esprit nécessaire à la pratique d'un jeu constant entre les vies personnelles des acteurs et le monde politique. Cette imagination sociologique est cruciale dans l'explication de l'intérêt et de l'engagement politique (Mills, 1959). « L'imagination sociologique » suppose des conversations, des lectures. Pour s'épanouir, elle réclame un contexte favorable dans lequel les acteurs sociaux peuvent ouvrir leur esprit et développer leur « sens d'autrui ». L'esprit public n'est donc pas inné ou même naturel, il s'acquiert et présume certaines conditions.

Le comité québécois peut être considéré comme exemplaire à cet égard, surtout dans ses efforts pour superposer les cercles d'intérêt envers le politique. Cette exemplarité profite en partie de l'insertion du comité de citoyens du quartier Saint-Sauveur dans un réseau de groupes communautaires, dont les objectifs sont variés et qui organisent des débats sur des sujets plus larges. La diversité des thèmes abordés par le « Grand Rendez-vous », fruit des efforts de plusieurs groupes communautaires, est significative de ce point de vue. À Marseille, les discussions des membres des comités témoignent d'un souci de justice, mais la généralisation opérée est plus restreinte, et moins dégagée de considérations égoïstes. La réclamation de justice reste souvent limitée à la dénonciation d'une injustice de traitement, sans toujours être explicitement reliée à un problème plus vaste et concernant autrui. Ce degré d'ouverture, plus ténu, est dû en partie aux ambitions du comité marseillais qui demeurent plus locales. De ce point de vue, celui-ci souffre de ne pas être inséré dans un réseau communautaire. Malgré un caractère plus rare, les discussions au sein du comité Saint-André peuvent cependant aussi exprimer des préoccupations politiques plus larges. Par exemple, le souci écologique a entraîné une mobilisation envers le développement durable. Néanmoins, dans la grande majorité des cas, de telles préoccupations ne débouchent pas sur des actions concrètes. Un intérêt plus large n'implique pas pour autant une action collective en faveur du problème. Il peut susciter par contre une action sur un problème politique plus précis *hic et nunc*, par exemple la gestion des déchets effectuée par la ville de Marseille.

L'expérience des comités étudiés souligne que l'apprentissage de l'esprit public et l'articulation entre privé et public ne sont pas innés. Ceux-ci supposent l'existence non seulement de lieux de débats mais également d'un « sens pratique » au sens de Goffmann (1979). La démocratie ne réside pas seulement dans la volonté, les croyances et les valeurs des individus mais aussi dans les façons dont les citoyens interagissent. Elle appelle une « étiquette » (Elias, 1974 et 1975) ou un *footing* civique (Goffmann, 1979). Les deux termes font référence aux sociabilités mises en œuvre par les citoyens pour entretenir un contexte bénéfique à la prise de parole en public. Sous certains aspects, les comités peuvent contribuer à l'émergence de telles pratiques, ils offrent des contextes pertinents aux habitants pour évoquer des problèmes politiques. Certes, l'existence de tels lieux ne garantit pas l'esprit public et la montée en généralité mais elle est un préambule propice à ces derniers. Les comités autorisent une politisation des problèmes quotidiens des habitants et donnent à ceux-ci l'occasion de développer leurs propres interprétations des problèmes politiques à travers les discussions avec d'autres citoyens. Ils montrent que dans certaines conditions, c'est-à-dire lorsqu'ils sont « cultivés socialement », le privé et le particulier peuvent être des portes d'entrée sur le politique et sont en tout cas des aiguillons puissants au passage à l'action (Piattoni, 2001). Au cours de leurs conversations, même lorsque celles-ci sont animées par leurs intérêts personnels, les membres sont amenés à faire des distinctions constantes entre ce qui relève du public et ce qui relève du privé. Ils participent ainsi à la concrétisation du politique en redessinant constamment la frontière qui sépare le public et le privé. Les comités favorisent un contexte d'interactions entre les gens et l'intérêt pour un monde plus large. À cet égard, la présence de permanents et l'insertion dans un réseau communautaire s'avèrent déterminantes. Les permanents sont des professionnels, rémunérés pour mener à bien une telle mission, ils disposent donc de temps à cette fin. De plus, ils n'habitent souvent pas le quartier et font donc preuve de davantage de recul que les autres membres du groupe directement concernés par les problèmes. Enfin, l'insertion au sein d'un réseau communautaire permet la participation à des mobilisations portant sur des enjeux plus vastes (par exemple la mondialisation) et l'organisation de débats sur de tels sujets.

Cette médaille a cependant son revers. La voix des citoyens, des habitants du quartier et membres du groupe, est médiatisée, et l'articulation à l'intérêt général repose sur une idéologie[7] issue de l'idéal de conscientisation des groupes communautaires.

CONCLUSION :
LA REFORMULATION DE L'OPPOSITION ENTRE INTÉRÊT PARTICULIER ET GÉNÉRAL, ENTRE LOCAL ET GLOBAL

Les critiques sur le caractère particulariste des comités s'appuient sur une opposition stricte entre intérêt particulier et intérêt général. Cette opposition, en partie héritée de la conception rousseauiste de

---

7.   Il s'agit presque ici d'une redondance car l'intérêt général n'est jamais dénué de toute dimension idéologique, nous y reviendrons en conclusion.

l'intérêt général, est incapable de répondre à la question de la formulation de l'intérêt général. Comme le note Manin (2002), l'idéal régulateur de l'accord universel ne livre à peu près aucune indication sur les moyens de l'approcher. L'approche rousseauiste et ses avatars, qui jugent la démocratie à l'aune de l'expression de la généralité de la volonté de décision, portent encore la marque de l'héritage de la démocratie antique. Dans les démocraties modernes, la légitimité de la décision collective est aussi procédurale. Le principe de la légitimité démocratique réside alors dans le processus de formation de la volonté collective et non pas uniquement dans cette volonté elle-même. Si cette rupture instaurée par la démocratie moderne est largement mise en avant (Strauss, 1986[8]), elle est tout aussi souvent ignorée dès qu'il est question de l'intérêt général. La discussion sur l'intérêt général qui recoupe celle sur le caractère local des groupes s'appuie sur des visions différentes de ce dernier. À ce titre elle n'est pas seulement théorique, mais aussi idéologique (Rangeon, 1986).

L'étude amorcée au sein des deux comités de citoyens permet d'appréhender concrètement ces dilemmes théoriques et idéologiques. Elle confirme le constat dressé par Leca (1991) sur l'appartenance et la citoyenneté qui oscillent entre deux pôles : le pur civil et le pur civisme. Ce rappel ouvre à une remarque – remarque qui relève d'ailleurs du truisme – sur la nature du politique et du local lui-même. Il n'existe ni de politique ni de local en soi.

Le politique s'apprécie dans les relations entre domestique, civique et public. À ce titre, les comités analysés sont révélateurs, ils montrent la difficulté de la transition entre ces trois registres mais sa possibilité tout de même. Au minimum, et il s'agit déjà d'une réponse aux critiques particularistes, ces groupes aident à l'expression sur la scène politique des voix de certains habitants. Dans ce cas, la participation de ces derniers à la vie de la cité serait celle, même minimale, de la représentation d'une communauté d'intérêt. Elle laisse les autres citoyens libres de s'exprimer sur cette communauté d'intérêt. De plus, par quel miracle, des habitants totalement réfractaires à l'intérêt général lors de leurs réunions hebdomadaires pourraient-ils y accéder au moment du vote. Une lecture rigide des groupes insiste sur la crispation communautaire, mais oublie que ces

---

8.   Et particulièrement les pages 221 à 279 sur la crise du droit naturel moderne.

derniers sont un lieu où les habitants peuvent exprimer leurs inquiétudes face aux changements de société. Les comités étudiés ont donc le mérite d'encourager les questionnements et le partage de ces interrogations. Les problèmes soulevés par les comités sont très particuliers, mais aussi très universels. Ils interrogent la façon dont une catégorie de population s'adapte aux transformations du monde. Dans le meilleur des cas, ces groupes peuvent donc contribuer à dessiner un espace public à l'échelle du quartier en réalisant une articulation entre particulier et général. Cette articulation réclame cependant un travail d'explication et des ressources, à la fois matérielles et humaines. Les comités étudiés rappellent aussi que le local est un niveau politique et non une catégorie en soi de problèmes et d'enjeux. À ce titre, il ne s'évalue que dans un rapport au national (Carrier, Collin et Patsias, 2005). Les enjeux politiques et leur portée ne sont pas prédéterminés, mais résultent de processus de politisation. Si l'expression de démocratie locale a le mérite de mettre l'accent sur les pratiques de participation à un échelon politique (le niveau local), elle est aussi un abus de langage. Elle omet qu'il n'y a pas de démocratie locale mais une démocratie qui permet l'expression des tensions entre particulier et général, local et global sur différentes scènes politiques.

ANNEXE :

Article de M. Andréani dans *le journal des CIQ du bassin de Séon, 19 novembre 1996*

Réel brassage des races à l'évidence. Déjà ! Très exactement ; sur ce chiffre plus haut avancé ; j'ai retrouvé « 54 » patronymes espagnols. La plupart riverains de cette rue des Sœurs, du boulevard Henrion, ou des cabanons de Roux et d'Olive.

Manifestement, ils étaient les plus handicapés ; les plus mal lotis élémentairement, car peu ou pas aidés dans nos modestes études, par des parents venus trop tard en notre pays et n'exerçant point notre langue.

Il y avait aussi 112 noms d'origine italienne !

Pour certains, d'ascendance déjà lointaine ; mais pour d'autres encore récente. Mais pour beaucoup d'entre eux, et j'en parle en connaissance de cause, car moi-même issu de cette souche par mes grands-parents maternels, leurs géniteurs s'exprimaient aussi dans la langue de leurs ancêtres ; et d'autres dans un français ô combien approximatif.

Il y avait aussi, pour la petite histoire, 3 Grecs et 1 Russe, 8 Arméniens. Enfin... quand même, 106 noms fleurant bon le terroir tout au moins celui par leur père donné. Andréani

[...]

Ceci étant ; cette chronologie affirmée ; je voudrais, de par la disparité avancée, établir un quelconque parallèle afférent à certains problèmes d'actualité.

Se rapportant aux conditions d'enseignement, de vie et de savoir ; de par le cosmopolitisme actuellement connu.

À quelques exceptions près ; la quasi-totalité de ces écoliers d'alors ne connurent qu'une éphémère scolarité ; celle-ci s'achevant aux aurores, ou au terme d'un CEP décroché ou pas.

C'est-à-dire 13-14 ans pour la plupart d'entre nous.

Combien étaient-ils pourtant ; ceux qui toutes origines confondues pouvaient prétendre à des études plus poussées, comme cela se pratique tous les jours ?

Mais hélas, la modeste condition de leurs familles attendait tout autre chose que ces études évoquées.

Il est vrai que la recherche d'un emploi ne présentait pas les difficultés d'insertion que nous connaissons de nos jours... mais également le choix était des plus limités en nos quartiers ; et les « tuileries » où la plupart échouaient ne tenaient nullement compte du niveau des connaissances acquises des postulants...

Aujourd'hui ; sans nier les difficultés connues des scolarisés actuels, de ceux surtout que l'on présente sous l'étiquette de défavorisés ; issus de familles nombreuses ou étrangères ; logées en ces grands ensembles qui font la une de nos médias ; combien sont-ils à savoir qu'en ces années 1920-1930 ces mêmes familles espagnoles ou italiennes notamment, et même celles de souche française, aussi nombreuses, ne percevaient alors nulle allocation d'aucune sorte, ni [aide] familiale ni d'aide quelconque au logement ! Que la sécurité sociale n'existait pas, seules quelques sociétés de « secours mutuels » en étaient à leurs balbutiements. Et je ne m'étendrai pas sur l'habitat d'alors… et des conditions de confort (!) et d'hygiène, où ce petit monde modeste, et le plus souvent pauvre, a vécu de l'adolescence à sa majorité. À lui seul, il constituerait la trame d'or véritable de l'article. Je reconnais pertinemment que ces difficultés d'un autre temps, évoquées, ne sont point une excuse à celles que la génération actuelle peut connaître de nos jours.

Le progrès appelant le progrès.

Mais j'ai tout simplement voulu souligner, que, par la volonté première de chacun, les origines, les nationalités diverses, le rang social même, la numérosité familiale n'entraient point en ligne de compte en tant qu'obstacles à l'époque par nous vécue. Et j'en appelle à vous, vieux camarades d'alors, aux consonances espagnoles ou italiennes ; qui, nantis seulement de votre pauvre savoir acquis, vous qui au cours des ans, fils d'étrangers êtes devenus ces artisans, ces commerçants, ces chefs d'entreprises, ces comptables, ces directeurs de sociétés. […]

RÉFÉRENCES

Barthélemy, M. (2000), *Associations : un nouvel âge de la participation*, Paris, Presses de la Fondation nationale de science politique.

Carrier, M., J. Collin et C. Patsias (2005), *La réforme territoriale québécoise à la lumière des MRC. Au-delà des aléas, le renforcement de « l'État local » au Québec ?* (à paraître).

Donzel, A. (1998), *Marseille, l'expérience de la cité*, Paris, Economica.

Douglas, M. (2000), *Comment pensent les institutions*, Paris, La Découverte/ MAUSS.

Elias, N. (1974), *La société de cour*, Paris, Calmann-Lévy.

Elias, N. (1975), *Le processus de civilisation*, Paris, Calmann-Lévy.

Eliasoph, N. (1998), *Avoiding Politics. How Americans produce apathy in everyday life*, Cambridge, Cambridge University Press.

Goffmann, E. (1973), *La mise en scène dans la vie quotidienne, T1, La présentation de soi*, Paris, les Éditions de Minuit.

Goffmann, E. (1979), « Footing », *Semiotica*, vol. 25, n°s 1-2.

Gontcharroff, G. (1999), « Le renouveau des comités de quartier », dans Blondiaux, L., G. Marcou et F. Rangeon (dir.), *La démocratie locale. Représentation, participation et espace public*, Paris, Presses universitaires de France.

Leca, J. (1991), « Individualisme et citoyenneté », dans Birnbaum, P. et J. Leca (dir.), *Sur l'individualisme*, Paris, Presses de la Fondation nationale de science politique.

Lefebvre, R. (2002), « Rhéthorique de la proximité et la crise de la représentation », *La proximité : catégorie politique, catégorie sociologie*, Colloque (8, 9 et 10 mai), Montréal, INRS-UCS.

Manin, B. (1995), *Principes du gouvernement représentatif*, Paris, Calmann-Lévy.

Manin, B. (2002), « L'idée de démocratie délibérative dans la science politique contemporaine. Introduction, généalogie, et éléments critiques. Entretien avec B. Manin », *Politix*, vol. 15, n° 57.

Mills, C.W. (1959), « The promise », dans *The Sociological Imagination*, New York, Grove Press.

Mills, C.W. (1967), *L'imagination sociologique*, Paris, Maspero.

Neveu, C. (1997), « Anthropologie de la citoyenneté », dans Abèles, M. et H.-P. Jeudy (dir.), *Anthropologie du politique*, Paris, Colin.

Neveu, C. (1999), « L'anthropologue, le citoyen et l'habitant. Le rapport au politique dans une ville du Nord », *Ethnologie française*, vol. 29, n° 4.

Patsias, C. (2003), « Vivre-ensemble et communauté politique : entre ordre domestique et ordre civique. Les groupes de citoyens marseillais et québécois », Thèse de doctorat en science politique, Université Laval/IEP d'Aix-en-Provence.

Piattoni, S. (2001), « Clientelism, Interests, and Democratic Representation », dans Piattoni, S. (dir.), *Clientelism, Interests, and Democratic Representation. The European experience in Historical and Comparative Perspective*, New York, Cambridge University Press.

Pitkin, H. (1981), « Justice : On the Relating Public and Private », *Political Theory*, vol. 9, n° 3.

Poche, B. (1992), « Citoyenneté et représentation de l'appartenance », *Espaces et Sociétés*, vol. 68, n° 1.

Putnam, R. (1996), « La société civile en déclin : pourquoi et après ? », *La Conférence John L. Manion*, Ottawa, Centre canadien de gestion.

Piven, F.F. et R.A. Cloward (1977), *Poor People's Movement : Why they Succeed, How they Fail*, New York, Vintage.

Rangeon, F. (1986), *L'idéologie de l'intérêt général*, Paris, Economica.

Strauss, L. (1986), *Droit naturel et histoire*, Paris, Flammarion.

Walzer, M. (1997), *Sphères de justice. Une défense du pluralisme et de l'égalité*, Paris, Seuil.

LE TERRITOIRE QUÉBÉCOIS DANS LE CONTEXTE DE LA MONDIALISATION

Jean-Marc Fontan et Juan-Luis Klein

Les travaux que nous avons réalisés depuis une quinzaine d'années sur le développement prenant place dans la zone métropolitaine de Montréal nous ont permis de constater que les territoires du Québec perdent de leur cohésion socio-économique au sein de l'espace économique national et connaissent une connectivité sélective de type réticulaire à l'économie mondiale. Ce constat fait écho à celui qui a été posé par nombre de chercheurs selon lequel l'État-nation apparaît comme une forme déclassée de gouvernance. Dès lors, comment penser le devenir du Québec en prenant en considération que le développement de ses régions est de plus en plus lié à celui de zones économiques qui sont situées à l'extérieur de son territoire, voire à l'extérieur du Canada ? Comment penser le devenir du Québec en prenant en considération que, même si sa population optait pour une forme de gouvernance souveraine, cette dernière ne serait qu'un pâle reflet de ce que signifiait jadis la constitution d'un État-nation ?

Le présent texte nous permet de développer l'hypothèse selon laquelle l'avenir du Québec dépend de sa capacité d'innover socialement afin de mettre en place un mode de développement équitable et durable. Nous affirmons que, pour relever les défis tant sociaux, culturels, politiques qu'économiques qui se dressent devant lui, le Québec a tout avantage à faire de son territoire une région intégrée sur les plans social, économique et technologique. Faire appel à l'intégration du territoire québécois constitue moins un nouveau nationalisme qu'un enjeu social offensif pour éviter tant le creusement des inégalités socioéconomiques au sein de sa population qu'une utilisation aveugle destructive de son environnement.

Les rapports entre les composantes du territoire québécois doivent être revus à la lumière d'un environnement qui change auquel il faut s'adapter. Ce nouvel environnement, on l'aura deviné, concerne la mondialisation, dont les effets se traduisent par des changements sur la base territoriale des collectivités. En premier lieu, l'intensification des échanges des biens, l'accroissement de la volatilité des capitaux, la circulation des informations grâce aux technologies d'information et de communication créent des liens beaucoup plus serrés qu'autrefois et abattent les barrières que constituaient jadis les frontières. En deuxième lieu, l'émergence d'institutions internationales qui imposent de nouvelles règles économiques et productives diminue la capacité des États d'intervenir dans le développement économique de leur territoire et les oblige à revoir leurs stratégies de développement et d'intervention économiques. En troisième lieu, la capacité de certaines collectivités de s'adapter aux nouvelles exigences internationales amène des différenciations nouvelles entre les régions : « les régions gagnantes et les régions perdantes ». Ces différenciations ne sont pas dues aux échanges interrégionaux à l'intérieur d'un pays mais bien plus à leur insertion dans la nouvelle économie mondialisée et aux difficultés qu'éprouvent les États, d'une part, et au manque de volonté des régions gagnantes, d'autre part, pour assurer la redistribution de la richesse.

Les espaces économiques ne prennent plus la forme de territoires nationaux, mais plutôt celle de pôles régionaux métropolitains insérés dans des réseaux financiers, productifs et informationnels transnationaux et « dissociés » des espaces nationaux auxquels ils appartiennent. C'est ce qu'on appelle la métropolisation. Ce nouvel environnement a la caractéristique de permettre ou de favoriser l'émergence de nouveaux acteurs économiques, ce qui entraîne une redéfinition de la position du système d'acteurs des collectivités nationales et locales.

Comment se traduisent les répercussions de la mondialisation sur l'espace québécois ? Ce nouvel environnement est-il en mesure de modifier les rapports socioéconomiques que le Québec entretient avec le Canada et le monde ? Voilà les questions auxquelles nous essayerons de répondre dans ce chapitre.

L'INSUFFISANCE DE L'APPROCHE CENTRE-PÉRIPHÉRIE

L'approche centre-périphérie a traditionnellement inspiré l'analyse du développement des régions québécoises. Elle fut certes très utile pour l'analyse de l'évolution historique des rapports économiques interrégionaux, mais est devenue insuffisante pour comprendre la réalité actuelle dans laquelle s'insèrent les composantes territoriales de la collectivité québécoise. Même si historiquement le développement de régions centrales s'est construit à partir d'inégalités dans la nature des échanges prenant place entre les régions centrales et les régions périphériques – celles-ci se spécialisant dans la production et dans la première transformation des ressources naturelles (tels la fourrure, la forêt, l'hydroélectricité, les produits miniers, l'agriculture) qui généraient une plus-value qui était accumulée et mise à profit dans celles-là[1] –, il est clair qu'aujourd'hui les facteurs qui expliquent les différences de développement entre les régions québécoises sont différents. Les échanges inégaux existent, bien sûr. Ils sont essentiellement unidirectionnels et créent des inégalités sociales et économiques[2], mais ils se combinent à des échanges internationaux croissants à travers lesquels des entreprises et des collectivités établissent ou non des liens avec d'autres régions du Canada, des Amériques ou du monde. Ces interrelations avec l'international sont désormais prépondérantes.

LES FACTEURS D'INÉGALITÉ DANS LE TERRITOIRE

Depuis les années 1960, nombre de politiques ont été élaborées et mises en application pour appuyer le rattrapage des régions périphériques par rapport à des indicateurs de richesse mesurés à l'échelle

---

1. Pour une synthèse de ces travaux, voir Côté et Lévesque (1982 : 55-79).
2. Comme le montrent Côté et Lavertu (1991).

québécoise. Cela a été plus ou moins atteint, surtout dans les régions plus proches de Montréal et des principaux centres urbains. Mais ces politiques n'ont pas réussi à donner l'impulsion nécessaire à toutes les régions périphériques pour participer aux processus de réadaptation et de reconversion économique au même rythme que Montréal.

Comme cela a été maintes fois démontré, l'effet de l'exode des jeunes des espaces ruraux pour la ville et surtout pour les principales agglomérations urbaines s'accentue, ce qui compromet la viabilité des milieux ruraux. L'éloignement des régions ressources se juxtapose à la rareté des services, surtout des services spécialisés aux citoyens et aux entreprises. Et les problèmes de chômage se concentrent dans certaines zones et deviennent endémiques, plusieurs espaces se caractérisant par le fait qu'une part importante des revenus de leurs habitants provient des programmes de sécurité sociale[3]. Par contre, comme on le verra plus tard, des corridors et des axes de croissance unissent des villes, souvent de petite taille, où la mise en application de certaines innovations en matière de production, de marketing et de gestion de l'entrepreneuriat produisent des effets étonnants en termes de développement de l'emploi et de l'entreprise.

MONTRÉAL AUSSI SE DÉVELOPPE DE FAÇON INÉGALE

Bien sûr, les problèmes liés à la pauvreté constituent aussi une caractéristique de la métropole. Le chômage, la sécurité du revenu, les problèmes sociaux affectent d'une façon marquée certains quartiers de Montréal, et ce, même si, dans certaines activités de haut niveau technologique, il y a pénurie de main-d'œuvre. Il pourra être argumenté avec raison que les collectivités montréalaises comptent sur plus de ressources susceptibles d'être mobilisées pour apporter des réponses à ces problèmes et que les infrastructures et les équipements que les institutions publiques y implantent contribuent à la croissance économique globale de la métropole. Le problème est que, comparativement aux autres grandes villes nord-américaines et canadiennes (Toronto, Calgary et Vancouver,

---

3.   Ces caractéristiques peuvent être documentées à partir des indicateurs et des documents cartographiques de l'*Atlas du Québec et de ses régions* (http://www.at lasduquebec.qc.ca).

par exemple), Montréal perd de son influence, même si certains secteurs économiques de l'agglomération sont très performants (Klein, Tremblay et Fontan, 2003). Par ailleurs, la croissance a lieu sur un fond de dualisation sociale et de dévitalisation productive de certains quartiers : autour du canal de Lachine, dans le Sud-Ouest, ou du corridor du Canadien Pacifique, dans l'est de Montréal. Bref, là où se trouvaient autrefois les emplois industriels (Klein, Fontan et Tremblay, 2001).

Rappelons que Montréal a vécu un long processus de perte d'importance socio-économique au profit de Toronto, qui, à partir des années 1960, s'affirme comme la principale métropole canadienne. Nonobstant des actions qui tendent à la cacher (l'Expo 67, les Olympiques en 1976), la faiblesse structurelle de Montréal devient alors de plus en plus évidente. Dès les années 1970, le déclin de Montréal donne lieu à une série de travaux qui analysent les causes du déclin de la ville et dégagent des stratégies d'action. Les chercheurs analysent le déclin de Montréal sous deux angles : le déplacement de la fonction de métropole économique canadienne de Montréal à Toronto et l'écart grandissant entre Montréal et les autres régions du Québec.

La principale perspective stratégique dégagée par ces travaux oriente les décideurs politiques à faire de Montréal le moteur du développement économique de l'ensemble du territoire québécois. L'argument utilisé est le suivant : sans une région métropolitaine forte et bien structurée, le développement de l'ensemble du Québec n'est pas possible. Il est ainsi prescrit qu'en concentrant les investissements sur Montréal l'agglomération deviendrait une locomotive pour l'ensemble du Québec, et ce, à partir d'une stratégie misant sur l'implantation de pôles de développement. C'est la stratégie élaborée par Higgins, Martin et Renaud (Higgins *et al.*, 1970).

Cette stratégie, remise à jour à plusieurs reprises, a inspiré les intervenants en matière de développement à Montréal pendant plusieurs décennies, ce qui n'a pas manqué de provoquer la thèse contraire. Constatant l'effet territorialement limité de la croissance montréalaise, plusieurs travaux ont cherché à démontrer que le développement de Montréal n'entraînait pas la croissance de l'ensemble des régions du Québec. Au contraire, pour les auteurs de ces travaux, la croissance de Montréal avait lieu aux dépens des régions, dans la mesure où les ressources régionales étaient siphonnées par la métropole (Côté, 1991).

Ce débat, aux postulats irréconciliables, n'a pas été que théorique. Il a traversé les milieux gouvernementaux, lesquels, plutôt que d'adopter une stratégie unifiée, ont eu tendance à élaborer des politiques de développement séparées pour la métropole et les régions. Le gouvernement a même créé des structures ministérielles distinctes (le ministère des Régions et le ministère de la Métropole), pour s'occuper de la métropole et des régions, sortant cette responsabilité du secrétariat exécutif. Mais les structures ainsi créées parviennent difficilement à s'imposer devant les grands ministères sectoriels. Dans tous les cas, elles ne favorisent pas un développement intégré du territoire, bien au contraire.

De plus, force est d'admettre que la perte d'importance de Montréal face à Toronto, d'une part, et de l'économie du Québec face à l'économie du reste du Canada, d'autre part, n'a pas été enrayée. Elle s'est tout simplement recomposée. Dans l'espace canadien, l'effet cumulatif de la concentration des institutions économiques et politiques se traduit par la croissance de Toronto et des grandes villes de l'Ouest canadien aux dépens de Montréal et des autres villes et régions du Québec.

Par ailleurs, le clivage entre Montréal et les autres régions du Québec s'est accentué, en partie comme résultat d'une tendance forte liée à la mondialisation. Les grandes villes, surtout les agglomérations métropolitaines, sont des lieux de stratégies qui visent leur propre croissance sans égard au développement des autres régions des pays où elles s'insèrent, et ce, dans un contexte de concurrence intermétropolitaine et de désolidarisation territoriale. Les acteurs de la métropole ne se sentent plus concernés par le développement des régions, comme en témoigne l'appel de Fernand Martin (rapporté par le journal *La Presse* du 8 décembre 2001) à arrêter de pomper de l'argent dans des régions périphériques non viables.

Les principaux acteurs du développement économique des grandes métropoles sont de plus en plus appelés à tisser des liens organiques serrés avec des agglomérations métropolitaines n'appartenant pas à leur espace national, ce qui provoque des tensions et des fractures dans les territoires nationaux. Les collectivités dites « gagnantes » étant de plus en plus tournées vers le monde, elles sont de moins en moins favorables à appuyer des politiques publiques nationales favorisant une plus grande équité socioéconomique territoriale.

LA HIÉRARCHISATION TERRITORIALE PROVOQUÉE PAR LA MONDIALISATION

La hiérarchisation territoriale québécoise du XXIᵉ siècle doit donc être replacée dans le contexte canadien et mondial et non seulement québécois. Elle doit être replacée dans un contexte de mondialisation. Dans ce dernier cas, comme nous l'avons dit ci-dessus, la clé de l'analyse des problèmes liés à l'inégalité sociale et économique des territoires et surtout des collectivités qui les habitent est la métropolisation. La métropolisation s'impose comme l'armature territoriale de la mondialisation. Il s'agit de la concentration du pouvoir économique et politique dans des régions métropolitaines constituées d'agglomérations urbaines et périurbaines qui se détachent de leurs espaces nationaux et qui établissent des liens de collaboration et de concurrence avec d'autres régions métropolitaines[4].

À l'échelle du monde, la métropolisation exprime le regroupement des populations solvables dans un espace économique ouvert mais limité, qui sert de support à la croissance, et qui progressivement marginalise les économies des pays sous-développés. Seulement les nouveaux pays industrialisés font figure d'exception et, encore, comme dans le cas de la Chine, du Brésil, de l'Argentine ou du Chili, seulement en ce qui concerne certaines régions. À l'échelle des métropoles, des collectivités incluses dans la dynamique métropolitaine et interreliées cohabitent avec des collectivités marginalisées. Les inégalités spatiales se voient redéfinies, les plus importantes étant celles qui séparent l'univers de possibilités qu'ouvre la centralité métropolitaine et la frustration d'importants pourcentages de la population des périphéries qui n'y ont pas accès. Désormais, les rapports ville-région ou centre-périphérie ont moins d'importance que le hiatus qui s'établit entre l'univers du métropolitain et l'univers du non-métropolitain.

Les espaces de développement économique se reconfigurent. Au sein des grands blocs continentaux, tels l'ALENA, les activités productives, les organisations socioéconomiques et les institutions politiques

---

4. Sur le concept de métropolisation et son application au développement des collectivités locales, voir Fontan *et al.* (1999), Lacour et Puissant (1999) et Bassand (1997).

créent de nouveaux découpages régionaux et imposent de nouvelles modalités d'action en matière de développement régional. Les territoires prennent une forme de réseau où les métropoles sont les nœuds d'un réseau spatial urbain auquel s'articulent des espaces productifs et sociaux qui débordent sur le rural. Ce réseau constitue l'armature territoriale de la mondialisation. L'analyse des tensions à l'œuvre sur le territoire québécois doit tenir compte de ce changement.

La métropolisation, en tant que facette de la mondialisation, est largement amorcée. C'est un processus par lequel les forces du capitalisme mondial se restructurent de façon à accroître la productivité et la rentabilité des capitaux et des entreprises tout en produisant de nouvelles inégalités. C'est un processus qui va dans le sens des forces du marché et qu'on ne peut pas arrêter. Mais, peut-il être influencé, voire infléchi ? À une échelle strictement locale, les exemples du Regroupement économique du Sud-Ouest (RESO) et de la Société de développement Angus (SDA) à Montréal montrent que c'est possible. Mais peut-on le faire à l'échelle de la collectivité québécoise ?

Le repositionnement des divers espaces économiques qui constituent le Québec dans l'espace de production et de consommation nord-américain n'est que le reflet des grandes restructurations que traverse la société occidentale dont il faut absolument tenir compte pour poser adéquatement le problème du développement régional. Ces restructurations concernent l'émergence d'une « nouvelle économie » dite du savoir, la structuration territoriale de cette économie en forme d'« archipel », c'est-à-dire de grappes de lieux où se concentre la richesse structurée en réseaux (Veltz, 1996), les bouleversements spatiaux qu'entraînent les nouvelles technologies de communication et les processus d'exclusion concomitants à l'adaptation des structures productives locales à la nouvelle économie.

Des secteurs tels la biopharmaceutique, les télécommunications, l'aéronautique, l'informatique et le multimédia ont connu une très forte croissance depuis les dix dernières années. Ces secteurs correspondent à ce qu'on appelle l'économie du savoir et il n'est donc pas surprenant que les entreprises qui s'y rattachent consacrent des efforts importants à la recherche et à l'innovation technologique. Mais d'autres secteurs, plus traditionnels, sont aussi en reconversion et affichent des résultats surprenants en termes de compétitivité et de création d'emploi. Pensons par exemple à certaines entreprises des secteurs bio-alimentaire, de la mode, du meuble, ou encore aux produits du terroir et autres produits artisanaux, établies souvent en région, où l'innovation est devenue la norme. Ceci montre que la nouvelle économie ne se limite pas aux activités de haut niveau technologique et aux grands centres métropolitains.

Bref, ce qui caractérise les inégalités territoriales de nos jours, c'est que dans la plupart des régions, et de surcroît dans l'ensemble métropolitain montréalais, la croissance et la décroissance, la richesse et la pauvreté cohabitent. Certains secteurs tirent profit des avantages que procure la mondialisation alors que d'autres en ressentent les effets négatifs et déclinent. La perspective centre-périphérie, fondée sur des rapports de domination interrégionaux à l'intérieur du Québec, ne suffit pas pour expliquer les nouvelles caractéristiques d'un mode de développement où la dualisation territoriale propre à la logique centre-périphérie se combine à une dualisation sociale qui s'exprime par un processus territorial combiné de croissance et d'exclusion. Les inégalités territoriales demeurent et s'accroissent, nous nous empressons de le souligner, mais elles s'expriment différemment[5].

Les territoires de la métropolisation se structurent en réseaux informationnels et leurs activités économiques sont regroupées en systèmes productifs. Est-il possible alors d'envisager une stratégie de développement de l'ensemble du Québec qui tiendrait compte des réseaux informationnels et des systèmes locaux ou régionaux de production ? À notre sens, oui ; non seulement cela est possible, mais il y a une certaine urgence à le faire pour éviter que le processus de croissance actuel perpétue le développement d'une partie du territoire québécois par le sous-développement de l'autre. Pour y parvenir, il faudrait, d'une part, mettre à jour notre conception de ce qu'est le développement régional et, d'autre part, modifier notre conception du Québec économique.

---

5.   Pour une synthèse des effets territoriaux de la mondialisation, voir Klein (1999 : 55-92).

LE QUÉBEC :
UNE ÉCONOMIE RÉGIONALE DISTINCTE ?

Sur le plan économique, le Québec s'apparente à une de ces nouvelles économies régionales où des initiatives locales de développement convergent grâce à des modalités territoriales de gouvernance (Borja et Castells, 1997). Plusieurs auteurs utilisent cette notion d'économie régionale pour désigner certaines régions, comme la Catalogne en Espagne, le littoral chinois ou la Californie aux États-Unis, qui empruntent des trajectoires particulières qui les distinguent des États où elles s'insèrent. Il s'agit ici de régions, qui ont plusieurs millions d'habitants et qui comptent sur des institutions économiques, sociales et politiques capables de définir et de mettre en œuvre des stratégies territoriales de développement qui influencent le comportement des facteurs économiques[6].

Le Québec possède ce genre d'institutions. Bien sûr, nous pensons au gouvernement du Québec comme tel, aux institutions publiques traditionnelles que celui-ci a créées à des fins d'investissement, telles la Société générale de financement ou la Caisse de dépôt et placement, ainsi qu'aux entreprises publiques créées pour mettre en valeur les ressources naturelles, tel Hydro-Québec. Nous pensons aussi au Mouvement des caisses Desjardins, première force financière du Québec. Dans la même veine, des institutions nouvelles sont en place, tels les fonds créés par les organisations syndicales, à savoir le Fonds de solidarité (FTQ) ou le Fondaction (CSN). Par ailleurs une attitude nouvelle se développe progressivement dans les organisations sociales, syndicales ou communautaires. Elle les amène à élaborer des stratégies pour essayer de prendre part au développement économique et à s'engager dans des initiatives locales de développement. À titre d'exemple, citons le développement dans les organisations syndicales d'une sorte de conscience territoriale, induite par le besoin de modifier le rapport des forces face aux entreprises et

---

6.   Le politologue Alain Gagnon s'est inspiré d'ailleurs de ce type de travaux pour suggérer l'application de la notion d'État-région à la situation québécoise à l'occasion du colloque annuel de l'Atlas du Québec et de ses régions tenu par l'ACFAS en mai 2000.

de préserver des emplois[7]. Il y a en fait au Québec suffisamment des ressources institutionnelles et financières susceptibles d'être mobilisées de façon convergente pour le développement des collectivités québécoises.

L'HYPER-CONCURRENCE ET SES EFFETS SUR LE TERRITOIRE QUÉBÉCOIS

Depuis la fin des années 1970, les décideurs économiques au Canada et au Québec sont arrivés à la conclusion qu'il fallait adopter des stratégies ayant pour finalité de s'appuyer sur les régions les plus compétitives de leur territoire afin de les rendre plus visibles et attrayantes sur la grande scène économique mondiale. Ces stratégies se combinent avec des politiques d'ajustement structurel visant la diminution de l'inflation, du déficit et du poids de la dette publique, tel que le préconisent les directives émanant de plus en plus des grandes organisations politico-économiques de la mondialisation[8]. Le but recherché par cette grande opération est de faciliter la connexion des activités performantes et des bassins québécois de travailleurs productifs au grand réseau économique mondial. Le nouveau modèle structurel de la mondialisation repose sur une logique de « connectivité », c'est-à-dire de définition d'une cohésion sociale moins liée à l'intégration à l'espace national et plus liée à l'intégration du « performant », de ce qui est « gagnant », aux autres parties performantes et gagnantes de la planète. Les acteurs du développement se « réseautent » à partir d'une diversité de modalités de connexion, créant ainsi des territoires économiques distincts de ceux des États.

Le besoin d'être branché sur les réseaux est devenu le moyen pour les dirigeants des villes et des régions de relever la compétitivité de leurs espaces. À travers le réseautage se recomposent la concurrence et les luttes pour l'appropriation de la richesse, ce qui met en œuvre de nouvelles formes de pouvoir. Plus qu'à tout autre moment de notre histoire récente, les acteurs sociaux, par l'intermédiaire des réseaux organisation-

---

7. À ce propos, voir Fontan et Klein (2000 : 79-102).

8. Organisation de coopération et de développement économiques (OCDE), Banque mondiale (BM), Fonds monétaire international (FMI), Organisation mondiale du commerce (OMC).

nels et des actions collectives, sont en concurrence. L'enjeu est d'élever leur capacité de mobilisation de ressources locales, régionales ou nationales paraissant nécessaires pour garantir un meilleur accès à la richesse procurée par la mondialisation (des médecins, des enseignants, des entrepreneurs, des immigrants, des investissements), et ce, aux dépens des mécanismes de redistribution de la richesse que les États avaient été capables de mettre en œuvre. La connexion à l'économie mondialisée s'accompagne donc d'un renouvellement des modalités de structuration des rapports sociaux (rapport salarial, rapport de consommation ou rapport démocratique), des organisations (entreprises, syndicats ou groupes communautaires) et des arrangements institutionnels (réseaux de santé et d'éducation, rôle et responsabilités des villes, de l'État central, etc.). Pourquoi en est-il ainsi ? Parce que les territoires sont en concurrence et doivent améliorer leur positionnement dans l'arène que constitue la toile de la mondialisation.

Dans ce contexte d'hyper-concurrence, les acteurs socioéconomiques des différentes régions, métropolitaines ou pas, n'ont d'autre choix que de faire le nécessaire pour se connecter ou pour améliorer leur connectivité. L'innovation est non seulement de mise, elle devient une donnée essentielle pour assurer une mise à niveau de la capacité d'action des acteurs, de leur compétitivité. Les groupes dirigeants sont immanquablement attirés par le mirage que fait miroiter la mondialisation. Les plus avant-gardistes exercent des pressions pour réaménager rapidement leur espace national, métropolitain, régional ou local afin de leur permettre la plus grande connectivité possible aux richesses produites ou accessibles à l'échelle mondiale. Les moins avant-gardistes espèrent que le miracle se produira par simple effet de contagion et que leur espace de vie finira par rattraper sans grand effort la qualité de développement des régions les plus avancées.

LE DÉFI D'UNE CONNECTIVITÉ HARMONISÉE

Dans ce contexte, le défi socioéconomique fondamental qui se pose pour le Québec est celui d'une connectivité harmonisée de l'espace québécois au grand village continental nord-américain. Pour les régions québécoises, le défi est de taille puisque leur adversaire n'est pas Toronto et surtout pas Montréal. Pour Montréal, cet adversaire n'est pas Toronto ou les régions québécoises. L'adversaire est représenté par tout ce qui ne permet pas à une région ou à une population d'atteindre les conditions ou les normes exigées par les institutions qui gouvernent l'ordre économique mondial. Pour ces institutions, tout ce qui ne correspond pas aux standards de « bonne gouvernance » est porteur de déconnectivité au vaste réseau socioéconomique mondial. À titre indicatif, le fait que le gouvernement canadien accorde des primes différenciées favorables aux régions périphériques en matière d'assurance emploi est perçu par l'OCDE comme une mesure qui favorise l'immobilité des travailleurs. Selon cette organisation, les régions ainsi assistées deviennent moins compétitives. Selon les valeurs prônées par ce mode de gouvernance, il faut arrêter de « subventionner » les régions « canards boiteux » (OCDE, 2001).

L'enjeu est de taille puisque le désir de connectivité, par cette course vers l'économie du savoir que nous invitent à suivre les décideurs économiques, rend encore plus difficile l'établissement de liens forts entre Montréal et les régions québécoises. Du même coup, cette stratégie risque d'accentuer la dépendance purement économique des régions québécoises des marchés continental ou mondial. Il s'ensuit une série d'enjeux propres à l'espace québécois. Le maintien de sa compétitivité productive et de sa capacité d'être attrayant pour la tenue d'activités économiques passe par une amélioration de la qualité des liens devant s'établir entre Montréal et les régions québécoises (plus solidaires, moins concurrentiels, plus synergiques). Il importe aussi de miser sur un développement des régions, à la fois autonome et combiné, qui deviendrait la base d'un réseau québécois mieux connecté aux marchés nationaux, continentaux et mondiaux. Il est nécessaire d'implanter ou de favoriser l'émergence de politiques, de mesures, d'outils et de lieux de gouvernance propices à cette mise en réseau des collectivités territoriales.

Par ailleurs, il faut insister sur le fait que le défi de la mondialisation ne doit pas être relevé aux dépens du défi d'équité sociale que pose la dualisation socioéconomique et socioterritoriale. Les acteurs sociaux des métropoles, grandes et petites, ont certes un rôle à jouer dans cette recomposition des rapports de force, dans la définition d'un nouveau pacte ou contrat social devant intégrer à la fois des droits et des responsabilités eu égard aux territoires locaux, régionaux, métropolitains, nationaux, continentaux et mondial.

CONCLUSION :
CONSTRUIRE UNE ÉCONOMIE PLURIELLE
À LA FOIS MÉTROPOLITAINE ET EN RÉSEAU

Le défi pour le Québec est de mobiliser ses acteurs et ses organisations pour s'affirmer dans un univers découpé à l'échelle mondiale en mettant à contribution l'initiative locale (Klein, Fontan et Tremblay, 2003). Pour cela, il importe d'élaborer une stratégie inclusive et non exclusive, « active et volontariste », qui rallie des acteurs montréalais et non montréalais, qui profite des forces du marché, mais qui les oriente en vue de mieux insérer l'ensemble du territoire québécois dans la sphère de la métropolisation. Les espaces locaux constituent des niches productives, certaines associées directement à la mondialisation, branchées sur les réseaux mondialisés, et d'autres davantage enracinées dans des réseaux restreints et non associés de façon directe à la mondialisation. Ces niches, par des mesures de soutien aux modalités de gouvernance et de développement instaurées par des acteurs locaux et régionaux devraient être mises en réseau à l'échelle québécoise.

Dans cette perspective, les inégalités sociales et territoriales doivent être réinterprétées. Les inégalités les plus importantes aujourd'hui, auxquelles il faut apporter une solution à la fois sociale et territoriale, sont celles qui séparent l'univers de possibilités qu'ouvre l'inclusion dans des réseaux et des circuits mondialisés qui sont porteurs d'enrichissement et la frustration d'importants pourcentages d'une population s'appauvrissant qui en est exclue, et ce, autant en milieu urbain qu'en milieu rural. Dans ce contexte, les rapports ville-région ou région centrale-région périphérique, dont les effets inégalitaires persistent et handicapent les territoires périphériques, nous en convenons, prennent moins d'importance que le hiatus qui s'établit entre l'inclusion et l'exclusion, entre le branchement et le débranchement.

À l'ère de la mondialisation et de la métropolisation, l'échelle régionale pertinente à la mise en œuvre du développement est celle où les instances politiques, les organisations sociales et les entreprises peuvent mettre en œuvre des stratégies territoriales efficaces. C'est l'échelle qui permet aux initiatives locales de mobiliser des ressources suffisantes pour influencer les forces du marché, plus fortes aujourd'hui grâce à l'adhésion des gouvernements aux concepts néolibéraux. C'est l'échelle la plus proche des acteurs qui permet la prise de décisions, mais des décisions qui ont un effet, qui ne sont pas de simples vœux. La seule échelle qui permet cela au Québec est l'échelle québécoise elle-même.

C'est à cette échelle qu'agit le gouvernement du Québec qui, tout en assurant une fonction régalienne, parce qu'il n'est pas indépendant et ne correspond pas à un État-nation, participe aussi aux arrangements sociaux dans lesquels s'insèrent les acteurs sociaux et l'entreprise privée. Bien sûr, le défi des acteurs sociaux est de faire en sorte que les élites politiques convergent dans un projet éthique qui tienne compte des nouveaux enjeux planétaires et nationaux, à savoir la pauvreté et l'environnement.

D'autre part, au niveau infranational, une vraie politique de gestion partagée et intégrée doit être appliquée à chaque niveau concerné en redistribuant les ressources et les responsabilités adéquates pour donner au local des droits et des responsabilités. Donc permettre une circulation de haut et bas et de bas en haut de la gestion du devenir des sociétés.

La mondialisation et la métropolisation posent le défi du renouvellement des modèles de développement autrefois pensés dans des termes uniquement nationaux. Ces nouvelles réalités invitent à repenser la social-démocratie dans une perspective où toutes les composantes de la société québécoise agissent de façon convergente, une perspective qui s'appuie sur la pluralité économique et la solidarité sociale. Il importe de penser le développement dans la perspective d'une économie plurielle, à la fois politisée, culturalisée et socialisée, donc d'une économie à fondement éthique et non utilitariste.

Dans cette perspective, les collectivités locales, aussi bien dans les principales villes, au niveau du quartier et de l'arrondissement, qu'en milieu régional, au niveau des bassins d'emploi et de services que structurent les MRC, pourraient servir de tremplin à des initiatives permettant de mettre en valeur les éléments d'actif locaux que constituent les ressources humaines et les identités locales. Des initiatives locales bâties sur ces éléments d'actif permettraient de créer des liens entre les secteurs les plus performants et les autres secteurs qui, même s'ils sont considérés comme plus traditionnels, sont nécessaires dans une économie plurielle. C'est aussi le moyen de mettre en place des niches productives capables d'assurer l'emploi local, donc la viabilité des collectivités locales, des niches locales mais structurées en réseau sur le territoire du Québec. Cela nous semble d'ailleurs être la seule façon de dépasser les fractures entre Montréal et le reste de la province et de combler le hiatus entre l'inclusion et l'exclusion. C'est la seule façon de s'insérer dans la métropolisation d'une façon « gagnante » pour l'ensemble de la population du Québec.

RÉFÉRENCES

Atlas du Québec et de ses régions, en ligne, http://www.atlasduquebec.qc.ca.

Bassand, M. (1997), *Métropolisation et inégalités sociales*, Lausanne, Presses polytechniques romandes.

Borja, J. et M. Castells (1997), *Local & Global : Management of Cities in the Information Age*, London, Earthscan Publications.

Côté, C. (1991), *La désintégration des régions : le sous-développement durable au Québec*, Chicoutimi, Éditions Jean Claude Larouche.

Côté, S. et R. Lavertu (1991), *Régions et interrelations économiques au Québec*, Québec, Office de planification et de développement du Québec, Dossiers de développement régional.

Côté, S. et B. Lévesque (1982), « L'envers de la médaille : le sous-développement régional », *Interventions économiques*, n° 8, p. 55-78.

Fontan, J.-M., J.-L. Klein et B. Lévesque (dir.) (2003), *Reconversion économique et développement territorial*, Québec, Presses de l'Université du Québec.

Fontan, J.-M. et J.-L. Klein (2000), « Mouvement syndical et mobilisations pour l'emploi », *Politique et sociétés*, Montréal, Association québécoise des sciences politiques, vol. 19, n° 1.

Fontan, J.-M., J.-L. Klein et D.-G. Tremblay (dir.) (1999), *Entre la métropolisation et le village global*, Sainte-Foy, Presses de l'Université du Québec.

Higgins, B., F. Martin et A. Raynaud (1970), *Les orientations du développement économique régional du Québec*, ministère de l'Expansion économique régionale, Ottawa.

Klein, J.-L. (1999), « Mondialisation et État-nation : la restructuration territoriale du système-monde », dans Klein, J.-L. et S. Laurin (dir.), *L'Éducation géographique. Conscience territoriale et formation du citoyen*, Sainte-Foy, Presses de l'Université du Québec.

Klein, J.-L., J.-M. Fontan et D.-G. Tremblay (2001), « Les mouvements sociaux dans le développement local à Montréal : deux cas de reconversion industrielle », *Géographie, économie, société*, vol. 3, n° 2, p. 247-280.

Klein, J.-L., D.-G. Tremblay et J.-M. Fontan (2003), « Systèmes locaux et réseaux productifs dans la reconversion économique : le cas de Montréal », *Géographie, économie, société*, vol. 5, n° 1, p. 59-75.

Lacour, C. et S. Puissant (dir.) (1999), *La métropolisation : croissance, diversité et fractures*, Paris, Anthropos-Economica.

OCDE (2001), *Perspectives territoriales de l'OCD*, Paris, Économie territoriale.

Veltz, P. (1996), *Mondialisation, villes et territoires : l'économie d'archipel*, Paris, Presses universitaires de France.

CONCLUSION

VERS DES RÉGIMES POLITIQUES MÉTROPOLITAINS ?

Emmanuel Négrier

Le regain du débat académique sur la question des échelles gouvernementales a de multiples causes dans la plupart des pays occidentaux. La première est liée au développement, dans plusieurs cas, de politiques nationales ou régionales qui visent la constitution de nouvelles institutions métropolitaines (Jouve et Lefèvre, 2002; Négrier, 2005; Collin, 2002). L'ensemble de ces politiques réactive donc une discussion sur le « bon niveau » d'action territoriale, ainsi que sur les scénarios d'institutionnalisation de ce mouvement métropolitain.

La seconde raison, complémentaire de la première, est liée au fait que ce débat s'inscrit dans un contexte de mondialisation, où l'État est réputé perdre en capacité d'imposer sa propre stratégie de territorialisation. C'est cette dimension qui est plus particulièrement présente dans les contributions qui jalonnent cet ouvrage.

La perte d'influence ou de consistance de l'État est en partie liée aux terrains nationaux soumis à l'observation. La sociologie urbaine nord-américaine avait depuis longtemps montré que l'État pouvait être considéré comme une arène où s'opposaient sans fin, sur les enjeux territoriaux, des fractions en lutte pour le contrôle de ressources de pouvoir (R.W. Cox, 1981). Ce type d'approche est plus récent en Europe (Jessop, 2000), où la croyance en l'unité de l'État demeurait plus forte, malgré la multiplication de contre-exemples empiriques. C'est sous l'angle de l'internationalisation des États-nations (Glassman, 1999) et de leur « recalibrage » à l'échelle territoriale que le lien s'est opéré entre la fragmentation politique des États et l'examen de leurs tentatives de reconfiguration territoriale. Les succès très relatifs de ces tentatives, ainsi que les différences persistantes dans les politiques suivies ont mis en évidence les constats suivants :

- La bonne échelle de gouvernement métropolitain n'existe pas en tant qu'optimum réaliste, dans la mesure où ces enjeux sont liés à des constructions politiques et sociales conditionnées par des agents locaux en situation d'interdépendance (K.R. Cox, 1998) ;

- La pression à laquelle sont soumis les gouvernements nationaux (par le haut de la mondialisation et, par le bas, des tendances à la décentralisation) conduisent ces derniers à rechercher de nouvelles possibilités de contrôle des ressources et des modes d'action publique territoriale. L'institutionnalisation des aires métropolitaines, dans plusieurs pays européens, témoigne de ce regain de la « réforme ». Mais, dans la mise en œuvre de ces changements, les États démontrent qu'ils sont également soumis à des contradictions internes plus ou moins fortes, entre départements ministériels, et entre groupes et coalitions favorables à des choix contradictoires de recomposition territoriale.

- L'enjeu de la réforme, au-delà de la simple reconfiguration formelle du pouvoir, se situe dans les enjeux de contenu des politiques publiques. Partout, la politique urbaine, l'intégration sociale, les infrastructures physiques et les enjeux de développement durable sont au cœur de l'agenda des nouvelles institutions, et sont parmi les arguments les plus populaires avancés pour convaincre les nombreux acteurs récalcitrants.

- La transformation des échelles du gouvernement territorial n'est qu'une dimension possible des stratégies capitalistes touchant la ville, et peut conduire elle-même à des logiques politiques totalement opposées (Massey, 1993). Ainsi, les firmes ont des perceptions souvent contradictoires de ces changements : quand certaines participent à des coalitions de soutien aux projets métropolitains, d'autres se mobilisent en réaction contre eux.

- L'hypothèse d'un effondrement des capacités de l'État à survivre à ces tendances correspondait au projet néolibéral de lutte contre le *big government*. Mais l'examen de son positionnement à l'occasion de ces réformes montre au contraire qu'il se reconfigure plus qu'il ne décline nettement. Ce faisant, il demeure crucial, à la fois comme scène et acteur collectif, dans la recherche de nouvelles échelles sur lesquelles s'appuyer (Peck, 2001 ; Brenner et Theodore, 2002).

La recomposition des territoires participe donc à la fois d'un mouvement global qui affecte l'ensemble des pays occidentaux et d'une évolution de chacun des modèles nationaux d'administration publique. On voit ce double mouvement (convergence de finalité et spécificité des trajectoires) au travers des choix qui sont faits dans l'éventail des possibilités de changement d'échelle territoriale : fusion-incitation à la coopération. Si les politiques récentes en Grèce et au Canada ont plutôt choisi le modèle de la fusion, par absorption des anciennes municipalités dans de plus vastes ensembles, cela obéit à plusieurs raisons, dont, par exemple, le caractère stratégique des ressources municipales prises isolément. Dans le cas français, l'orientation vers des formules coopératives s'expliquerait par le fait que les territoires sont le lieu plus d'échanges de ressources (financements croisés, contractualisation) que de fixation rigide des bases fiscales de revenus. Quoi qu'il en soit, l'entrée par les ressources économiques s'avère toujours analytiquement décevante. Elle ne permet que rarement d'expliquer la totalité des motivations qui vont soit vers une coopération renforcée soit vers une fusion sans heurt, ou bien vers l'inverse : la levée de boucliers contre l'une ou l'autre des possibilités. Les politiques de fusion présentent des difficultés importantes qui tiennent à la structure des intérêts en jeu (politiques, sociaux, économiques), à l'importance acquise par l'identité municipale et aux conflits que de telles solutions entraînent dans les relations entre échelles de gouvernement. La solution de la coopération renforcée apparaît, à bien des égards, comme une formule de compromis qui, si elle n'éveille pas les mêmes risques, conduit néanmoins à des recompositions politiquement délicates à ces mêmes niveaux. On peut, sommairement, l'expliciter en termes d'échange politique : d'un côté l'évitement de la fusion, donc le respect des frontières et des symboles de la souveraineté municipale, de l'autre côté une participation moins difficile des communes dans des formules institutionnelles qui conjuguent engagement et autonomie.

Les cas canadien et français sont à cet égard de parfaites illustrations de l'aporie économiciste. Celle-ci permet de conclure à une double réfutation théorique : celle du courant d'analyse du *public choice*, qui fait précisément de ces ressources l'angle d'attaque principal des jeux d'échelle ; celle du courant de la réforme, qui table au contraire sur une économie politique d'échelle toujours raisonnable et souvent introuvable. Face à ces grands courants, le contenu de l'ouvrage suggère au contraire d'emprunter de nouvelles voies d'analyse qui tiennent compte des phénomènes marquants observés :

- la tendance croissante à la différenciation territoriale ;

- la relative incohérence des politiques étatiques, dans l'espace et dans le temps ;

- le progressif décrochage entre les espaces d'action publique et les scènes classiques de la représentation démocratique.

Les concepts aptes à rendre compte de ces nouvelles réalités doivent privilégier la pluralité des variables, donc des disciplines convoquées au débat. Le temps est révolu où l'échelle était le monopole du géographe, tandis que l'institution se disputait les faveurs du juriste et du politiste. L'association de ces dimensions dans un débat renouvelé doit s'attacher à montrer les influences réciproques et les bénéfices que chacun pourra tirer de l'association des facteurs d'explication. En ces temps d'activisme pour fonder de nouveaux territoires, la variable politique semble régner sans partage. Pourtant, rien ne serait plus erroné d'accorder un crédit absolu à cette tendance. La variable politique est d'abord construite au carrefour de plusieurs autres, auxquelles elle donne un sens toujours provisoire.

Le politique, c'est de la sociologie, de l'économie et de la spatialité travaillées par la question de la légitimité. Sans doute faudra-t-il, pour l'avenir, accorder l'attention qu'elle mérite à la notion de régime politique métropolitain. Dans des configurations territoriales de plus en plus distinctes, où les prescriptions étatiques sont chaque jour moins substantielles ou coercitives, la construction politique de ces régimes est un enjeu d'analyse prometteur. Certes, il conviendra de l'adapter à des contextes qui demeurent singuliers, en dépit de la mondialisation.

La politique métropolitaine, c'est aussi un ensemble de processus institutionnels faits de ressources, d'apprentissages, de perceptions sociales et symboliques. L'enfance des métropoles a souvent mis entre parenthèses l'impératif démocratique, à partir d'une idée simple et, d'une certaine manière, efficace : laissons les vieux débats à l'échelle municipale, et faisons prospérer l'échelle métropolitaine à l'abri des querelles de clocher et du suffrage populaire. L'adolescence des métropoles nous conduit, dès aujourd'hui, à sortir de cette stratégie, au risque, sinon, de vider de substance la notion même de démocratie urbaine. Une métropole, dans le monde contemporain, doit certes rayonner dans le concert plus global. Mais elle doit aussi affronter les enjeux substantiels de services urbains, de solidarité territoriale, de représentation démocratique. C'est ce que montrent aujourd'hui les nouveaux modes de production des biens collectifs, dans un cadre de négociation métropolitaine. C'est aussi ce dont témoignent les nouvelles mobilisations citoyennes, qui tentent de s'adapter, parfois contre l'institution elle-même, à ce nouveau cadre. Elles portent en elles une remise en cause des pratiques classiques du métier politique et nous mettent au défi de répondre, au concret, à une question de philosophie : la démocratie métropolitaine est-elle condamnée à n'être que « représentative » ?

RÉFÉRENCES

Brenner, N. et N. Theodore (dir.) (2002), *Spaces of Neoliberalism : Urban Restructuring in North America and Western Europe*, Oxford, Blackwell.

Collin, J.-P. (2002), « La réforme de l'organisation du secteur municipal au Québec : la fin ou le début d'un cycle ? », *Organisations et territoire*, vol. 11, n° 3.

Cox, K.R. (1998), « Spaces of dependance, spaces of engagement and the politics of scale, or : looking for local politics », *Political Geography*, vol. 17, n° 1.

Cox, R.W. (1981), « Social forces, states and world orders : beyond international relations theory », *Journal of International Studies*, vol. 10, n° 2.

Glassman, J. (1999), « State power beyond the "territorial trap" : the internationalization of the state », *Political Geography*, vol. 18, p. 669-696.

Jessop, B. (2000), « The crisis of the national spatio-temporal fix and the ecological dominance of globalizing capitalism », *International Journal of Urban and Regional Research*, vol. 24, n° 2.

Jouve, Bernard et Christian Lefevre (2002), *Métropoles ingouvernables*, Paris, Elsevier, collection « SEPT ».

Massey, D. (1993), « Power-geometry and a progressive sense of place », dans Bird, J. (dir.), *Mapping the Future*, London, Routledge.

Négrier, E. (2005), *La question métropolitaine. Les politiques à l'épreuve du changement d'échelle territoriale*, Grenoble, Presses universitaires de Grenoble.

Peck, J. (2001), « Neoliberalizing states : thin policies/hard outcomes », *Progress in Human Geography*, vol. 25, n° 3.

LISTE DES AUTEURS

Caroline Andrew est professeure à l'École d'études politiques à l'Université d'Ottawa. Ses domaines de recherche sont la politique municipale, le développement urbain et le rôle des femmes dans la politique locale. Elle est présentement doyenne de la Faculté des sciences sociales à l'Université d'Ottawa.

Serge Belley est professeur titulaire à l'École nationale d'administration publique. Ses travaux portent sur les relations intergouvernementales et les politiques publiques dans les municipalités au Canada, le développement territorial et la décentralisation et l'évaluation des pactes ruraux au Québec.

Laurence Bherer est professeure en science politique à l'Université de Montréal. Ses recherches portent sur la transformation de la démocratie et l'émergence de nouvelles formes de légitimités politiques à travers l'étude des politiques urbaines, de la démocratie suburbaine et participative. Elle s'intéresse présentement à la forme métropolitaine comme espace de recomposition démocratique.

Jacques Caillosse est professeur de droit public à l'Université Panthéon/Assas (Paris 2) et membre du Centre d'études et de recherches en science administrative de la même université. Ses travaux portent sur les mutations en cours du droit administratif et le statut du droit dans les sciences sociales.

Mario Carrier est directeur de l'École supérieure d'aménagement du territoire et de développement régional à l'Université Laval. Ses recherches en cours portent sur les phénomènes de l'innovation dans les PME manufacturières et de la gouvernance régionale reliée aux questions d'aménagement et de développement.

Guy Chiasson est professeur en science politique et développement régional à l'Université du Québec en Outaouais. Ses recherches sont au carrefour de la question de la démocratie locale et de celle du renouvellement des modes urbains et ruraux de gouverne locale.

Jean-Pierre Collin est professeur titulaire au centre Urbanisation, Culture et Société de l'Institut national de la recherche scientifique (INRS). Directeur scientifique du réseau interuniversitaire Villes Régions Monde, ses recherches en cours portent sur la restructuration urbaine et la gestion métropolitaine, sur les structures municipales et communautaires, sur la gestion et la fiscalité municipales et sur l'histoire urbaine et métropolitaine.

Philippe Cuntigh est chargé d'études au Centre régional associé CERVL-CEREQ à l'Institut d'études politiques de Bordeaux. Ses travaux portent sur les recompositions des formes et des modes de l'action publique dans le champ de la formation et de l'emploi.

Alain Faure est chercheur CNRS à l'Institut d'études politiques de Grenoble et directeur du Centre d'études canadiennes de Grenoble. Ses travaux portent sur la décentralisation et l'évolution du métier d'élu local et il mène des recherches comparatives sur la montée en puissance du pouvoir d'agglomération en France et en Europe.

Jean-Marc Fontan est membre du Centre de recherche sur les innovations sociales (CRISES) et professeur titulaire au département de sociologie de l'Université du Québec à Montréal. Il dirige le consortium Alliance de recherche université-communauté en économie sociale (ARUC-ES).

Vincent Hoffmann-Martinot est directeur de recherche au CNRS, dirige le CERVL à Sciences Po Bordeaux, ainsi que, avec O. W. Gabriel, le nouveau Laboratoire européen associé CODE (Comparer les démocraties en Europe). Il préside le comité de recherche Politiques et gouvernements locaux comparés de l'Association internationale de science politique.

Pierre J. Hamel est professeur à l'Institut national de la recherche scientifique (INRS), Urbanisation, Culture et Société à Montréal. Il s'intéresse de diverses façons aux finances publiques locales (tant la gestion des services publics locaux que la fiscalité locale). Voir aussi http://www.inrs-ucs.uquebec.ca/default.asp?p=hamel.

Éric Kerrouche est chargé de recherche CNRS au CERVL, laboratoire de Sciences Po Bordeaux. Il travaille plus particulièrement sur les évolutions récentes des gouvernements locaux en Europe. Il publie en 2005 deux ouvrages portant sur ces thèmes : *Les élus locaux, variations autour d'un statut*, Paris, La Documentation française (en coll. avec Elodie Guérin) et *L'intercommunalité en France*, Paris, Montchrestien.

Juan-Luis Klein est directeur adjoint du Centre de recherche sur les innovations sociales (CRISES) et professeur titulaire au département de géographie de l'Université du Québec à Montréal. Il dirige aussi la collection « Géographie contemporaine » des Presses de l'Université du Québec.

Jacques Léveillée fut professeur titulaire au département de sciences politiques de l'Université du Québec à Montréal. Il a publié de nombreux ouvrages, rapports et articles sur l'organisation municipale et les comportements politiques à l'échelle locale.

Anne Mévellec est doctorante en science politique à l'Université de Rennes 1 (Centre de recherche sur l'action politique en Europe, CRAPE) en cotutelle avec l'Université du Québec à Chicoutimi. Ses recherches portent sur les transformations de l'action publique territoriale à travers la mise en œuvre de la réforme de l'intercommunalité en France et de la politique de regroupements municipaux au Québec.

Patrick Moquay enseigne l'analyse et l'évaluation des politiques publiques au sein du département Aménagement du territoire et développement local de l'École nationale du génie rural, des eaux et des forêts (ENGREF, ministère de l'Agriculture, France).

Emmanuel Négrier est chercheur CNRS au Centre d'études politiques de l'Europe latine (CEPEL), à Montpellier. Il est l'auteur de plusieurs ouvrages portant sur la question métropolitaine : *L'invention politique de l'agglomération*, L'Harmattan, 2001 (avec François Baraize), *La question métropolitaine*, Presses universitaires de Grenoble, 2005.

Jacques Palard est directeur de recherche au CNRS, à l'Institut d'études politiques de Bordeaux ; il y dirige le Centre de recherche et d'étude sur le Canada et le Québec en sciences sociales (CRECQSS). Ses travaux portent sur les transformations de l'action publique territoriale et les relations religion-politique.

Caroline Patsias est professeure adjointe à l'Université de Sherbrooke. À travers un intérêt général porté à la démocratie et à la citoyenneté, elle s'interroge à la fois sur le pluralisme, l'engagement et la participation. Ces questionnements abordent les modalités des processus de décision comme l'action et les comportements collectifs.

Florence Paulhiac est maître de conférence en urbanisme à l'Institut d'urbanisme de Grenoble. Ses travaux de recherche portent sur les politiques urbaines comparées dans le champ du renouvellement urbain et des politiques de mobilités urbaines en privilégiant une approche cognitive de l'action collective urbaine.

Mathieu Pelletier a obtenu une maîtrise en géographie de l'Université Laval en 2001 et mène présentement des analyses spatiales de l'activité conflictuelle à Québec pour ses études doctorales en aménagement du territoire et en développement régional.

Marie-Claude Prémont est vice-doyenne aux études supérieures de la Faculté de droit de l'Université McGill. Ses intérêts de recherche portent sur les domaines du droit municipal, du droit de la santé et de l'histoire du droit québécois.

Louise Quesnel est professeure au département de science politique de l'Université Laval. Ses travaux de recherche portent sur la politique urbaine, le gouvernement local, la démocratie locale et l'aménagement du territoire. Elle s'intéresse particulièrement aux expériences de restructuration institutionnelle dans les agglomérations métropolitaines, dans une perspective comparée.

Pierre Sadran est professeur de science politique à l'Institut d'études politiques de Bordeaux et directeur de l'École doctorale (Université Montesquieu/IEP de Bordeaux). Il est directeur de recherche au CERVL-Pouvoir, action publique, territoire et travaille actuellement sur la démocratie locale.

Jasmin Savard est diplômé en science politique et titulaire d'une maîtrise en études urbaines, il s'intéresse tout particulièrement aux questions de politique urbaine. Son mémoire de maîtrise porte sur la réorganisation municipale et le renforcement politique des nouvelles grandes villes au Québec.

Sébastien Ségas est docteur en science politique et travaille sur les questions liées à la territorialisation de l'action publique au Centre d'étude et de recherche sur la vie locale – Pouvoir, action publique, territoire à Bordeaux, en France.

Marie-Rose Sénéchal est étudiante à la maîtrise en science politique de l'Université Laval.

Andy Smith est directeur de recherche à la Fondation nationale des sciences politiques et travaille au laboratoire CNRS le CERVL à Bordeaux. Spécialiste de l'intégration européenne, il a notamment publié *Le gouvernement de l'Union européenne* (Paris, LGDG, 2004) et a dirigé *Politics and the European Commission* (London, Routledge, 2004). Il étudie actuellement la dimension politique de la régulation du commerce international.

Catherine Trudelle a obtenu une maîtrise en aménagement du territoire de l'Université Laval en 2000 et termine présentement un doctorat, aussi en aménagement, dont le sujet porte sur l'évolution de la participation des femmes aux conflits urbains à Québec entre 1965 et 2000.

Paul Villeneuve est professeur d'aménagement et de géographie à l'Université Laval. Il coordonne les travaux portant sur les dynamiques urbaines au Centre de recherche en aménagement et développement (CRAD) de cette université.

MEMBRE DU GROUPE SCABRINI

Québec, Canada
2005